基于驾驶员眼动特征的道路视错觉控速标线研究

尚 婷等 著

科 学 出 版 社

北 京

内 容 简 介

本书主要介绍布设于道路上的视错觉控速标线的控速现状，利用实车试验手段对试验路段交通流、轨迹指标和驾驶员生理行为规律进行分析，构建视觉行为趋势面模型和基于熵权物元的视错觉控速标线有效性评价模型；通过设计不同组合参数的视错觉控速标线室内仿真试验，得到标线关键参数对视错觉车速辨识综合影响分析和评价结果。希望本书的研究有助于道路交通安全方面的教学、科研与实际安全问题的解决。

本书适合从事道路交通安全研究的科技工作者阅读，也可供高等院校相关专业的教师、研究生和相关从业人员参考。

图书在版编目(CIP)数据

基于驾驶员眼动特征的道路视错觉控速标线研究/尚婷等著. —北京：科学出版社，2022.10

ISBN 978-7-03-067536-1

Ⅰ. ①基…　Ⅱ. ①尚…　Ⅲ. ①行车速度-速度控制-交通标志-研究　Ⅳ. ①U491.5

中国版本图书馆 CIP 数据核字（2021）第 006797 号

责任编辑：王　钰　吴超莉 / 责任校对：马英菊
责任印制：吕春珉 / 封面设计：东方人华平面设计部

科学出版社 出版
北京东黄城根北街 16 号
邮政编码：100717
http://www.sciencep.com

北京九州迅驰传媒文化有限公司 印刷
科学出版社发行　各地新华书店经销

*

2022 年 10 月第　一　版　开本：B5（720×1000）
2022 年 10 月第一次印刷　印张：17 3/4
字数：355 000

定价：146.00 元

（如有印装质量问题，我社负责调换〈九州迅驰〉）
销售部电话 010-62136230　编辑部电话 010-62137026

本书撰写人员

尚 婷 唐伯明 张 勃 白婧荣

前言

行车速度被视为道路交通伤害方面一项关键性的风险因素，道路交通事故发生的数量与车速有直接关系，事故所导致伤害的严重程度也与此密切相关。目前，广泛应用的强制性控速措施存在导致车辆机件磨损、行车舒适性不良、易诱发安全事故隐患和养护成本高等不足，而视错觉控速标线则能弥补上述缺陷。它是利用人眼产生的视错觉原理，在路面上施划的一种标线类减速设施。其横向宽度、角度和间距等参数的变化，能让驾驶员产生车道宽度和速度变化的错觉。它正是利用人眼产生的视错觉及心理上的自然反应，提示驾驶员在道路危险点前主动采取适度的控速措施，从而保障行车安全。

全书共分 10 章。第 1 章综述了超速的危害、减速技术和道路视错觉控速标线国内外研究现状；第 2 章介绍了行车环境特征、横向+纵向视错觉控速标线类型、行车轨迹特征、驾驶员视觉特性分析和视错觉辨识机理；第 3 章提出山区道路视错觉控速标线有效性实车试验设计方法等；第 4 章对采集的试验路段交通流和轨迹指标进行统计分析和基础规律验证；第 5 章分析驾驶员眼动数据，从注视区域、注视点分布和瞳孔直径变化方面得到驾驶员生理行为规律；第 6 章构建了视觉行为趋势面模型和基于熵权物元的视错觉控速标线有效性评价模型，分析现有控速标线的优缺点并提出改善意见；第 7 章根据前面研究设计不同组合参数的视错觉控速标线室内仿真试验，分析其对减速效果和眼动特征的影响；第 8 章分析标线横向宽度、角度、间距、色彩及线宽等关键参数对视错觉车速辨识的综合影响；第 9 章分析道路曲线路段视错觉控速标线参数的取值对运行速度和眼动特征的影响；第 10 章结合仿真试验得到的不同组合参数控速标线方案，进行实车试验控速效果评价。

本书内容依托于国家自然科学基金项目（项目编号：51608084）、教育部人文社会科学研究项目（22YJCZH143）和重庆市科学技术局基金项目（项目编号：cstc2019jcyj-msxmX0695）的相关研究成果撰写而成，在此表示衷心感谢。全书汇聚了课题组近年来在视错觉控速标线方向取得的研究成果，由重庆交通大学的尚婷、唐伯明、张勃、白婧荣执笔完成。本书涵盖了课题组指导的博士研究生尚婷以及硕士研究生段萌萌、陶盼盼、白婧荣等人的学位论文相关成果，撰写过程中硕士研究生齐宏娇和黄安做了编辑整理，在此衷心感谢相关人员的辛勤工作。

由于本书所研究的相关内容还处于探索阶段，加之作者水平有限，书中难免有不足之处，恳请广大读者批评指正，以便在后续研究中不断完善补充。

目　　录

第1章 绪　论

1.1 引　言

根据《2020年交通运输行业发展统计公报》，2020年底全国公路总里程519.81万km，比2019年增加18.56万km[1]。公路密度54.15km/（100km^2），较2019年增加1.94km/（100km^2），如图1-1所示。与此同时，机动车保有量迅猛增加，据公安部统计，截至2020年底，全国机动车保有量保持快速增长的趋势，高达3.72亿辆，其中汽车2.81亿辆；机动车驾驶人达4.56亿人，其中汽车驾驶人4.18亿人[2]。

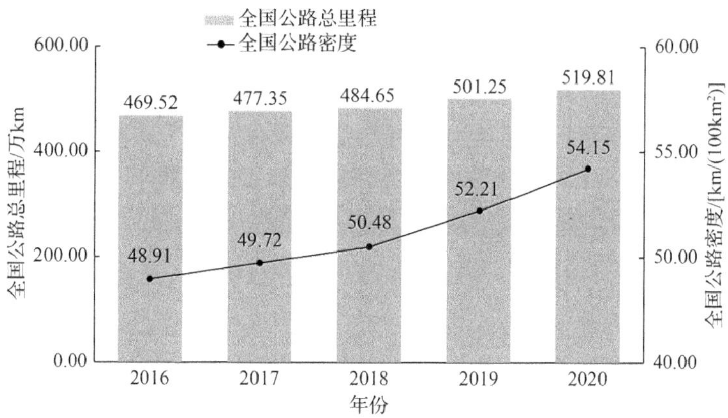

图1-1　我国2016～2020年公路总里程及公路密度

数据来源：《2020年交通运输行业发展统计公报》。

道路交通安全问题是受各种因素影响的复杂的系统问题，如驾驶员特性、汽车性能、道路条件及环境等。应该从实际的行驶环境出发，结合车辆行驶轨迹和其他事故致因等对其进行系统分析。设计的道路如何在驾驶员认知中体现出优异性？答案是驾驶员行驶过程中的实际行驶轨迹应尽可能地与设计道路的车道中线一致。但是随着驾驶员自身条件、车辆类型和结构及道路的环境等外界因素发生变化，车辆的实际行驶轨迹很容易偏离行车道中心线。当车辆在弯道路段行驶时，驾驶员存在切弯行为，会选择心理上更“安全”的行驶轨迹，从而使实际的车辆转弯半径远远大于弯道设计的原始转弯半径，导致更大的偏差。随着道路线形与周围环境的难度增加，车辆行驶条件变差，很可能会驶离车道或冲向对向车道，致使交通事故发生。在交通行业繁荣发展的背后是交通事故频发的现实，这已经成为影响我国公众安全的重要因素。尤其是近年来，汽车工业高速发展，但是公路建设发展难以适应车辆保有量增长的需求，故导致道路交通事故频繁发生。以2020年为例，我国交通事故发生数量24.4万起，造成死亡人数6.1万人，受伤人数2.5万人，由此引发的直接财产损失高达13.1亿元。其中，超速行驶是导致交通事故最多的交通违法行为[3]。

道路交通安全设施是将道路信息及时传达给驾驶员的重要措施，驾驶员在观察到交通安全设施后尽快感知、判断和采取制动措施，才能提升交通安全可靠性。在人车路协同环境中，车辆性能、运行特性和行驶的交通环境会对驾驶员和乘客的行为措施产生影响，从而引起驾驶员的不良生理、心理反应，诱发各种交通事故。

山区道路由于受地形条件限制，多急弯、陡坡等特殊路段，在城市道路中多存在畸形交叉口，坡度较大，分合流情况复杂。在山区道路的视距不良路段，线形指标通常较低，行车环境复杂。道路线形的复杂程度对车辆行车状态具有十分重要的影响。当行驶道路的线形不良时，车辆行车状态会频繁发生变化，从而增加驾驶员行车的危险性。驾驶员在弯道行驶时容易发生占道行为，造成追尾、剐擦等事故。以本书研究的石龙互通—接龙互通为例，该路段S弯道路段属于事故多发路段，发生在该路段上的交通事故数量占项目路段交通事故总量的6.8%，并逐渐上升，其中多车事故的发生率（该路段多车事故总数占事故总数的百分率）同样处于上升趋势。根据前期的数据总结及处理，将事故以250m为间隔进行统计，并将不同事故类型以不同颜色及大小统计于二维平面地图上，事故分布如图1-2所示。

（a）S弯道前部分

图1-2　S弯长下坡路段事故多发段

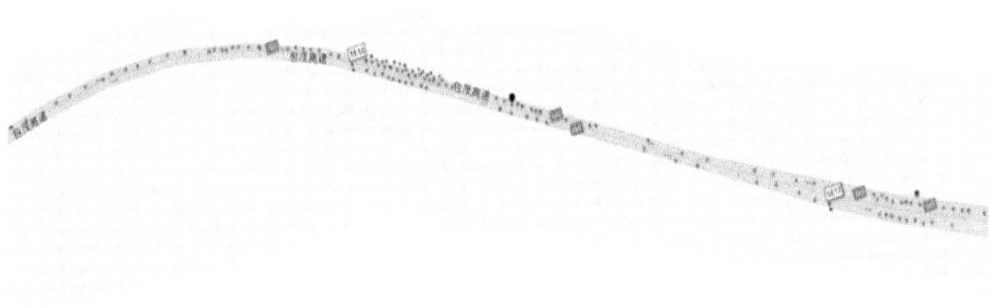

（b）S弯道后部分

图1-2（续）

注：图中黑点为事故多发区域。

在山区高速公路长且大的下坡路段，由于路段距离较长，坡度变化缓慢，驾驶员常常忽略持续下坡引起的加速效果，按照驾驶习惯采取车辆制动行为，再加上限速设施的不连续和主动性控速措施布设较少，往往会导致车速远高于设计车速。在线形较差的公路上超速行驶，增加了事故发生的可能性。在城市道路中，畸形交叉口处交通环境复杂，引起驾驶员的视觉形状不断变化，易使其产生视错觉，致使驾驶员预期车速与实际车速相异。因此视错觉引起的操作失误对驾驶安全有重要的影响。

速度被视为道路交通伤害方面一项关键性的风险因素，不仅影响道路交通事故发生的数量，还与事故烈度相关。车的平均速率增加 5%，受伤性撞击率增加 10%，致死性撞击率增加 20%[4]。研究显示，车速与撞击的危险性大致呈 1 次方关系，与受伤的危险性呈 2 次方关系，与重伤的危险性和致死的危险性分别呈 3 次方和 4 次方关系[5]。但是，速度过低同样也会产生安全隐患，且影响道路通行能力。目前，广泛应用的强制性控速措施以振荡控速标线、橡胶减速垄、道钉减速带等为主，其虽然起到了一定的控速作用，但是在使用过程中仍存在诸多不足。

1）车辆机件磨损。强制性控速设施会给车辆悬挂系统带来额外的负担。考虑到减速带降低了驾乘人员的安全事故风险，因此若振动的冲击值在一个合理的范围内，这种负担是可以接受的。但是，当减速带设置得过高、过密，带来的振动冲击严重偏大时，对车辆悬挂系统造成的负担也会急剧增大。

2）行车舒适性不良。强制性控速设施引起的持续振动和噪声都可能超标，不仅影响行车舒适性，还会干扰道路周边居民和路旁行人。

3）安全事故隐患。若强制性控速设施设置不合理，不仅会弱化其积极作用，还会增加道路交通安全隐患。过多、过密地设置控速设施易使驾驶员产生麻木感而降低其对潜在危险的预判，控速设施设置过高则增加诱发车辆纵向倾覆的风险，控速设施脱落后，其暴露出来的钉子则可能扎爆车胎而诱发交通事故。

4）养护成本高。强制性控速设施在使用过程中，常年受到风吹日晒、荷载、季节温度差等外界环境的影响，逐渐老化、褪色；路面油污和积尘等因素同样会弱化控速设施的可视性；另外，超载、事故等因素会导致其使用寿命缩短，不仅使控速效果大打折扣，后期养护成本也很高。

视错觉控速标线（图 1-3）则能弥补上述缺陷，它是利用人眼产生的视错觉原理，在路面上施划的一种标线类控速设施。其横向宽度、角度和间距等参数的变化，能让驾驶员产生车道宽度和速度变化的错觉。它正是利用人眼产生的视错觉及心理上的自然反应，提示驾驶员在道路危险点前主动采取适度的控速措施，从而保障行车安全。此外，视错觉控速标线没有传统控速设施的突变性，且价格低廉，易于施工、维护和清除。控速标线作为一种预防性和提示性的安全设施，国家标准中给出了具体的设计尺寸及布局，但现有规范没有从驾驶员视觉特性出发，综合人、车、路、环境四要素考虑控速标线的设定。在现有规范中，对于控速标线的设定形式过于单一。不同的颜色对驾驶员心理产生不同的影响，而相关规范并没有对此做出统一具体的规定；目前相关规范并没有结合不同线形路段对控速标线做出具体设定要求；虽然相关规范规定控速标志应结合标志标牌使用，但并未提出具体方法。

图 1-3　视错觉控速标线

在行驶过程中，驾驶员的生理心理压力和视觉适应性对行驶安全具有很大影响。视错觉控速标线的原理是通过控速标线使驾驶员形成视错觉，造成感知速度加快的错象。可以从驾驶员视觉注意的选择、持续时间和转移时间等方面分析驾驶员的感知视觉信息。当驾驶员在驾驶环境较好的条件下行驶时，瞳孔较小，注视点相对散乱，具有很大的跳跃性，会有一定次数的眨眼行为；而在驾驶环境较差的条件下行驶时，驾驶员的神经会逐渐紧张，瞳孔增大。因此，对控速标线措施的有效性进行评价时，从视觉生理心理反应的角度进行评估不可缺少。因此，本书基于视错觉理论，选择瞳孔面积变化率、注视时间、注视次数等眼动特征参数作为评判指标，采取室内模拟试验和室外实车试验相结合的方法，观测和提取不同道路线形条件下的车辆运行速度特征；探寻驾驶员在驾车过程中对标线的横向宽度、角度、间距等判识值的变化规律，建立视错觉控速标线、运行速度和眼动变化之间的关系模型，确定视错觉控速标线在典型路段上的最佳设计参数，并对其控速效果进行评价，实现合理降低车速、保障出行者生命财产安全的目标。

1.2　超速的危害

速度在道路交通伤害方面是一项关键性的风险因素，不仅影响道路交通事故发生的风险性，还与事故导致伤害的严重性密切相关。交通事故的发生是一个能量转化的过程，根据物理学中的动能定理，在交通事故中，速度越高，事故发生过程中速度的变化值越大，能量转化得越多，事故的后果也就越严重。速度越高，发生的事故越严重，对事故当事人造成的伤害也就越大。超速的危害有以下几个方面。

1）超速行驶极易破坏汽车的操纵性和稳定性。汽车在转弯时，离心力的大小与车速的平方成正比。同一辆汽车在行驶条件相同的情况下，如果车速增加 2 倍，则离心力增加 4 倍；如果车速增加 3 倍，则离心力增加 9 倍。因此车辆速度过大时，汽车在横向力作用下容易发生侧滑（图 1-4）或横向侧翻。超速行驶延长了汽车的制动停车距离，而制动停车距离与车速的平方成正比，因此超速会降低汽车行驶的安全性[6]。

图 1-4　超速转弯发生侧滑

2）为了保证行车的安全性，驾驶员必须时刻保持警惕，以保证能获得周围环境的信息，从而正确估计交通情况，决定下一步应采取的措施并付诸行动，所有这些过程都需要一定的时间。车速过快时，在复杂的交通情况下，驾驶员对周围环境情况的观察时间和反应时间减少，没有足够的时间发现危险情况，难以及时采取紧急措施。试验表明，车速提高时，驾驶员的注视点越远，视野角度越小，视力就会越模糊。在车辆流动量较大的情况下，车辆常处于会车、跟车及加速超车的状态，交会的车辆越多，形成的冲突点越多［图 1-5（a）］；同样，加速超车的车辆越多，形成的冲突点也就越多，越容易造成交通事故[7-9]［图 1-5（b）］。

（a）车辆交会发生碰撞

（b）加速超车碰撞

图 1-5 车辆碰撞事故

3）超速行驶加大了汽车的冲击力。运动着的物体所具有的动能与物体的质量成正比，与运动速度的 2 次方成正比。这表明机动车在与其他车辆或物体撞击时，速度越快，本身所受到的冲击力越大，同时给对方的冲击力也越大。试验显示，机动车以 60km/h 的速度撞击混凝土墙壁时，相当于从 15m 高度（约 5 层楼）落下所受的冲击力。如果以 100km/h 的速度撞击混凝土墙壁，相当于从 39m 高度（约 13 层楼）落下后撞击地面，后果非常严重。如果车辆在高速行驶时发生交通事故，虽然碰撞时间相对短暂，但是车辆瞬间形成的碰撞冲击力较大，造成的破坏性以及伤害较大。

4）汽车在高速行驶的状态下通过凹凸不平的路面时，会使车辆的转向操纵过轻，导致转向时方向失去控制，车辆负荷加大，从而造成事故。与此同时，车速过快，会导致发动机、转向装置等部位的负荷加重，容易损坏机件，产生隐患，严重时会造成车辆机件事故。

5）车辆的超速行驶会对生命、财产及社会造成不可估量的危害。超速行驶一旦发生事故，后果极为严重。由于强大的冲击力，轻则人车损伤，留下残疾；重则车毁人亡，家庭破碎。若车辆发生连环相撞，还会对许多其他无辜人员的生命和财产造成危害。同时，事故的发生不仅会导致路段拥堵，还会给公共设施造成破坏，损害社会公共财产。

6）超速行驶容易引发交通事故，从而导致主要的交通干线出现封路的情况，影响他人出行。同时，交警、公安、医护人员等需要到现场进行管理与救治，从而征用了大量的社会资源，对社会的稳定性造成了一定的影响。

1.3 减速技术

因为超速行驶容易造成交通事故，其结果的严重性不可估量，所以进行有效的速度管理不仅可以降低车速，还会降低发生交通事故的风险性。降低车速可以提高道路交通的安全性。

1.3.1 车辆控速方法

1）自适应巡航控制系统（图 1-6）。自适应巡航控制系统是在按设定车速进行巡航控制的系统上，增加了与前方车辆保持合理间距控制功能的新系统。其根据车间距传感器检测的信息，以及本车的车速传感器和横摆角速度传感器检测确定的本车行驶路线信息，判断本车所在车道上前方有无车辆行驶。车间距传感器装有微波雷达或距离雷达。当同一条车道前方没有车辆时，可像通常的巡航控制一样按照设定的车速行驶；当前方出现车辆时，则可以低于设定车速行驶，控制本车与前方车辆的合理间距。通过控制与前车的距离，达到车辆减速的目的。

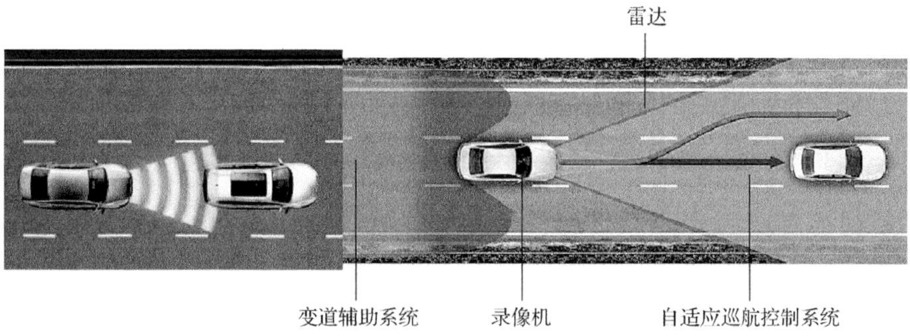

图 1-6　自适应巡航控制系统

2）车速表（图 1-7）。车速表中车速的来源有三个：一个数据是防抱死制动系统（anti-lock braking system，ABS）传感器计算的车速，即先根据轮胎的直径计算得出其圆周周长，再根据轮胎的转速计算得出车速，显示在仪表上；还有两个数据分别来自变速箱输入轴传感器和变速箱输出轴传感器，因为变速箱和车轮之间的转速比是固定的，所以也可以间接得出车速信息，只不过这两个传感器传递的信息是供变速箱控制单元使用的，不会显示在仪表上。一般情况下，车速表显示车速比实际的车速高，所以驾驶员通过车速表查看车辆的行车速度，不仅能对驾驶员形成视知觉上的现行速度认知，还能提示驾驶员调整车速。

图 1-7　车速表

3）车载降速器（in-car speed limiter）。车载降速器与智能交通系统（intelligent transport system，ITS）技术结合使用，可有效调控驾驶座加速踏板下压力度与发动机燃油喷射强度间的相互机械映射关系。当车速逼近路段限制速度时，车载降速器可弱化加速踏板下压力度与发动机燃油喷射强度间的关系，从车辆性能角度降低车辆加速度，进而限制驾驶员对车体的主观控制能力，达到有效降速的目的。车载降速器单向的机械映射调控特性，使下坡时驾驶员仅对离合器进行操作，就能维持发动机定量送油，充分发挥发动机制动的作用，实现辅助降速。车载降速器最大的特点在于强制影响驾驶员自主操控的有效性及加速踏板加速强度的经验感知。

1.3.2　道路线形控速方法

1）车道宽度变化。一般情况下，人眼正视前方看到的景物都是符合透视原理的，实际中平行的两条直线（车道边缘线）在透视图里将交汇于透视原点。车道变窄的视错觉就是通过如图 1-8 所示两条斜线（线 1 和线 2），使驾驶员看到的车道边缘线交汇点 A 较视野里正常的透视原点 B 近，从而使驾驶员感觉车道在逐渐变窄。驾驶员在较窄的道路上行驶时对车辆操纵的心理压力较大，为避免发生事故，倾向于将车速控制在较低的水平。另外，车道变窄式视错觉控速标线在实际绘制时，除了能实现车道变窄效果外，还通过缩短标线之间的间隔，起到同样的车速增加效果。因此，在视觉上车道逐渐变窄的路段上行驶时，驾驶员会下意识地降低车速。车道宽度的改变，引起驾驶员视知觉上的认知，帮助驾驶员了解驾驶环境的变化，促使驾驶员调整车速。

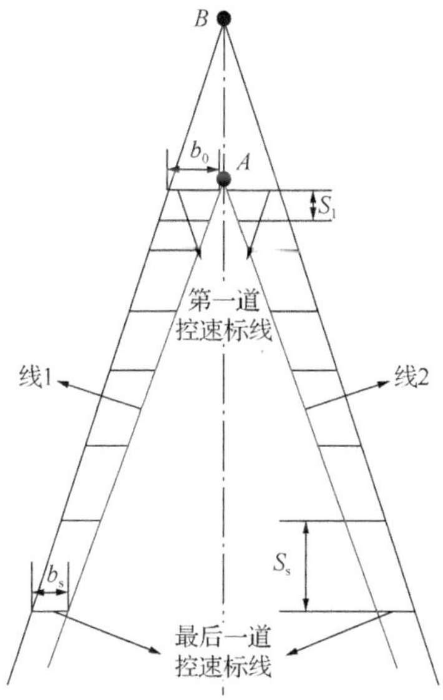

图 1-8 车道变窄式视错觉控速标线的减速原理图

2）环形交叉口（图 1-9）。环形交叉口是一种应用于城镇进出口的减速设施，适用于公路与城镇道路过渡区域有平交口的情况。环形交叉口不仅可以起到降低速度的作用，还能起到降低交通事故发生率和美化路容环境的作用。

图 1-9 环形交叉口

1.3.3 驾驶员感知控速方法

1）LED 实时可变信息标志（图 1-10）。LED 实时可变信息标志储存有多种信息，控制人员可根据公路上发生的情况，通过遥控装置手动或自动显示其中的某种信息。公路上的行车环境常会因天气、自然灾害、交通事故等而发生变化，LED 实时可变信息标志则可将情况及时显示出来。同时，LED 实时可变信息标志也有提示行驶路段限制车速的作用，驾驶员可根据路段限速来降低车速。

图 1-10　LED 实时可变信息标志

2）触觉振动控速标线。触觉振动控速标线使车轮位移发生变化，与路面凸起物发生撞击，不仅使车辆发生振动，而且发出撞击声，起到提醒和警示驾驶员的作用。控速设施与道路平面有一定的垂直高度，因此车辆行驶在上面时，会产生轻微的振动，这种振动会破坏驾驶员的舒适性，为了保证行车的安全性及舒适性，驾驶员就会考虑主动将速度降下来，从而达到降速的目的。

目前常用的半强制性控速设施主要为热塑振动型控速标线。它是通过专用喷涂设备将涂料喷涂在路面上，涂料经过快速固化形成杂纹或圆点状的凸起减速带，凸起高度一般为 5～6mm，且有反光功能，如图 1-11 所示。目前，热塑振动型控速标线在城市道路、高等级公路的平交口及个别陡坡路段被广泛使用[10]。

图 1-11　热塑振动型控速标线

1.3.4 道路控速设施研究现状

车速是影响交通安全的重要因素，世界各国都将车速控制作为主要的交通安全举措之一。

美国国会于1974年出台了全国最高限速法案，该法案出台主要是考虑到能源消耗，因为当时美国的机动化水平已经很高了，而国际石油供应却非常紧张。后来随着石油供应状况的好转，美国逐渐将全国最高限速法案的限制放宽，国会于1987年允许各州将乡村及州际公路中行车条件较好路段的限速由55mi/h（88km/h）提高到65mi/h（104km/h）。随着人们对安全、快捷公路运输的需求越来越高，美国国会于1995年取消了全国55mi/h（88km/h）的最高限速，并将限速的权限还给各州。各州在确定限速值时，除了采用V_{85}①限速，还综合考虑交通流、各州的法定限速、历史事故、路侧条件等因素。减速带是美国常用的控速设施，其通过施工专用机械压出多条下凹的沟壑，以达到减速的目的[11]。

英国、澳大利亚、加拿大等国家限速的原则大同小异，都是在V_{85}速度的基础上，根据道路条件、历史事故记录进行适当调整[12-15]。虽然德国大部分高速公路不限速，但是德国的法律建议限速130km/h，综合考虑安全、环保等因素，德国计划在近几年逐渐开始实行限速[16-17]。新西兰根据不同的道路条件、周边环境、交通量等因素，将道路分为若干安全等级[18]。英国在20世纪80年代开始使用强制型减速设施，控速效果显著，有效地减少了交通事故。其中，新型瓦楞形减速带独树一帜，当车辆振动时造成的振动和噪声都只传至车内，因此不会对周边的建筑物和居民产生不良影响。

美国联邦公路管理局（Federal Highway Administration，FHWA）以平曲线半径（曲率）或竖曲线曲率为单变量来预测运行车辆速度，首次尝试综合考虑平纵几何线形对运行速度的影响，并将采集的卡车速度数据与小客车运行速度模型进行比较，发现两者在平曲线上的速度变化类似，对于曲线半径小于200m的路段，前者速度低于后者[19]。

Aberg等发现，驾驶员的速度变化除了受限速标志等设施的影响外，还与周围车辆的速度有关[20]。Polus等[21]研究了道路线形、交通量与车辆平均运行速度之间的关系，发现曲线半径、纵坡和交通量与平均运行速度呈负指数相关关系，车道宽度对速度有显著影响。Lum等[22]在新加坡的交叉口安装了新版的交通信号灯转变预期系统（traffic light change anticipation system，TLCAS），其不仅能提醒驾驶员即将到来的相位变换，还可以告知驾驶员发生变换时的确切时间。通过安装前后的对比，发现该设备在1.5个月内使闯红灯的数量减少了65%，但是7.5个月之后闯红灯的数量又回升到了之前的水平。Ibrahim等[23]通过比较马来西亚交

① V_{85}是指当交通处于自由流状态，且天气良好时，在路段特征上测定的第85个百分位上的车速。

叉口有无倒计时对交通流的影响，发现有倒计时的排队中前 6 辆车的平均车头时距小于相应位置的没有倒计时的交叉口的平均车头时距。

Hunter 等对亚特兰大市一个连接快速路坡道上铺设了折线形标线的减速效果进行分析，结果表明视错觉控速标线在刚铺设后的减速效果最明显，控速标线在铺设 9 个月后减速效果大打折扣，平均车速只减少了 1～2mi/h（1.6～3.2km/h）[24]。Lee 等[25]利用微观仿真模型，明确了可变限速在减少高速公路特定路段事故率所发挥的作用，当存在交通风险时，可变限速可暂时将发生事故的可能性降低 5%～17%。Nes 等[26]模拟了可变限速对车速一致性的影响，研究表明，在可变限速的情况下，受试者的行驶速度变化小于静态限速。Hellinga 等[27]使用微观交通仿真软件建立了驾驶员服从可变限速的模型，以车辆在自由流情况下不高于限制车速行驶的比例作为划分依据，不同水平的服从率分别是 5%、6%、25%和 70%，不同的服从率对可变限速控制的安全性有显著影响。

Caltrans 采用 6 种车型对 5 种不同设计的切削式、成型式振动带进行了现场试验，建议用切削式振动带取代辊压式振动带，并推荐其设计尺寸[28]。Outcalt[29]针对 29 名自行车爱好者及 4 种不同类型车辆驾驶员的使用感受，在美国科罗拉多州对振动带产生的振动及噪声数据进行了分析，最后推荐了切削式振动带，并建议了设计尺寸：切削深度（9.5±3）mm、凹槽中心间距 305mm、开口长度 3.7mm、相邻开口间距 14.6mm。Watts 等[30]针对由粗糙度较小且不规则的路面引起的振动现象，在不同路面和地基情况下做了测试，提出了计算地面峰值速度的经验公式。2000 年后，切削式振动带逐渐作为乡村双车道公路中央分隔带使用[31-32]。美国国家公路合作研究项目对双车道公路上切削式振动带作为中央临时分隔带的使用问题进行了专项研究，结果表明在中央分隔带上使用切削式振动带，不仅可以有效防止疲劳驾驶，还能防止对向车辆跨线超车[33-34]。

Schelling 等[35]在 SPECIALIST 模型中考虑出入匝道的影响，得到 SPECIALIST-RM 模型。Knoop 分析了可变速度限制对车道分布和驶入匝道对主线交通造成的影响，发现外侧车道通行能力有明显提升[36]。Chen 等[37]以车辆到达时间为目标，对信号灯进行信号补偿，提出了一种车速动态诱导和动态信号时序相结合的交叉口管理策略。Rakha 等[38]利用简单的时空关系作为目标函数得出了最优的机动车排放对应的速度值，提出了利用 V2I 通信的信号交叉口的环保驾驶。Yang 等[39]根据 Newell 跟驰模型，提出了基于车间通信的绿色驾驶策略来控制车辆的速度。

郭忠印等[40]对设置于小半径路段的 3 种典型标志与标线组合进行室内仿真对比试验，在小波分析理论的基础上，提出用转向盘转角系数的高频能量值作为高速公路自由流状态下驾驶操作负荷的评价标准，得到高速公路小半径路段标志与标线的较优组合。叱诚等[41]根据驾驶员速度选择意愿、加速冲动时间和限速标志遗忘时间，发现驾驶员在通过限速标志 1～5min 后有超速冲动，并提出限速标志前置距离的计算公式。周小焕等[42]根据M3分布模型与间隙接受理论，研究了不同交通流状态下的汇入提示标志设置距离，并对影响汇入概率的交通流参数进行了分析。

李志斌等[43]在分析PARAMICS微观仿真模型的基础上，建立了可变限速控制仿真平台，研究了高速公路入口匝道冲击波传播过程中追尾事故的实时风险，提出了可变限速控制策略。陆建等[44-45]通过实车试验，分析了3种典型车速控制措施的减速机理，评价了减速效果，并提出了基于行驶速度的车速控制措施选择方法。姜军等[46]针对目前车速控制措施评价中存在的问题，比较了限速标志、振动控速标线和减速丘对车速控制的有效性和适应性。结果表明，减速丘的减速效果最显著，限速标志最有限，3种控速措施的实时速度曲线均为不完全对称V形，瞬时心率曲线随时间呈下降趋势。

贾洪飞等[47]分析了驾驶员识别限速标志的影响因素，并运用因子分析方法对调查数据进行统计分析，最终将影响驾驶员识别限速标志的6个自身因素作为限速标志对驾驶行为影响较大的因素。司银霞[48]利用因子分析法确定对驾驶员影响较大的因子，并对比分析了限速标志处交通流特性和群体驾驶员行为，建立了限速标志影响的微观评价指标体系。刘宇佳[49]以不同坡段的限速为研究对象，建立了基于运行效率、安全性、驾驶员视认性和长大下坡行车动力性的最高车速限制多目标优化方法。

贺玉龙等[50]在综合交通事故数据分析的基础上，对限速标志、摄像头、横向视错觉控速标线3种速度控制设施控速效果进行分析，研究表明，监控摄像头对驾驶员遵守限速行车有显著影响，限速标志与道路警告标志联合设置的效果比单独设置更佳。侯树展等[51]研究了高速公路振动控速标线（以长宽高、线间距、组数、组间距与每组条数不同划分的3类典型振动控速标线）对不同类型车辆的速度影响规律，建立了小车和大车的运行速度变化模型，提出设置提醒标志、延长振动控速标线长度及组间距等安全管理对策。鲍兴建等[52]根据驾驶员问卷调查和采集到的车速数据，对山区高速公路长下坡路段振动减速带的减速效果进行了分析，得到小车平均速度降低了12km/h。徐婷等[53]选择入曲线前运行速度和平曲线半径为自变量，预测出小车运行速度差，考虑到运行速度和设计速度以及驾驶员的视认性，得到不同运行速度下对应的建议限速标志前置距离。

陈荫三等[54]提出了在高等级公路上具有较强警示力度的强制控速设施，研究了具有较好控制效果的驼峰式强制减速带。任璐等[55]为了减小减速带给车辆带来的振荡作用，通过研究驾驶员的动视觉特性，以及几何图形和颜色搭配，提出不同车速下最佳视觉效果所对应的减速图案。于仁杰等[56]以驾驶员的视认性和短时记忆为理论基础，分析了限速标志对驾驶员自适应性和车辆易操控性的影响，计算得到高速公路施工区内限速标志的前置距离、后置距离和重复距离，并进行实例验证。田雨佳[57]研究了驾驶员限速条件下的驾驶行为，根据状态偏好（stated preference，SP）调查法，采集了驾驶员对山区高速公路限速标志设置的态度、需求和响应，得到了小客车驾驶员对山区高速公路限速值及限速标志设置的期望与偏好。肖润谋等[58]以云南罗富高速公路长大纵坡路段为对象，通过实车试验发现，专用减速带能有效减少山区高速公路长下坡路段发生重大交通事故的隐患。

丁乃侃等[59]基于驾驶员距离、速度感知和碰撞估计，运用结构方程模型（structural equation modeling，SEM）分析了多个因素影响跟车行为的交互因果关系，揭示了边缘标线与驾驶员跟车车距调节行为之间的规律。万红亮等[60]以公路隧道中部为对象，进行基于极限法的车速感知心理物理试验，对比分析了不同频率视觉信息在不同照度水平条件下的速度感知差异。徐良杰等[61]针对驾驶员在冰雪环境视觉信息的传递原理及标志色彩的刺激作用，分析了冰雪环境对行车速度的主要影响因素，开展了冰雪路面与良好路面的弯道标志改善试验，分析了弯道线形诱导标志对交通流和车速的影响。褚端峰等[62]采用轮荷冲击系数、动载荷系数和振动加速度均方根这 3 项指标，评价了该减速带的安全性和控速效果，并对沥青混凝土减速带的几何外形、尺寸等进行优化设计，以期降低重型车辆在山区高速公路长大下坡路段的事故率。

裴玉龙等[63]通过建立时间费用函数与油耗费用函数，提出了最高车速限制方法，并根据车速离散度和不同坡度下的经济车速，揭示了车速离散度与事故率之间的关系，提出基于车速离散度约束与经济车速的最低车速限制方法。蒋贤才等[64]梳理了国内外雾天道路交通安全处理策略，从提高路面摩擦系数、开辟紧急避难车道、完善沿线照明系统、开启轮廓指示系统等多个方面，提出了雾天增强安保措施的方法。姚焓东[65]根据时空关系选取车队中的头车，提出基于可变速度限制的信号交叉口绿色驾驶控制方法。

徐进等[66-68]建立了“公路-驾驶员-车辆-环境”仿真系统，实现三维空间路面上的车辆自动行驶，通过虚拟行驶试验，揭示了公路几何特性、车辆特性和驾驶员行为特性间的规律。林航晟[69]在认知心理学的分支——直接知觉理论的基础上，分析驾驶员在高速行驶时的知觉模式，得出通过光流影响驾驶员对速度的感知，最后按照主动发光标志的要求设计出光流减速装置。

刘唐志等[70-71]对 5 种切削式路侧振动带进行了现场试验，得到了不同设计尺寸下路侧振动带的警示效果，并提出了振动带的设计尺寸和布局方法。安冠宇等[72]和俞耀[73]分析了减速带对车辆振动和噪声警示效果的影响规律，研究了振动加速度均方根值、噪声增量值与运行速度三者之间的关系。唐江等[74]根据一级公路交叉口的控速目标，研究了减速带选型、尺寸、布局和配套设施等，并进行了应用案例分析。朱汉容[75]和王巧珍[76]通过比较技术要求、使用特点、工程造价等，对农村公路路侧安全护栏、道路交通标志、道路交通标线以及减速安全设施、视线诱导设施、停车服务设施系统进行了分析，总结出各种交通安保设施在农村公路的选用方法。

姚文静[77]和胡列格等[78]提出了雾天条件下的分区分级限速策略和方法，并根据美国国家公路与运输协会（American Association of State Highway and Transportation Officials，AASHTO）和国家公路合作研究计划（National Cooperative Highway Research Program，NCHRP）的停车视距模型，得到不同能见度条件下的限速推荐值。何林等[79]以山区公路连续长大下坡为对象，提出标志设计、标线应用、护栏设置、避险车道的设置方法，并提出相关交通设施的优化策略。龚雪雪[80]针对长沙市典型交叉口，分析了运行效率、安全性两方面对倒计时表的影响程度。研究表明，在混合流以及大-小跟车的情况下，倒计时对饱和车头时距影响显著，混合流及小-小跟车情况下的启动延误在有、无倒计时有显著差异，倒计时对启动延误有明显影响。张吉光等[81]调查了玉屏县农村公路交通安全设施现状，分析目前存在的问题，并提出了农村公路交通安全设施规划设计理念和方法。

李新华等[82]提出一种以橡胶的低弹性模量为减速机理的镶嵌式减速带，其可通过视觉、触觉提醒驾驶员减速，从而规避了传统强制性控速带对车辆的不利影响，有效提升了使用舒适性。

1.4 道路视错觉控速标线研究现状

1.4.1 国外研究现状

交通宁静化（traffic calming）的理念最早出现于20世纪70年代的荷兰，后来在德国、丹麦、英国、美国等国家得到了长足的发展。无论是在高速公路、城市道路、国道，还是地方道路，基于驾驶员心理特点设计的视错觉控速标线都能主动引导驾驶员在危险点前方降低车速，控速效果良好，且具有噪声小、行车舒适性好、造价低廉等优势，因此应用广泛。

目前，国外常见的视错觉控速标线种类比较丰富，包括横向视错觉控速标线、纵向视错觉控速标线、梳齿形视错觉控速标线、鱼刺形视错觉控速标线（图1-12）、龙牙形视错觉控速标线、三维立体彩色标线等。美国的视错觉控速标线主要施划在高速公路跨河大桥、互通立交桥的主线及隧道前方等。法国使用的视错觉控速标线包括将白色三角形标志施划在红底色横线上，在危险地段施划红白相间的斑马线，以及在公交车停靠处施划黄色折线等[83]。新加坡陆路交通管理局发布了陆路交通总体规划，于2008年引入公路交通视错觉减速措施，包括横向减速线、横向变化标志和龙牙视错觉控速标线等，旨在通过使用道路标记减少驾驶员的侧向感知，从而影响司机的行为，主动提醒驾车员降低速度[84]。在日本，视错觉控速标线主要施划在高速公路曲线路段、高架桥及下坡路段。在城市道路事故“黑点”路段，常常通过施划块状视错觉控速标线让驾驶员产生车道变窄的错觉。在山区危险路段，通过施划山形、橡形、块形等形式的视错觉控速标线，让驾驶员在远处产生立体的错觉，以为有障碍物在道路上，不得不采取制动减速[85]。

在加拿大温哥华保利·约翰逊小学附近，设置了提醒注意孩子们在道路上行走的路标，公路中央还施划了有别于传统减速设施的三维视觉立体控速标线，内容是一个在路面上追逐皮球的小女孩（图 1-13），设计者利用让人产生“错觉”的静态影像，将女孩以拉长的形式布置在路面上。该图案在 100ft（30m）的范围内具有三维真实感，车辆靠近时会渐渐变形为二维状态。所以当驾驶员看到这个图案时，自然而然就会主动减速[86]。

图 1-12　鱼刺形视错觉控速标线

图 1-13　逼真的三维视觉立体减速设施

美国汽车协会（American Automobile Association，AAA）基金会分析认为，尽管人字形视错觉控速标线在美国的使用并不是非常有效，但是将减少少量的交通事故与其低廉的造价相比，还是很有价值的[87]。美国联邦公路管理局研究表明，在艾奥瓦州 Roland 县道 E-18，橡形视错觉控速标线施划前平均车速为 40km/h，标线施划 1 个月、3 个月、9 个月、12 个月之后，V_{85} 减少了 6km/h，但是总体而言，1.6km/h 的减速效果更有代表性[88]。Abdoulaye 以美国 Belvue、Silver Lake 和 Meriden 等试验路段为例，限速分别为 48km/h、72km/h、72km/h，但实际上都存在不同程度的超速，平均运行速度分别为 48～61km/h、72～84km/h、72～92km/h，V_{85} 分别为 71km/h、80～95km/h、80～101km/h。他通过收集外围横向减速条施划前与施划后 5 个月的前后速度，并运用 t-test、Z-test、F-test 等统计学方法对平均车速、方差等进行分析，发现 Meriden 的 V_{85} 下降 8.9%，与 Silver Lake 相同，Belvue 的 V_{85} 反而增加了 0.2%[89]。在英国，乡村公路车速控制研究组对龙牙形视错觉控速标线的减速效果进行多次试验，地点选择在什罗普郡的 Dorrington 和 Pant。研究表明，Dorrington 限速 40km/h，试验前平均车速为 50km/h，V_{85} 为 58km/h。龙牙形视错觉控速标线施划 1 个月后的平均车速降至 47km/h，V_{85} 为 51km/h；标线施划 1 年后的平均车速降至 45km/h，V_{85} 为 50km/h。Pant 限速为 48km/h，试验前平均车速为 63km/h，V_{85} 为 71km/h。龙牙形视错觉控速标线施划 1 个月后的平均车速降至 53km/h，V_{85} 为 60km/h；标线施划 1 年后的平均车速为 55km/h，V_{85} 为 63km/h[90]。

Agent[91]对急弯路段视错觉控速标线控制车速的效果进行研究，发现视错觉控速标线的控速效果要优于普通的限速标志标牌。Drakopoulos 等[92]通过对施划鱼刺形视错觉控速标线路段的车辆运行速度进行数据采集，并与该路段原始车速作对比，验证了鱼刺形视错觉控速标线的降速作用（图 1-14）。Charlton 等[93]对新西兰公路的速度控制措施进行研究，发现影响驾驶员的感知觉是控速的最佳方法，即车道变窄或车辆数目增多仅在 250m 左右范围内对速度的大小有作用，车辆行驶速度越高，视觉影响对车速控制越有效。他们对不同的控速措施进行试验分析，利用图解模式提高不同性格驾驶员的安全驾驶行为。Manser 等[94]利用在隧道内壁设置不同宽度和间距的标线块的仿真环境，采用模拟试验，分析不同间距下的标线形成的视觉图像对驾驶员驾驶行为的影响；结果发现在行驶环境中，随着视觉图像递减，行驶速度也会逐渐降低，反之也成立。

图 1-14 国外视错觉控速标线

Godley[95]通过驾驶模拟器仿真试验，研究了变间距梳齿形标线的减速效果。结果表明，在标线施划初期，横向视错觉控速标线通过产生警示作用而提醒驾驶员减速，因此降速效果更好。Meyer[96]在视错觉控速标线根据经验确定设计要素的基础上，根据计算机生成不同形式的视错觉控速标线类型，通过驾驶员观察图形并做出评判，从而确定标线的减速效果。Rakha 等[97]通过对标线施划前、施划后 6 个月内以及施划后较长时间这 3 个阶段进行车速观察，发现其在干线公路上的效果比在地方道路上要好，对于车头时距大于 4s 的车辆，标线的减速效果依然明显。Vest 等[98]研究发现，减速效果最好的技术是频闪灯和路面横向视错觉控速标线，当车辆高速行驶时，横向视错觉控速标线的减速效果更为明显。从 Denton 的研究报告中可知，横向视错觉控速标线试验路段位于苏格兰中洛锡安郡的 Newbridge Roundabou 交叉口，对标线施划前后进行为期 3 周的前后车速对比，发现减速效果明显，分别使平均速度和 V_{85} 降低了 23%和 30%[84]。美国《低造价公路安全解决方案》中推荐了一种人字形视错觉控速标线，其能让驾驶员产生车速过快和车道变窄的视错觉，从而使车速降低 11%～24%，事故数量降低 43%[87]。Anstis[99]发现，当车辆相对于标线水平向右运动时，车道两侧设有一定角度的边缘率分界线能产生车道收缩的效果。Drakopoulos 等[100]在威斯康星州 94 号州际公路的一条匝道上施划了角度值为 45° 的倒 V 字形边缘率标线，1 年半后发现 V_{85} 降低了 27km/h。

1.4.2　国内研究现状

1. 相关规范

依据《城市道路交通标志和标线设置规范》（GB 51038—2015），车行道横向视错觉控速标线应由一组垂直于车道中心线的白色标线组成。设置间隔及标线条数应符合表 1-1 的规定。 根据设计速度的不同，视错觉控速标线设置道数应符合表 1-2 的规定[101]。

表 1-1　车行道横向视错觉控速标线的设置间隔

视错觉控速标线	第 2 道	第 3 道	第 4 道	第 5 道	第 6 道	第 7 道	第 7 道以上
间隔/m	$L_1=17$	$L_2=20$	$L_3=23$	$L_4=26$	$L_5=28$	$L_6=30$	32
虚线条数/条	2	2	2	2	2	3	3

表 1-2　视错觉控速标线的设置道数

设计速度/（km/h）	100	80	60	50	40
设置道数/道	9	7	5	4	3

《公路工程安全保障工程实施技术指南》（2016 年版）中规定，车行道纵向视错觉控速标线应由一组平行于车行道分界线且倾斜角为 45° 的菱形块虚线组成。菱形块虚线线宽应为 30cm，线段与间隔长应均为 100cm，与车行道分界线间距应为 5cm；在车行道纵向视错觉控速标线的起始位置，应设置 30m 的渐变段，菱形块虚线线宽应由 10cm 变为 30cm。另外，车行道视错觉控速标线可采用振动标线，高度宜小于或等于 4mm，宜与限速标志配合使用。设置在减速路段上，标线宽度、间距、条数不变，标线宽 10～15cm，间隔 20cm，6 条一组，每隔 30～50m 设置

一组。设置在减速路段的起点前，单线线宽采用 45cm，双线间距 50cm，根据行驶方向，标线从一条变为两条一组，间距从 10m 逐渐缩小为 5m 的间距[102]。

2. 研究机构

目前，国内的视错觉控速标线应用较少，主要类型为三维立体视错觉控速标线、车型纵向视错觉控速标线。三维立体视错觉控速标线在杭州五老峰隧道口、浙江台州锦江百货商场附近、乌鲁木齐昆仑路印象南湖小区路段、山东滨州渤海十六路符前街、青岛香港东路王家麦岛路段、常州市局前街小学和博爱路小学门前、新疆外环路至南湖东路北五巷路段、福州铜盘高架桥、重庆南滨路等地方进行了应用。车型纵向视错觉控速标线是《道路交通标志和标线 第 2 部分：道路交通标志》（GB 5768.2—2009）中新增的一种标线类型，从 2009 年 7 月 1 日正式开始实施，于 2010 年广州亚运会开幕前后正式使用。在南宁民族大道科技馆前及鲤湾路口，重庆的经纬大道，义乌 S310 省道 103K 刑宅村附近，北京市二环、三环、四环路的一些桥区匝道和拐弯地带，浙江海宁百合新城文宗路，石家庄槐安路跨平安大街桥等地都布设了车型纵向视错觉控速标线。此外，浙江沪杭甬高速公路、内蒙古 S203 线乌兰浩特至阿尔山段、云南元磨高速公路、浙江黄衢高速长隧道入口也设置了梳齿形视错觉控速标线、椽形视错觉控速标线等减速设施。尽管国内在一些地方使用了视错觉控速标线，但大量标线设置的形式、尺寸等未经深入研究，设计也不够科学合理，减速效果参差不齐。

我国对视错觉控速标线的研究起步较晚，且主要集中在高校。刘浩学等[103-105]依据动态环境下视错觉产生的作用机理，以鱼刺形视错觉控速标线为例，对各设计参数进行分析，通过计算得到视错觉控速标线变间距的方法。研究表明，合理的参数设计能产生较好的减速效果，变间距视错觉控速标线的减速效果更佳。颜先华等[106]以梳齿形视错觉控速标线为例，通过仿真试验和实际道路试验，对其重要设计参数进行分析，并验证了标线的减速效果。张冬梅等[107-108]通过实际道路试验，采集并分析中长隧道出入口段行车速度特性及视觉特性。他们依据驾驶员瞳孔面积变化速率与视觉障碍的表征关系，分别建立隧道入口段和出口段的鱼刺形/梳齿形视错觉控速标线设置参数模型，得到驶入隧道的期望速度为 50km/h，驶出隧道的期望速度为 60km/h，以及不同类型的视错觉控速标线设置参数。朱绪飞等[104]利用编程和 DirectX 技术创建了公路视错觉控速标线仿真系统，得到在道路环境条件相同的情况下，不同标线中相邻标线的间距相同时，可以获得较好的减速效果。高伟江[109]对四边形视错觉控速标线、鱼刺形视错觉控速标线和三维立体视错觉控速标线等视错觉控速标线进行问卷调查和主观评价，发现这几种视错觉控速标线都能使驾驶员产生紧张感和速度错觉。王晨[110]评价了连续长大下坡上布设的振动控速标线的效能。

张子培等[111-112]研究了标线参数影响减速效果的因果关系，其影响顺序为标线的虚实比>行车速度>时间频率>角度>横纵比。行车速度和时间频率协同影响“速度风险感知”，横纵比、虚实比和角度协同影响“知觉车道缩减”。“速度风险感知”和“知觉车道缩减”协同影响驾驶员行车过程中的操作行为。刘兵等[113]通过采集分析自由流车辆的断面车速数据，探寻边缘率标线长度对减速的影响规律，并运用结构方程模型对其影响机理进行了研究。丁乃侃等[114]研究边缘率标线角度为30°、45°、135°和150°时对行车减速的影响，结果发现角度为150°时车辆减速效果最明显，角度值越大，减速效果越明显，时间频率越高，减速效果越明显，边缘率标线角度和时间频率协同影响减速效果。杜志刚等[115-116]对隧道中部设置单一频率和高低频组合的视觉信息进行了试验，分析了不同信息下驾驶员的速度错觉程度，对视错觉标线产生的减速效果进行了验证。史晓花等[117]通过对隧道侧墙、隧道中部设置高频与低频的视觉组合标线，重构驾驶员的视觉参照系，分析了驾驶员对速度高估程度下视错觉标线的减速效果，并构建了车辆行驶安全模型，计算出隧道内车辆之间的最短安全间距为67m，小于传统安全间距90m，得出应提升交通安全限制参数的结论。余金林等[118]在交叉处进行振动控速标线设计，并探讨了振动控速标线的参数设计方法，并针对不同振动控速标线组数和车辆减速度，从驾驶员的舒适性角度出发，分析了控速标线效果。

刘丹[119]以不同条数和设置间距的振动控速标线作为研究对象，分析驾驶员对各种类型振动控速标线所采取的不同措施，并建立处理模型来解释振动控速标线的减速机理；通过问卷调查的方式，掌握驾驶员主观意识上对振动控速标线的了解、反应和操作行为等，再利用实车试验的方式采集车辆在设置振动控速标线的路段运行时的速度数据和驾驶员特性数据，选择车辆减速度和车速下降率等指标分析减速特性和差异性，建立了视认距离和心率增长率的预测模型。

胡爱秀[120]通过仿真试验表明，视错觉控速标线能引起驾驶员注意并主动诱导驾驶员降低速度，鱼刺形视错觉控速标线的闪现率、可视性和刺激强度均大于边缘率视错觉控速标线，适用于缓弯、缓坡路段和车流量小的交汇口。

尚婷等[121-123]以梳齿形视错觉控速标线为例，通过对多名驾驶员进行室内仿真试验，建立了横向宽度和瞳孔面积的回归模型：当运行速度为80km/h时，确定瞳孔面积变化率20%为自由流条件下减速标线平直路段驾驶员心理紧张的安全阈值，对应的减速标线横向宽度为43.46cm。段萌萌[124]提出一种新型的视错觉控速标线设计方案，通过室内仿真和室外实车试验采集了被试驾驶员心率和行车速度数据，并建立两者的数学模型，验证视错觉控速标线的控速效果及安全性，最终优选出最佳参数组合的标线形式。朱福春[125]通过对安全容错进行分析，尝试将三维彩色视错觉减速垄应用于交通实践。

吴京梅等[126]对视错觉控速标线的多组数据组合的形式进行减速性能优劣比

选，通过驾驶模拟器仿真试验和实车室外试验，优化视错觉控速标线设计参数，确定了视错觉控速标线的最佳设计方法。

孙潇昊等[127]基于视错觉生成原理，分析了立体标线的具体参数，并采用模拟仿真的方法验证了三维立体标线的减速效果。周剑萍等[128]从驾驶员心理角度出发，考虑驾驶员的视错觉特性，设计减速标线并判断其有效性，提出一种基于视错觉原理的标线设计方法，推导出三维空间驾驶员视线与道路标线的交汇点，按功能需要对交汇点处的视觉效果进行优化，并将其应用于道路视错觉控速标线设计。郭延永等[129]实地采集南宁市多处视错觉控速标线路段的实际行车速度数据，研究速度随着视错觉控速标线布设类型的变化规律，得到其有效控速范围为上下游约 250m；车辆平均速度下降程度为 2.4～4.2km/h，超速车辆比例下降 9.4%～15.6%。张强等[130]通过在隧道内增加主动发光的隧道走向轮廓标及在隧道出入口设置绿化植被来满足视觉环境中所需要的视距需求。

郑芳[131]在内蒙古 S203 线事故多发路段设计并应用了视错觉控速标线，使驾驶员产生车道逐渐变窄的错觉，提升了该路段的交通安全水平。

周光涛[132]运用驾驶仿真器，通过多名被试驾驶员对三色立体、鱼刺形和菱形视错觉控速标线进行模拟仿真试验与主观评价，比较了各种视错觉控速标线的优劣和适用性。

丁婧艳等[133]对杭州市两条道路条件、交通条件相近的路段进行研究，发现视错觉道路边缘线对驾驶员车道保持有显著的效果，白天对大客车作用明显，夜间对小客车的效果更佳。

赵新飞等[134]详细介绍了彩色陶瓷视错觉控速标线的视觉效果、陶瓷骨料性能、施工流程及在湖南衡桂高速公路的应用情况。熊刚[135]从外观明了、设计科学、布设合理 3 方面选取 8 个评价指标对视错觉控速标线控速有效性进行层次分析法评价。

1.4.3 国内外研究评述

目前，研究的视错觉控速标线设计类型主要包括纵横向视错觉控速标线、鱼刺形视错觉控速标线和梳齿形视错觉控速标线等，主要布设在不同等级的公路急弯段、高速公路隧道出入口和隧道车道内部、高速公路收费站的收费广场和干线公路无控交叉处。大部分科研人员通过实际调研并结合仿真试验场景的方式，在设置不同尺寸和参数的条件下，对车辆行驶速度、行驶距离、交通标线闪现率和驾驶员瞳孔指标进行分析，从而对视错觉控速标线的减速效果、视认安全性和驾驶舒适性进行分析和优化。视错觉控速标线在国内部分省市已经开始应用，经过对多处视错觉控速标线调研，发现存在以下问题。

1. 设置位置不合理

视错觉控速标线的设置位置各不相同，有的在城市跨江大桥上，有的在高速公路匝道，有的在红绿灯路口，有的在乡村道路。城市道路车速较慢且易发生拥堵，导致标线被车辆遮挡而影响其效果；低等级公路交通量少且车速偏低，对降速的需求不大；高速公路上的标线有严格的规范要求，任何路面上新增加的设施若未经过系统而全面的研究，都可能造成新的安全隐患。

2. 设计参数不恰当

1986 年，中华人民共和国交通部、公安部组织编制完成了国家标准《道路交通标志和标线》，并于 1999 年和 2009 年修订了执行标准，但是目前的规范没有明确规定视错觉控速标线相关参数的取值。目前，国内外针对视错觉控速标线的研究，部分还停留在借鉴和经验设计层面。

3. 车速控制不科学

经过对现有视错觉控速标线的减速效果进行测试，得到的减速效果有限或者不在合理的范围之内，较大的速度差反而会引发新的交通事故。通过对驾驶员主观感受的调查，发现部分标线对驾驶员不起作用，而有些标线会给驾驶员带来不适感。

视错觉控速标线作为视觉诱导减速措施，对其有效性的评价不仅要从车辆速度的降低和造价低廉等方面考虑，在交通系统中，还应该从交通流状态和视错觉控速标线影响车辆轨迹横向偏移量等多方面考虑，从驾驶员和道路角度分析其有效性更为重要。

4. 有效性影响因素分析有待完善

当前视错觉控速标线有效性主要是从视错觉控速标线的设计参数（包括其长度、宽度、间距和角度）出发，利用其视错觉原理，分析不同的驾驶视觉特性，对此提出不同路段的速度控制措施。不同学者对此的分析具有局域性，且评价指标过于单一，缺乏统一标准，因此，有必要从人、车、路和环境角度出发，充分考虑驾驶员心理、车辆运行状态和道路特性，使视错觉控速标线有效性的影响因素分析更具有系统性。

5. 有效性评价方法有待丰富

现有的视错觉控速标线有效性评价方法主要是与不同限速标志、施划标线前后路段的速度和事故率进行对比分析，评价指标从后果考虑，缺乏对视错觉控速标线本身设计参数的评价及对其影响下驾驶员和车辆间的相互评价，因此，本书拟采用趋势面模型和熵权物元模型，分析车辆运行指标、驾驶员特性和轨迹特性之间的关系，从而有效解决同层指标不相容的问题。

综上所述，根据国内外相关研究发现，眼动指标多用于研究驾驶员紧张反应，且已被学者所认可。通过人眼视错觉原理和心理的自然反应，诱导驾驶员在道路危险地点前主动采取减速措施，从而达到保障行车安全的目的，是一条行之有效的解决措施，也是一项应用前景广阔的新技术。因此，通过对驾驶员在动态驾驶环境中眼动特征变化的分析，展开对视错觉的速度辨识机理研究，可以优化视错觉控速标线各设计参数，为其实际应用研究提供理论依据和技术支持。

小 结

本章通过对近年来因超速引发的交通事故分析引出国内外现有的减速技术。首先，从道路线形、车辆控速、驾驶员感知控速与道路控速设施几方面对国内外现有减速技术进行总结。其次，对现有道路视错觉控速标线进行分析，其设置位置、参数、车速控制有效性评价方法均有待进一步研究，并提出通过基于驾驶员在动态驾驶环境中的眼动特征，对视错觉的速度辨识机理进行研究，可以优化视错觉控速标线各设计参数，为其实际应用提供理论依据和技术支持。

第 2 章 驾驶环境基础研究和视错觉辨识机理分析

山区道路相对于一般道路而言，在道路线形上具有路窄弯多和坡度较陡等特点，且山区气候多变，导致驾驶员在山区道路的行驶条件和视觉环境困难度增加。尤其是设置横向+纵向视错觉控速标线的路段多为城市交叉口、急弯、陡坡、匝道、长上坡路段，受道路线形条件的限制，对驾驶技术有很大考验。本章通过对重庆市多处设有横向+纵向视错觉控速标线路段的实地调研与观察，了解山区道路设置横向+纵向视错觉控速标线路段的环境特征，从行车环境特征、车辆行驶轨迹、交通流基本特征和驾驶员视觉心理特征等方面分析道路设置横向+纵向视错觉控速标线后对驾驶行为影响的基本规律。

2.1 行车环境特征

行车环境对驾驶安全有重要影响。驾驶员通过车速表和车外参照物来判断行车速度的快慢，但在下雨、降雪、大雾等恶劣天气行车时，很难看清楚视野边缘作为参照物的景物，很容易把车速估计得较低。城市快速路的匝道路段，车辆的频繁换道、流出、汇入容易引发交通流的紊乱，成为交通瓶颈。速度错觉是隧道超速导致事故的主要诱因。急弯路段行车视距受限，需要有合理的诱导设施来引导驾驶员以安全速度通行。山区城市地形起伏，其城市交叉口通常存在一些坡度，很容易使驾驶员估错速度，导致事故发生。因此，在高速公路弯道段、连续弯道段、互通匝道处、急弯陡坡和山区城市道路交叉口处施划横向或纵向视错觉控速标线可以利用驾驶员的视觉来传递减速信息。

匝道区域事故的特征之一是事故发生点较为集中，大多数交通事故发生在加减速车道及匝道端部位置。加减速车道上事故的特点主要表现为：高速行驶的车辆在分流减速过程中，容易撞向前面突然减速的车辆而发生追尾，合流时又容易同直行车辆发生侧向碰撞或摩擦。匝道端部事故的特点主要表现为：出口端曲率半径过小，易发生由减速不及时而造成的恶性翻车事故；入口端的驶入角过大，且视距条件不好时，易与直行车发生碰撞[136]。在匝道出口路段，如图 2-1 所示，交通标志和标线的设置影响车流的稳定性。当匝道限速值与主线限速值相差较大或驶出匝道的设置长度过短时，很容易使想要驶出主线的驾驶员采取紧急制动措施以降低行车速度，导致后车驾驶员反应时间太短而造成追尾事故。

图 2-1　匝道出口路段

城市道路交叉口（图 2-2）中往往存在交通交织点、冲突点多，视线盲区较大等问题，加之行人、非机动车、机动车辆混行严重，交通混乱，也使城市道路交叉口存在交通安全隐患。人、车辆、路和环境等条件都可以对交通安全产生影响，城市道路交叉口位置在城市路网中有一定的特殊性，在确保交叉口通畅的同时，按照合理的行车速度行驶，对提高交叉口的安全性能十分重要。

图 2-2　城市道路交叉口

山区公路弯道路段常常为平纵线形组合的路段，即平曲线与纵坡的组合，且多为长大纵坡，长大纵坡与急弯道对道路行车安全是十分不利的，如图 2-3 所示。弯道是事故的多发路段，其造成的事故影响往往比较严重。美国国家公路交通安全管理局统计显示，弯道是公路上危险的路段之一，超过 25%的死亡事故与弯道直接相关[137]。我国弯道事故占全部事故的 7.84%，从严重性的角度出发，弯道事故的死亡率更高。因此，在这些路段行驶时需要保持高度警惕，在山区弯道等复杂的路段，特别是转弯半径较小的急弯道路段，经常发生车辆翻车或倾覆等事故，且这些事故的后果一般比较严重，对驾驶员的人身安全和财产安全有着严重的威胁。为此，探究弯道路段道路条件及弯道减速措施对该类型路段上车辆行驶安全的影响十分必要。

图 2-3　长大纵坡与急弯道

2.2　横向+纵向视错觉控速标线类型

横向+纵向视错觉控速标线主要是通过设置不同间距、长度和宽度的图案，使行驶的车辆在横跨车道时轮胎碾压有明显凹凸感，并利用视错觉使驾驶员产生前方道路变窄的错觉，从而达到主动降低车速的目的。

2.2.1　横向振动视错觉控速标线

根据我国《公路工程安全保障工程实施技术指南》（2016 年版）的规定可知，横向振动视错觉控速标线反光性好，在雨天和黑暗环境中也具有很好的可视性，且横向振动视错觉控速标线表面设有不同程度的突起，可以在驾驶员疲劳驾驶或行车速度过快时发挥振动提醒作用。该指南中规定，横向振动视错觉控速标线的宽度、间距和设置的组数应该根据不同的设置位置有所区别，以更好地达到逐步降低行车速度的目的[138]。具体的横向振动视错觉控速标线间隔如表 2-1 所示，布设示例如图 2-4 所示。

表 2-1　横向振动视错觉控速标线间隔

控速标线	第 2 道	第 3 道	第 4 道	第 5 道	第 6 道	第 7 道	第 8 道	第 9 道	第 10 道及以上
间隔/m	L_1=17	L_2=20	L_3=23	L_4=26	L_5=28	L_6=30	L_7=32	L_8=32	32
标线条数/条	2	2	2	2	2	3	3	3	3

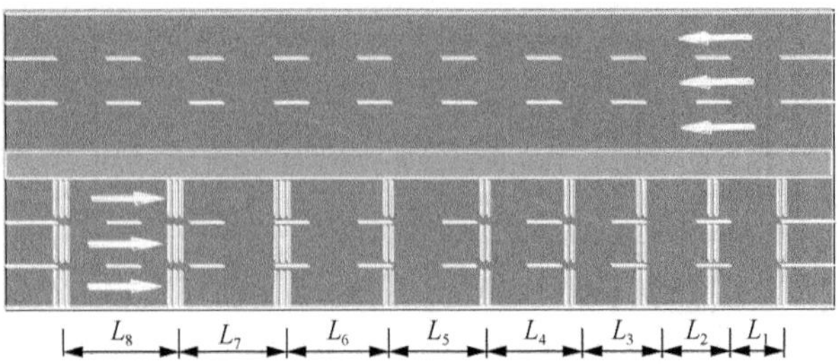

图 2-4　横向振动视错觉控速标线布设示例

2.2.2　纵向视错觉控速标线

根据《道路交通标志和标线 第 3 部分：道路交通标线》（GB 5768.3—2009）的规定，可知纵向视错觉控速标线设置在道路车道边缘线的内侧，是平行于车道边缘线的由菱形块构成的线条，通常会设置 30m 的起点渐变段，菱形块的宽度会从 10cm 到 30cm 产生渐变（图 2-5），在尾端按照等宽的方式布置，间距采用 100cm，倾斜角度 45°，与车道边缘线距离为 5cm（图 2-6）。纵向视错觉控速标线（图 2-7）是利用驾驶员的视错觉认知，使驾驶员从心理上增加紧张感，从而主动降低车速 [139]。

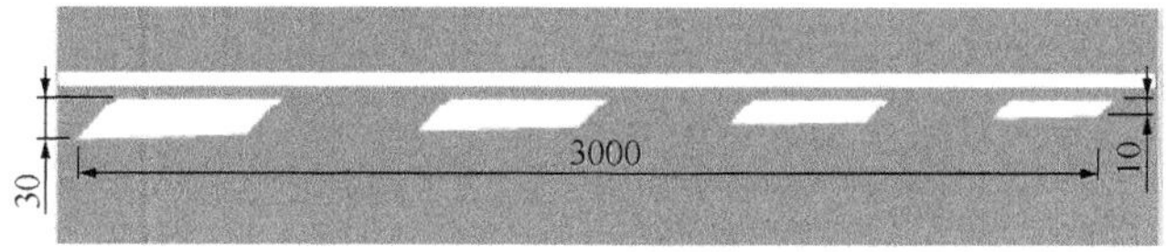

图 2-5　车行道纵向视错觉控速标线渐变（单位：cm）

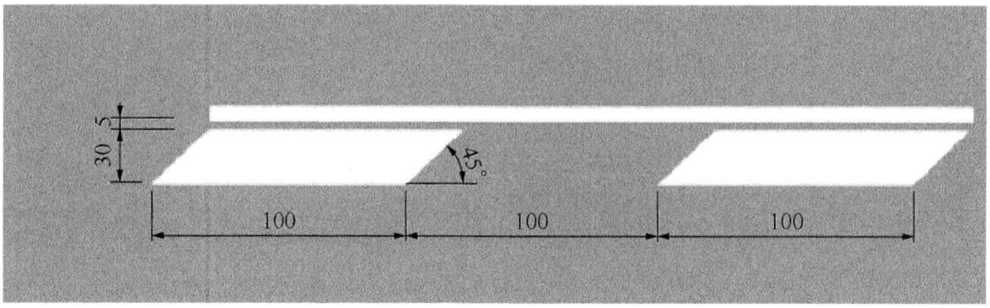

图 2-6　车行道纵向视错觉控速标线尾端（单位：cm）

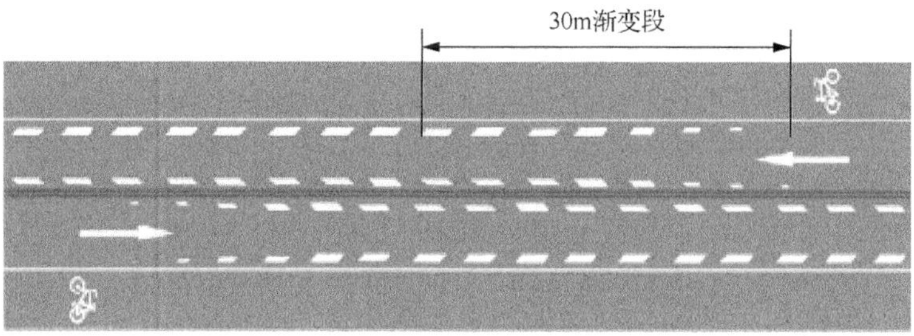

图 2-7　纵向视错觉控速标线示意图

2.3　行车轨迹特征

由在道路上正常行驶的汽车所经过的无数散点组成的线形就是车辆的行驶轨

迹。这个轨迹不仅是连续的，而且是圆滑的；如果将车辆看成一个质点，其预期行驶轨迹是指与车道中线重合的曲线轨迹，当行驶车辆的前外轮和后内轮所经过的轨迹点与道路边缘线重合或者平行时，可以获得预期行驶轨迹[140]。针对行车轨迹的研究，国外多为现场试验，试验方法单一，且试验人员安全不易保证，试验难度大，耗费人力物力；国内的试验方法虽然多样，但计算机仿真、驾驶模拟舱等技术与实际道路交通状况差别较大，不能真实地反映干扰作用下的行车轨迹。车辆行驶轨迹和车速一样，是道路交通系统作用于车辆行驶状态的重要表现形式，也是道路线形安全性和舒适性评价的重要指标。在众多的影响因素中，道路线形对曲线路段的车辆行驶轨迹特性有显著的影响。不同的道路设计参数，尤其是弯道处缓和曲线、超高和加宽的设置影响着车辆的行驶轨迹，研究车辆的实际行驶轨迹与预期行驶轨迹之间的区别可以为改善道路线形提供依据。车道横向偏移量示意图如图 2-8 所示。其中，B 是车道宽度，$D(t)$ 是实际行驶轨迹与车道边缘线的距离，t 是时间。

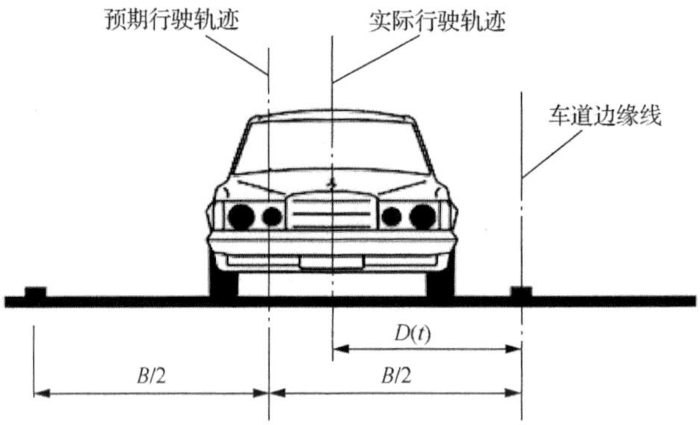

图 2-8　车道横向偏移量示意图

2.4　驾驶员视觉特性分析

驾驶员视觉特性可以通过感知交通信息和反馈操作来体现。在行车过程中，大部分的信息需要驾驶员的动态视觉去捕捉和识别，因此，驾驶员视觉系统对行车安全和驾驶心理体验都有重要意义。

2.4.1　驾驶员动态视觉理论

美国的 *Highway Safety Manual*（《道路安全手册》，2010）中提出，有 90%以上的外界信息是由视觉获取的，而驾驶员在驾驶过程中，95%的视觉信息是动态的。研究表明，与交通事故最为密切相关的是驾驶员的动态视觉信息，其视觉特性与静止状态迥异。

1. 视锐度降低

静视力是指人在静止不动状态下测得的视力，用于表示人眼辨识视野中空间距离微小物体的能力。在正常视力情况下，人们一般能看清距离自己 10m 左右的物体。由于视力受到自身眼睛调节曲度和年龄增长的影响，一般存在较大的个体差异。研究表明，静视力对安全行车的速度有很大的影响，如表 2-2 所示[141]。

表 2-2　驾驶员静视力与安全行车速度的关系

视力	1.0 以上	0.75～1.0	0.5～0.75	0.25～0.5
安全行车的最大速度/（km/h）	50 以上	30～50	20～30	20 以下
安全感	安全、舒适	产生不安全感	产生危险感	有显著的危险感

动视力是指当人们驾驶或乘坐的交通工具在一定速度下行驶，驾乘人员与道路环境中的物体做相对运动时，对物体的分辨能力。研究表明，通常驾驶员的动视力要比静视力低 10%～20%，特殊情况下比静视力低 30%～40%。随着行车速度的增加，驾驶员眼球转动的角速度也逐渐增大，动视力却呈下降趋势[142]，具体关系曲线如图 2-9 所示。当车速为 54km/h 时，驾驶员的动视力为 1.0；当车速增加到 72km/h 时，驾驶员的动视力仅为 0.75。

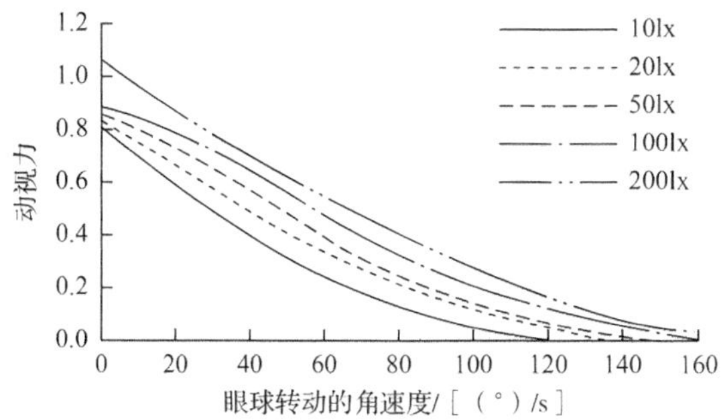

图 2-9　驾驶员动视力与眼球转动的角速度的关系

2. 视野变窄

动视野是指当驾驶员驾驶交通工具在一定速度下行驶时所测得的视野。动视野及注视点范围随着行车速度的变化而发生变化，当行车速度增加时，驾驶员注意力集中点前移，视野范围则逐渐缩小（图 2-10）。驾驶员动视野与行车速度的关系如表 2-3 所示。

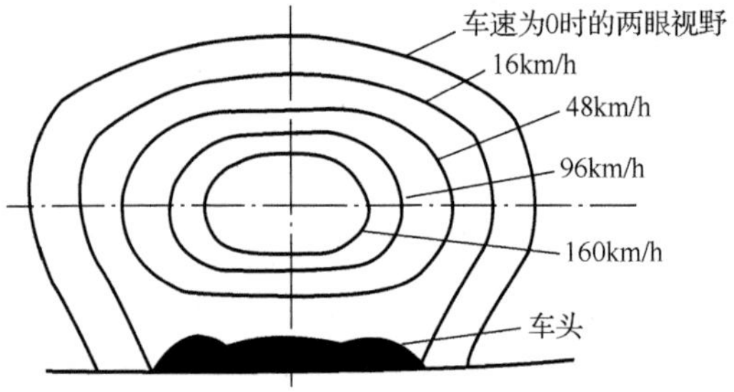

图 2-10　动视野范围

表 2-3　驾驶员动视野与车速的关系

车速/（km/h）	0	20	30	40	50	60	70	80	90	100	110	120
动视野/（°）	142	122	100	102	92	86	72	60	52	40	31	22

试验表明，当车速为 30km/h 时，注意力集中点在车辆前方 110m 左右，视角约为 100°；当车速为 100km/h 时，注意力集中点在车辆前方 450m 左右，视角范围约 40°。车速与驾驶员视野及注意点的关系如图 2-11 所示。

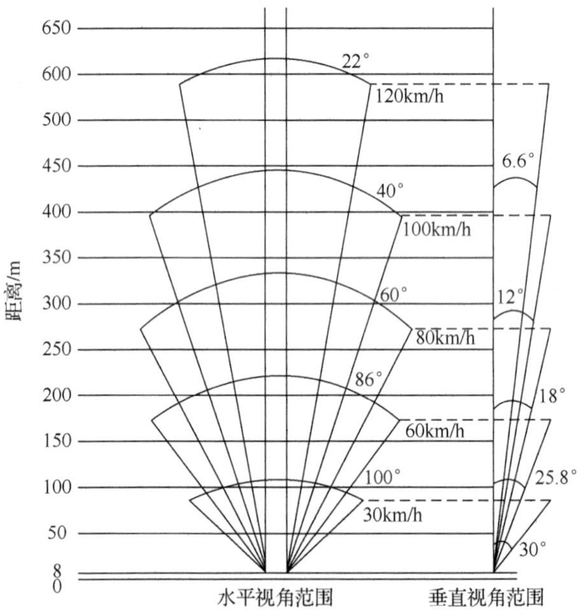

图 2-11　车速与驾驶员视野及注意点的关系

3. 空间识别能力变差

空间识别能力是指人们对事物大小、运动状态及空间距离的辨认能力。当车辆快速移动时，驾驶员很难清楚地分辨距离汽车较近的物体。小林等研究得到了车速和可视距离及车前距离的关系图[143]，如图 2-12 所示。通过将小林、汉密尔顿、瑟斯坦的车速与可视距离关系进行对比，当车速为 90km/h 时，小林的车前距离为 30～35m，与汉密尔顿和瑟斯坦的车前距离基本相同。当车速为 64km/h 时，汉密尔顿和瑟斯坦的车前距离为 24m 以外。当车速为 96km/h 时，车前距离为 30m 以外，如果车辆达到上述车速，相应距离小于上述值的物体，则不易被看清。

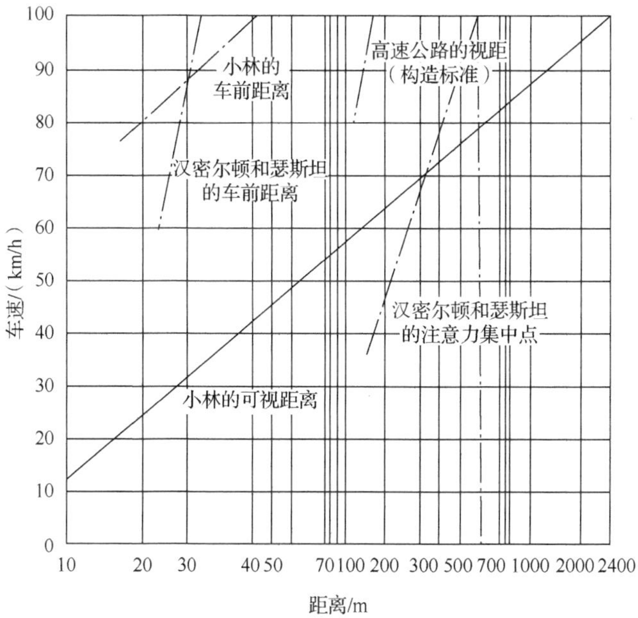

图 2-12　车速和可视距离以及车前距离的关系

动态远视点是指当驾驶员以较快速度行驶时，能看清的最远处物体至自己眼睛的距离。由于警觉距离的原因，并不是所有落在动态视野范围内的物体都能被观察到。警觉距离是指能引起驾驶员的注意并能干预其驾驶行为的物体至驾驶员眼睛处的距离，它距离驾驶员的位置要近于注视远视点。在不同行车速度下，驾驶员的动态远视点和警觉距离的关系如表 2-4 所示。

表 2-4　不同车速下驾驶员的动态远视点及警觉距离的关系

车速/（km/h）	40	60	80	100	120
动态远视点/m	180	335	377	564	710
警觉距离/m	133	200	266	333	400

4. 观察能力下降

外界物体要引起驾驶员的视觉反应，必须具有一定的作用强度和足够的作用时间。一般情况下，驾驶员需有 1/16s 的时间才能在行车过程中看清两侧的景物。当两侧景物向后快速移动时，视网膜分辨不清，景物就会变得模糊，驾驶员也失去了再次辨认的机会。在车辆行驶过程中，随着运动速度增加和视野变窄，车外景物所形成的视像在驾驶员视野内保持的时间逐渐减少，以至无法形成准确而连续的视像刺激，很多近距离信息被忽略，从而使驾驶员的视觉观察能力下降[144]。

5. 视觉刺激信息增多

车辆行驶速度的增加，会导致驾驶员观察时间受限，视觉刺激信息量增多。视觉感知器信道容量和信息传输速率在信息量过载的情况下，将会丢失过多的信息，使驾驶员对车外信息做出正确判断的难度增大，从而导致大部分的反应错误。试验证明，单位时间的刺激量与驾驶员的反应错误成正比[145]。

2.4.2 驾驶员眼动的基本形式

随着交通心理学、人因工程学和计算机科学的迅速发展，人体的心理生理指标被逐步应用于道路交通领域。目前，能够定量描述心理紧张程度的人体生物电信号主要有眼动、血压、脑电、肌电、皮电、心电和呼吸等。由紧张引起的血压变化因人而异，且轻度紧张对血压的影响甚小；脑电波非常微弱，对驾驶员驾车过程中心理变化的反映不够直观；肌电的测量容易影响驾驶员正常驾车；皮电在实际操作过程中易受汗腺影响；心电信号原始数据包含许多噪声，后期处理复杂；呼吸测量可能因驾驶员的主观意识而产生较大误差。因此，本书选用眼动指标对驾驶员驾车过程中的心理进行分析。

驾驶员眼动的基本形式包括注视、眨眼和扫视。这 3 种眼动形式相辅相成，共同存在于驾驶员的视觉搜索过程中，以注视和扫视为主，眨眼为辅。这不仅是驾驶员应对外界刺激的一种生理现象，还反映了驾驶员的心理状态和工作负荷。

1. 注视

注视是指将眼睛的中央凹对准某一物体一段时间（大于 100ms），在此期间该物体被“加工”形成清晰的像。注视并非眼睛完全不动，在注视过程中常伴随眼球微小的运用。注视包括注视点、注视持续时间和注视角度等。外界环境信息越复杂，观察者进行信息加工时所需要的时间就越久；若观察者对外界环境信息兴趣浓厚，注视时间也会增加。因此观察者对某一物体的注视时间越长，说明该信息就越复杂或观察者对其越感兴趣。

2. 眨眼

眨眼是一种快速的眼部动作，能将眼泪均匀地分布于结膜和角膜上，使眼睛得到较好的休息，属于一种“不自主运动”。眨眼的参数包括眨眼频率及眨眼持续时间，与驾驶员的心理状态有关。当驾驶员注意力高度集中时，眨眼次数会减少；当驾驶员心情烦躁时，眨眼次数会比平常有所增加。

3. 扫视

扫视发生在前后两次注视之间，是注视点或注视方位突然改变的随意移动过程。扫视是一种联合运动，即双眼同时做出反应。通常情况下，扫视的范围为 1°～40°，持续时间从 30ms 到 120ms 不等。

扫视表示的是驾驶员对目标事物的搜索过程，或将注视点从一个物体移动到另一个物体的过程，使不同的目标注视点先后处于视网膜最敏感的区域，即中央凹附近。但扫视过程中驾驶员只能获取事物的时空信息，并不能在眼球内形成清晰的物像，还需通过注视才能看清想要分辨的内容。研究发现，扫视并不是让眼球做平滑运动，扫视总是突然发生，迅速跳动，又突然结束，一跳一停地不断循环，这样驾驶员才能扩大自己的视野范围，从而获取尽可能多的视觉信息。因此当驾驶员在某一行驶路径处的扫视行为突然增多时，说明驾驶员对自己的判断产生了怀疑，需要在此处增加诱导信息设置的密度，以便驾驶员能够快速做出选择。

2.4.3　眼动指标分析

1. 瞳孔直径

人眼依靠瞳孔获取外界信息。驾驶员接收到外界刺激的程度影响着瞳孔直径的大小，当驾驶员紧张或劳累时，瞳孔直径相对放大；当驾驶员睡眠充足，处于轻松愉悦的状态时，瞳孔直径呈正常水平。

瞳孔直径是衡量认知活动、有效资源利用和加工负荷的指标。瞳孔直径的逐渐放大代表需要做更多的认知努力、心理活动和加工负荷。心理负荷是指单位时间内个体承受的心理活动工作量。如果需要眼睛关注的目标维持着一定负荷而没有改变，那么瞳孔直径也会维持相应的水平。即随着认知活动和任务难度的增加，瞳孔直径也会逐渐放大；如果利用关注者比较感兴趣的因素去吸引瞳孔，瞳孔直径也会随着兴奋的视觉刺激而放大，反之不一定成立；随着疲劳程度的增加，人的瞳孔直径会缩小。

2. 注视点分布和视野

当驾驶员观察某一目标物体时，感兴趣的点会散落在目标物体上，这些散落的点就是人眼的注视点。注视点越多的区域说明驾驶员越感兴趣。在安全的行驶状态下，驾驶员视野角度、幅度较大时可以注视到前方大部分的道路和交通信息；而注视点分布在较狭窄的区域范围时，驾驶员对道路和交通信息的识别能力较差。

注视持续时间影响着驾驶员对道路两侧交通标志标牌的信息识别能力，因此，行车速度的大小对注视点分布和视野有影响，具体关系如表 2-5 所示。

表 2-5 车速–驾驶员视野–注视距离的具体关系

车速/（km/h）	0	40	60	80	100	120
视野/（°）	170	100	86	60	40	22
注视距离/m	80	180	335	377	564	710

3. 注视时间

驾驶员在设置视错觉控速标线的路段行驶，将部分注意力集中在视错觉控速标线上时，会引起一定的紧张感，从而产生主动降低行驶速度的操作行为。注视时间是指人在注视过程中，视轴中心位置保持不变的持续时间，单位一般为毫秒（ms）。通过注视行为，可提取注视对象所要传递的信息。注视持续时间的长短可以反映人们接收和处理信息的难易程度。注视时间越长，表示驾驶员对交通信息处理的难度越大，或对该区域的兴趣越浓厚。同样，注视时间指标用于研究驾驶员对某一区域的关注度的有效性已被学者所认可[146-152]。本书对视错觉控速标线的研究内容包括直线路段和曲线路段的视觉特征，后者受圆曲线半径和转向角度的影响，视觉接收的信息比前者更复杂。因此，在选择道路曲线路段眼动特征指标时，增加了注视时间这个眼动指标。

4. 注视次数

在单位时间内，驾驶员在通过视错觉控速标线路段时，注视点在视错觉控速标线上停留的次数，就是注视次数。注视次数越多，意味着该注视区域对驾驶员的视野吸引程度越高。一次注视称为一个注视点，注视次数是指在特定时间段停留在某区域内注视点的总数量，这与观察者所需要处理信息的数目相关联，与所需处理信息的深度无关，故注视次数反映了人眼注视这个区域的频率，在一定程度上体现了观察者的目标物和兴趣区域。驾驶员在行驶过程中会不自觉地将注视点停留在感兴趣的物体上，注视次数越多，证明驾驶员对其关注度也越高[147,153-160]。因此，在选择道路曲线路段眼动特征指标时，除了瞳孔面积变化率和注视时间之外，还包括注视次数。

5. 瞳孔面积变化率

人类的视觉系统是通过瞳孔获取外部信息的，瞳孔大小可使用直径或面积来表示。除了光线强弱及物体距离远近对瞳孔面积变化有影响之外，记忆、知觉、语言加工、思维等也与之相联系[161]，瞳孔的放大常意味着认知活动中更大的加工负荷。瞳孔的大小及反应受交感神经与副交感神经共同支配，当身体处于紧张状态时，交感神经处于积极活动状态，使瞳孔扩大、心跳加速、疲乏的肌肉工作能力增加等；反之，在身体放松时，副交感神经起主要作用，使瞳孔缩小、心跳减慢、血压降低[162]。因此，瞳孔的变化能直观地反映驾驶员在驾驶过程中遇到的不安或舒适的心理、生理状态，这是心理紧张与眼动关系的生理学依据。瞳孔变化指标用于研究人紧张反应的有效性已得到学者的认可[147-151, 163-168]。由于瞳孔大小存在个体差异，而瞳孔面积变化率更能客观地反映驾驶员驾车状态，因此将瞳孔面积变化率作为驾驶员紧张程度的评价指标，分析该指标与标线参数之间的规律。

6. 注视区域

利用注视点位置表征驾驶员视觉吸引力，研究驾驶员驾驶时正前方注视范围内注视区域的分布特征，分析道路曲线路段半径和标线对驾驶员注视区域分布的影响；主要以注视点水平位移、垂直位移为表征参数，获取驾驶员在曲线路段的注视区域。

7. 其他指标

扫视，又称为眼跳，产生于人眼的两次注视之间。通常是指驾驶员的眼睛在搜索目标的过程中，或根据需要将注视点由一个物体转移到另一个物体的运动，或由于周边视野上出现特异的刺激物，视网膜周边部位做出反应，促使眼球转动的行为[169]。扫视时眼球并不是做平滑移动，而是做跳跃运动。视线先在目标的一部分上停留一下，完成注视后，又突然停止，循环地一跳一停前进。眼跳过程中可以获取刺激的时空信息，但几乎不能在眼球内形成刺激的清晰映像，所以眼跳可以实现对视野范围的快速搜索和对刺激信息的选择，使感兴趣的视觉信息落入中央凹，从而进行充分的信息加工。其指标包括扫视幅度、扫视持续时间、扫视次数、扫视速度等。其中，扫视幅度是指驾驶员视觉信息采集的范围，说明驾驶员对视觉信息搜索的广度；扫视持续时间反映视觉搜索目标所花费的时间，扫视持续时间与要处理信息的复杂程度之间具有很大的相关性；扫视次数是指驾驶员对视觉信息的搜索次数，说明驾驶员对周围信息获取的多少；扫视的过程是眼球快速运动的过程，扫视速度能够说明信息加工的速度以及驾驶员寻找下一目标信息的速度[170]。研究表明，道路直线路段对扫视速度的影响不大，且本书在仿真视频制作和实车试验路段的选择时，已经尽量避免其他物体对眼动的干扰，因此本书中不考虑该指标。

眨眼的指标包括眨眼次数和眨眼持续时间。眨眼次数和眨眼持续时间反映了驾驶员行车时的视觉疲劳程度。当驾驶员疲劳时，眨眼次数减少，眨眼持续时间增长；眨眼持续时间也与刺激信息的复杂程度有关，刺激信息越复杂，需要处理的信息量越大，眨眼持续时间越短[171]。由于视错觉控速标线的横向宽度和线宽都较小，在动态环境下很难清晰地分辨出标线上的眼动轨迹。此外，眨眼次数常用于驾驶员疲劳状态的评判，但本书中单个试验时间较短且标线总长度不足200m，如果按照正常人每分钟眨眼10～20次的频率计算，无法通过眨眼次数来反映驾驶员经过视错觉控速标线时的紧张程度。因此，在选择眼动特征指标时，也不包括眼动轨迹和眨眼次数。

2.5　驾驶员视错觉辨识机理

2.5.1　视错觉原理

哲学家柏拉图早在古希腊时期就曾指出“人类永远不可能完全避开错觉去认识一切真相”。19世纪，“视错觉”这一概念由玛格丽特、贡布里希、埃舍尔等西方艺术学者提出，他们都对视错觉现象进行过理论研究和实践探索。不同领域对视错觉的定义也各不相同。广义地说，视觉器官受光线、形状、颜色等因素的干扰，知觉判断的视觉经验或思维推理与所观察到的事物特征之间产生了视觉误差，使个人的主观把握和客观规律之间产生不均衡而引起视觉思维混乱，并使行为人以为是正确的而坚持自己的错误判断。视错觉辨识机理如图2-13所示。

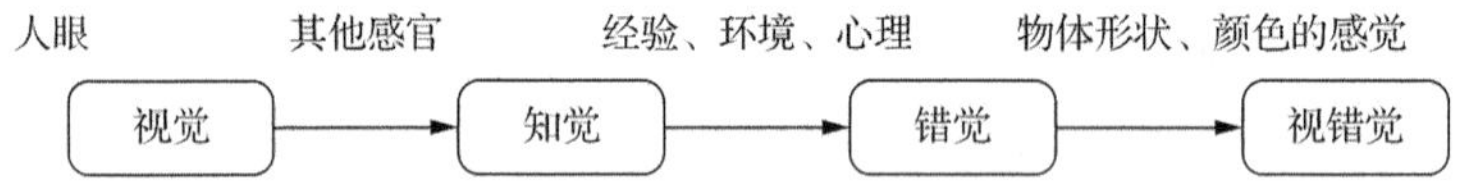

图2-13　视错觉辨识机理

根据心理学研究，视错觉包括平面几何视错觉、光渗视错觉、三维透视视错觉、色彩视错觉、知觉视错觉和病态视错觉等。目前，对平面几何视错觉的研究较多。平面几何视错觉是指，由于平面图形中各个符号、元素之间的互相作用，以及生理、心理因素的影响，人们看到实际客观物体的几何性质或关系发生改变，与客观事实不符的现象。平面几何视错觉包括方向、长短、角度、大小、远近、弯曲、形体、分割、反转和动态等几种类型。在道路视错觉控速标线中，运用较多的是线条方向视错觉和弯曲视错觉。另外，国内外学者也将边缘率、光流率和闪现率等理论应用于道路视错觉控速标线当中。

1. 线条方向视错觉

线条方向视错觉是指人眼对平面中图形的方向产生错误的判断，包括波根多夫错觉（图2-14）和佐尔拉错觉（图2-15）等。波根多夫错觉是一条直线的中部被覆盖，其两端看起来仿佛不在一条直线上。佐尔拉图形由平行线和干扰线相交构成，当图形中平行线与干扰线的夹角为 0°～90° 时存在佐尔拉错觉，而当夹角为 20°～60° 时，该错觉现象最明显。

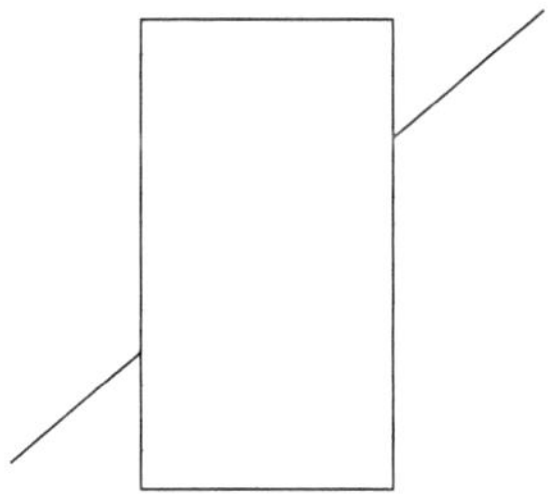

图 2-14　波根多夫错觉

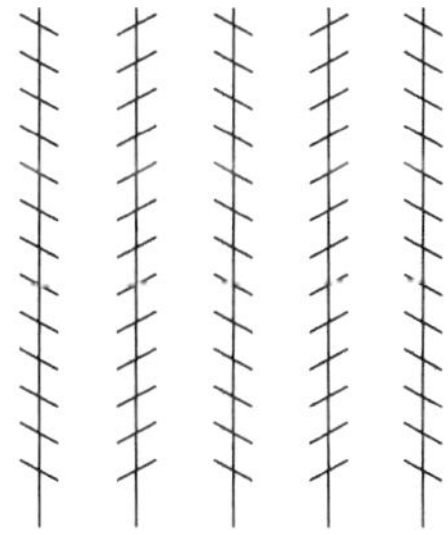

图 2-15　佐尔拉错觉

2. 弯曲视错觉

弯曲视错觉是指受到其他图形的影响或干扰，使原图形出现歪曲的现象，包括黑林错觉（图 2-16）、冯特错觉（图 2-17）、厄任斯坦错觉（图 2-18）等。黑林错觉和冯特错觉中的平行线，分别被一组放射线及菱形线分割后，看起来似乎变得弯曲。厄任斯坦错觉是在许多向外延伸的同心圆中，正方形的四边略显得向内弯曲。在上述视错觉中，直线在视觉中变得弯曲，是因为直线附近有一些不同方向、曲度的直线或者曲线，从而诱导观察者产生线条歪曲的错觉。

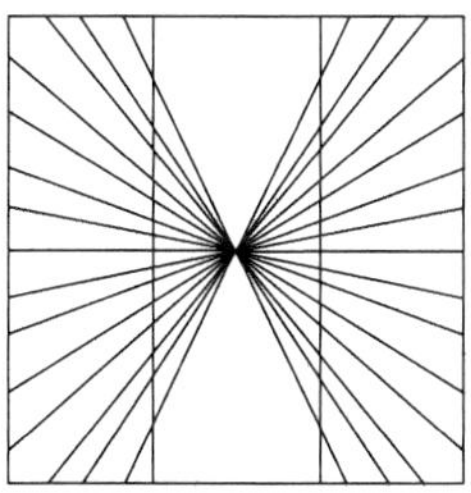

图 2-16　黑林错觉

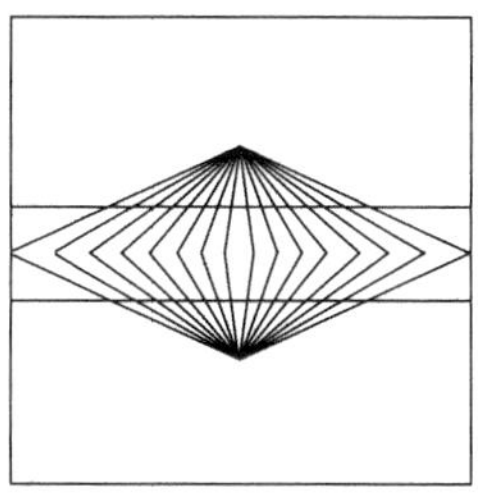

图 2-17　冯特错觉

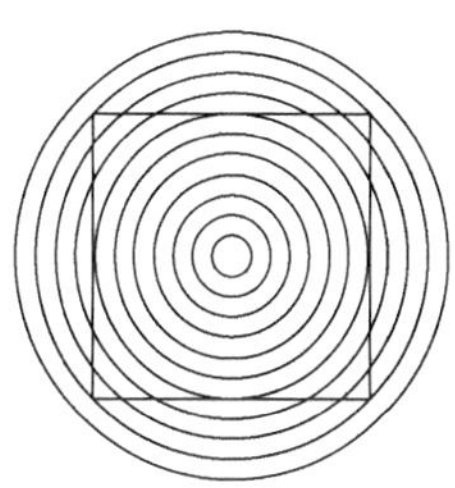

图 2-18　厄任斯坦错觉

3. 边缘率

边缘率是指单位时间内进入观察者视野的纹理数目，观察者可以通过固定的纹理间距判断速度。不同频次的边缘率示意图如图 2-19 所示。整体光流率与边缘率相互关联，随着边缘率（纹理变细）增大，观察者会感知到速度变快。由于边缘率间距改变的原理是空间频率的变化，因此边缘率对速度感知的影响在一定程度上可以通过时空频率来解析。

α—视线与水平线的夹角（俯角）。

图 2-19　不同频次的边缘率

4. 光流率

光流率是指当人处于运动状态时，空间中各点通过视野的相对速度，是判别物体速度和移动方向的重要依据，如图 2-20 所示。光流率可分为单点光流率和整体光流率。人对速度的主观知觉很大程度上取决于整体光流率。经过观察者的整体光流率由观察者的速率和高度决定，当人运动得越快、越接近地面时，整体光流率就会越大。

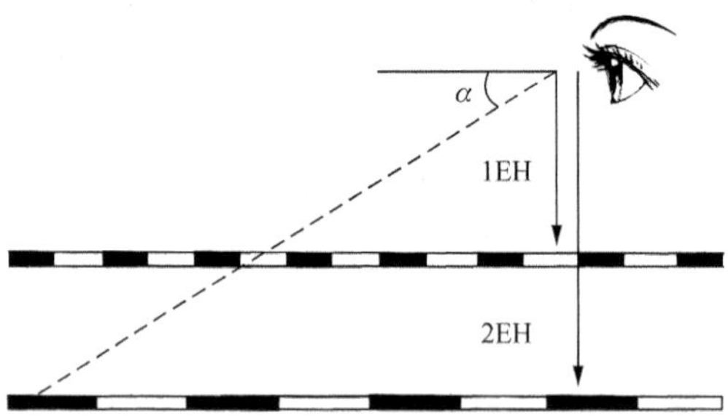

EH—眼高；α—视线与水平线的夹角（俯角）。

图 2-20　光流率

5. 闪现率

苏联的 E. M. 洛巴诺夫研究发现，标线间距对驾驶员行车速度有一定的影响，大部分驾驶员在中心线为虚线的道路选择的行车速度，所对应标线间距的闪现率不超过 3 次/s。根据澳大利亚 Allen（艾伦）的试验结果，在郊外公路，当闪现率小于 4 次/s 时，被认为可以接受，闪现率为 2.5～3 次/s 时效果最好。

2.5.2　驾驶员视觉心理特征

视觉心理与交通安全密切相关的主要原因是视错觉。当人们的视觉所感知到的信息与物体实际特征之间存在区别时，即产生视错觉。在车辆行驶过程中，驾驶员会对车辆行驶速度、车头间距和路面坡度等情况产生视错觉[172]。

以下是各种视错觉对行车安全的影响。

1. 速度错觉

速度错觉主要受连续对比感觉和适应性的影响。在接受持续有差别的刺激后人所感受到的现象与物体本身的客观存在情况会有很大不同，这就是连续对比感觉所产生的作用；适应性是人体自身的一种特性，外界环境的变化会引起人的敏感性反应，但当周围环境单调无明显差异时，人的反应会变得迟钝。例如，汽车在长直线路段的高速公路上行驶时，由于周围环境变化不大，驾驶员会产生适应性，对速度的敏感性降低，出现速度错觉。

2. 距离错觉

人对距离的判断往往有很大误差。驾驶员受动视力和动视野的影响，对距离的判断会因个体差异而产生明显区别。速度越高，驾驶员的主观认知能力越差，对距离和操作行为的误判可能性越大。超车时与对向来车发生的正面碰撞事故往往是驾驶员对距离的主观判断出现错觉导致的。

3. 光线错觉

当驾驶员眼睛感受到的光突然发生变化时（如进出隧道时，隧道内部的光线亮度明显低于外界光线），很容易使驾驶员产生光线错觉，导致驾驶反应与预想操作不一致。

4. 弯度错觉

汽车在连续弯道上行驶时，若弯道的圆弧长度小于半圆，很容易造成驾驶员对弯道曲率半径的错误估计，认为实际行驶的曲率半径小于道路本身的曲率半径。为了安全起见，在急弯路段驾驶员一定要保持低速行驶。

5. 时间错觉

在行车过程中，当驾驶员心理状态较好，心情轻松愉悦时，会觉得行车的时间转瞬即逝；当驾驶员有心理压力或因某种原因而需要缩短行程时间时，即便以快于前者的速度行驶，仍然会觉得耗时过多，而产生超速或抢行行为，这样就产生了人主观判断的时间与客观时间存在差异的时间错觉。

2.5.3 驾驶员视错觉车速辨识机理

驾驶员在行车过程中，由于受到道路线形、天气、行车环境以及生理、心理等因素的影响，常常会产生各种错觉，导致操作不当而造成险情。据统计，由视错觉引起的交通事故约占事故总数的 36.8%[83]。如果能将视错觉科学地运用于道路交通中，有针对性地对交通标线进行合理改善，就能有效地控制车速，减少发生交通事故的隐患。

目前，国内外使用的视错觉控速标线主要是通过不同颜色和图案组合，给驾驶员造成自身车速快于实际车速、车道变窄、路面有障碍物等错觉，从而引导驾驶员主动降低车速。本书将视错觉原理应用于标线设计当中，让驾驶员产生压缩车道、车道渐窄、车速增加、弯道半径变化的错觉等。

1. 压缩车道错觉

研究表明，一般车道宽度越窄，行车速度就越低。通过增加标线垂直于车道边缘线的宽度，可以给驾驶员带来车道被压缩的视觉假象并使其产生不舒适感。一般而言，驾驶员感觉不舒适的程度越严重，车辆行驶安全性越小。故驾驶员需要采取制动措施，通过降低车辆速度来保障行车安全。

2. 车道渐窄错觉

利用线条方向视错觉和弯曲视错觉现象，通过变换标线与车道边缘线相交的角度，可以使驾驶员产生车道逐渐变窄的错觉。变窄的道路宽度会给驾驶员带来更强烈的视觉刺激，而在狭窄的车道上行驶需要更精准的转向操作，且车辆驶离道路的危险性以及与其他车辆碰撞的可能性也会随之增加。因此，通过影响驾驶人的视觉和心理，可以达到减速的目的。

3. 车速增加错觉

通过影响驾驶员对实际车速的错误感知，可以使驾驶员产生车速增加的错觉，从而使驾驶员主动降低车速。如果驶过标线路段时不减速，单位时间内出现在驾驶员视野中的标线数量会越来越多，闪现频率随之增加，驾驶员会感觉到运行速度越来越快；反之，当行车速度降低时，标线可能会以恒定频率出现。研究表明，这种方式适合于回转线或急弯道路前方，能将运行速度降至安全车速。

4. 弯道半径变化错觉

当山区公路弯道比较长时，驾驶员容易产生曲线半径比现实更大的错觉。在危险路段，通过交通标线改变弯道的曲率，能降低驾驶员的行车安全感，从而促使驾驶员选择较低的期望车速。在期望车速指导下，驾驶员会主动采取减速措施，反之亦然。

小　结

本章分析了布设横向+纵向视错觉控速标线的匝道、城市道路交叉口、急弯陡坡、长大下坡的行车环境特征；从道路线形、道路交通安全设施和外界因素多方面分析其事故多发原因，并对横向+纵向视错觉控速标线的不同类型进行基本介绍；根据驾驶员动态视觉理论，比较了动态视觉与静态视觉在视锐度、视野、视距、空间识别能力、视觉刺激信息等方面的差异。随着行车速度的增加，路面在驾驶员视野中所占的比例逐渐增大，故在路面设置交通标线对驾驶员的影响更为有效；以驾驶员动态视觉为理论依据，根据驾驶员的眼动特征参数特点以及试验研究需要，选择瞳孔面积变化率作为道路直线路段的眼动特征参数，将瞳孔面积变化率、注视时间、注视次数以及注视区域作为道路曲线路段的眼动特征参数；从瞳孔直径、注视点分布、注视次数和注视时间等方面分析横向+纵向视错觉控速标线对驾驶员视觉心理的影响，结合线条方向视错觉、弯曲视错觉、边缘率、光流率和闪现率等视错觉产生的基本原理，将其应用于视错觉控速标线设计中，以期达到驾驶员产生压缩车道、车道渐窄、车速增加、弯道半径变化的错觉的目的，为后面研究横向+纵向视错觉控速标线的有效性评价做基础理论支撑。

第3章　山区道路视错觉控速标线有效性实车试验设计

本章在第2章介绍山区路段行车环境特征、横向+纵向视错觉控速标线基本内容、驾驶员动态视觉的生理和心理基础知识的基础上，进一步研究驾驶员在山区道路设置的横向+纵向视错觉控速标线路段上的注视行为规律及心理状态，以及在横向+纵向视错觉控速标线路段与一般路段上的车辆行驶轨迹特性，通过选取布设视错觉控速标线的试验路段进行多次实车试验，获取试验数据并进行详细分析。

3.1　试验目的和原理

3.1.1　试验目的

根据不同设计速度与道路等级将研究对象进行分类，研究在城市快速路匝道处、城市道路交叉口、直线路段和弯坡组合路段等不同道路处，现有布设的横向+纵向视错觉控速标线对驾驶员视觉心理和车辆行驶轨迹的影响规律，利用眼动仪、行车记录仪、无人航拍机、雷达测速枪和轮式测距仪等仪器获得试验数据，用于分析驾驶员视觉特性与轨迹分布规律，对横向+纵向视错觉控速标线的减速机理进行实车验证与分析，为今后道路交通低成本安全保障措施提供理论基础。

3.1.2　试验原理

在设有横向+纵向视错觉控速标线的道路上行驶时，想要通过规范行车轨迹与降低行车速度来实现行车安全，需要通过视觉搜索捕获诱导信息来确认驾驶行为的正确性，所以驾驶员的视觉特性会随着车辆所处时空的不同而发生变化。可以通过无人航拍机录制视频来采集车辆的行驶轨迹数据，结合试验人员佩戴眼动仪的方式，利用眼动仪捕捉驾驶员的眼动规律，获得驾驶员注视时间、扫视范围、瞳孔直径和眨眼次数等数据，最终达到本次试验目的。

3.2　试验方案设计

3.2.1　试验时间及天气

在大量实地踏勘与调研筛选后才能确定试验路段，且无人航拍机需要在天气良好无降雨的情况下拍摄录制视频。例如，重庆夏秋季尤为多雨，试验路段较多，且各试验路段之间的距离较大，因此，本书选择天气晴朗、温度适宜、能见度较好、无降水及雾的情况分别做不同路段的试验。综合考虑，试验时间分别选择为 2018 年 4 月 15～17 日、2018 年 6 月 10 日和 2018 年 10 月 14～15 日，共计 6 天时间。

3.2.2　试验设备与驾驶员

1. 试验设备

（1）试验车辆

试验车辆主要是长安逸动、福特致胜、大众朗逸和别克商务车，如图 3-1 所示。

在城市道路中，需要通过打车软件寻找到视力较好、可以满足眼动仪设备要求的驾驶员，才能确定试验车型。选择前 3 种车型是因为这 3 种车型在我国市场占有率较大，满足试验车辆要求。在高速公路上，每次采集数据的试验设备较多且需要多名驾驶员和测量人员，为了保证人员安全性和数据采集一致性，选取别克商务车作为试验车辆。

（a）长安逸动　（b）福特致胜　（c）大众朗逸　（d）别克商务车

图 3-1　试验车辆

（2）行车记录仪

行车记录仪通过高清镜头摄影，将车辆行驶途中的影像及声音完全记录，当意外发生时，立刻提出证据，保障驾驶员的权益。在硬件方面，行车记录仪有超广角鱼眼摄像头、高效的处理器、图像显示器等；在软件方面，行车记录仪有较强的实时性、鱼眼摄像头校正技术、图像配准拼接技术、图像融合技术、嵌入式系统等。超广角鱼眼摄像头和图像配准拼接技术等为驾驶员提供视觉良好的 360° 全景视觉效果，降低了驾驶员在行驶过程中发生交通事故的概率。行车记录仪能够记录的数据相对来说精度较高，且可以录制行驶过程中所有的视频状态，信息比较全面，可用于后期试验校对时间与路段位置的一致性，也可确定行车地点和驾驶周边的环境，如图 3-2 所示。

（3）无人航拍机

精灵 4Pro 无人航拍机的感应系统为视觉定位系统和前视障碍物感知系统，工作环境为 0°～40°，最长飞行时间为 30min，内置相机，支持视频拍摄，有效像素为 2000 万，宽高比为 3∶2 时照片最大分辨率为 5472×3648 像素，宽高比为 4∶3 时照片最大分辨率为 4864×3648 像素，宽高比为 16∶9 时照片最大分辨率为 5472×3078 像素；支持 App 控制，如图 3-3 所示。

图 3-2　行车记录仪

图 3-3　无人航拍机

（4）眼动仪

眼动仪可用于记录试验过程中驾驶员眼动指标的变化，并以文本文档和视频形式保存，再通过配套分析软件 BeGaze 来分析注视和扫视行为数据，简化试验数据分析过程，如图 3-4 和图 3-5 所示。

图 3-4　眼动仪

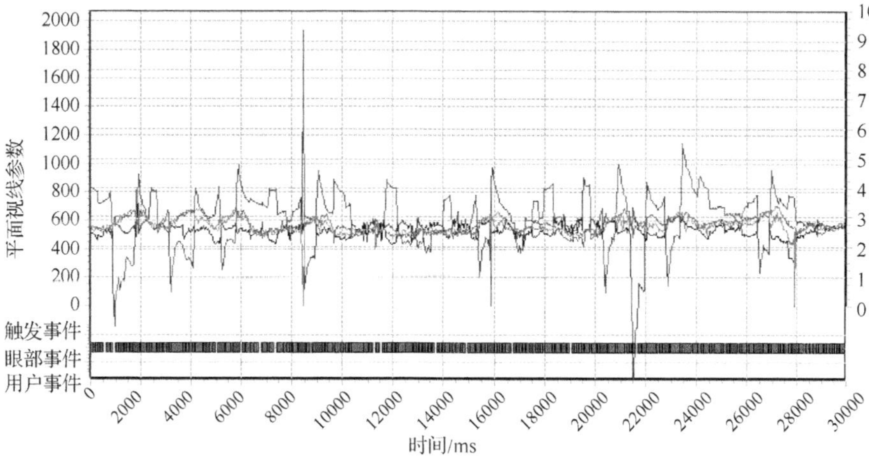

图 3-5　试验数据导出

（5）陀螺仪

陀螺仪可以实现快速精确的方位测量。LPMS-USBAL2 陀螺仪可以通过 USB 接口连接主系统进行通信，最高数据采样率可达 400Hz，如图 3-6 所示。

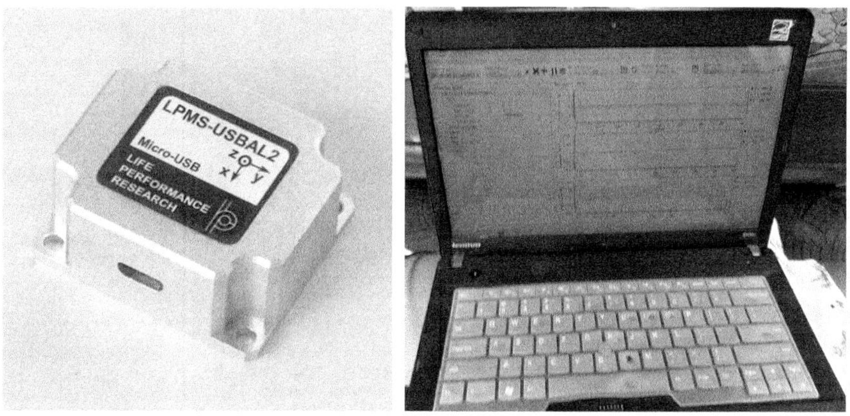

图 3-6　陀螺仪及控制界面

（6）轮式测距仪和雷达测速枪

轮式测距仪又称机械测距车、数显测距轮和测量轮，用于测量横向+纵向视错觉控速标线的长度、宽度等尺寸；雷达测速枪用于测量车辆瞬时速度，如图 3-7 所示。

（7）坡度计

坡度计用于测量试验路段的坡度，如图 3-8 所示。

图 3-7　轮式测距仪和雷达测速枪

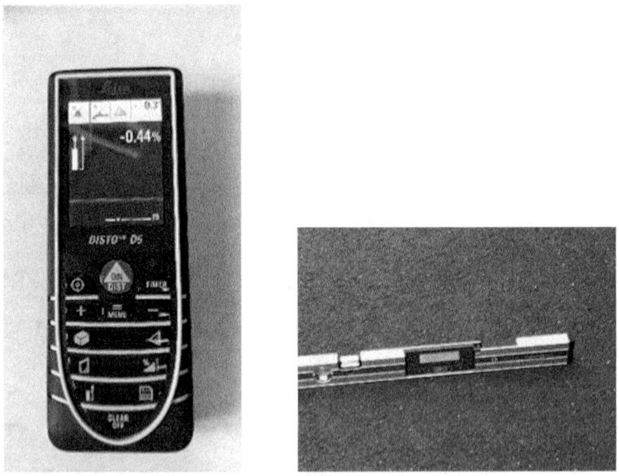

图 3-8　坡度计

2. 驾驶员

不同的驾驶员有不同的生理心理表现和驾驶行为，本书选取 5 名 30～45 岁的男性驾驶员作为试验人员，确保试验人员身体健康、视力良好，无疲劳、醉酒等不良状态，并明确其对试验路段的熟悉程度，如表 3-1 所示。

表 3-1　被试验驾驶员信息

序号	性别	年龄/岁	驾龄/年	驾驶里程/万 km	职业
1	男	31	3	10	滴滴司机
2	男	42	15	28	公务员
3	男	37	5	6	公司职员
4	男	36	8	15	汽车销售
5	男	41	10	30	职业驾驶员

3.2.3　试验路段

根据试验目的，通过百度地图选取重庆市范围内 8 个试验路段和对应的对比试验路段，并确定试验时的道路出入口。试验路段主要包括重庆市鹅公岩大桥匝道纵向视错觉控速标线试验路段、明佳路-光电路城市道路交叉口纵向视错觉控速标线试验路段、西彭互通-小湾互通横向视错觉控速标线试验路段、西彭互通-小湾互通纵向视错觉控速标线试验路段、西彭互通-小湾互通横向+纵向视错觉控速标线试验路段、绕城渝湘互通-绕城渝黔互通纵向视错觉控速标线试验直线路段、石龙互通-接龙互通纵向视错觉控速标线试验 S 弯段和与之对应的对比路段。具体信息如表 3-2 所示。

表 3-2　试验路段信息一览表

试验路段编号	入口-出口	道路等级	线形	标线类型	标线长度/m
①	鹅公岩大桥	城市快速路	匝道左/右转	纵向	400
②	明佳路-光电路	城市次干路	交叉口直行	纵向	150
③	西彭互通-小湾互通	成渝环线高速	弯坡左转	横向	285
④	西彭互通-小湾互通	成渝环线高速	弯坡右转	纵向	315
⑤	西彭互通-小湾互通	成渝环线高速	弯坡左转	横向+纵向	294
⑥	绕城渝湘互通-绕城渝黔互通	重庆绕城高速	直线	纵向	285
⑦	绕城渝湘互通-绕城渝黔互通	重庆绕城高速	直线	纵向	315
⑧	石龙互通-接龙互通	渝湘高速	S 弯左转+右转	纵向	1545

试验对比路段分别选取与试验路段相反方向上未设置横向+纵向视错觉控速标线的路段，选取对比路段长度与试验路段长度一致，主要是为了保证试验数据的可靠性。另外，尽量选取同样天气、线形环境下的道路作为对比。由道路坡度等因素引起的问题具体道路具体分析，后面有详细说明。同时，也可以使车辆在高速公路的两个互通之间上下匝道来回，以便于采集数据，如表 3-3 和图 3-9 所示。

表 3-3　对比路段信息一览表

对比路段编号	对应试验路段编号	入口-出口	线形	方向	长度/m
1	①	鹅公岩大桥	匝道	右转	400
2	②	明佳路-光电路	交叉口	直行	150
3	④	西彭互通-小湾互通	弯坡	右转	315
4	③⑤	西彭互通-小湾互通	弯坡	左转	300
5	④	西彭互通-小湾互通	弯坡	右转	315
6	⑥	绕城渝湘互通-绕城渝黔互通	直线	直行	285
7	⑦	绕城渝湘互通-绕城渝黔互通	直线	直行	315
8	⑧	石龙互通-接龙互通	S 弯	右转+左转	1545

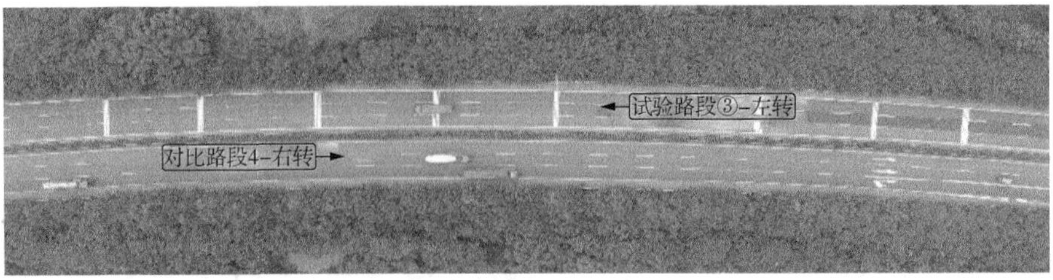

图 3-9　试验路段③与对比路段 4

1. 鹅公岩大桥匝道段

鹅公岩大桥匝道出口的车速限制可以保证车辆运行速度的均匀性和交通流稳定性，在匝道出口的减速路段设置纵向视错觉控速标线，可以提前提醒驾驶员在驶出匝道前进行充分的减速，减小前后车辆之间的运行速度差值，避免追尾事故的发生，如图 3-10 和图 3-11 所示。

图 3-10　鹅公岩大桥匝道段航拍图

图 3-11　鹅公岩大桥视错觉控速标线图

2. 明佳路-光电路交叉口

在明佳路-光电路城市道路交叉口处，重庆珊瑚中学出入口位于明佳路路侧，在中小学出入口路段，通过设置纵向视错觉控速标线来控制交叉口处路段的车辆速度，可以保证路段的通行能力和道路行人的安全，如图 3-12 所示。

图 3-12　明佳路视错觉控速标线

3. 西彭互通-小湾互通

西彭互通-小湾互通试验路段位于成渝环线高速，如图 3-13 所示。成渝环线高速为双向六车道，设计速度为 100km/h，试验路段处于长下坡路段，驾驶员容易忽视道路危险、疲劳驾驶等，从而导致坠车、翻车、剐擦等交通事故，故分段采取不同视错觉控速标线措施，如图 3-14 所示。

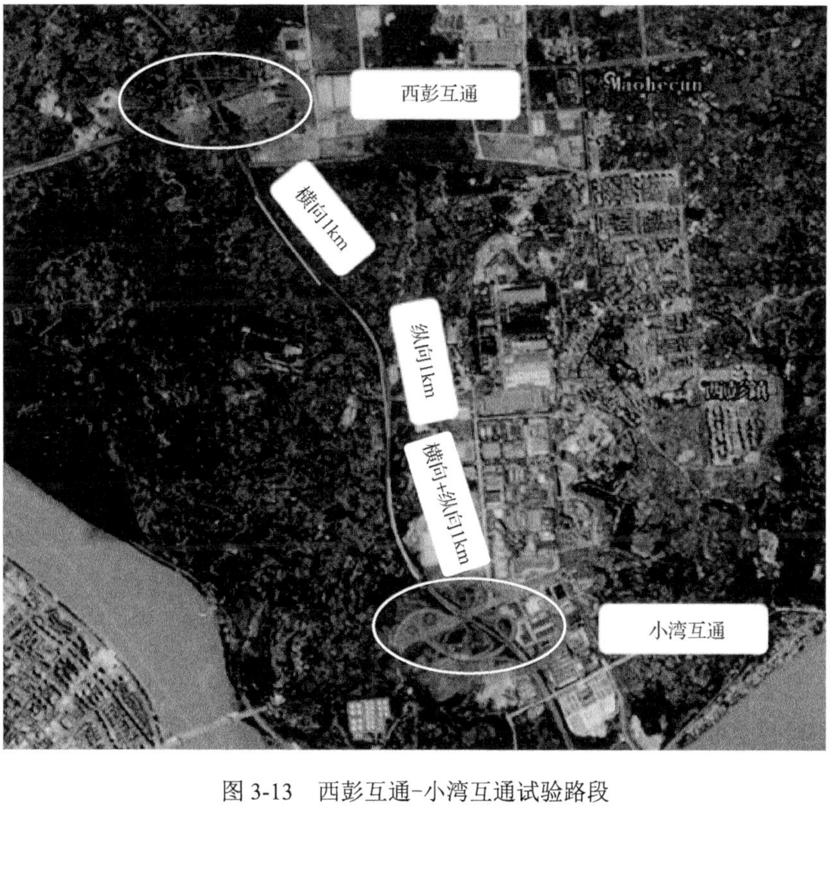

图 3-13　西彭互通-小湾互通试验路段

（a）横向视错觉控速标线　（b）纵向视错觉控速标线　（c）横向+纵向视错觉控速标线

图 3-14　不同视错觉控速标线路段

西彭互通-小湾互通试验路段横向视错觉控速标线宽度为 20cm，标线间距为 15cm，每 5 条为一组，共布设 9 组，按照行车方向每组间距分别为 28.7m、35.9m、36.0m、37.1m、32.4m、29.6m、34.8m、27.6m，标线总长度为 285m，如图 3-15 所示。

图 3-15　横向视错觉控速标线航拍图

西彭互通-小湾互通试验路段纵向视错觉控速标线为一组车行道分界线的菱形块虚线，菱形块长 1m，宽 0.3m，倾斜角度 45°，间隔 1m，标线总长度为 315m，如图 3-16 所示。

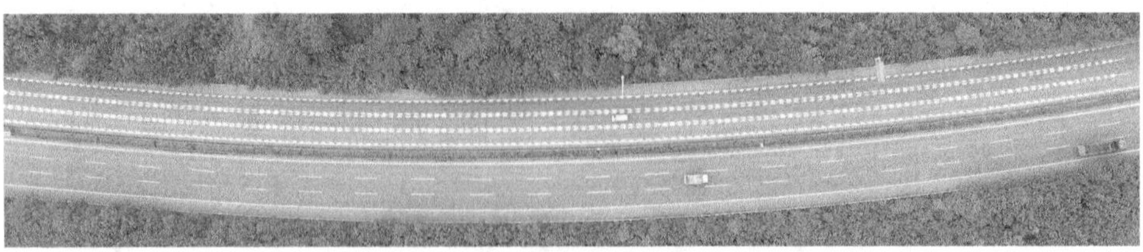

图 3-16　纵向视错觉控速标线航拍图

西彭互通-小湾互通试验路段横向+纵向视错觉控速标线中横向视错觉控速标线宽度为 35cm，标线间距为 28cm，每 3 条为一组，共布设 10 组，按照行车方向每组间距分别为 30m、30m、30m、30m、27m、24m、20m、17m、14m，标线总长度为 255m；纵向视错觉控速标线菱形块长 1m，宽 0.3m，倾斜角度 45°，间隔 1m，标线总长度为 300m，如图 3-17 所示。

图 3-17 横向+纵向视错觉控速标线航拍图

4. 绕城渝湘互通-绕城渝黔互通

绕城渝湘互通-绕城渝黔互通试验路段位于重庆绕城高速。重庆绕城高速双向六车道，小客车限速 80～100km/h，载重汽车一般限速 60～80km/h，试验路段处于大半径曲线路段，如图 3-18 所示。

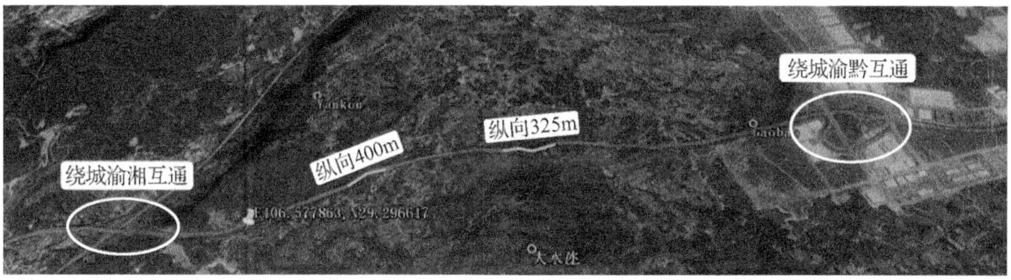

图 3-18 绕城渝湘互通-绕城渝黔互通试验路段

绕城渝湘互通-绕城渝黔互通试验路段纵向视错觉控速标线为一组车行道分界线的菱形块虚线，菱形块长 1m，宽 0.3m，倾斜角度 45°，间隔 1m，第一段视错觉控速标线总长度为 285m，第二段视错觉控速标线总长度为 315m，如图 3-19 和图 3-20 所示。

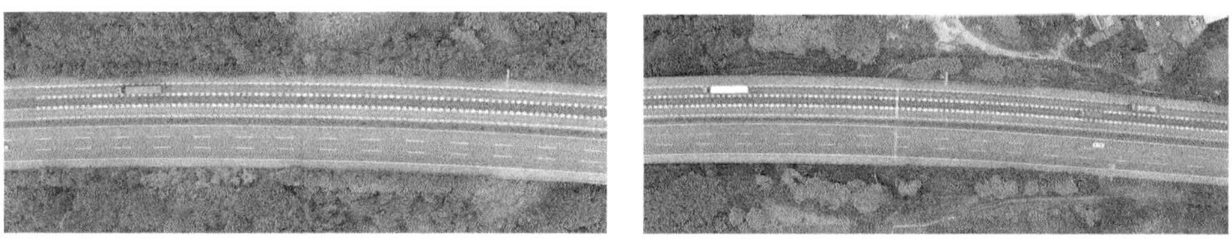

（a）第一段视错觉控速标线航拍图 （b）第二段视错觉控速标线航拍图

图 3-19 直线路段视错觉控速标线

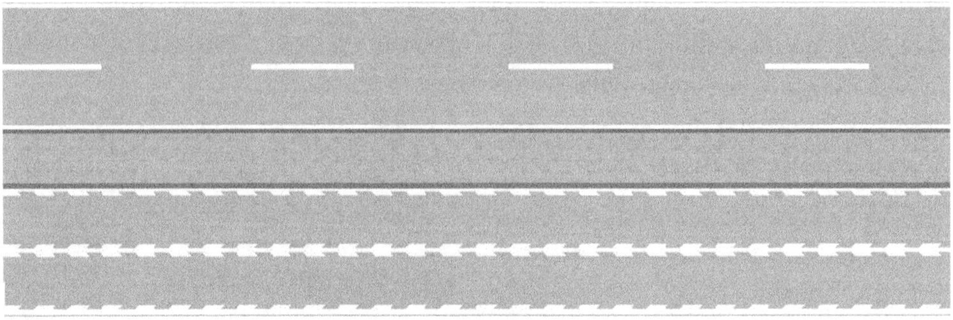

图 3-20　视错觉控速标线大样图

5. *石龙互通-接龙互通*

石龙互通-接龙互通试验路段位于渝湘高速公路 K1613-K1617 桩号段，主要特点为 S 弯长下坡，其中陡坡路段连接两个不同转向的弯道，连续陡坡类似于“阶梯”。急弯路段是交通事故的多发路段，在这种不良行驶条件下驾驶员无法进行连续稳定驾驶，需要采取有利于行驶安全或视线诱导的减速措施来间接改变车辆的行驶轨迹，来稍微增加驾驶员在弯道行驶中的紧张感，避免造成人员伤亡与财产损失。石龙互通-接龙互通试验路段纵向视错觉控速标线为一组车行道分界线的菱形块虚线，菱形块长 1m，宽 0.3m，倾斜角度 45°，间隔 1m，S 弯视错觉控速标线总长度为 1545m，如图 3-21～图 3-23 所示。

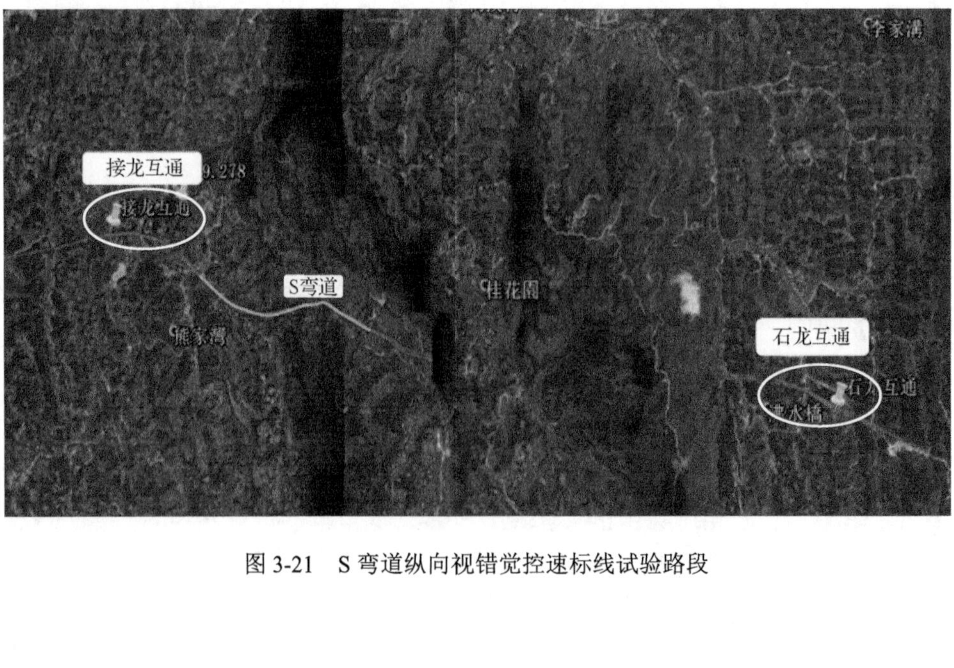

图 3-21　S 弯道纵向视错觉控速标线试验路段

图 3-22　S 弯道路结构图和陡坡路段道路结构图

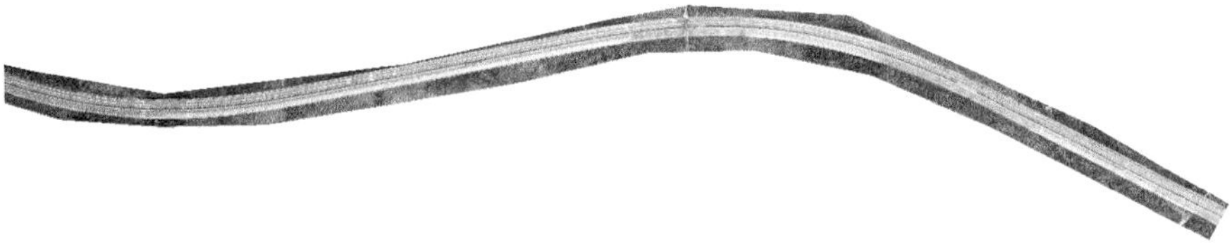

图 3-23　S 弯航拍图

3.2.4　试验注意事项

1）试验前要求被试驾驶员生理状况良好，告知驾驶员按正常习惯自由驾驶，不超速。

2）调整仪器设备的时间与标准时间一致。安装行车记录仪，确保设备记录时间与内容，记录车辆经过标线的时刻；调试眼动仪，确保驾驶员瞳孔注视点可以被眼动仪设备捕捉；在驾驶座椅下安装陀螺仪，确保其可以正常连接计算机和使用。

3）试验前将无人航拍机专业人员和坡度测量人员安置在安全路段，确保无人航拍机起飞前周围无信号基站和高压线等设备，保证无人航拍机飞行速度平稳。

4）试验过程中需要仔细观察数据的采集状态是否正常，一旦出现异常，应该在确保安全的前提下及时停止，调试后重新开始数据采集。

3.3　试验过程

3.3.1　试验流程

试验流程如图 3-24 所示。

1. 轨迹与交通流参数获取

将无人航拍机置于视错觉控速标线正上方空中 100～200m 高度，录制 10min 自由流时车辆经过视错觉控速标线的行驶视频，用于采集有无视错觉控速标线时的车辆行驶轨迹数据和交通流基本参数流量、速度、车头间距等数据，为后面分析交通行为与行驶轨迹提供数据支撑。无人航拍机试验流程如图 3-25 所示。

2. 眼动指标数据获取

试验人员佩戴眼动仪，试验车辆的方向盘安装检测器，车辆左右轮安装陀螺仪，行车记录仪记录车辆行驶环境状况，试验人员驾驶试验车辆通过已有视错觉控速标线的路段，记录数据及视频。眼动指标数据获取试验流程如图 3-26 所示。

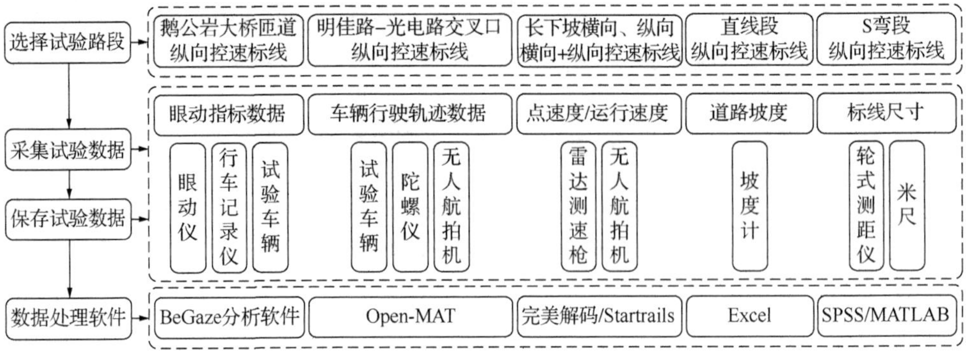

图 3-24　试验流程

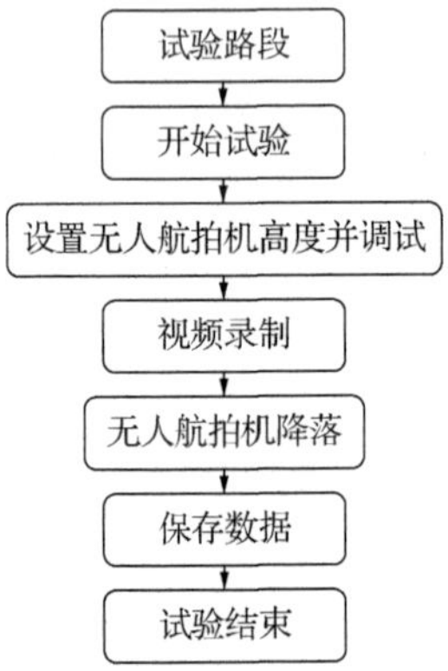

图 3-25　无人航拍机试验流程

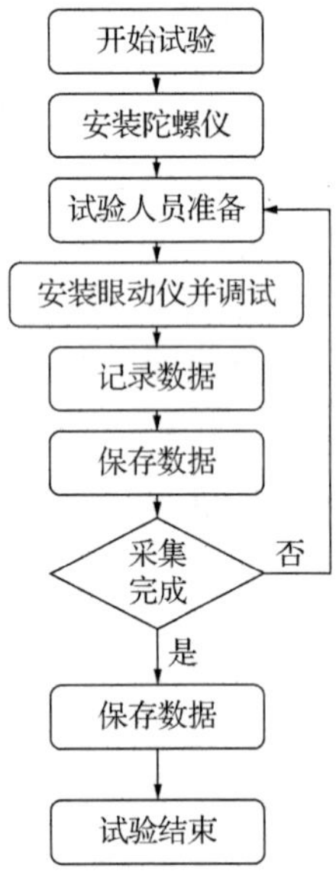

图 3-26　眼动指标数据获取试验流程

3.3.2　试验具体步骤

1）试验前在百度地图和设计资料上采集试验路段的道路线形和车道宽度等资料，为试验开展及后期分析提供充分的准备。

2）试验前将无人航拍机专业人员安置于安全位置，告知录制视频的路段起终点；在可以测速的路段，测速人员利用雷达测速枪采集车辆速度；测量人员在车辆较少的路段或路边安全区域进行坡度和视错觉控速标线标定尺寸的测量。

3）试验前要明确告诉驾驶员试验的起终点，保证试验设备安装准确，并对其进行调试和校准。利用眼动仪捕捉驾驶员的注视点并进行标定，使实际注视点与驾驶员注视点在仪器上显示的位置一致，提高注视点位置准确无误。安装陀螺仪，确保陀螺仪与计算机连接正常。行车记录仪安装在副驾驶前方挡风玻璃上，并确保连接电源和正常使用。

4）确保试验设备正常操作，起动车辆，开始试验，保持车内安静，试验人员自由驾驶。

5）重复步骤 3）和步骤 4），每个试验路段有 2～4 名驾驶员作为测试对象，每名驾驶员在同一试验路段与对比路段连续驾驶 2～4 个来回。

6）试验结束后，按照路段-标线类型-标线长度对文件进行编号，汇总试验数据，将所有人员安全接回。

3.4　试验数据采集及筛选

3.4.1　数据采集与分析

眼动仪主要通过佩戴在试验人员眼睛前面的微型瞳孔采集摄像机自动捕捉试验人员的眼动情况。由于驾驶员眼动数据是以毫秒为单位进行提取的，因此眼动数据的分析是一项工作量繁杂的工作。眼动仪自带的数据处理软件 BeGaze 3.5 有驾驶员眼动数据的热力图分析、整体扫描路径回放等多项功能，还能提供扫描路径、焦点图、驾驶员视线轨迹图，可以极大地提高眼动数据分析的效率和表达效果。

通过无人航拍机录制的交通流视频进行交通流基本参数的采集，得到交通量、车型比例、运行速度、车头间距等参数，通过完美解码软件按照 15 帧/张的频率进行截图，并采用 Startrails（星轨）软件将截取后的图片合成一张图片，得到车辆连续的轨迹照片；采用 Open-MAT 软件对陀螺仪数据进行整理分析，得到车辆 x 方向（横向偏移）加速度，可用于分析车辆轨迹。采用 Excel 将原始数据进行分类整理，运用 SPSS 和 MATLAB 软件完成数据筛选及数据处理分析。

3.4.2　数据筛选

眼动仪采集的数据主要包括瞳孔直径数据、注视角度数据、双眼注视点数据等。将原始数据“txt”导入 Excel 表格后，对不同试验路段的数据进行分类整理，如图 3-27 所示。

刺激	导出试验开始时间	导出试验结束时间	参与者	颜色	追踪比率	组类别	类型	眼睛	指数	事件开始时间	事件结束时间	事件开始原始时间	事件结束原始时间	事件持续试验时间
Stimulus	Export Start Trial Time [ms]	Export End Trial Time [ms]	Participant	Color	Tracking Ratio [%]	Category Group	Category	Eye	Index	Event Start Trial Time [ms]	Event End Trial Time [ms]	Event Start Raw Time [ms]	Event End Raw Time [ms]	Event Duration Trial Time [ms]
shifu-1-recording.avi	0	29592.5	shifu	Coral	72.2	Eye	Visual Intake	Binocular	1	0	66.4	230730.8	230797.2	66.4
shifu-1-recording.avi	0	29592.5	shifu	Coral	72.2	Eye	Saccade	Binocular	1	66.4	265.9	230797.2	230996.7	199.5
shifu-1-recording.avi	0	29592.5	shifu	Coral	72.2	Eye	Saccade	Binocular	2	299.2	365.8	231030	231096.6	66.7
shifu-1-recording.avi	0	29592.5	shifu	Coral	72.2	Eye	Saccade	Binocular	3	399	531.9	231129.8	231262.7	132.9
shifu-1-recording.avi	0	29592.5	shifu	Coral	72.2	Eye	Visual Intake	Binocular	2	531.9	598.3	231262.7	231329.2	66.4
shifu-1-recording.avi	0	29592.5	shifu	Coral	72.2	Eye	Saccade	Binocular	4	598.3	664.8	231329.2	231395.6	66.5
shifu-1-recording.avi	0	29592.5	shifu	Coral	72.2	Eye	Saccade	Binocular	5	698.3	797.9	231429.1	231528.7	99.6
shifu-1-recording.avi	0	29592.5	shifu	Coral	72.2	Eye	Visual Intake	Binocular	3	797.9	897.6	231528.7	231628.4	99.7
shifu-1-recording.avi	0	29592.5	shifu	Coral	72.2	Eye	Saccade	Binocular	6	897.6	1130.4	231628.4	231861.2	232.8
shifu-1-recording.avi	0	29592.5	shifu	Coral	72.2	Eye	Saccade	Binocular	7	1196.9	1263.4	231927.7	231994.2	66.5
shifu-1-recording.avi	0	29592.5	shifu	Coral	72.2	Eye	Saccade	Binocular	8	1363.1	1429.5	232093.9	232160.3	66.5
shifu-1-recording.avi	0	29592.5	shifu	Coral	72.2	Eye	Saccade	Binocular	9	1496.2	1562.6	232227.1	232293.4	66.3
shifu-1-recording.avi	0	29592.5	shifu	Coral	72.2	Eye	Saccade	Binocular	10	2360.6	2427.1	233091.4	233157.9	66.4
shifu-1-recording.avi	0	29592.5	shifu	Coral	72.2	Eye	Saccade	Binocular	11	2826.2	2959.2	233557	233690	133
shifu-1-recording.avi	0	29592.5	shifu	Coral	72.2	Eye	Saccade	Binocular	12	3524.4	3590.8	234255.2	234321.6	66.4
shifu-1-recording.avi	0	29592.5	shifu	Coral	72.2	Eye	Saccade	Binocular	13	3723.9	3856.9	234454.7	234587.7	133
shifu-1-recording.avi	0	29592.5	shifu	Coral	72.2	Eye	Blink	Binocular	1	3956.6	4089.6	234687.4	234820.4	133
shifu-1-recording.avi	0	29592.5	shifu	Coral	72.2	Eye	Visual Intake	Binocular	4	4089.6	4189.3	234820.4	234920.1	99.7
shifu-1-recording.avi	0	29592.5	shifu	Coral	72.2	Eye	Saccade	Binocular	14	4621.6	4688.2	235352.4	235419	66.6
shifu-1-recording.avi	0	29592.5	shifu	Coral	72.2	Eye	Saccade	Binocular	15	6317.3	6383.9	237048.1	237114.8	66.6
shifu-1-recording.avi	0	29592.5	shifu	Coral	72.2	Eye	Saccade	Binocular	16	6516.8	6583.3	237247.6	237314.1	66.5
shifu-1-recording.avi	0	29592.5	shifu	Coral	72.2	Eye	Saccade	Binocular	17	6649.9	6716.3	237380.7	237447.1	66.4
shifu-1-recording.avi	0	29592.5	shifu	Coral	72.2	Eye	Saccade	Binocular	18	7082.1	7148.6	237812.9	237879.4	66.5
shifu-1-recording.avi	0	29592.5	shifu	Coral	72.2	Eye	Visual Intake	Binocular	5	7181.8	7248.3	237912.6	237979.1	66.5
shifu-1-recording.avi	0	29592.5	shifu	Coral	72.2	Eye	Blink	Binocular	2	7314.9	7680.5	238045.7	238411.3	365.6
shifu-1-recording.avi	0	29592.5	shifu	Coral	72.2	Eye	Blink	Binocular	3	7780.4	7946.6	238511.2	238677.4	166.2
shifu-1-recording.avi	0	29592.5	shifu	Coral	72.2	Eye	Visual Intake	Binocular	6	7946.6	8013	238677.4	238743.8	66.4
shifu-1-recording.avi	0	29592.5	shifu	Coral	72.2	Eye	Saccade	Binocular	19	8112.8	8179.6	238843.6	238910.4	66.8
shifu-1-recording.avi	0	29592.5	shifu	Coral	72.2	Eye	Saccade	Binocular	20	8545.1	8645	239275.9	239375.8	99.9
shifu-1-recording.avi	0	29592.5	shifu	Coral	72.2	Eye	Visual Intake	Binocular	7	8645	8744.6	239375.8	239475.4	99.7
shifu-1-recording.avi	0	29592.5	shifu	Coral	72.2	Eye	Saccade	Binocular	21	8744.6	8811.2	239475.4	239542	66.6
shifu-1-recording.avi	0	29592.5	shifu	Coral	72.2	Eye	Saccade	Binocular	22	9077.1	9144.7	239807.9	239875.5	67.5
shifu-1-recording.avi	0	29592.5	shifu	Coral	72.2	Eye	Saccade	Binocular	23	9176.8	9310.3	239907.6	240041.1	133.5
shifu-1-recording.avi	0	29592.5	shifu	Coral	72.2	Eye	Saccade	Binocular	24	9443	9509.3	240173.8	240240.1	66.3
shifu-1-recording.avi	0	29592.5	shifu	Coral	72.2	Eye	Saccade	Binocular	25	9542.7	9609.1	240273.5	240340	66.5
shifu-1-recording.avi	0	29592.5	shifu	Coral	72.2	Eye	Blink	Binocular	4	9675.6	9808.5	240406.4	240539.3	132.9
shifu-1-recording.avi	0	29592.5	shifu	Coral	72.2	Eye	Blink	Binocular	5	9841.8	9941.5	240572.7	240672.3	99.7
shifu-1-recording.avi	0	29592.5	shifu	Coral	72.2	Eye	Saccade	Binocular	26	11471.2	11604.2	242202	242335	133
shifu-1-recording.avi	0	29592.5	shifu	Coral	72.2	Eye	Saccade	Binocular	27	11704.1	11837.5	242434.9	242568.3	133.4

图 3-27　眼动仪原始数据

将试验视频按试验路段进行分类整理，获取行驶区间速度、车头时距等数据。将陀螺仪数据进行整理，获取车辆 x 方向（横向偏移）加速度，如图 3-28 和图 3-29 所示。

车辆编号	进入时间	驶出时间	间隔	行驶区间速度/(m/s)	行驶区间速度/(km/h)	起点断面车头时距	终点断面车头时距
1	0:00:05	0:00:17	0:00:12	29.50	106.20	0:00:01	0:00:00
2	0:00:06	0:00:17	0:00:11	32.18	115.90	0:00:01	0:00:01
3	0:00:07	0:00:18	0:00:11	32.18	115.90	0:00:00	0:00:02
4	0:00:07	0:00:20	0:00:13	27.23	98.00	0:00:01	0:00:03
5	0:00:08	0:00:23	0:00:15	23.60	85.00	0:00:02	—
6	0:00:10	0:00:22	0:00:12	29.50	106.20	0:00:04	0:00:05
7	0:00:14	0:00:27	0:00:13	27.23	98.00	0:00:04	0:00:03
8	0:00:18	0:00:30	0:00:12	29.50	106.20	0:00:09	0:00:07
9	0:00:27	0:00:37	0:00:10	35.40	127.40	—	0:00:00
10	0:00:21	0:00:37	0:00:16	22.13	79.70	0:00:04	—
11	0:00:25	0:00:35	0:00:10	35.40	127.40	0:00:07	0:00:10
12	0:00:32	0:00:45	0:00:13	27.23	98.00	0:00:11	0:00:07
13	0:00:43	0:00:52	0:00:09	39.33	141.60	0:00:01	0:00:05
14	0:00:44	0:00:57	0:00:13	27.23	98.00	0:00:06	0:00:10
15	0:00:50	0:00:07	0:00:17	20.82	75.00	0:00:05	0:00:02

图 3-28　航拍视频部分数据

注：“—”表示无数据，数据缺失。

3.4.3　异常数据剔除

试验过程中，如果试验误差过大，数据就会偏离正常样本，形成异常数据。只要异常数据的量在可接受范围内，即可对数据进行剔除处理。试验证明，消除异常数据产生的试验误差可使数据分析结果更精确。因此，有必要使用科学手段剔除异常数据。本书选取拉依达准则法和标准化数值对样本数据进行异常数据剔除。

1）拉依达准则法对处理大样本数据更有效，其基本公式如下。

$$|x_i-\overline{x}|>3\sigma \tag{3-1}$$

当样本中某一数据 x_i 的值与样本均值 $\overline{x}$ 之差大于 3 倍的样本标准差时，该数据就属于异常数据，应该舍弃。

2）标准化数值（Z 分数）法。Z 分数标准化后的数据服从正态分布。因此，应用 Z 分数可识别异常值。本书将标准化后在（−2,2）内的数值作为正常值用于后面分析。

SensorId	TimeStamp (s)	FrameNumber	AccX (g)	AccY (g)	AccZ (g)	GyroX (deg/s)	GyroY (deg/s)	GyroZ (deg/s)	MagX (uT)	MagY (uT)	MagZ (uT)	EulerX (deg)	EulerY (deg)	EulerZ (deg)	QuatW	QuatX	QuatY	QuatZ	LinAccX (m/s^2)	LinAccY (m/s^2)
1	0	0	0.705	-0.631	-0.045	-0.748	-2.23	-0.096	-27.761	-9.851	14.5	88.396	47.145	132.525	0.52	0.005	-0.7	-0.489	-0.024	0.025
1	0.01	1	0.701	-0.621	0.002	2.962	3.491	-0.096	-26.866	-10.149	14.5	88.477	47.145	132.594	0.519	0.005	-0.701	-0.489	-0.028	0.036
1	0.02	2	0.705	-0.66	-0.07	5.875	-3.884	0.639	-27.463	-9.851	14.5	88.498	47.137	132.555	0.52	0.005	-0.701	-0.489	-0.024	-0.005
1	0.03	3	0.678	-0.648	-0.066	2.235	5.451	-0.717	-27.612	-9.851	14.333	88.501	47.149	132.558	0.52	0.005	-0.701	-0.489	-0.052	0.007
1	0.043	4	0.709	-0.646	-0.092	2.034	-10.174	0.482	-27.761	-10.149	14.5	88.547	47.146	132.588	0.519	0.005	-0.701	-0.489	-0.02	0.009
1	0.053	5	0.725	-0.641	0.002	-0.52	7.454	-0.524	-27.612	-9.701	14.667	88.549	47.15	132.615	0.519	0.005	-0.701	-0.489	-0.004	0.015
1	0.062	6	0.703	-0.648	-0.055	-1.448	-4.207	0.001	-27.313	-9.701	14.5	88.529	47.147	132.595	0.519	0.005	-0.701	-0.489	-0.026	0.007
1	0.072	7	0.709	-0.646	-0.02	-1.308	1.602	-1.058	-27.612	-10.448	14.167	88.53	47.152	132.616	0.519	0.005	-0.701	-0.489	-0.02	0.009
1	0.086	8	0.678	-0.627	-0.039	-0.293	2.039	0.018	-27.015	-9.851	14.333	88.528	47.138	132.624	0.519	0.005	-0.701	-0.489	-0.051	0.03
1	0.095	9	0.715	-0.648	-0.039	1.964	-0.516	0.368	-27.612	-9.104	14.833	88.563	47.129	132.654	0.519	0.005	-0.701	-0.489	-0.014	0.007
1	0.105	10	0.703	-0.646	-0.047	1.632	1.05	0.604	-27.761	-10.448	14.333	88.56	47.118	132.645	0.519	0.005	-0.701	-0.489	-0.026	0.01
1	0.115	11	0.721	-0.641	-0.043	1.054	0.77	-0.402	-27.761	-10.597	14.5	88.575	47.12	132.662	0.519	0.005	-0.701	-0.489	-0.008	0.016
1	0.125	12	0.697	-0.625	-0.039	-3.302	-0.017	0.604	-27.313	-9.701	14.5	88.558	47.119	132.674	0.519	0.005	-0.701	-0.489	-0.031	0.032
1	0.138	13	0.715	-0.646	-0.014	-2.847	1.733	-1.102	-27.91	-9.254	14.667	88.553	47.126	132.702	0.519	0.005	-0.701	-0.489	-0.014	0.009
1	0.148	14	0.725	-0.637	-0.037	0.145	-0.393	0.613	-27.015	-9.701	14.333	88.557	47.125	132.7	0.519	0.005	-0.701	-0.489	-0.004	0.02
1	0.158	15	0.705	-0.645	-0.039	0.04	0.665	0.114	-27.612	-9.552	14.5	88.567	47.127	132.71	0.519	0.005	-0.701	-0.489	-0.024	0.012
1	0.168	16	0.719	-0.631	-0.043	-1.211	1.82	0.578	-28.209	-9.851	14.667	88.537	47.12	132.698	0.519	0.006	-0.701	-0.489	-0.01	0.026
1	0.178	17	0.756	-0.615	-0.018	-0.197	6.527	-0.148	-27.91	-10.299	14.5	88.593	47.128	132.773	0.519	0.006	-0.701	-0.489	0.028	0.042
1	0.191	18	0.693	-0.645	-0.059	1.509	2.494	1.47	-27.015	-10.746	14.167	88.658	47.124	132.84	0.518	0.006	-0.701	-0.489	-0.036	0.012
1	0.201	19	0.773	-0.607	-0.02	5.017	8.626	0.77	-28.209	-9.552	14.833	88.793	47.124	132.957	0.518	0.006	-0.702	-0.489	0.046	0.05
1	0.211	20	0.699	-0.645	-0.029	5.647	-1.627	-2.073	-27.015	-9.851	14.667	88.903	47.153	133.034	0.518	0.006	-0.702	-0.488	-0.03	0.011
1	0.221	21	0.732	-0.654	-0.094	4.851	-5.187	1.042	-27.612	-10.597	14.5	88.867	47.143	132.919	0.518	0.006	-0.702	-0.488	0.004	0.001
1	0.234	22	0.727	-0.639	-0.074	-4.789	-2.064	1.488	-27.313	-9.403	14.5	88.788	47.119	132.875	0.518	0.005	-0.702	-0.489	-0.002	0.018
1	0.244	23	0.725	-0.646	-0.023	-12.847	-0.568	1.068	-27.164	-9.552	14.5	88.668	47.108	132.854	0.518	0.006	-0.701	-0.489	-0.004	0.01
1	0.254	24	0.701	-0.629	-0.043	-11.989	-4.496	-1.207	-27.164	-10.299	14.5	88.523	47.115	132.806	0.518	0.006	-0.701	-0.49	-0.027	0.028
1	0.264	25	0.713	-0.627	0.008	-7.37	0.333	-0.629	-27.91	-10.597	14.333	88.436	47.124	132.807	0.518	0.007	-0.7	-0.49	-0.016	0.03
1	0.277	26	0.729	-0.637	-0.027	-0.039	0.657	-0.306	-27.91	-9.851	14.667	88.413	47.137	132.81	0.518	0.007	-0.7	-0.491	0	0.019
1	0.287	27	0.717	-0.641	-0.021	4.291	-0.927	0.622	-27.612	-10.149	15	88.475	47.124	132.839	0.518	0.007	-0.701	-0.49	-0.012	0.015
1	0.297	28	0.725	-0.643	-0.053	3.539	-0.419	1.112	-27.612	-10.299	14.667	88.473	47.108	132.791	0.518	0.006	-0.701	-0.49	-0.004	0.014
1	0.307	29	0.705	-0.633	-0.063	-0.188	-1.548	0.079	-27.313	-10	14.5	88.473	47.109	132.782	0.518	0.006	-0.701	-0.49	-0.023	0.024
1	0.32	30	0.717	-0.646	-0.035	-2.532	2.739	-1.268	-27.463	-10	14.333	88.423	47.127	132.767	0.519	0.006	-0.7	-0.49	-0.012	0.009
1	0.33	31	0.709	-0.643	-0.035	-2.104	0.718	-1.907	-27.463	-10.299	14.5	88.421	47.145	132.8	0.519	0.007	-0.7	-0.49	-0.02	0.013

图 3-29　陀螺仪数据

小　　结

本章根据实车试验的试验目的和原理，确定试验方案，将试验路段选取为设置横、纵向视错觉控速标线的匝道、交叉口、高速公路直线路段、弯道段和 S 弯路段；根据试验需求确定试验设备为试验车辆、行车记录仪、无人航拍机、眼动仪、陀螺仪、轮式测距仪、雷达测速枪和坡度计，并对试验准备和试验流程进行详细阐述；为保证试验数据的真实性和有效性，还对试验过程中需要注意的事项进行了总结和规定，确定了试验具体步骤，采用拉依达准则法和标准化数值法剔除无效数据，对试验数据进行了初步的筛选和归类处理，为后续数据分析提供依据。

第 4 章　山区道路视错觉控速标线对交通特性的影响分析

结合第 3 章的实车试验，对无人航拍机采集到的布设视错觉控速标线路段的试验视频进行数据筛选；为研究视错觉控速标线路段和其对比路段的交通状态及轨迹横向偏移量存在的规律，本章采用统计分析方法对基础数据进行检验和分析。

4.1　数据分析方法

4.1.1　超高与合成坡度计算

为抵消车辆在曲线路段上行驶时所产生的离心力，将路面做成外侧高于内侧的单向横坡的形式，这就是曲线上的超高。合理地设置超高，可以全部或部分抵消离心力，提高汽车行驶在曲线上的稳定性和舒适性。当汽车高速行驶时，圆曲线上所产生的离心力是常数；而当汽车在回旋线上行驶时，由于回旋线曲率是变化的，其离心力也是变化的。因此，超高横坡度在圆曲线上应是逐渐变化的超高，这段从直线上的双向横坡逐渐变到圆曲线上的单向横坡的路段，称作超高缓和段或超高过渡段。

平曲线超高的设置可以提高汽车在弯道路段行驶的稳定性，由于车辆在转弯时受到离心力的作用，且不同质量的车型在转弯时受到不同大小的离心力，根据车辆受到离心力的不同情况，采用横向力系数来描述单位车重受到的横向力。公式如下：

$$\mu = \frac{V^2}{127R} - i_h \tag{4-1}$$

式中，μ——横向力系数；

V——汽车行驶速度（m/s）；

R——圆曲线半径（m）；

i_n——超高横坡度。

相关资料表明，μ 值的大小不仅影响车辆稳定性，对乘客也有很大的影响。乘客感受随 μ 值变化的过程如下：

当 $\mu < 0.10$ 时，感受不到曲线存在，乘客感觉很平稳；

当 $\mu = 0.15$ 时，稍微感受到有曲线存在，乘客感觉尚平稳；

当 $\mu = 0.20$ 时，开始感到曲线的存在，乘客感觉稍不稳定；

当 $\mu = 0.35$ 时，明显感到曲线的存在，乘客感觉很不稳定；

当 $\mu > 0.40$ 时，非常不稳定，乘客有明显的倾车危险感。

合成坡度是指在道路平曲线上设置一定的超高后，道路路线的纵坡与超高横坡共同作用的坡度。计算公式为

$$I = \sqrt{i^2 + i_h^2} \tag{4-2}$$

式中，I——合成坡度；

i——路线纵坡度；

i_h——超高横坡度。

合成坡度相对较小时有利于车辆在弯道行驶的平稳度，《公路工程技术标准》（JTG B01—2014）规定，合成坡度应按照不大于表 4-1 的数值设置，在积雪较多的地区或严寒冰冻地区，合成坡度不应大于 8%；各级公路的最小合成坡度不宜小于 0.5%，当合成坡度小于 0.5%时，需要提供可排水的设备使路面的排水畅通[173]。在设计工作中，合成坡度过小往往容易被忽视。合成坡度小通常会出现在平纵线形组合中的超高过渡段。在进行“平包竖”组合设计时，设计者为保证得到较好的空间线形，通常将变坡点放在曲中点附近，让竖曲线的起终点落在平曲线的前后两个缓和曲线上[174-175]。这种情况虽然能够得到较好的空间线形，但容易产生合成坡度过小的路段。该路段由于排水不畅，通常也是交通事故多发点。因此，在“平纵横”设计完成后，必须对合成坡度进行核查，看是否满足最小合成坡度要求。

表 4-1　各级公路的合成坡度

设计速度/（km/h）	120	100	80	60	40	30	20
合成坡度/%	10.0	10.0	10.5	10.0	10.0	10.0	10.0

4.1.2　试验数据样本量确定

试验样本量的大小与观测数据精度密切相关，同时还会受到时间和资源等不同因素的限制。根据统计学的最小样本量要求，有以下公式可以进行估算。

$$n = \left(\frac{t\sigma}{E}\right)^2 \tag{4-3}$$

式中，n——最小调查样本量；

σ——样本标准差；

E——观测值允许误差；

t——置信水平系数，取决于置信水平和自由度的 t 分布统计量。取 95%置信水平时，$t = 1.96$。

4.2 试验路段交通流特性分析

4.2.1 鹅公岩大桥匝道段

对鹅公岩大桥试验匝道和对比匝道的纵向坡度、超高和地形图进行测量，此匝道为双向两车道，纵向坡度为 5.204%，匝道转弯半径为 60m，并利用航拍视频计算得到 10min 时间段内 120m 试验路段通过的 73 辆小轿车的区间平均速度为 30.99km/h，对比路段 200m 通过的 44 辆标准小客车的区间平均速度为 33.86km/h。根据超高计算公式，取 $\mu = 0.20$ ，得到超高值为 7.42%，计算得到其合成坡度为 9.06%，满足规范要求。

1. 区间速度

鹅公岩大桥试验匝道的速度样本数为 73，满足式（4-3）对样本量的要求，见表 4-2；试验路段和对比路段的数据符合正态分布。具体如图 4-1 所示。

试验表明：

1）对比路段速度的标准差 7.27 大于试验路段速度的标准差 5.94，即对比路段的速度分布较为离散，其大部分的数值和其平均值之间差异较大。

2）对比路段速度的均值 33.86km/h 大于试验路段速度的均值 30.99km/h，说明在同样的道路环境下，在匝道设置纵向视错觉控速标线可以使区间平均速度降低 8.48%。对比路段与试验路段的 V_{15} 相差不大，V_{85} 相差较大，试验路段的 V_{85} 相比对比路段的 V_{85} 降低了 14.99%。

表 4-2 鹅公岩大桥匝道段速度分布描述统计表

类别	N	均值/（km/h）	标准差	最小值/（km/h）	最大值/（km/h）	百分位速度/（km/h）		
						V_{15}	V_{50}	V_{85}
①	73	30.99	5.94	22.74	48.00	25.41	30.86	36.00
1	44	33.86	7.27	18.78	48.00	25.71	36.00	42.35

注：试验路段①为鹅公岩大桥匝道纵向-右转段；对比路段 1 为鹅公岩大桥匝道右转段。

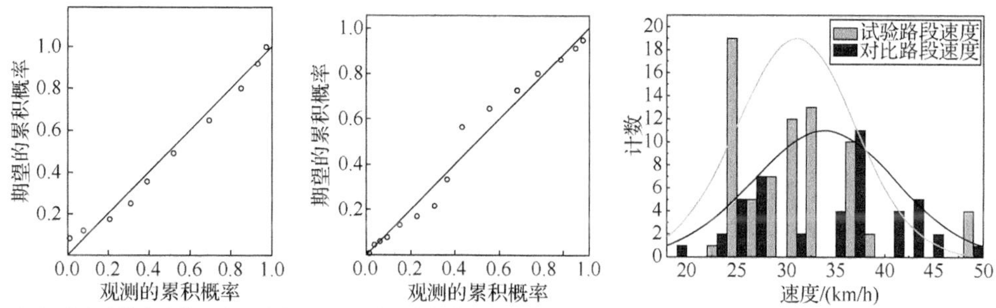

（a）试验路段速度的正态P-P图　（b）对比路段速度的正态P-P图　（c）频率分布图

图 4-1　鹅公岩大桥匝道段速度的正态 P-P 图和频率分布图

2. 车头时距

对鹅公岩大桥匝道的车头时距描述进行统计，见表 4-3；对试验路段和对比路段的 P-P 图验证真实数据和待检验分布的累积概率，符合正态分布。研究表明：由于此试验路段为双车道匝道，不同车道上的车辆之间影响较小，设置纵向视错觉控速标线对此匝道路段的车头时距无显著影响，如图 4-2 所示。

表 4-3　鹅公岩大桥匝道段车头时距描述统计表

类别	N	均值/s	标准差	最小值/s	最大值/s	百分位车头时距/s		
						V_{15}	V_{50}	V_{85}
①	50	2.68	2.12	1.00	12.00	1.00	2.00	5.00
1	36	3.14	1.97	1.00	11.00	1.00	3.00	5.00

注：试验路段①为鹅公岩大桥匝道纵向-右转段；对比路段 1 为鹅公岩大桥匝道右转段。

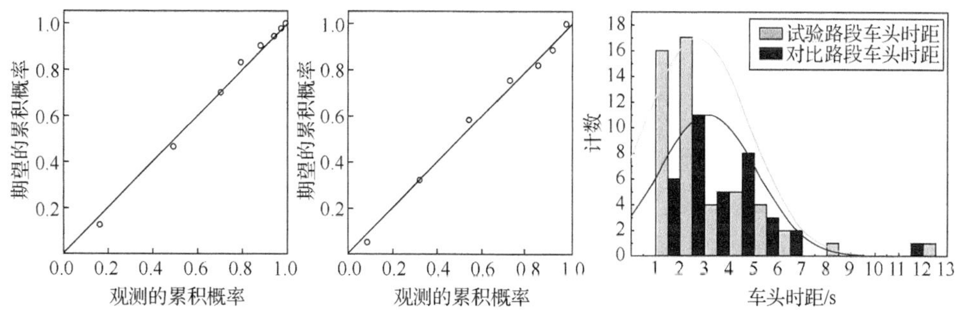

（a）试验路段车头时距的正态P-P图　（b）对比路段车头时距的正态P-P图　（c）频率分布图

图 4-2　鹅公岩大桥匝道段车头时距的正态 P-P 图和频率分布图

4.2.2　明佳路-光电路交叉口

对明佳路-光电路交叉口处位于明佳路的纵向视错觉控速标线路段和对比路段的地形图进行测量，此道路为双向四车道，由于交通量较小，左右路侧车道很少用于行车，尤其是交叉口外 80m 处是作为大部分车辆的临时停车点的。利用航拍视频计算得到10min 40m试验路段内通过的42辆标准小客车的区间平均速度为16.14km/h，对比路段40m内通过的55辆标准小客车的区间平均速度为25.75km/h。

1. 区间速度

对明佳路试验路段的速度描述进行统计，见表 4-4；对试验路段和对比路段的 P-P 图验证真实数据和待检验分布的累积概率，符合正态分布，如图 4-3 所示。

表 4-4　明佳路-光电路交叉口速度分布描述统计表

类别	N	均值	标准差	最小值	最大值	百分位速度/（km/h）		
						V_{15}	V_{50}	V_{85}
②	42	16.14	6.89	6.21	30.00	8.98	15.00	25.71
2	55	25.75	8.67	9.47	45.00	16.36	25.71	36.00

注：试验路段②为明佳路-光电路交叉口纵向-直行段；对比路段 2 为明佳路-光电路交叉口直行段。

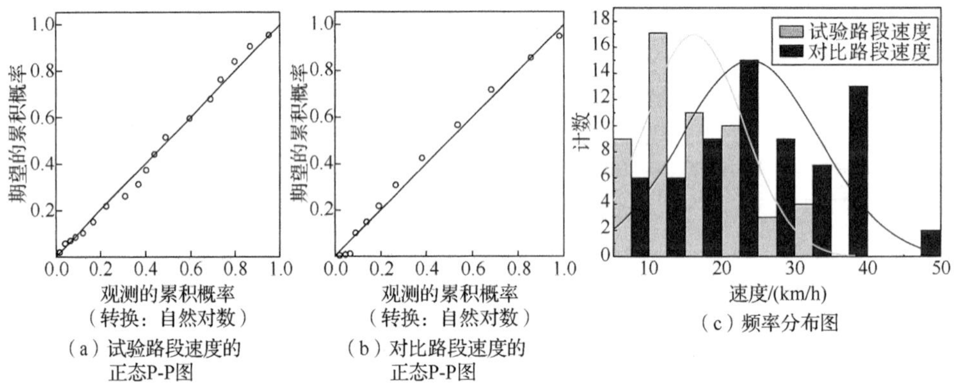

图 4-3　明佳路-光电路交叉口速度的正态 P-P 图和频率分布图

试验表明：

1）对比路段速度的标准差 8.67 大于试验路段速度的标准差 6.89，即设置视错觉控速标线后车辆的速度分布较为集中，大部分数值和其平均值之间差异较小。

2）对比路段与试验路段的 V_{15}、V_{85} 相差都比较大，对比路段区间平均速度（25.75km/h）大于试验路段区间平均速度（16.14km/h），即设置视错觉控速标线的试验路段区间速度相对于未设置视错觉控速标线的对比路段区间速度下降了

37.32%。这说明在城市道路交叉口处，进口道行车速度明显低于出口道行车速度。在交叉口处设置纵向视错觉控速标线可以使驾驶员提前降低行驶速度，从而提高行驶安全性。

2. 车头时距

对明佳路的车头时距数据进行统计，见表 4-5；对试验路段和对比路段的 P-P 图验证真实数据和待检验分布的累积概率，符合正态分布，如图 4-4 所示。

研究表明：

1）由于此试验路段为城市道路交叉口的进口道和出口道，不同方向的车道上的车辆之间影响较小，而路侧行人、出租车上下客和早晚高峰时间对车头时距的影响较大。

2）在设置纵向视错觉控速标线的交叉口进口道车辆数较多，车头时距数值较小，且车头时距的分布也较为集中。

表 4-5　明佳路-光电路交叉口车头时距描述统计表

类别	N	均值/s	标准差	最小值/s	最大值/s	百分位车头时距/s		
						V_{15}	V_{50}	V_{85}
②	49	6.27	7.19	1.00	33.00	2.00	4.00	9.50
2	39	8.59	12.68	1.00	74.00	1.00	3.00	17.00

注：试验路段②为明佳路-光电路交叉口纵向-直行段；对比路段 2 为明佳路-光电路交叉口直行段。

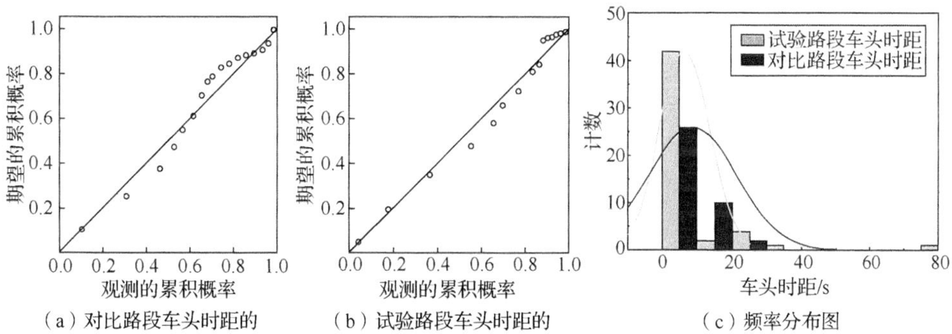

（a）对比路段车头时距的正态P-P图　（b）试验路段车头时距的正态P-P图　（c）频率分布图

图 4-4　明佳路-光电路交叉口车头时距的正态 P-P 图和频率分布图

4.2.3　西彭互通-小湾互通

对西彭互通-小湾互通的横向视错觉控速标线、纵向视错觉控速标线和横向+纵向视错觉控速标线路段及对应的对比路段地形图进行测量，该区间道路为双向六车道，测量试验路段 445m 的道路纵向坡度，其值为-2.70%，中央由绿化植物和护栏等作为硬隔离，根据航拍视频计算 10min 时间段内试验路段与对比路段的交通流特性并进行分析。

1. 交通流量分析

通过对该路段的交通车型数据进行统计分析得到，在该试验路段，小型车数量占比为 40%～65%，中型车占比为 10%～25%，大型车占比为 20%～40%。说明该试验路段小型车最多，大型车次之，中型车最少，因此，为了使道路更加安全，需要在增加使小客车车流稳定和速度差较小的交通安全设施的基础上，为大货车的行驶安全增加相应的交通安全防护设施。例如，加固护栏，按照规范设置停车港、加水点和爬坡车道等，如表 4-6、表 4-7 和图 4-5 所示。

表 4-6　机动车车型分类及折算

一级分类	二级分类	额定荷载	车长 l 及车辆轴数	折算系数
小型车	中小客车	额定座位≤19 座	l<6m，2 轴	1
	小型货车	载重量≤2t		
中型车	大客车	额定座位>19 座	6m≤l≤12m，2 轴	1.5
	中型货车	2t<载重量≤7t		
大型车	大型货车	7t<载重量≤20t	6m≤l≤12m，3/4 轴	2

表 4-7　交通流量统计表

类别	小型车			中型车			大型车			合计
	数量/辆	折算系数	比例/%	数量/辆	折算系数	比例/%	数量/辆	折算系数	比例/%	
③	102	1	0.57	25	1.5	0.21	20	2	0.22	179.5
3	111	1	0.44	26	1.5	0.16	51	2	0.40	252
④	128	1	0.63	15	1.5	0.11	26	2	0.26	202.5
4	110	1	0.55	25	1.5	0.19	27	2	0.27	201.5
⑤	106	1	0.49	31	1.5	0.21	32	2	0.30	216.5
5	108	1	0.55	19	1.5	0.15	30	2	0.30	196.5

注：试验路段③为西彭互通-小湾互通横向-左转段，④为西彭互通-小湾互通纵向-右转段，⑤为西彭互通-小湾互通横向+纵向-左转段；对比路段 3 为西彭互通-小湾互通右转段，4 为西彭互通-小湾互通左转段，5 为西彭互通-小湾互通右转段。

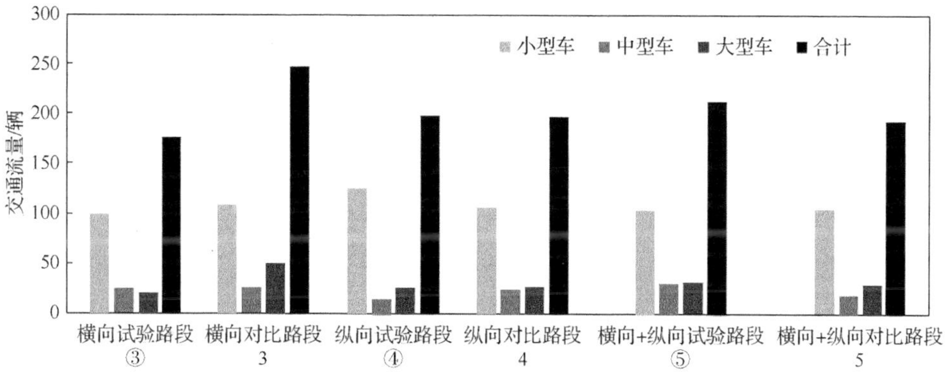

图 4-5　不同路段分车型交通流量分布直方图

2. 区间速度

（1）综合分析

对横向视错觉控速标线试验路段和对比路段的速度进行统计分析，见表 4-8。路段的样本标准差为 13.42，中值为 68.40km/h，V_{15} 为 54.00km/h，V_{85} 为 85.50km/h；对比路段的样本标准差为 27.82，中值为 85.50km/h，V_{15} 为 39.87km/h，V_{85} 为 102.60km/h。对纵向视错觉控速标线试验路段和对比路段的速度进行统计分析得到，试验路段的样本标准差为 13.40，中值为 81.00km/h，V_{15} 为 66.71km/h，V_{85} 为 94.50km/h；对比路段的样本标准差为 17.27，中值为 85.29km/h，V_{15} 为 71.38km/h，V_{85} 为 110.88km/h。对横向+纵向视错觉控速标线试验路段和对比路段的速度进行统计分析得到，试验路段的样本标准差为 11.32，中值为 75.60km/h，V_{15} 为 66.15km/h，V_{85} 为 88.20km/h；对比路段的样本标准差为 18.61，中值为 81.42km/h，V_{15} 为 62.26km/h，V_{85} 为 105.84km/h。对试验路段和对比路段的 P-P 图验证真实数据和待检验分布的累积概率，符合正态分布，如表 4-8 和图 4-6 所示。

试验表明：

1）在设置横向视错觉控速标线、纵向视错觉控速标线和横向+纵向视错觉控速标线的试验路段速度的标准差分别为 13.42、13.40 和 11.32，与其对应的对比路段的标准差 27.82、17.27 和 18.61 相比较小，说明设置视错觉控速标线对车辆的速度分布程度有一定影响，即车速相对对比路段较为集中，在限速方面有一定的贡献。

2）在设置横向视错觉控速标线、纵向视错觉控速标线和横向+纵向视错觉控速标线的试验路段速度的均值分别为 69.96km/h、81.43km/h 和 77.05km/h，小于对应的对比路段速度的均值 77.86km/h、88.95km/h 和 83.21km/h，说明在同样的道路环境下，设置横向、纵向和横向+纵向视错觉控速标线可以使区间平均速度降低 10.15%、8.45%和 7.40%，使 V_{85} 降低 16.67%、14.77%和 16.67%。

表 4-8　速度分布描述统计表

类别	N	均值/（km/h）	标准差	最小值/（km/h）	最大值/（km/h）	百分位速度/（km/h）		
						V_{15}	V_{50}	V_{85}
③	145	69.96	13.42	46.64	114.00	54.00	68.40	85.50
3	191	77.86	27.82	16.82	128.25	39.87	85.50	102.60
④	125	81.43	13.40	56.70	113.40	66.71	81.00	94.50
4	162	88.95	17.27	50.40	158.40	71.38	85.29	110.88
⑤	167	77.05	11.32	55.71	117.60	66.15	75.60	88.20
5	157	83.21	18.61	44.10	151.20	62.26	81.42	105.84

注：试验路段③为西彭互通-小湾互通横向-左转段，④为西彭互通-小湾互通纵向-右转段，⑤为西彭互通-小湾互通横向+纵向-左转段；对比路段 3 为西彭互通-小湾互通右转段，4 为西彭互通-小湾互通左转段，5 为西彭互通-小湾互通右转段。

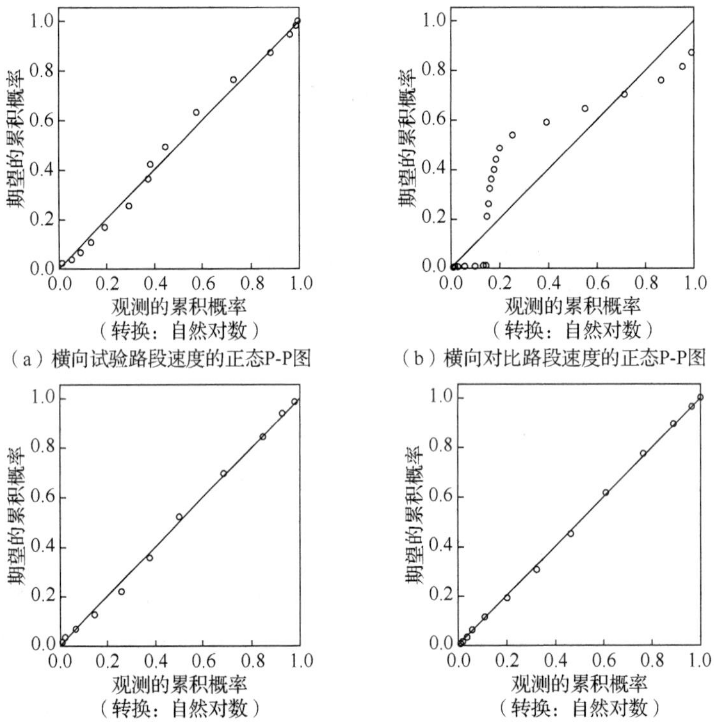

（a）横向试验路段速度的正态P-P图　（b）横向对比路段速度的正态P-P图

（c）纵向试验路段速度的正态P-P图　（d）纵向对比路段速度的正态P-P图

图 4-6　速度正态 P-P 图

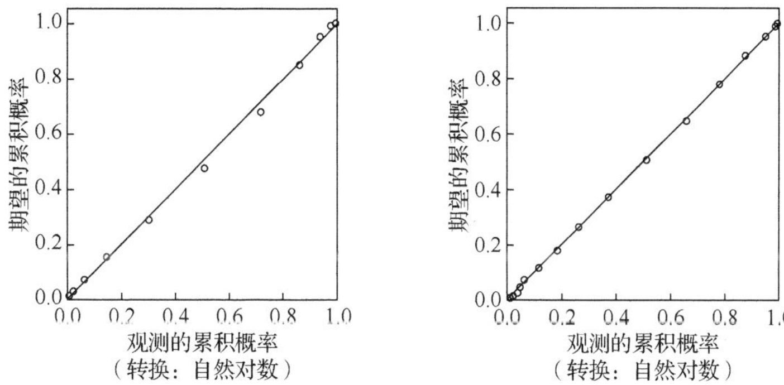

（e）横向＋纵向试验路段速度的正态P-P图　（f）横向＋纵向对比路段速度的正态P-P图

图 4-6（续）

（2）客货车不同特性分析

将不同路段的客货车进行分类统计，得到横向试验路段小客车的区间平均速度为 74.32km/h，横向对比路段小客车的区间平均速度为 81.26km/h，横向试验路段大货车的区间平均速度为 60.01km/h，横向对比路段大货车的区间平均速度为 68.52km/h。纵向试验路段小客车的区间平均速度为 82.19km/h，纵向对比路段小客车的区间平均速度为 89.77km/h，纵向试验路段大货车的区间平均速度为 72.59km/h，纵向对比路段大货车的区间平均速度为 73.92km/h。横向+纵向试验路段小客车的区间平均速度为 78.65km/h，横向+纵向对比路段小客车的区间平均速度为 86.64km/h，横向+纵向试验路段大货车的区间平均速度为 69.99km/h，横向+纵向对比路段大货车的区间平均速度为 68.58km/h。对试验路段和对比路段 P-P 图验证真实数据和待检验分布的累积概率，符合正态分布，如表 4-9 和图 4-7 所示。

试验表明：

1）在设置横向视错觉控速标线、纵向视错觉控速标线和横向+纵向视错觉控速标线的试验路段小客车和大货车标准差一般小于未设置视错觉控速标线的对比路段小客车和大货车标准差。设置横向视错觉控速标线、纵向视错觉控速标线和横向+纵向视错觉控速标线的路段小客车标准差分别为 12.26、13.59 和 11.59，小于对比路段的小客车标准差 29.12、16.58 和 17.91；设置横向视错觉控速标线和横向+纵向视错觉控速标线的路段大货车标准差分别为 7.32 和 6.74，小于对比路段的大货车标准差 22.89 和 13.63；设置纵向视错觉控速标线路段的大货车标准差为 11.35，与对比路段大货车标准差 10.99 相差不大。

说明在试验路段设置横向视错觉控速标线对小客车和大货车速度分布离散程度影响较大，且可以使其速度分布离散程度更为集中，可以减少交通事故的发生；设置纵向视错觉控速标线对小客车速度分布离散程度影响较大，对大货车的速度分布离散程度影响较小；设置横向+纵向视错觉控速标线对小客车和大货车速度分布离散程度有一定的影响，属于居中位置。

表 4-9　速度分布描述统计表

类别		N	均值/(km/h)	标准差	最小值/(km/h)	最大值/(km/h)	百分位速度/（km/h）		
							V_{15}	V_{50}	V_{85}
小客车	③	125	74.32	12.26	46.64	114.00	60.35	73.29	85.50
	3	140	81.26	29.12	17.39	128.25	33.96	89.39	102.60
	④	100	82.19	13.59	47.25	113.40	66.71	81.00	94.50
	4	135	89.77	16.58	55.44	158.40	73.92	92.40	100.80
	⑤	136	78.65	11.59	55.71	117.60	66.15	75.60	88.20
	5	127	86.64	17.91	50.40	151.20	70.56	81.42	105.84
大货车	③	20	60.01	7.32	48.86	73.29	48.86	60.35	68.40
	3	51	68.52	22.89	16.82	93.27	20.04	78.92	85.50
	④	25	72.59	11.35	56.70	103.09	63.00	70.88	87.23
	4	27	73.92	10.99	50.40	100.80	61.60	73.92	85.29
	⑤	31	69.99	6.74	58.80	81.42	62.26	70.56	81.42
	5	30	68.58	13.63	44.10	96.22	52.04	66.15	81.42

注：试验路段③为西彭互通-小湾互通横向-左转段，④为西彭互通-小湾互通纵向-右转段，⑤为西彭互通-小湾互通横向+纵向-左转段；对比路段 3 为西彭互通-小湾互通右转段，4 为西彭互通-小湾互通左转段，5 为西彭互通-小湾互通右转段。

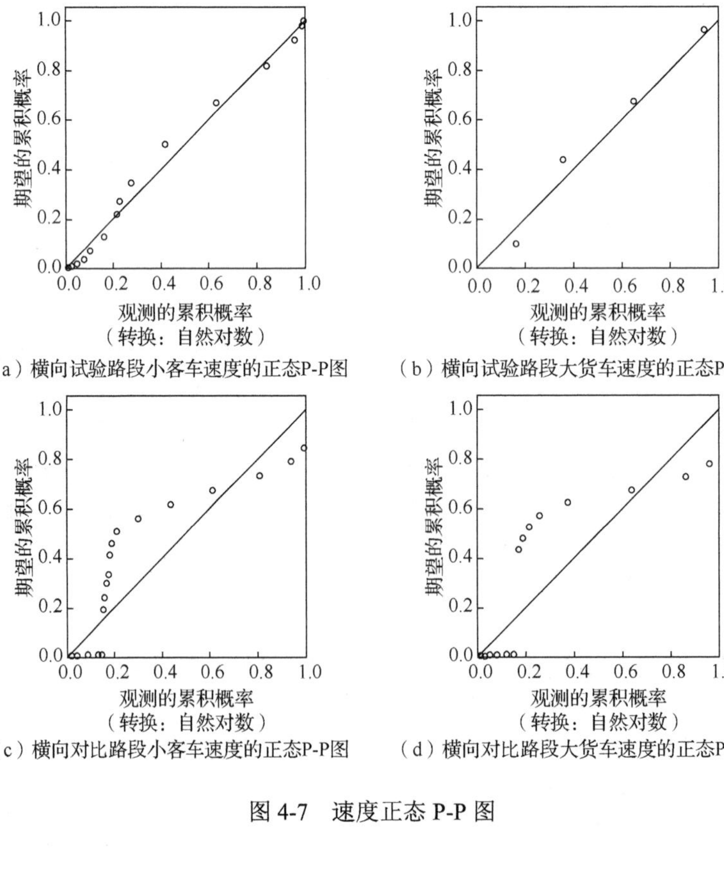

（a）横向试验路段小客车速度的正态P-P图

（b）横向试验路段大货车速度的正态P-P图

（c）横向对比路段小客车速度的正态P-P图

（d）横向对比路段大货车速度的正态P-P图

图 4-7　速度正态 P-P 图

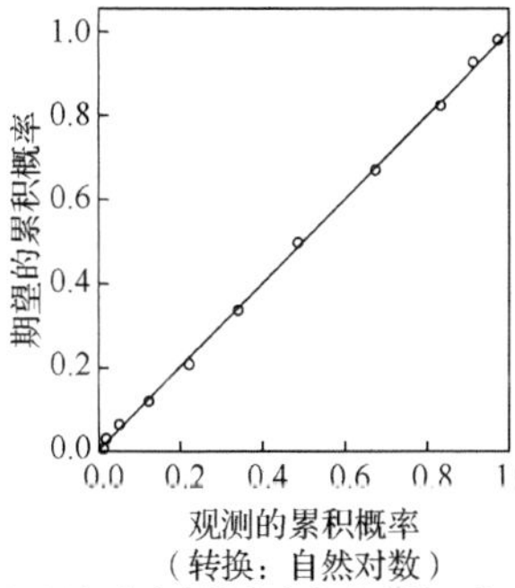

（e）纵向试验路段小客车速度的正态P-P图

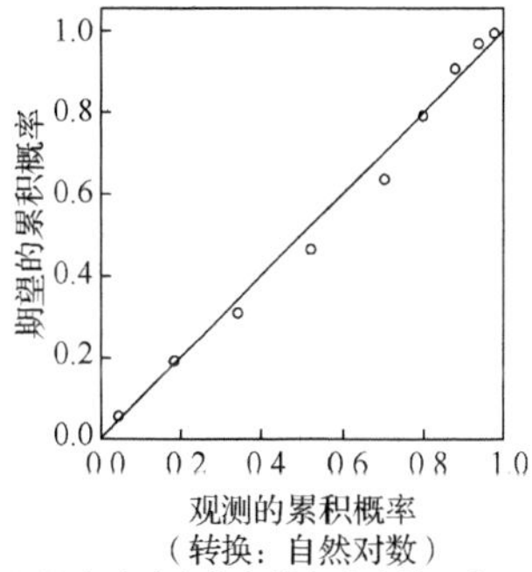

（f）纵向试验路段大货车速度的正态P-P图

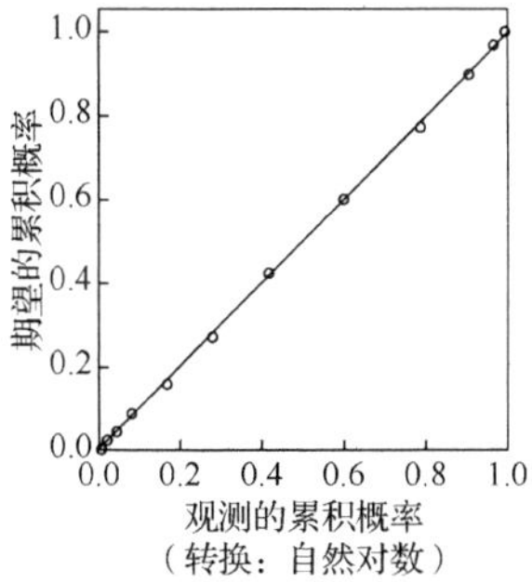

（g）纵向对比路段小客车速度的正态P-P图

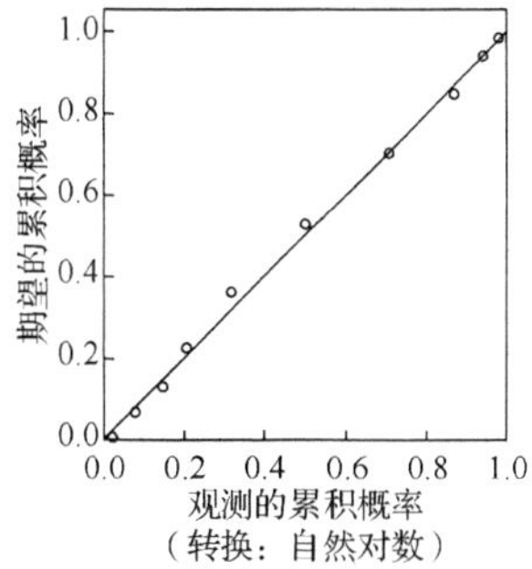

（h）纵向对比路段大货车速度的正态P-P图

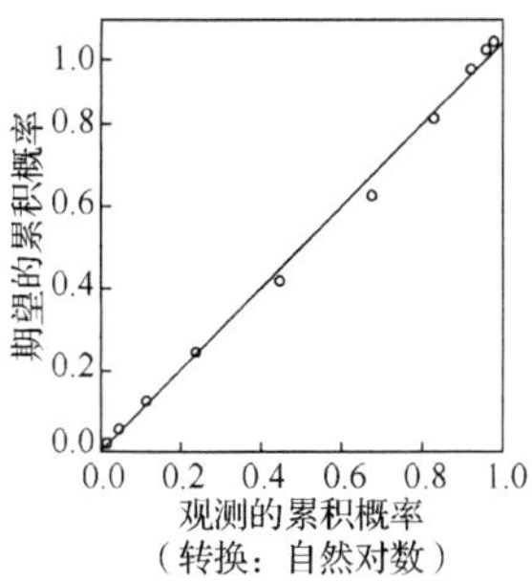

（i）横向＋纵向试验路段小客车速度的正态P-P图

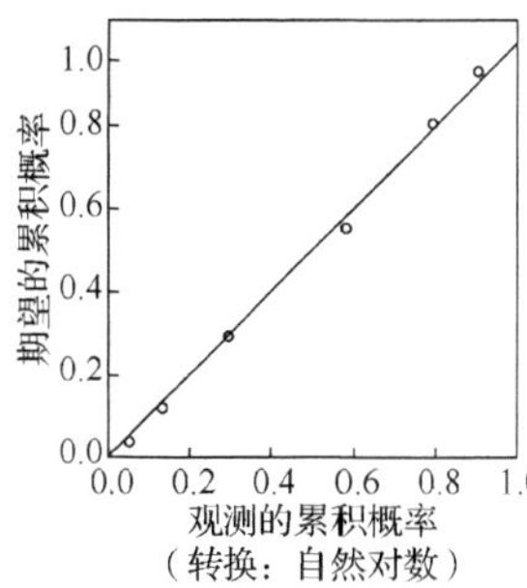

（j）横向＋纵向试验路段大货车速度的正态P-P图

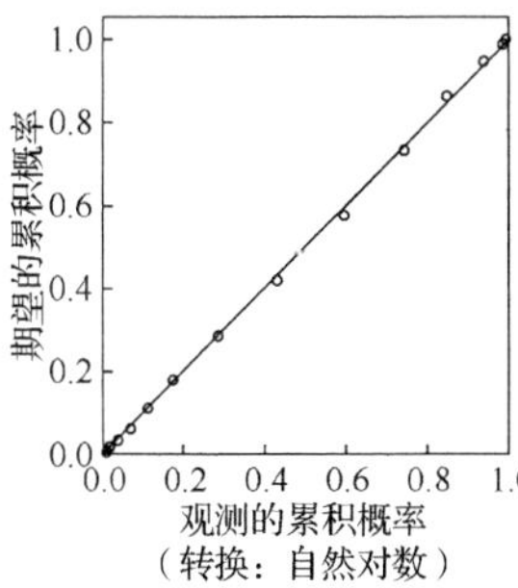

（k）横向＋纵向对比路段小客车速度的正态P-P图

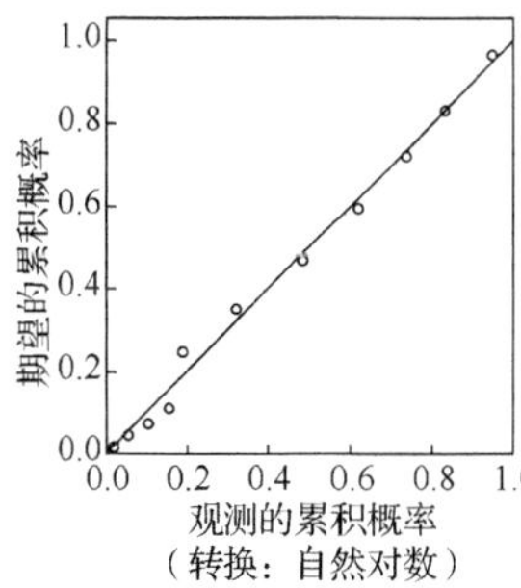

（l）横向＋纵向对比路段大货车速度的正态P-P图

图 4-7（续）

2）设置横向、纵向和横向+纵向视错觉控速标线后，小客车和大货车区间速度均值与未设置相比有所下降，起到了较好的减速作用。设置横向视错觉控速标线、纵向视错觉控速标线和横向+纵向视错觉控速标线使小客车区间平均速度降低8.54%、8.44%和9.22%；设置横向视错觉控速标线和纵向视错觉控速标线使大货车区间平均速度降低 12.42%、17.99%。设置横向+纵向视错觉控速标线对大货车的区间速度均值影响不大，如图 4-8～图 4-10 所示。

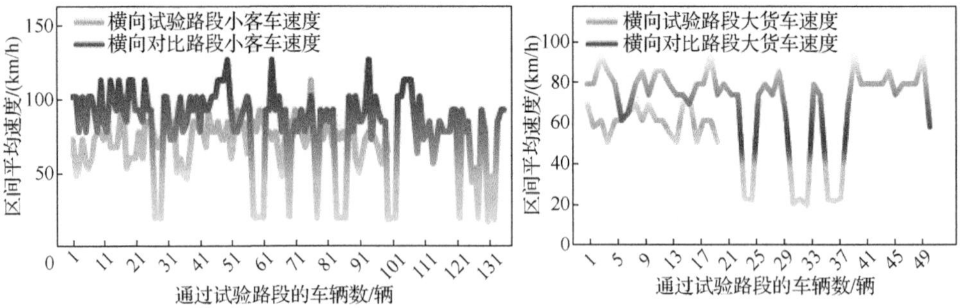

图 4-8　横向视错觉控速标线试验路段与对比路段速度分布图

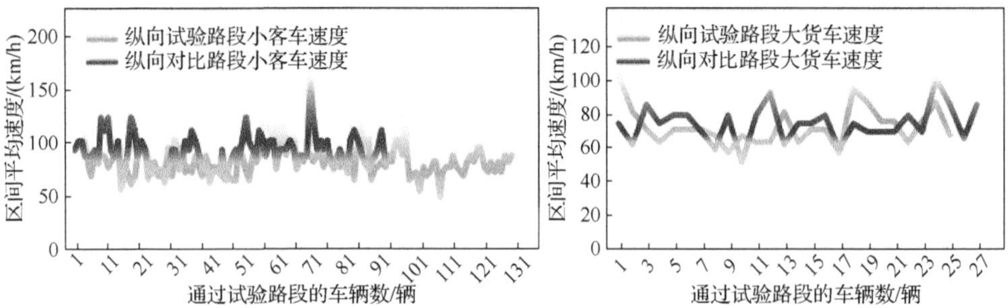

图 4-9　纵向视错觉控速标线试验路段与对比路段速度分布图

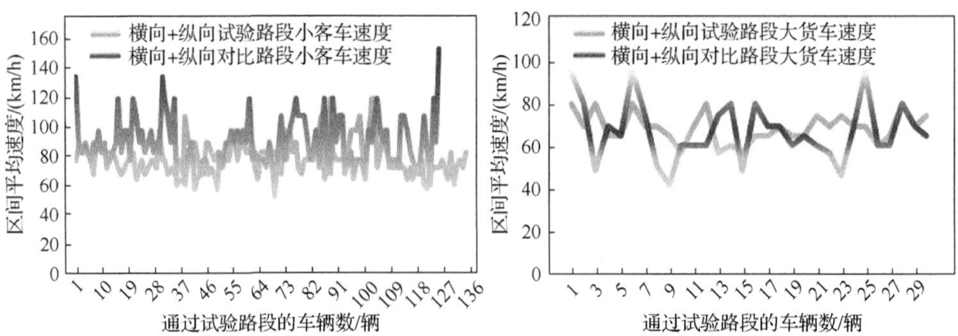

图 4-10　横向+纵向视错觉控速标线试验路段与对比路段速度分布图

说明在试验路段设置横向视错觉控速标线对小客车和大货车速度的影响程度较大，可以使速度降低 8%～13%，从而减少交通事故的发生；设置纵向视错觉控速标线对小客车速度的影响程度与设置横向视错觉控速标线效果相差不大，但对大货车速度的影响程度较大。设置横向+纵向视错觉控速标线对小客车速度的影响程度相对最大，对大货车速度影响程度不大。

总之，在试验路段设置横向视错觉控速标线对小客车和大货车速度离散程度和大小分布影响较大，可以使速度降低 8%～13%；设置纵向视错觉控速标线对小客车速度离散程度和大小分布影响较大，可以使速度降低 8.44%，对大货车速度离散程度影响较小，对大货车速度的大小分布影响较大，可以使速度降低 17.99%；设置横向+纵向视错觉控速标线对小客车速度离散程度居中，对小客车速度的大小分布影响最大，可以使速度降低 9.22%，对大货车速度离散程度居中，对大货车速度大小分布影响程度不大。

3）横向视错觉控速标线设置路段的小客车和大货车的 V_{15} 分别是 60.35km/h 和 48.86km/h，大于对比路段的相应值 33.96km/h 和 20.04km/h；V_{50} 分别是 73.29km/h 和 60.35km/h；V_{85} 分别是 85.50km/h 和 68.40km/h，小于对比路段的相应值。说明设置横向视错觉控速标线提高了最低限速，增大了道路通行能力，减小了车辆行驶速度的相对差，使车流较为稳定，从而减少了事故的发生，提高了道路交通安全性。

纵向视错觉控速标线设置路段小客车的 V_{15} 是 66.71km/h，小于对比路段小客车的 V_{15}（73.92km/h），ΔV_{15} 为 7.21，V_{85}（94.50km/h）小于对比路段的 100.80km/h，ΔV_{85} 为 6.30，即设置纵向视错觉控速标线可以降低小客车车辆整体行驶速度，提高行驶安全性。大货车的 V_{15} 是 63.00km/h，大于对比路段大货车的 V_{15}（61.60km/h），V_{85}（87.23km/h）小于对比路段的 85.29km/h，即设置纵向视错觉控速标线提高了大货车最低限速，增大了道路通行能力，减小了车辆行驶速度的相对差，使货车车流较为稳定，从而减少了事故的发生，提高了道路交通安全性。

横向+纵向视错觉控速标线设置路段的小客车 V_{15} 是 66.15km/h，小于对比路段小客车的 V_{15}（70.56km/h），V_{85}（88.20km/h）小于对比路段的 105.84km/h，即设置横向+纵向视错觉控速标线可以降低小客车车辆整体行驶速度，提高行驶安全性。大货车的 V_{15} 是 62.26km/h，大于对比路段大货车的 V_{15}（52.04km/h），其 V_{85}（81.42km/h）没有改变，即设置横向+纵向视错觉控速标线提高了大货车最低限速，增大了道路通行能力，减小了车辆行驶速度的相对差，使货车车流较为稳定。说明在此弯道试验路段，设置横向、纵向和横向+纵向视错觉控速标线可以使驾驶员提前降低行驶速度，增大了道路通行能力，使车流更加稳定，从而减少了事故的发生，提高了行驶安全性，如图 4-11～图 4-13 所示。

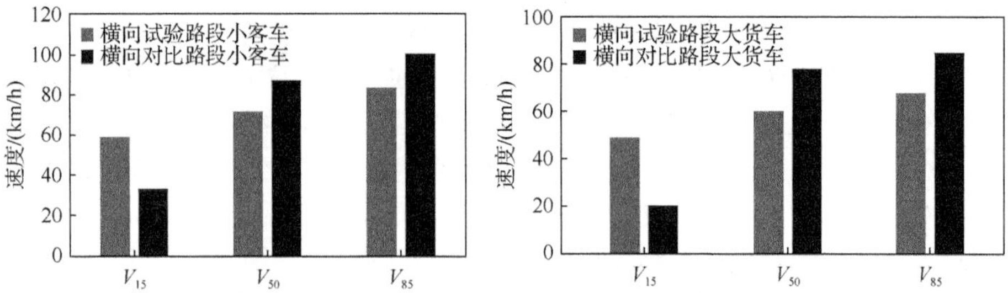

（a）小客车　　（b）大货车

图 4-11　横向视错觉控速标线试验路段与对比路段特征速度分布图

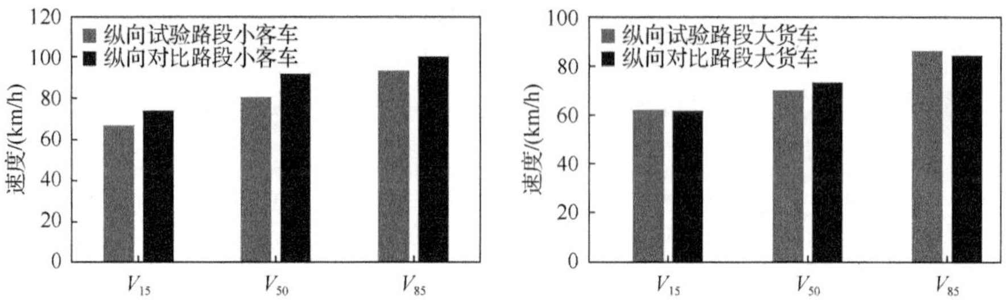

（a）小客车　　（b）大货车

图 4-12　纵向视错觉控速标线试验路段与对比路段特征速度分布图

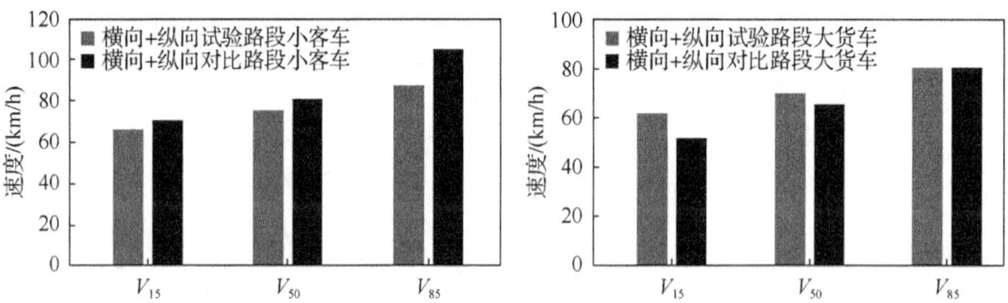

（a）小客车　　（b）大货车

图 4-13　横向+纵向视错觉控速标线试验路段与对比路段特征速度分布图

3. 车头时距

分析横向、纵向和横向+纵向视错觉控速标线设置路段和对比路段的车头时距数据得到，试验路段的样本均值分别为 6.80s、5.64s 和 5.25s，对比路段的样本均值分别为 5.18s、5.32s 和 5.58s。对试验路段和对比路段的 P-P 图验证真实数据和待检验分布的累积概率，符合正态分布，如表 4-10、图 4-14 和图 4-15 所示。

研究表明：

1）横向+纵向视错觉控速标线路段的标准差 3.32 小于其对比路段的标准差 4.64，其他路段标准差相差不大，说明设置横向+纵向视错觉控速标线对车辆的车头时距影响较大，可以使车流更加稳定，提高行驶安全性。

2）在试验视频录制过程中，设置横向视错觉控速标线的试验路段超车次数为 11，小于其对比路段超车次数（15 次）；设置纵向视错觉控速标线的试验路段超车次数为 16，小于其对比路段超车次数（21 次）；设置横向+纵向视错觉控速标线的试验路段超车次数为 11，小于其对比路段超车次数（19 次）。说明设置横向、纵向和横向+纵向视错觉控速标线对车辆超车次数有影响，可以约束驾驶行为，提高驾驶警惕性。

表 4-10　车头时距描述统计表

类别	N	均值/s	标准差	最小值/s	最大值/s	百分位车头时距/s		
						V_{15}	V_{50}	V_{85}
③	122	6.80	5.13	2	27	3	5	11
3	80	5.18	3.89	2	25	2	4	8
④	108	5.64	3.58	2	19	2	5	10
4	99	5.32	3.53	2	19	2	4	9
⑤	112	5.25	3.32	2	19	2	4	9
5	99	5.58	4.64	2	29	2	4	10

注：试验路段③为西彭互通-小湾互通横向-左转段，④为西彭互通-小湾互通纵向-右转段，⑤为西彭互通-小湾互通横向+纵向-左转段；对比路段 3 为西彭互通-小湾互通右转段，4 为西彭互通-小湾互通左转段，5 为西彭互通-小湾互通右转段。

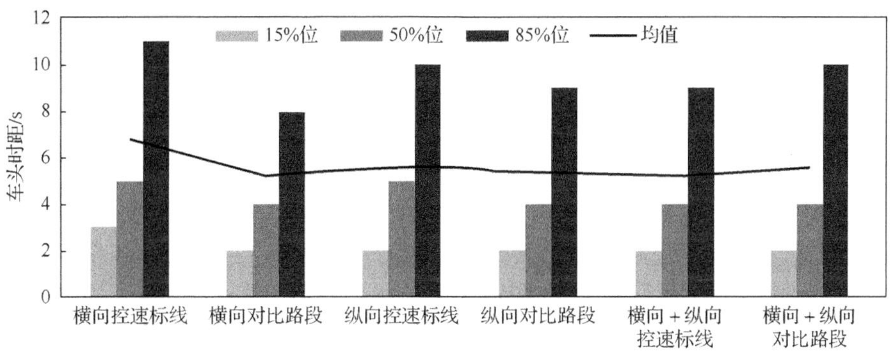

图 4-14　车头时距分布图

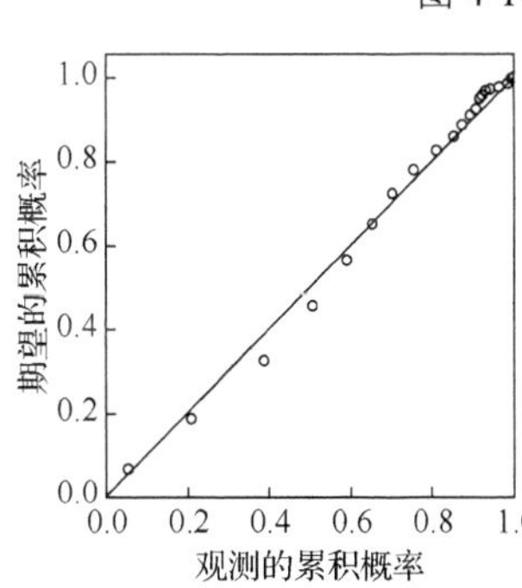

（a）横向试验路段车头时距的正态P-P图

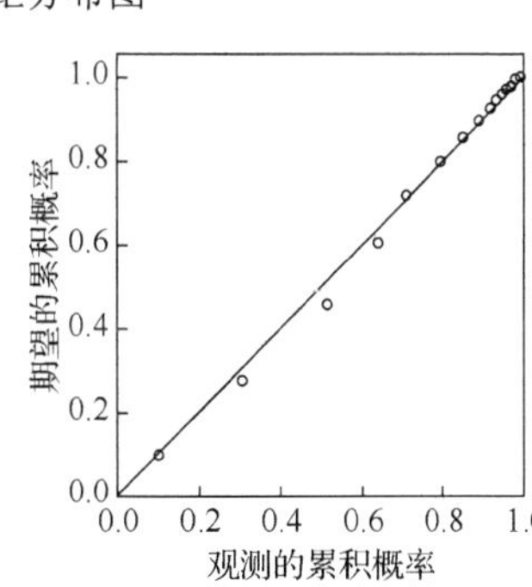

（b）横向对比路段车头时距的正态P-P图

图 4-15　车头时距正态 P-P 图和频率分布图

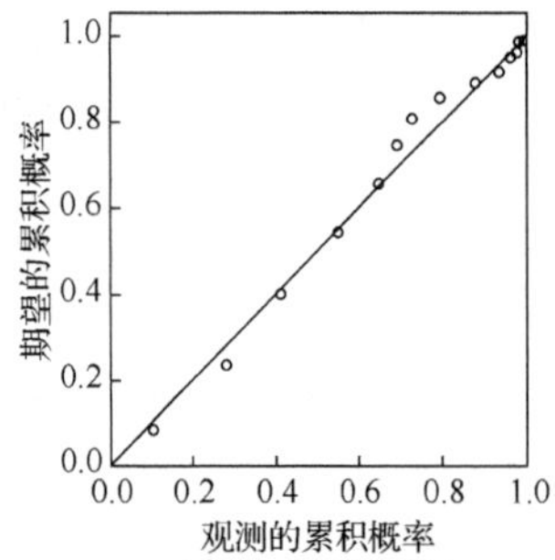

（c）纵向试验路段车头时距的正态P-P图

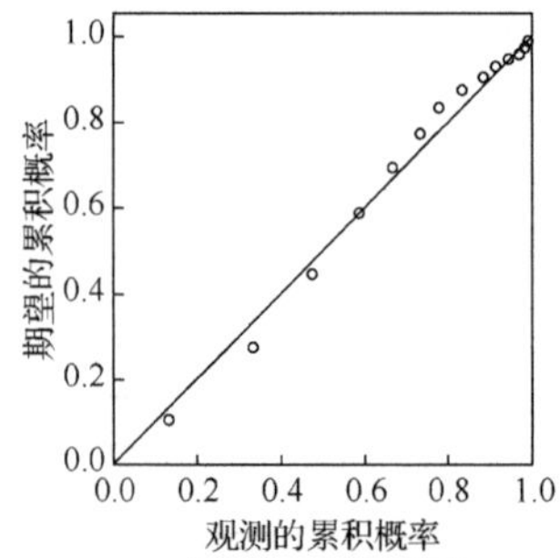

（d）纵向对比路段车头时距的正态P-P图

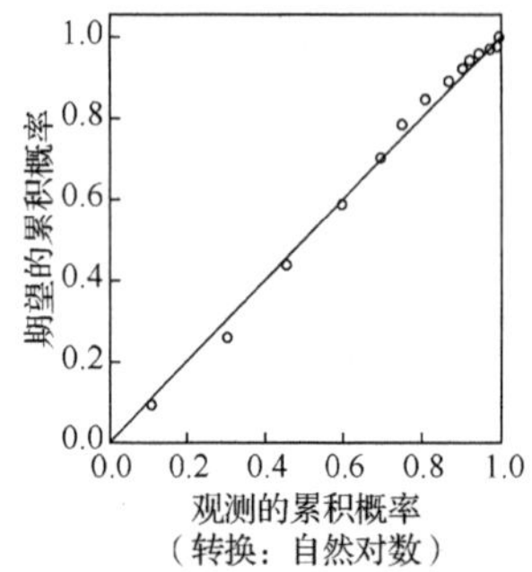

（e）横向＋纵向试验路段车头时距的正态P-P图

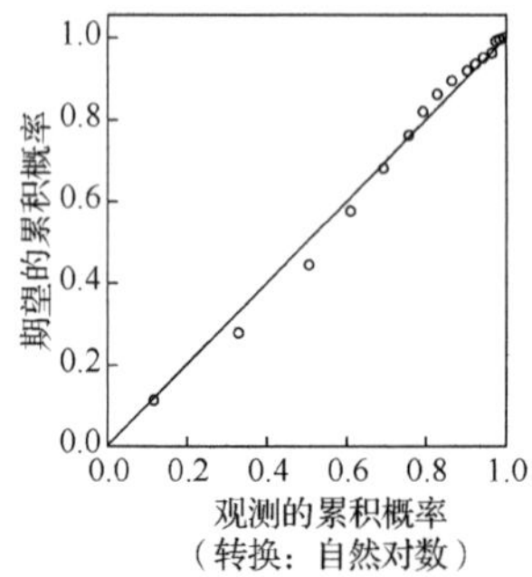

（f）横向＋纵向对比路段车头时距的正态P-P图

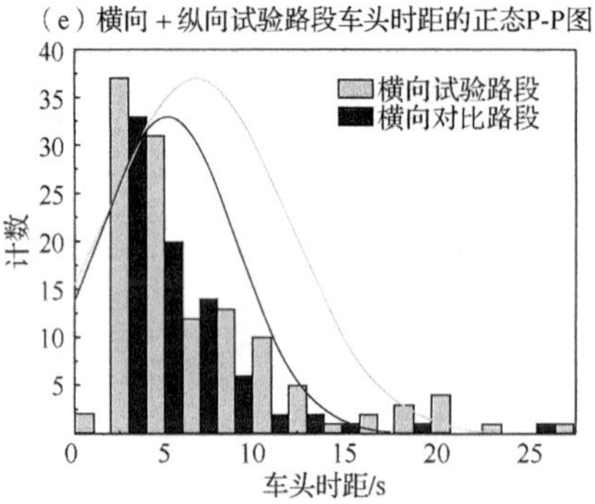

（g）横向概率分布图

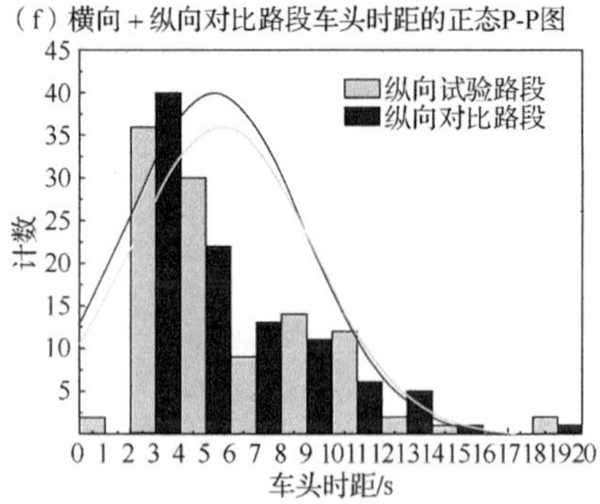

（h）纵向概率分布图

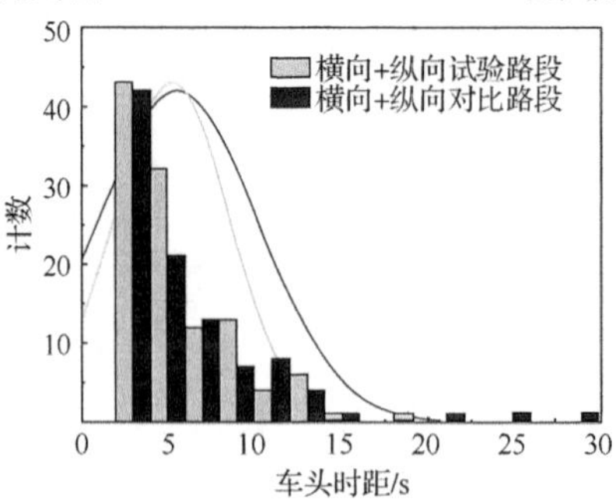

（i）横向＋纵向概率分布图

图 4-15（续）

4.2.4　绕城渝湘互通-绕城渝黔互通

对绕城渝湘互通-绕城渝黔互通的两个直线路段纵向视错觉控速标线及对应的对比路段地形图进行测量，该区间道路为双向六车道，中央由绿化植物和护栏等作为硬隔离，根据航拍视频计算 10min 时间段内试验路段与对比路段的交通流特性并进行分析。

1. 交通流量分析

通过对该路段的交通车型数据进行统计分析得到，在该试验路段，小型车数量占比为 35%～55%，中型车占比为 25%～35%，大型车占比为 15%～30%。说明该试验路段小、中、大型车的类型分布相差不大，虽然以小型车为主，但中型车和大型车数量相差不多，因此，该路段需要按照小客车、中型车和大货车 3 种不同类型的车辆分析速度等特性。为了使道路更加安全，需要从保证速度稳定性和路侧通行安全方面着手，如合理设置标志牌、视错觉控速标线、减速带，加固护栏，按照规范设置停车港、加水点和爬坡车道等，如表 4-11 和图 4-16 所示。

表 4-11　交通流量统计表

类别	小型车			中型车			大型车			合计
	数量/辆	折算系数	比例/%	数量/辆	折算系数	比例/%	数量/辆	折算系数	比例/%	
⑥	54	1	35.88	35	1.5	34.88	22	2	29.24	150.5
6	57	1	54.81	18	1.5	25.96	10	2	19.23	104
⑦	56	1	40.14	37	1.5	39.79	14	2	20.07	139.5
7	56	1	46.28	22	1.5	27.27	16	2	26.45	121

注：试验路段⑥为绕城渝湘互通-绕城渝黔互通纵向-直线路段 1，⑦为绕城渝湘互通-绕城渝黔互通纵向-直线路段 2；对比路段 6 为绕城渝湘互通-绕城渝黔互通纵直行段 1，7 为绕城渝湘互通-绕城渝黔互通纵直行段 2。

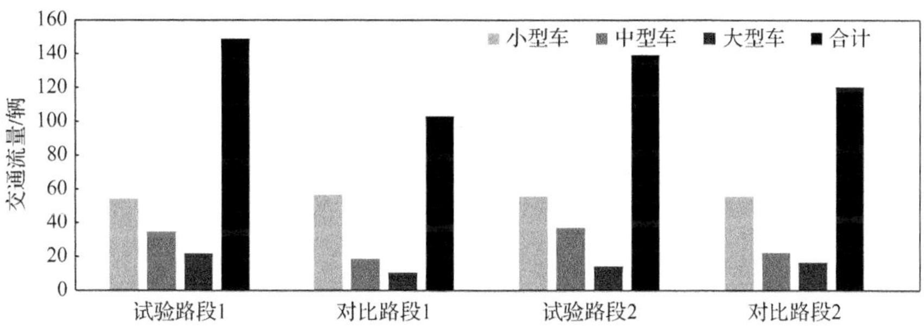

图 4-16　直线路段纵向视错觉控速标线试验路段与对比路段交通流量分布直方图

2. 区间速度

（1）综合分析

对直线路段纵向视错觉控速标线试验路段 1 和 2 的速度进行统计分析得到，试验路段 1 的样本标准差为 13.38，均值为 76.68km/h，V_{15}为 64.13km/h，V_{85}为 93.27km/h；对比路段 1 的样本标准差为 20.37，均值为 71.31km/h，V_{15}为 48.86km/h，V_{85}为 93.27km/h。试验路段 2 的样本标准差为 12.98，均值为 67.53km/h，V_{15}为 54.00km/h，V_{85}为 81.00km/h；对比路段 2 的样本标准差为 18.64，均值为 62.47km/h，V_{15}为 40.22km/h，V_{85}为 81.00km/h。对试验路段和对比路段的 P-P 图验证真实数据和待检验分布的累积概率，符合正态分布，如表 4-12 和图 4-17 所示。

试验表明：

1）在直线路段设置纵向视错觉控速标线后其区间速度的标准差分别为 13.38 和 12.98，与其对应的对比路段的标准差 20.37 和 18.64 相比，均有所降低。说明在直线路段设置纵向视错觉控速标线对车辆的速度分布程度有一定影响，即车速相对于对比路段较为集中，车流较为稳定，可以减少因相对速度差过大而发生的追尾等事故，即纵向视错觉控速标线在直线路段的限速方面有一定的贡献。

2）在直线路段设置纵向视错觉控速标线后试验路段速度的均值（76.68km/h 和 67.53km/h）与其对应的对比路段速度的均值（71.31km/h 和 62.47km/h）相差不大，试验路段 V_{15}分别为 64.13km/h 和 54.00km/h，大于与其对应的对比路段 V_{15}（48.86km/h 和 40.22km/h），试验路段 V_{85}分别为 93.27km/h 和 81.00km/h，与其对应的对比路段 V_{85}（93.27km/h 和 81.00km/h）一致。说明在直线路段设置较短距离的纵向视错觉控速标线不能降低车辆的区间速度，但对其 V_{85}与 V_{15}的差值有减小作用，即减小了车辆最高速度和最低速度之间的相对差值，使车流较为稳定，减少了事故的发生，提高了道路交通安全性，如表 4-12 和图 4-17 所示。

表 4-12　速度分布描述统计表

类别	N	均值/（km/h）	标准差	最小值/（km/h）	最大值/（km/h）	百分位速度/（km/h）		
						V_{15}	V_{50}	V_{85}
⑥	103	76.68	13.38	54.00	128.25	64.13	73.29	93.27
6	81	71.31	20.37	35.38	128.25	48.86	68.40	93.27
⑦	101	67.53	12.98	45.36	103.09	54.00	66.71	81.00
7	91	62.47	18.64	26.37	113.40	40.22	63.00	81.00

注：试验路段⑥为绕城渝湘互通-绕城渝黔互通纵向-直线路段 1，⑦为绕城渝湘互通-绕城渝黔互通纵向-直线路段 2；对比路段 6 为绕城渝湘互通-绕城渝黔互通纵直行段 1，7 为绕城渝湘互通-绕城渝黔互通纵直行段 2。

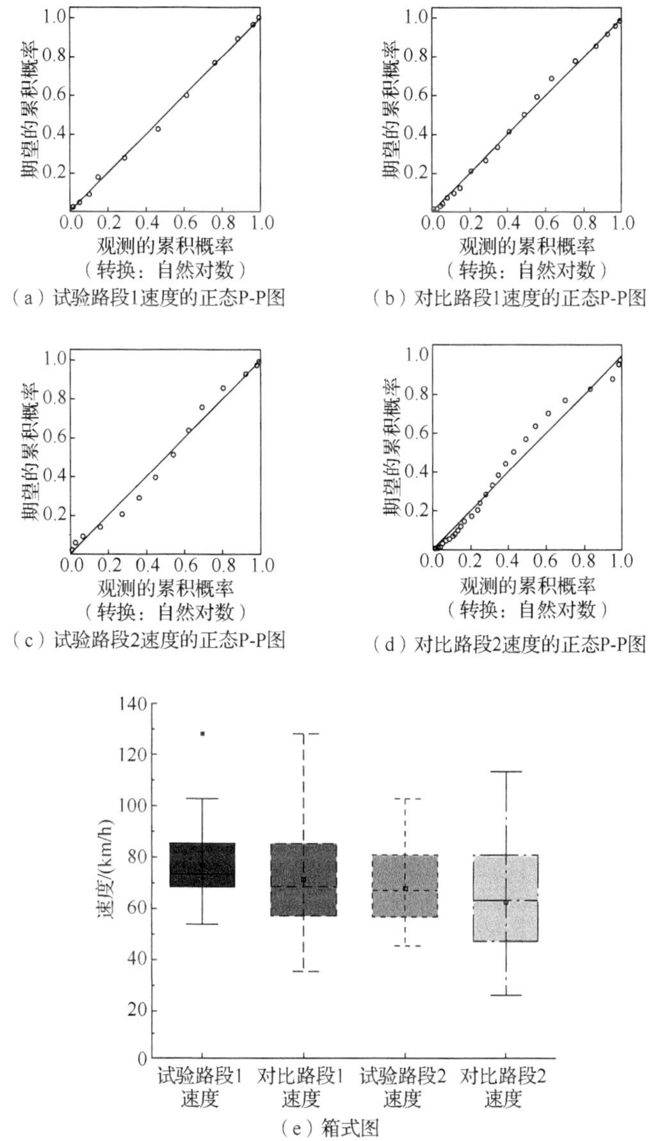

（a）试验路段1速度的正态P-P图
（b）对比路段1速度的正态P-P图
（c）试验路段2速度的正态P-P图
（d）对比路段2速度的正态P-P图
（e）箱式图

图 4-17　速度正态 P-P 图和箱式图

（2）小、中、大型车的不同特性分析

将不同路段的小、中、大型车进行分类统计，得到直线路段纵向视错觉控速标线试验路段 1 小型车、中型车和大型车的区间平均速度为 82.71km/h、70.05km/h 和 70.90km/h，对应的对比路段小型车、中型车和大型车的区间平均速度为 80.48km/h、53.75km/h 和 51.41km/h；直线路段纵向视错觉控速标线试验路段 2 小型车、中型车和大型车的区间平均速度为 74.45km/h、59.26km/h 和 58.10km/h，对应的对比路段小型车、中型车和大型车的区间平均速度为 73.19km/h、48.72km/h 和 44.34km/h，对试验路段和对比路段的 P-P 图验证真实数据和待检验分布的累积概率，符合正态分布，如表 4-13 和图 4-18 所示。

试验表明：

1）直线路段设置纵向视错觉控速标线后，试验路段小型车标准差分别为 15.17 和 12.81，中型车标准差分别为 7.98 和 6.35，大型车标准差分别为 6.26 和 6.69，均小于其对比路段的相应值（对比路段小型车标准差分别为 18.10 和 14.17，中型车标准差分别为 8.95 和 13.64，大型车标准差分别为 10.09 和 9.92）。说明在直线路段设置纵向视错觉控速标线对小、中、大型车辆的速度分布程度都有一定影响，即车速相对于对比路段较为集中，车流较为稳定，可以减少相对速度差过大而造成的追尾事故。也就是说，纵向视错觉控速标线在直线路段对小、中、大型车的安全性都有一定的贡献。

表 4-13　速度分布描述统计表

类别		N	均值/（km/h）	标准差	最小值/（km/h）	最大值/（km/h）	百分位速度/（km/h）		
							V_{15}	V_{50}	V_{85}
⑥	小型车	52	82.71	15.17	54.00	128.25	68.19	85.50	93.74
	中型车	31	70.05	7.98	54.00	85.50	60.35	68.40	78.92
	大型车	19	70.90	6.26	57.00	85.50	64.13	68.40	78.92
6	小型车	54	80.48	18.10	36.64	128.25	61.30	78.92	100.27
	中型车	18	53.75	8.95	35.38	68.40	40.80	55.50	64.13
	大型车	9	51.41	10.09	36.64	64.13	40.63	46.64	64.13
⑦	小型车	56	74.45	12.81	49.30	103.09	56.70	75.60	87.23
	中型车	32	59.26	6.35	49.30	70.88	53.88	58.19	66.71
	大型车	13	58.10	6.69	45.36	66.71	51.55	59.68	66.71
7	小型车	54	73.19	14.17	27.00	113.40	59.68	75.60	81.00
	中型车	21	48.72	13.64	26.37	70.88	34.69	43.62	68.51
	大型车	16	44.34	9.92	28.35	63.00	31.98	43.62	56.56

注：试验路段⑥为绕城渝湘互通-绕城渝黔互通纵向-直线路段 1，⑦为绕城渝湘互通-绕城渝黔互通纵向-直线路段 2；对比路段 6 为绕城渝湘互通-绕城渝黔互通直线路段 1，7 为绕城渝湘互通-绕城渝黔互通直线路段 2。

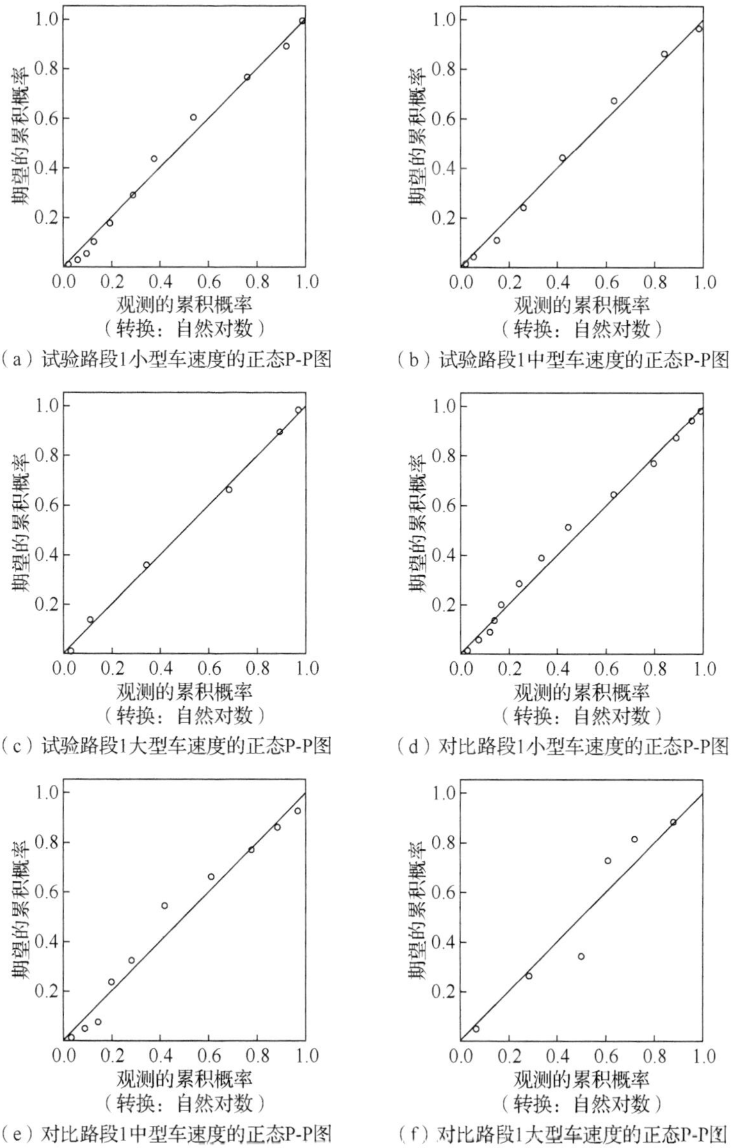

（a）试验路段1小型车速度的正态P-P图

（b）试验路段1中型车速度的正态P-P图

（c）试验路段1大型车速度的正态P-P图

（d）对比路段1小型车速度的正态P-P图

（e）对比路段1中型车速度的正态P-P图

（f）对比路段1大型车速度的正态P-P图

图 4-18　速度正态 P-P 图

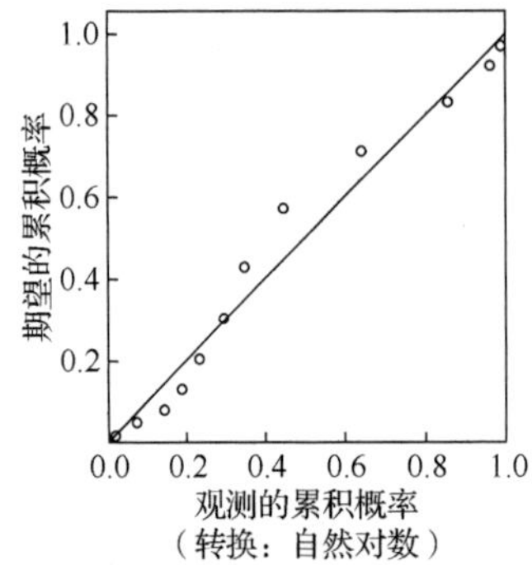

（g）试验路段2小型车速度的正态P-P图

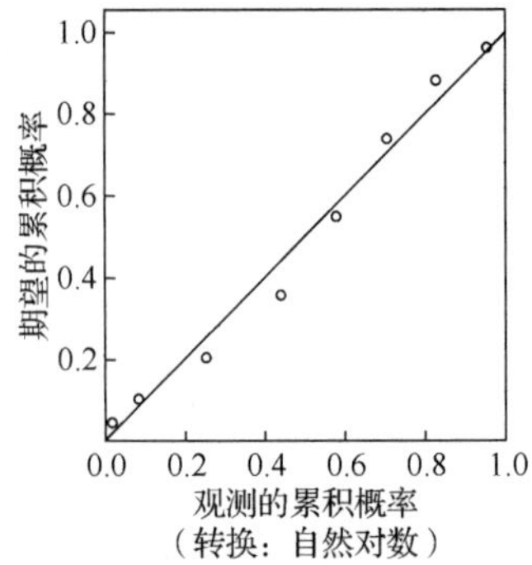

（h）试验路段2中型车速度的正态P-P图

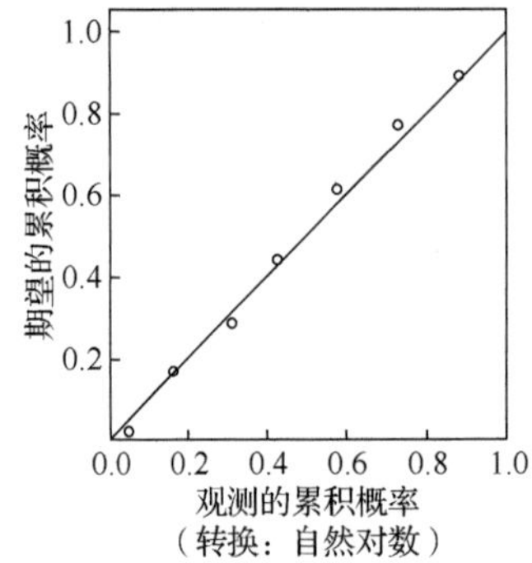

（i）试验路段2大型车速度的正态P-P图

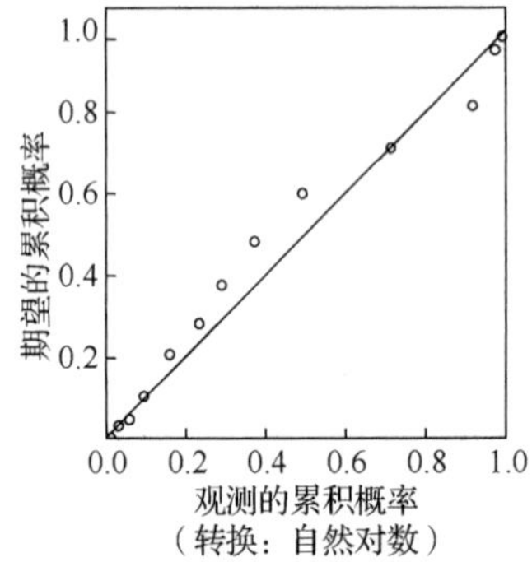

（j）对比路段2小型车速度的正态P-P图

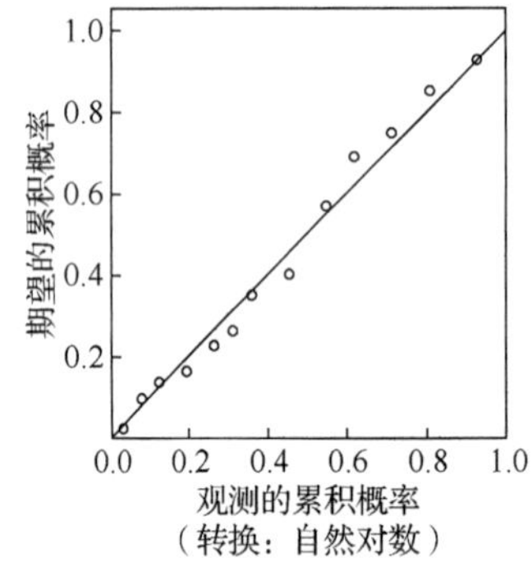

（k）对比路段2中型车速度的正态P-P图

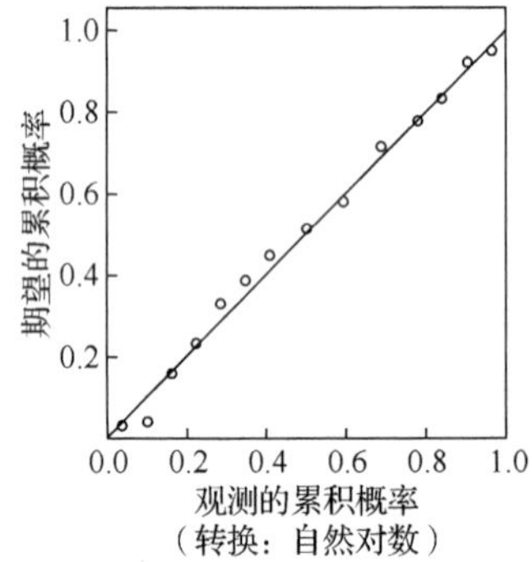

（l）对比路段2大型车速度的正态P-P图

图 4-18（续）

2）直线路段设置纵向视错觉控速标线后，试验路段小型车、中型车和大型车的区间平均速度都大于未设置视错觉控速标线的对比路段小型车、中型车和大型车的区间平均速度。设置较短距离的纵向视错觉控速标线使试验路段的小型车区间平均速度（82.71km/h 和 74.45km/h）与其对比路段的小型车区间平均速度（80.48km/h 和 73.19km/h）相差不大，试验路段的中型车区间平均速度（70.05km/h 和 59.26km/h）和大型车区间平均速度（70.90km/h 和 58.10km/h），与其对比路段的中型车区间平均速度（53.75km/h 和 48.72km/h）和大型车区间平均速度(51.41km/h 和 44.34km/h)相差不大，即在直线路段设置纵向视错觉控速标线对小、中和大型车速度的大小分布影响不大。对比路段区间平均速度略小于试验路段区间平均速度，其原因可能是试验路段与对比路段选取时未考虑道路坡度问题，即试验路段为长下坡路段，而对比路段为爬坡路段，尤其是对于中、大型车来说，速度的大小分布本就较小，因而出现此处速度大小分布相反的情况，如图 4-19 所示。

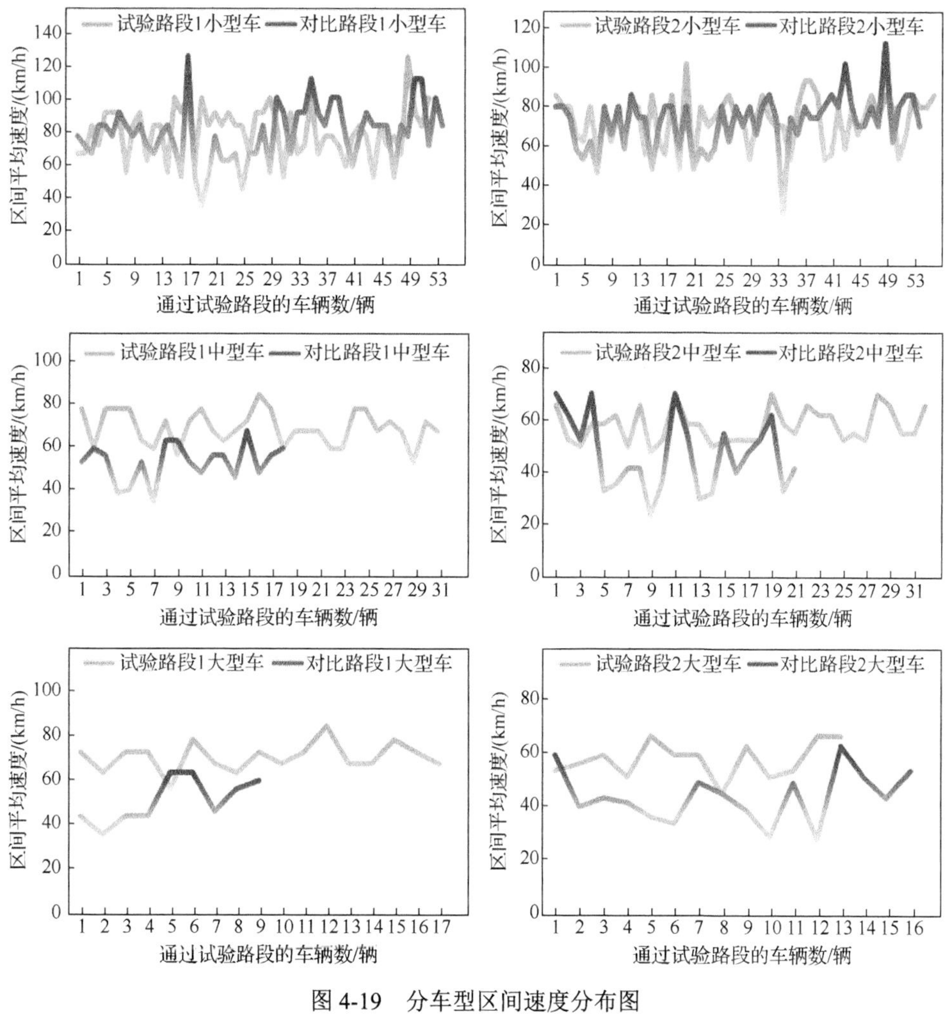

图 4-19　分车型区间速度分布图

总之，在直线路段设置短距离的纵向视错觉控速标线对小、中和大型车的速度离散程度影响较大，对其速度的大小分布影响不大，即此处设置的纵向视错觉控速标线可以使车流状态相对稳定，减少事故的发生。

3)直线路段设置纵向视错觉控速标线后的试验路段 1 小型车 V_{15} 为 68.19km/h，大于对比路段 1 的相应值 61.30km/h；试验路段 2 小型车 V_{15} 为 56.70km/h，与对比路段 2 的相应值 59.68km/h 相差不多。试验路段 1 和 2 的中型车 V_{15} 分别是 60.35km/h 和 53.88km/h，大于对比路段的相应值 40.80km/h 和 34.69km/h。试验路段 1 和 2 的大型车 V_{15} 分别是 64.13km/h 和 51.55km/h，大于对比路段的相应值 40.63km/h 和 31.98km/h。

试验路段 1 小型车 V_{85} 为 93.74km/h，小于对比路段 1 的相应值 100.27km/h；试验路段 2 小型车 V_{85} 为 87.23km/h，与对比路段 2 的相应值 81.00km/h 相差不多。试验路段 1 中型车 V_{85} 为 78.92km/h，大于对比路段 1 的相应值 64.13km/h，试验路段 2 中型车 V_{85} 为 66.71km/h，与对比路段 2 的相应值 68.51km/h 相差不多。试验路段 1 和 2 大型车 V_{85} 分别是 78.92km/h 和 66.71km/h，大于对比路段的相应值 64.13km/h 和 56.56km/h。也就是说，在此直线路段设置纵向视错觉控速标线，小、中和大型车的最低限速值都可以有所提高，提高了道路通行能力。

针对小型车的 V_{85} 分析，可以相对减小车辆行驶速度的相对差，使小型车车流较为稳定。试验路段中大型车的 V_{85} 大于对比路段相应值，分析原因可能是选取试验路段与对比路段时未考虑道路坡度问题，即试验路段为长下坡路段，而对比路段为爬坡路段，尤其是对于中、大型车来说，速度的大小分布本就较小，因而出现此处速度大小分布相反的情况。说明在此直线路段设置纵向视错觉控速标线可以使前后车辆之间的速度差减小，使车流更加稳定，提高了道路通行能力，减少了事故的发生，从而提高了行驶安全性，如图 4-20～图 4-22 所示。

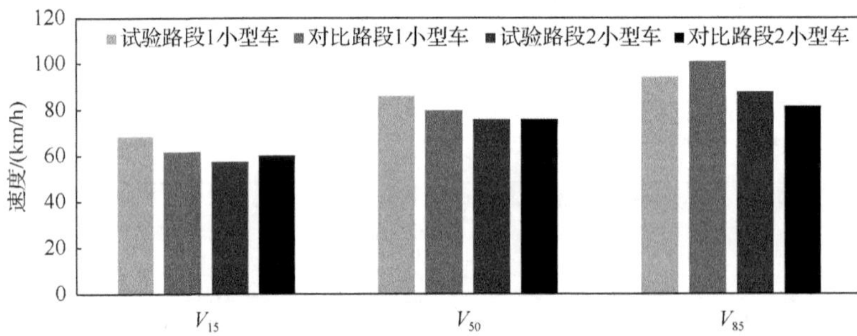

图 4-20　直线路段纵向视错觉控速标线试验路段与对比路段小型车特征速度分布图

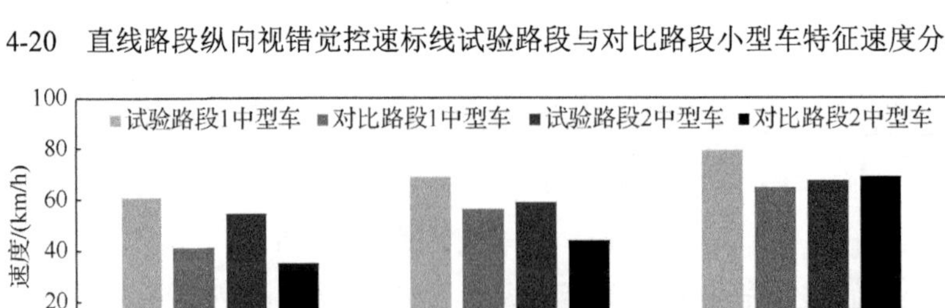

图 4-21　直线路段纵向视错觉控速标线试验路段与对比路段中型车特征速度分布图

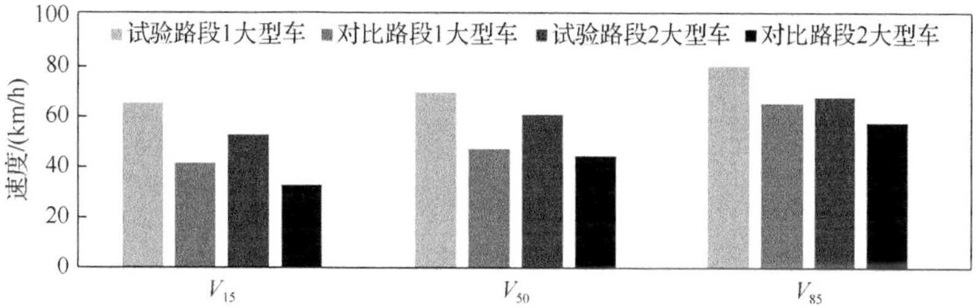

图 4-22　直线路段纵向视错觉控速标线试验路段与对比路段大型车特征速度分布图

3. 车头时距

分析直线路段设置纵向视错觉控速标线试验路段和对比路段的车头时距数据得到，试验路段的样本均值分别为 8.13s 和 9.16s，对比路段的样本均值分别为10.07s 和 13.17s。试验路段和对比路段的数据符合正态分布，如表 4-14 和图 4-23～图 4-25 所示。

研究表明：

1）纵向视错觉控速标线试验路段的标准差均小于其对比路段的标准差，说明设置纵向视错觉控速标线对车辆的车头时距有略微的影响，可以使车流更加稳定，提高了行驶安全性。

2）在试验视频录制过程中，设置纵向视错觉控速标线的试验路段超车次数分别为 9 次和 10 次，与其对比路段超车次数（7 次和 10 次）相差不大，说明在直线路段设置较短距离的纵向视错觉控速标线对车辆超车次数影响不大。

表 4-14　车头时距描述统计表

类别	N	均值/s	标准差	最小值/s	最大值/s	百分位车头时距/s		
						V_{15}	V_{50}	V_{85}
⑥	77	8.13	6.44	2	34	2.70	6.00	14.30
6	60	10.07	6.67	2	30	3.00	9.00	17.85
⑦	70	9.16	8.42	2	51	3.00	7.00	14.00
7	59	13.17	8.47	2	43	4.00	11.00	23.00

注：试验路段⑥为绕城渝湘互通-绕城渝黔互通纵向-直线路段 1，⑦为绕城渝湘互通-绕城渝黔互通纵向-直线路段 2；对比路段 6 为绕城渝湘互通-绕城渝黔互通纵直行段 1，7 为绕城渝湘互通-绕城渝黔互通纵直行段 2。

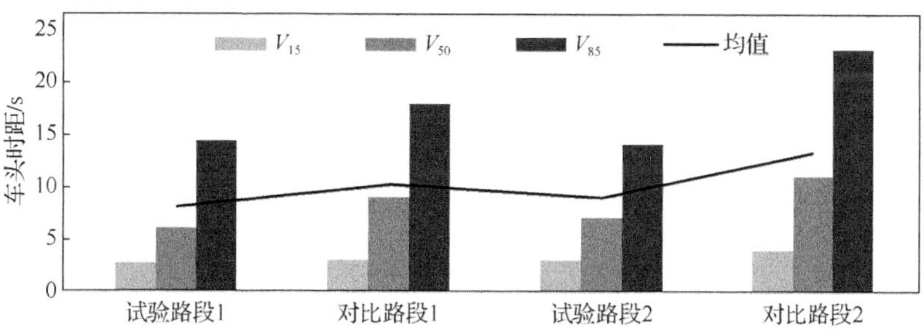

图 4-23　车头时距特征值分布图

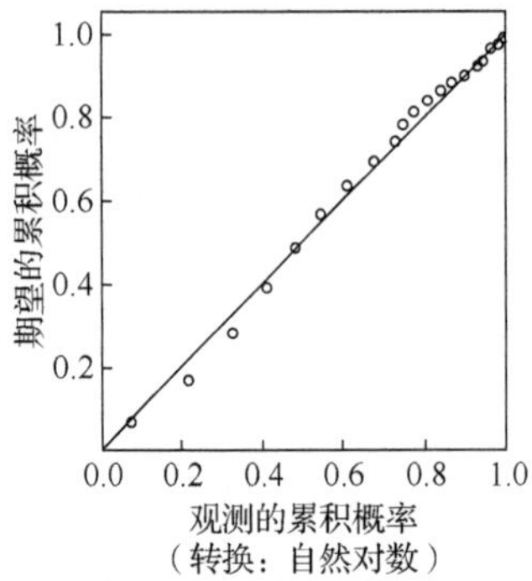

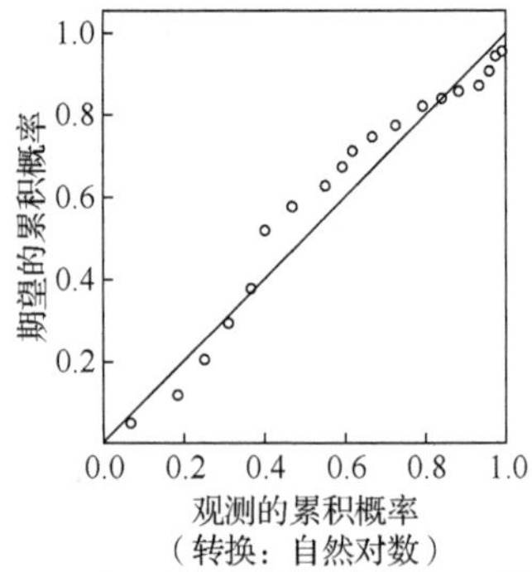

（a）试验路段1车头时距的正态P-P图　（b）对比路段1车头时距的正态P-P图

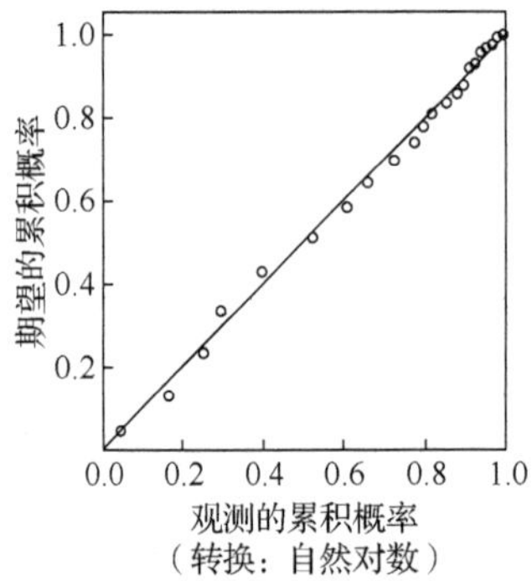

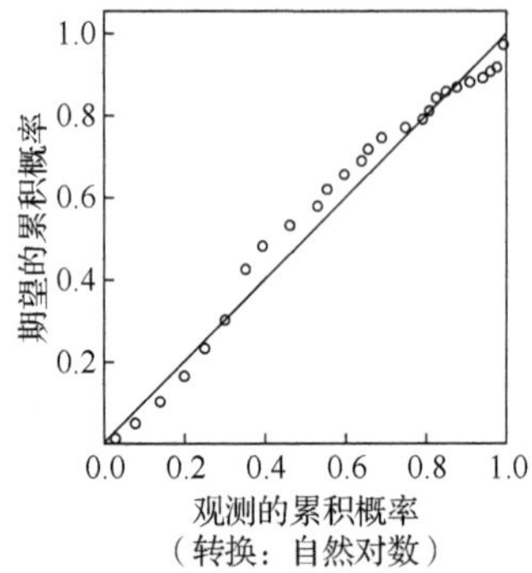

（c）试验路段2车头时距的正态P-P图　（d）对比路段2车头时距的正态P-P图

图 4-24　车头时距的正态 P-P 图

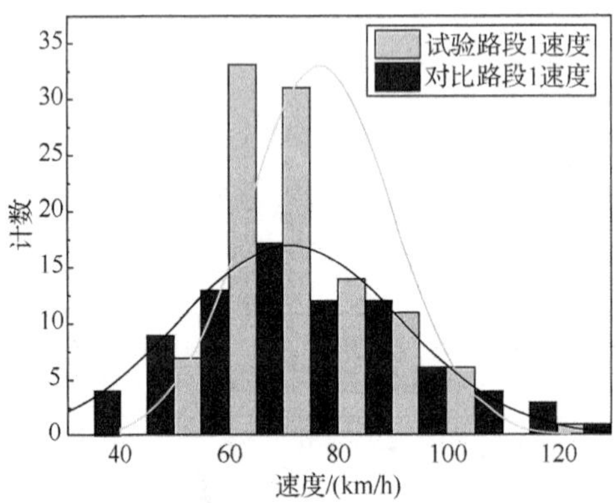

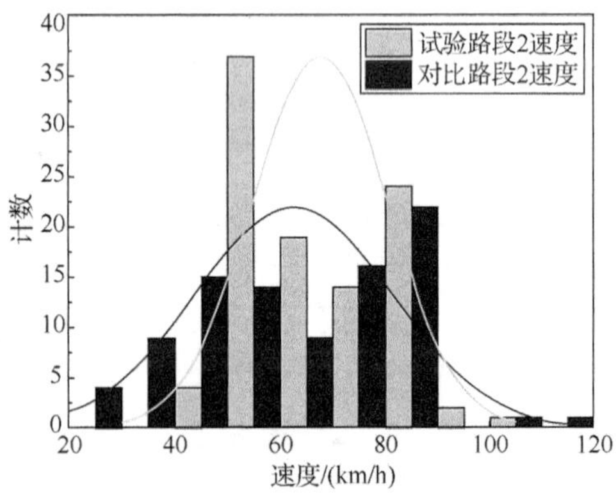

（a）试验路段1车头时距频率分布图　（b）试验路段2车头时距频率分布图

图 4-25　车头时距频率分布图和箱式图

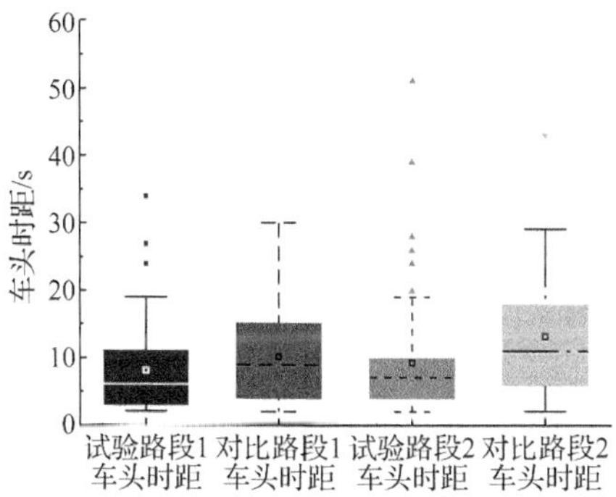

（c）车头时距箱式图

图 4-25（续）

4.2.5　石龙互通-接龙互通

对石龙互通-接龙互通的 S 弯道路段纵向视错觉控速标线及对应的对比路段地形图进行测量，该区间道路为双向四车道，测量试验路段 500m 的道路纵向坡度，其值为-3.34%，中央由绿化植物和护栏等作为硬隔离。由于 S 弯道路段长达 2km，无人航拍机无法一次性录制全程视频，因此，选取入弯曲线路段和出弯曲线路段两端进行分时段视频采集，根据航拍视频计算 10min 时间段内试验路段与对比路段的交通流特性并进行分析。

1. 交通流量分析

通过对该路段的交通车型数据进行统计分析得到，在该试验路段，小型车数量占比为 60%～75%，中型车占比为 10%～20%，大型车占比为 10%～25%。说明该试验路段通行的车辆以小型车为主，中型车和大型车数量相差不多。为了使道路更加安全，需要从保证不同车型速度稳定性和路侧通行安全方面着手，合理设置标志牌、视错觉控速标线、减速带，加固护栏，按照规范设置停车港、加水点和爬坡车道等，如表 4-15 和图 4-26 所示。

表 4-15　交通流量统计表

类别	小型车			中型车			大型车			合计
	数量/辆	折算系数	比例/%	数量/辆	折算系数	比例/%	数量/辆	折算系数	比例/%	
⑧	84	1	70.89	11	1.5	13.92	9	2	15.19	118.5
8	79	1	70.22	13	1.5	17.34	7	2	12.44	112.5
⑨	115	1	64.79	15	1.5	12.68	20	2	22.54	177.5
9	77	1	67.25	9	1.5	11.79	12	2	20.96	114.5

注：试验路段⑧为石龙互通-接龙互通纵向-S 弯道段入弯路段，⑨为石龙互通-接龙互通纵向-S 弯道段出弯路段；对比路段 8 为石龙互通-接龙互通 S 弯道段入弯路段，9 为石龙互通-接龙互通 S 弯道段出弯路段。

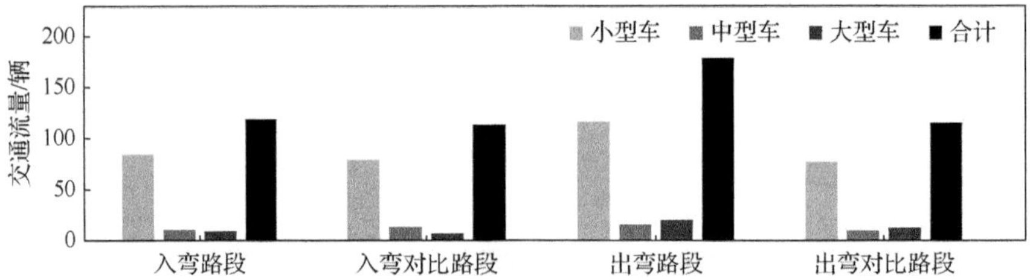

图 4-26　S 弯道路段纵向视错觉控速标线交通流量分布直方图

2. 区间速度

（1）综合分析

对 S 弯道路段纵向视错觉控速标线入弯段、出弯段和其对比路段的速度描述进行统计分析得到，入弯路段的样本标准差为 16.25，均值为 95.80km/h，V_{15} 为 75.60km/h，V_{85} 为 113.40km/h；入弯对比路段的样本标准差为 17.87，均值为 88.99km/h，V_{15} 为 69.78km/h，V_{85} 为 113.40km/h。出弯路段的样本标准差为 11.96，均值为 86.48km/h，V_{15} 为 74.27km/h，V_{85} 为 100.80km/h；出弯对比路段的样本标准差为 18.79，均值为 77.25km/h，V_{15} 为 51.71km/h，V_{85} 为 96.10km/h。对试验路段和对比路段的 P-P 图验证真实数据和待检验分布的累积概率，符合正态分布，如表 4-16 和图 4-27 所示。

试验表明：

1）在 S 弯道入弯路段设置纵向视错觉控速标线后，其区间速度的标准差为 16.25，与其对应的对比路段标准差 17.87 相差不多。出弯路段设置纵向视错觉控速标线后，其区间速度的标准差为 11.96，与其对应的对比路段标准差 18.79 相差较多。出弯路段设置纵向视错觉控速标线后区间速度标准差（11.96）小于入弯路段对应的标准差（16.25），说明在 S 弯道入弯路段设置纵向视错觉控速标线对车辆的速度分布程度不大，在出弯路段设置纵向视错觉控速标线对车辆的速度分布程度影响较大，且出弯路段的车流稳定程度大于入弯路段，即出弯路段车速相对集中，离散程度小。也就是说，纵向视错觉控速标线对直线路段的交通流稳定性有一定的贡献。

2）在 S 弯道入弯路段设置纵向视错觉控速标线后，区间平均速度（95.80km/h）与其对应的对比路段的区间平均速度（88.99km/h）相差不大，入弯路段 V_{15}（75.60km/h）大于与其对应的对比路段 V_{15}（69.78km/h），入弯路段 V_{85}（113.40km/h）与其对应对比路段的 V_{85}（113.40km/h）一致；出弯路段设置纵向视错觉控速标线后，区间平均速度（86.48km/h）大于其对应对比路段的区间平均速度（77.25km/h），出弯路段 V_{15}（74.27m/h）大于与其对应对比路段的 V_{15}（51.71km/h），出弯路段 V_{85}（100.80km/h）与其对应对比路段的 V_{85}（96.10km/h）相差不大；设置纵向视错觉控速标线后的入弯路段区间平均速度（95.80km/h）大于出弯路段区间平均速度（86.48km/h），入弯路段 V_{15}（75.60m/h）与出弯路段 V_{15}（74.27km/h）相差不多，入弯路段 V_{85}（113.40km/h）大于出弯路段 V_{85}（100.80km/h）。说明不论是区间平均速度还是 V_{15} 与 V_{85} 的差值，均是在出弯路段的效果略大于在入弯路段的效果，在 S 弯道入弯路段和出弯路段设置纵向视错觉控速标线不能降低车辆的区间速度，但增大了车辆最低速度，相对减小了其 V_{15} 与 V_{85} 的差值，使车流较为稳定，从而减少了事故的发生，提高了道路交通安全性。

表 4-16　速度分布描述统计表

指标	N	均值/（km/h）	标准差	最小值/（km/h）	最大值/（km/h）	百分位速度/（km/h）		
						V_{15}	V_{50}	V_{85}
⑧	99	95.80	16.25	64.80	151.20	75.60	90.72	113.40
8	96	88.99	17.87	45.36	129.60	69.78	90.72	113.40
⑨	139	86.48	11.96	56.45	117.60	74.27	88.20	100.80
9	97	77.25	18.79	36.18	117.60	51.71	78.40	96.10

注：试验路段⑧为石龙互通-接龙互通纵向-S 弯道段入弯路段，⑨为石龙互通-接龙互通纵向-S 弯道段出弯路段；对比路段 8 为石龙互通-接龙互通 S 弯道段入弯路段，9 为石龙互通-接龙互通 S 弯道段出弯路段。

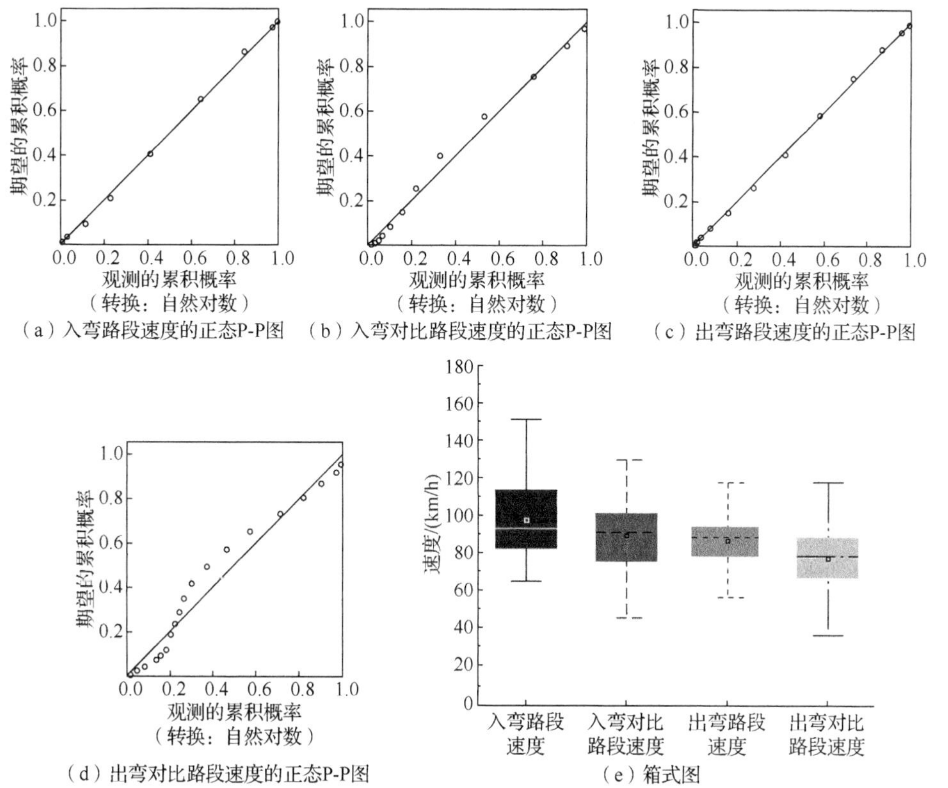

（a）入弯路段速度的正态P-P图　（b）入弯对比路段速度的正态P-P图　（c）出弯路段速度的正态P-P图

（d）出弯对比路段速度的正态P-P图　（e）箱式图

图 4-27　速度的正态 P-P 图和箱式图

（2）小、中、大型车不同特性分析

对 S 弯道路段的小、中、大型车进行分类统计，得到设置纵向视错觉控速标线的入弯路段小型车、中型车和大型车的区间平均速度分别为 98.39km/h、84.72km/h 和 81.41km/h，对应的对比路段小型车、中型车和大型车的区间平均速度分别为 93.97km/h、70.60km/h 和 69.13km/h；设置纵向视错觉控速标线的出弯路段小型车、中型车和大型车的区间平均速度分别为 89.04km/h、81.66km/h 和 76.05km/h，对应的对比路段小型车、中型车和大型车的区间平均速度分别为 83.90km/h、59.51km/h 和 48.46km/h。对试验路段和对比路段的 P-P 图验证真实数据和待检验分布的累积概率，符合正态分布，如表 4-17 和图 4-28 所示。

试验表明：

1）S 弯道路段设置纵向视错觉控速标线后，入弯路段小型车标准差（16.02）与其对比路段的小型车标准差（15.96）相差不多，中型车标准差（8.37）小于其对比路段中型车标准差（12.20），大型车标准差（14.33）大于其对比路段大型车标准差（8.29）；出弯路段小型车标准差（11.73）小于其对比路段的小型车标准差（14.42），中型车标准差（10.27）小于其对比路段中型车标准差（14.75），大型车标准差（6.68）与其对比路段大型车标准差（6.27）相差不多[①]。说明在 S 弯道设置纵向视错觉控速标线对小、中、大型车辆的速度分布程度都有一定影响，受到坡度的影响后，小型车的速度离散程度变化不大，中型车车流相对稳定；而坡度对大型车的速度影响最大，在下坡路段，速度明显增大且较为分散，在上坡路段，速度整体减小且较为集中。说明在 S 弯道长下坡路段设置纵向视错觉控速标线对小、中、大型车的安全性都有一定的贡献。

表 4-17　速度分布描述统计表

类别		N	均值/（km/h）	标准差	最小值/（km/h）	最大值/（km/h）	百分位速度/（km/h）		
							V_{15}	V_{50}	V_{85}
⑧	小型车	82	98.39	16.02	69.78	151.20	82.47	100.80	113.40
	中型车	10	84.72	8.37	75.60	100.80	75.60	82.47	94.25
	大型车	7	81.41	14.33	64.80	100.80	65.80	75.60	100.80
8	小型车	76	93.97	15.96	45.36	129.60	82.47	90.72	113.40
	中型车	13	70.60	12.20	50.40	90.72	54.08	69.78	82.47
	大型车	7	69.13	8.29	56.70	82.47	58.32	69.78	81.10
⑨	小型车	106	89.04	11.73	56.45	117.60	78.40	88.20	100.80
	中型车	13	81.66	10.27	67.20	94.08	67.91	78.40	94.08
	大型车	20	76.05	6.68	61.36	88.20	67.70	78.40	83.01

① 由于 S 弯道试验路段与对比路段选取困难，本书选择了不同方向的同一路段作为研究对象，这就导致试验路段与对比路段受到道路坡度的影响。

续表

类别		N	均值/（km/h）	标准差	最小值/（km/h）	最大值/（km/h）	百分位速度/（km/h）		
							V_{15}	V_{50}	V_{85}
9	小型车	76	83.90	14.42	36.18	117.60	70.56	83.01	100.80
	中型车	9	59.51	14.75	44.10	83.01	44.10	58.80	78.64
	大型车	12	48.46	6.27	36.18	61.36	43.70	48.66	54.63

注：试验路段⑧为石龙互通-接龙互通纵向-S 弯道段入弯路段，⑨为石龙互通-接龙互通纵向-S 弯道段出弯路段；对比路段 8 为石龙互通-接龙互通 S 弯道段入弯路段，9 为石龙互通-接龙互通纵向-S 弯道段出弯路段。

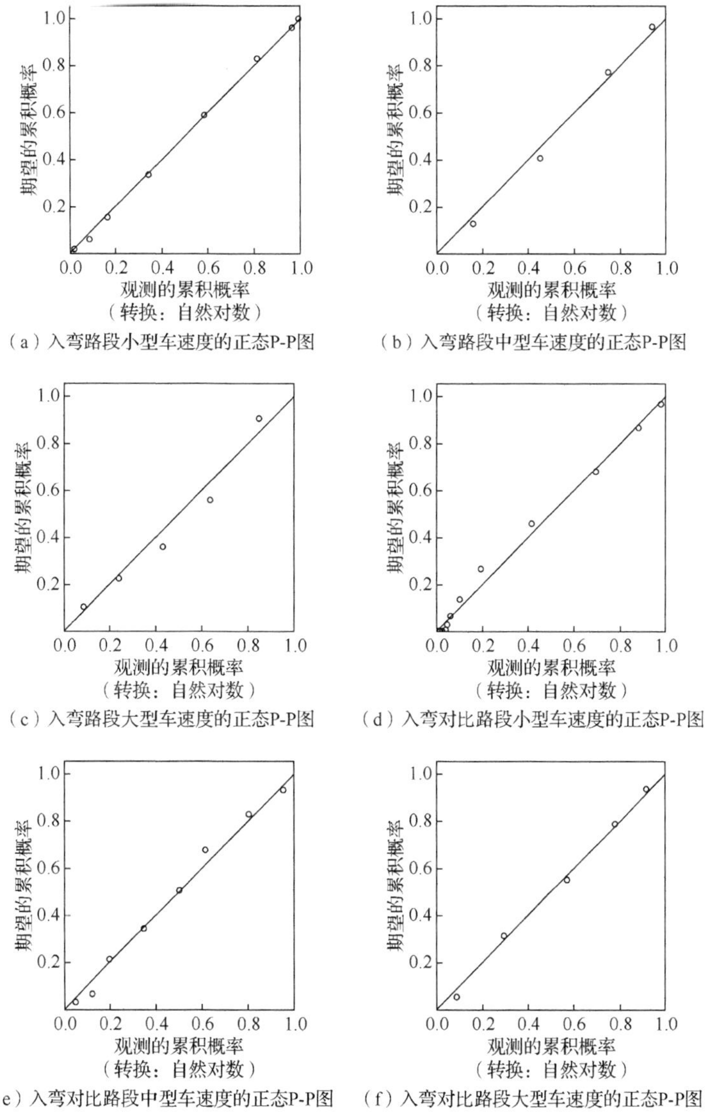

（a）入弯路段小型车速度的正态P-P图　（b）入弯路段中型车速度的正态P-P图

（c）入弯路段大型车速度的正态P-P图　（d）入弯对比路段小型车速度的正态P-P图

（e）入弯对比路段中型车速度的正态P-P图　（f）入弯对比路段大型车速度的正态P-P图

图 4-28　速度的正态 P-P 图

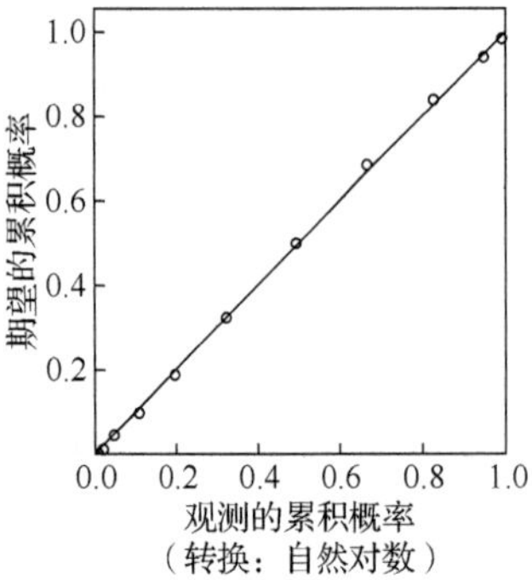

（g）出弯路段小型车速度的正态P-P图

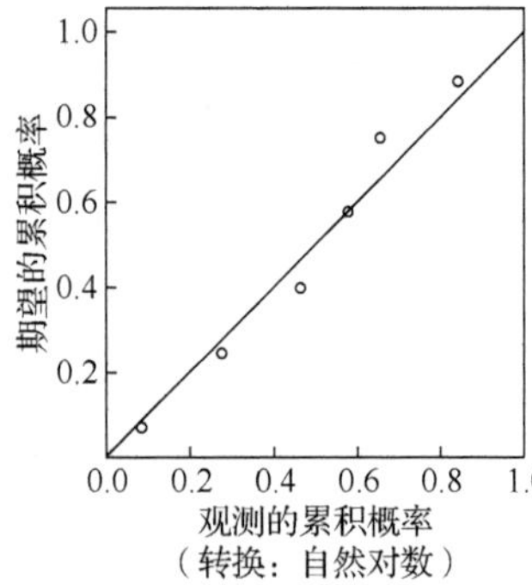

（h）出弯路段中型车速度的正态P-P图

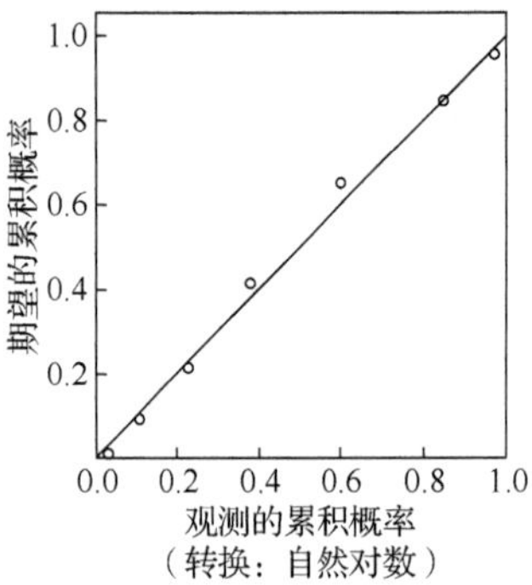

（i）出弯路段大型车速度的正态P-P图

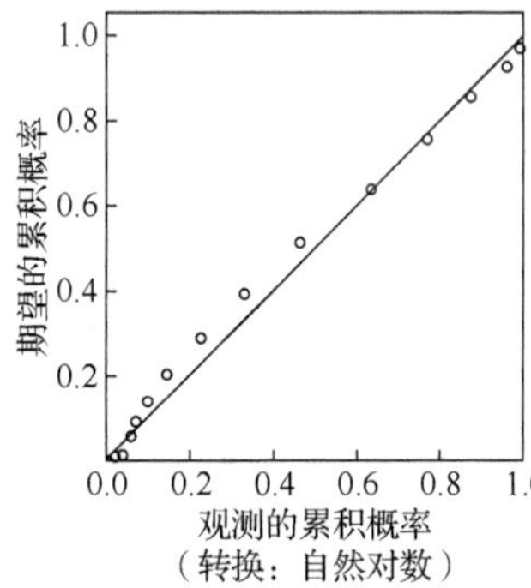

（j）出弯对比路段小型车速度的正态P-P图

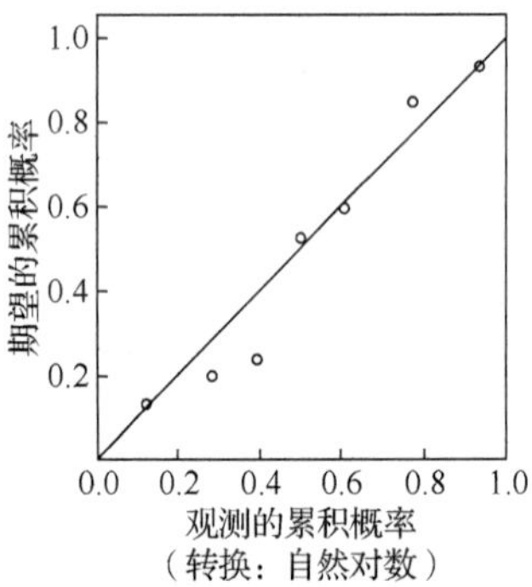

（k）出弯对比路段中型车速度的正态P-P图

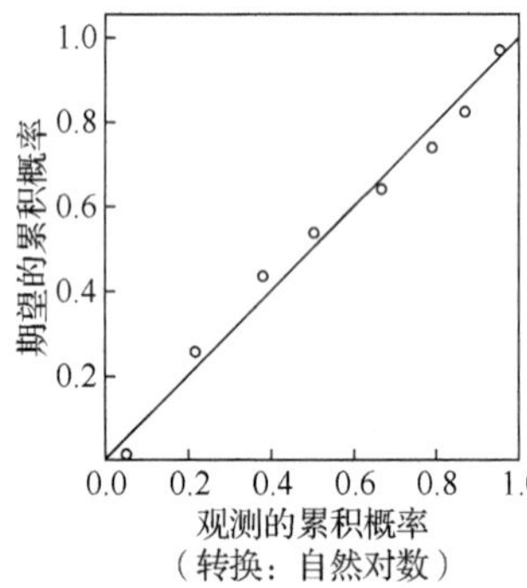

（l）出弯对比路段大型车速度的正态P-P图

图 4-28（续）

2）S 弯道路段设置纵向视错觉控速标线后，下坡入弯路段和出弯路段小型车、中型车和大型车区间平均速度略大于上坡路段小型车、中型车和大型车区间平均速度；入弯路段小型车、中型车和大型车区间平均速度大于出弯路段的对应值。说明在 S 弯道路段设置纵向视错觉控速标线对小、中和大型车速度的大小分布有影响。S 弯道路段设置纵向视错觉控速标线的下坡区间平均速度略大于对比路段上坡的对应值。其原因在于试验路段为长下坡路段，而对比路段为爬坡路段，尤其是对于中、大型车来说，速度的大小分布本就较小，因而出现该处速度大小分布相反的情况，如图 4-29 所示。

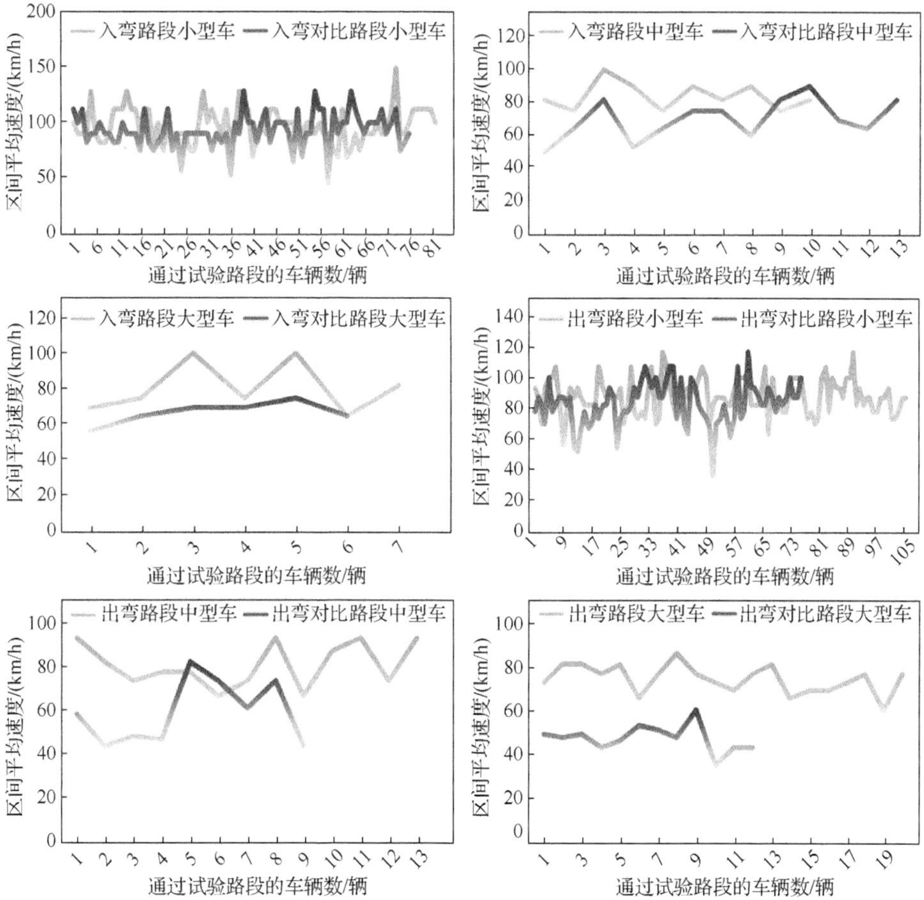

图 4-29　S 弯道路段分车型速度特性

总之，在 S 弯道路段设置 2km 的纵向视错觉控速标线对小、中和大型车的速度离散程度影响较大，对其速度的大小分布影响不大，即坡度对速度大小分布影响较大，在此处设置的纵向视错觉控速标线可以使车流状态相对稳定，减少了事故的发生。

3）S 弯道路段设置纵向视错觉控速标线后，入弯路段小型车的 V_{15}（82.47km/h）与入弯对比路段的相应值（82.47km/h）一致，出弯试验路段小型车的 V_{15}（78.40km/h）大于出弯对比路段的相应值（70.56km/h）；入弯路段中型车和大型车的 V_{15}（75.60km/h 和 65.80km/h）大于入弯对比路段的相应值（54.08km/h 和 58.32km/h），出弯路段中型车和大型车的 V_{15}（67.91km/h 和 67.70km/h）大于出弯对比路段的相应值（44.10km/h 和 43.70km/h）。

入弯路段和出弯路段小型车的 V_{85}（113.40km/h 和 100.80km/h）与入弯对比

路段的相应值（113.40km/h 和 100.80km/h）一致；入弯路段中型车和大型车的 V_{85}（94.25km/h 和 100.80km/h）大于入弯对比路段的相应值（82.47km/h 和 81.10km/h），出弯路段中型车和大型车的 V_{85}（94.08km/h 和 83.01km/h）大于出弯对比路段的相应值（78.64km/h 和 54.63km/h）。说明在该 S 弯道路段设置纵向视错觉控速标线后，小、中和大型车的最低限速值都有所提高，增大了道路通行能力。考虑到坡度的影响后，针对 S 弯的入弯路段和出弯路段小型车的 V_{85} 分析，设置纵向视错觉控速标线可以相对减小车辆行驶速度的相对差，使小型车车流较为稳定，减少了事故的发生，提高了道路交通安全性。由于坡度原因，在 S 弯道路段下坡试验路段的入弯和出弯段，中、大型车的 V_{85} 大于对比下坡路段的相应值。说明在该 S 弯道路段设置纵向视错觉控速标线可以使前后车辆之间的速度差减小，使车流更加稳定，从而提高了道路通行能力，减少了事故的发生，提高了行驶安全性，如图 4-30～图 4-32 所示。

3. 车头时距

分析 S 弯道路段设置纵向视错觉控速标线的试验入弯路段和试验出弯路段及对比路段的车头时距数据得到，试验路段的样本均值分别为 7.19s 和 7.33s，对比路段的样本均值分别为 8.74s 和 9.88s。对试验路段和对比路段的 P-P 图验证真实数据和待检验分布的累积概率，且对车头时距进行验证，符合泊松分布，如表 4-18 和图 4-33～图 4-35 所示。

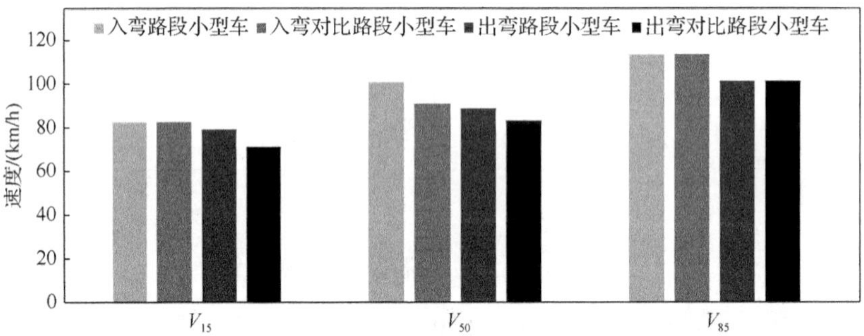

图 4-30　S 弯道路段纵向视错觉控速标线试验路段与对比路段小型车速度分布图

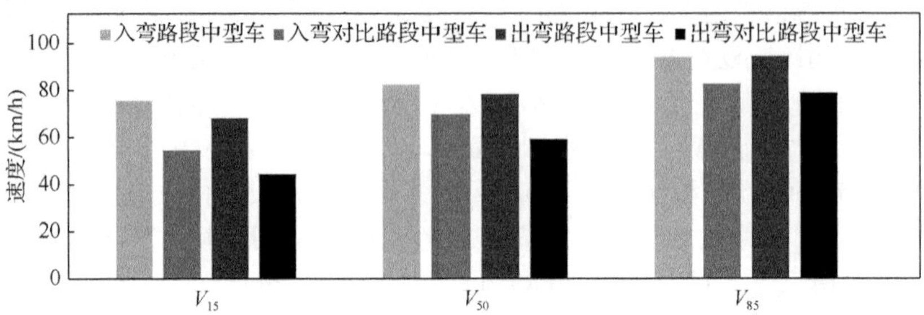

图 4-31　S 弯道路段纵向视错觉控速标线试验路段与对比路段中型车速度分布图

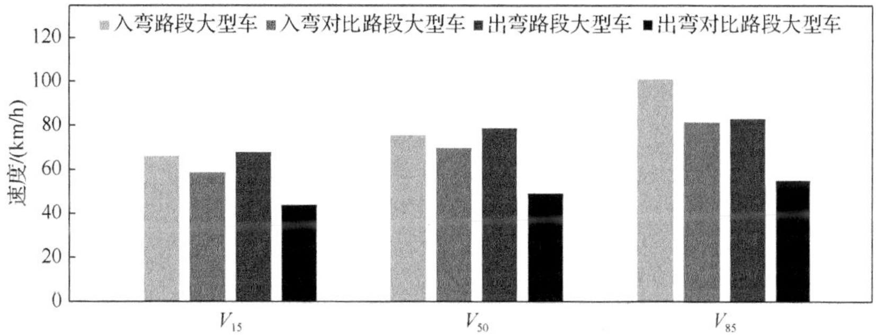

图 4-32　S 弯道路段纵向视错觉控速标线试验路段与对比路段大型车速度分布图

表 4-18　车头时距描述统计表

类型	N	均值/s	标准差	最小值/s	最大值/s	百分位车头时距/s		
						V_{15}	V_{50}	V_{85}
⑧	70	7.19	6.99	2	36	2.00	5.00	13.00
8	65	8.74	7.48	2	32	2.00	6.00	17.10
⑨	84	7.33	6.51	2	30	2.00	5.00	13.25
9	72	9.88	8.18	2	42	2.95	8.00	18.00

注：试验路段⑧为石龙互通-接龙互通纵向-S 弯道段入弯路段，⑨为石龙互通-接龙互通纵向-S 弯道段出弯路段；对比路段 8 为石龙互通-接龙互通 S 弯道段入弯路段，9 为石龙互通-接龙互通 S 弯道段出弯路段。

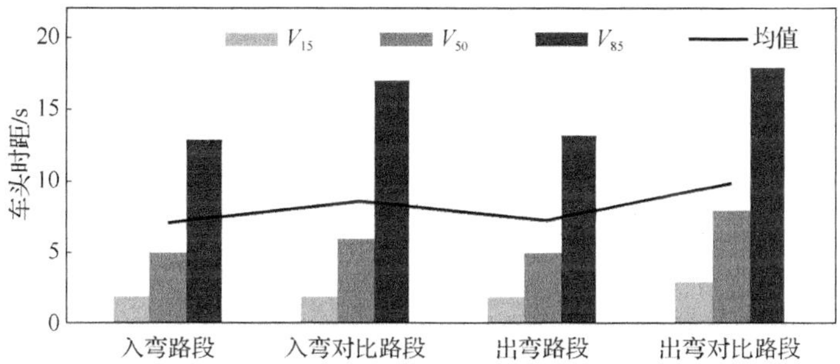

图 4-33　车头时距特征值分布图

试验表明：

1）纵向视错觉控速标线试验路段的标准差（6.99 和 6.51）均小于其对比路段的标准差（7.48 和 8.18），且样本均值减小了 1.55s 和 2.55s，说明设置纵向视错觉控速标线对车辆的车头时距有影响，可以使车流更加稳定，提高了行驶安全性。

2）在试验视频录制过程中，设置纵向视错觉控速标线的试验路段超车次数分别为 11 次和 8 次，小于其对比路段超车次数（16 次和 13 次），说明在 S 弯道路段设置 2km 纵向视错觉控速标线可以减少车辆超车次数。

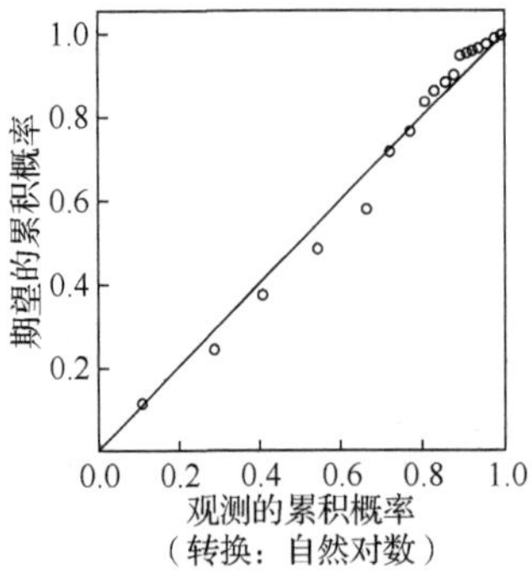

（a）入弯路段车头时距的正态P-P图

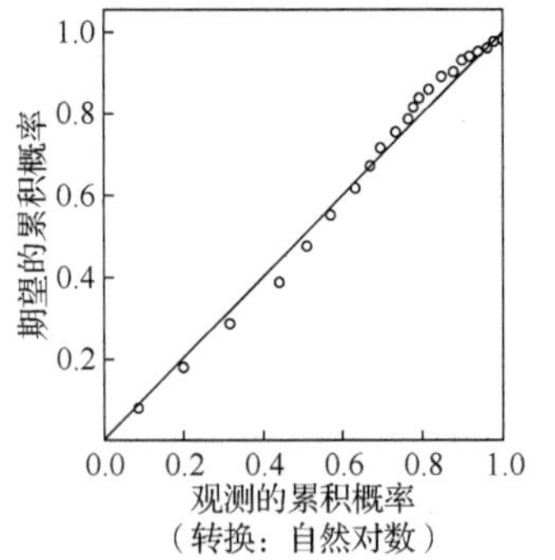

（b）入弯对比路段车头时距的正态P-P图

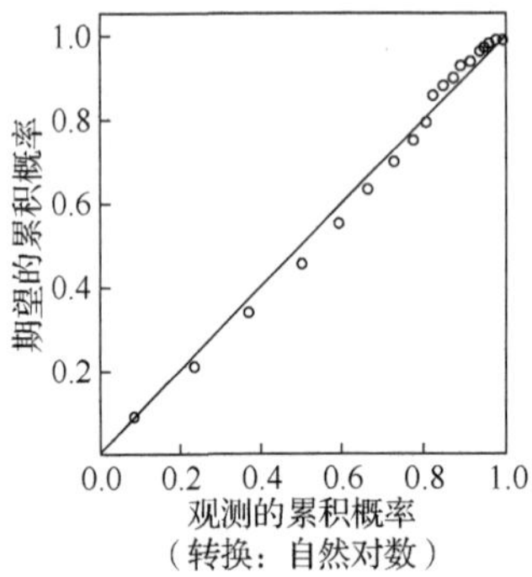

（c）出弯路段车头时距的正态P-P图

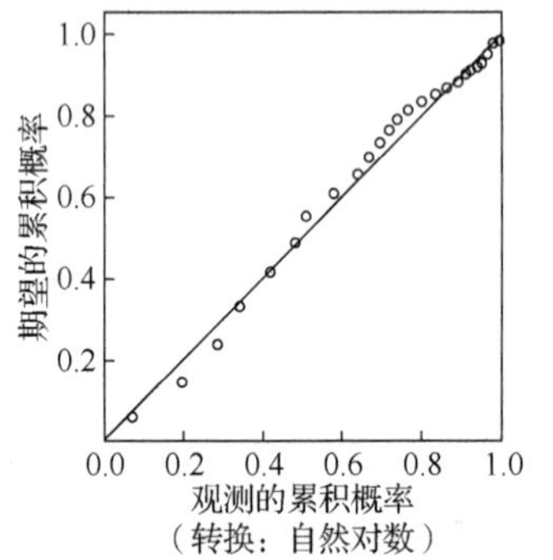

（d）出弯对比路段车头时距的正态P-P图

图 4-34　车头时距的正态 P-P 图

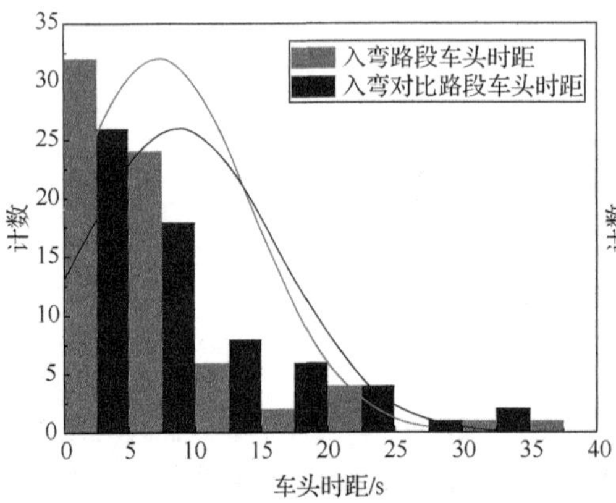

（a）入弯路段及对比路段车头时距频率分布图

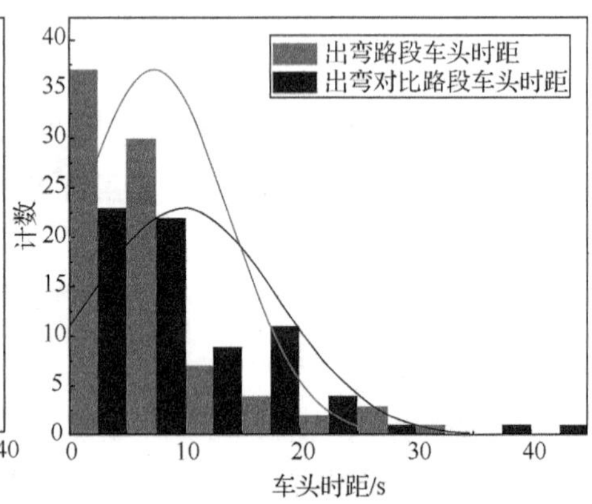

（b）出弯路段及对比路段车头时距频率分布图

图 4-35　车头时距频率分布和箱式图

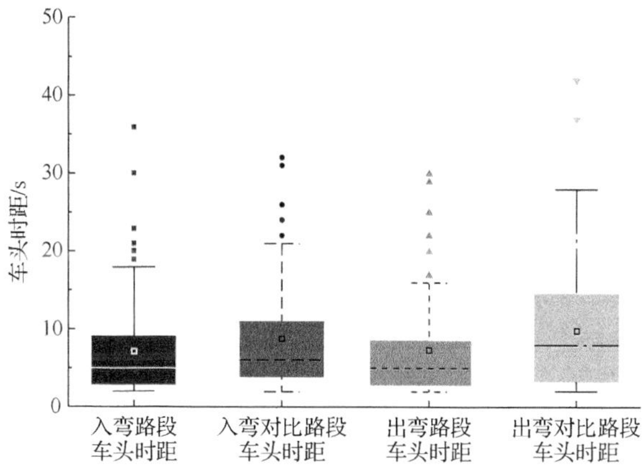

（c）车头时距箱式图

图 4-35（续）

4.2.6 不同路段参数对比分析

在鹅公岩匝道路段设置纵向视错觉控速标线可以使车辆区间平均速度降低 8.48%，V_{85} 降低 14.99%，前后车辆速度之间的差值减小，但对车头时距无显著影响；明佳路-光电路交叉口前方设置 100m 长的纵向视错觉控速标线可以使驾驶员提前降低行驶速度，此处车头时距主要受路侧行人、出租车上下客和早晚高峰的影响；西彭互通-小湾互通的横向、纵向和横向+纵向视错觉控速标线弯道路段可以使车辆区间平均速度降低 10.15%、8.46%和 7.40%，V_{85} 降低 16.67%、14.77%和 16.67%，前后车辆速度之间的差值减小；且设置横向、纵向和横向+纵向视错觉控速标线使小客车区间平均速度降低 8.54%、8.44%和 9.22%，设置横向和纵向视错觉控速标线使大货车区间平均速度降低 12.42%和 17.99%，设置横向+纵向视错觉控速标线对大货车的区间平均速度影响不大；在绕城渝湘互通-绕城渝黔互通的直线路段设置 250～350m 长度的纵向视错觉控速标线对车辆区间平均速度、车头时距和超车次数的影响均不大，但可以使前后车辆速度之间的差值减小；石龙互通-接龙互通设置长距离的纵向视错觉控速标线对区间平均速度和速度差的影响主要体现在出弯路段，由于受到道路坡度的影响，试验未达到预期结果，但仍然可以得到标线的设置降低了小客车区间平均速度，对中、大型车的速度影响效果不明显的结论。

1）速度离散程度分析。对设置视错觉控速标线的试验路段鹅公岩匝道段速度 V_{Ra}，明佳路-光电路速度 V_{In}，西彭互通-小湾互通的横向视错觉控速标线速度 V_{Tr}、纵向视错觉控速标线速度 V_{Lo} 和横向+纵向视错觉控速标线段速度 V_{Co}，绕城渝湘互通-绕城渝黔互通两个直线路段速度 V_{St1}、V_{St2}，以及石龙互通-接龙互通 S 弯道入弯和出弯路段速度 V_{S1}、V_{S2} 的特性进行分析，得到试验路段区间速度的标准差大小为 $\sigma_{Ra} < \sigma_{In} < \sigma_{Co} < \sigma_{S2} < \sigma_{St2} < \sigma_{St1} < \sigma_{Lo} < \sigma_{Tr} < \sigma_{S1}$，即鹅公岩匝道试验路段区间速度的标准差 5.94 为最小值，S 弯道入弯路段区间速度的标准差 16.25 为最大值；其他道路区间速度的标准差相差不多。

由于道路环境不同，鹅公岩匝道试验路段和明佳路处试验路段不能与其他路段同步对比。因此，仅对西彭互通-小湾互通、绕城渝湘互通-绕城渝黔互通和 S 弯道路段的横、纵向视错觉控速标线试验路段进行对比分析，得到：①在设置 285～315m 的视错觉控速标线路段，横向+纵向视错觉控速标线对车速的离散程度影响最大，横向视错觉控速标线和纵向视错觉控速标线对车速的离散程度影响相差不多，在直线路段设置纵向视错觉控速标线的长度越长，对速度离散程度的影响越大，速度相对较为集中；②由于该 S 弯道路段处于长下坡段，入弯的车辆速度相对分散，在 S 弯道路段布设 1545m 的纵向视错觉控速标线后，效果良好，出弯路段速度的标准差明显减小，车辆速度相对入弯路段离散程度较小，交通流更为稳定。

2）速度大小分布分析。试验路段的区间平均速度大小为 $V_{\mathrm{In}}<V_{\mathrm{Ra}}<V_{\mathrm{St2}}<V_{\mathrm{Tr}}<V_{\mathrm{St1}}<V_{\mathrm{Co}}<V_{\mathrm{Lo}}<V_{\mathrm{S2}}<V_{\mathrm{S1}}$，即明佳路试验路段区间平均速度 16.14km/h 为最小值，S 弯道入弯路段区间平均速度 95.80km/h 为最大值；鹅公岩大桥匝道区间平均速度为次小值，其他道路区间平均速度为 60～90km/h。

明佳路试验路段区间平均速度最小的原因在于其处于城市道路交叉口前方 150m 处，路侧行人、出租车上下客和早晚高峰等外界因素对速度影响较大。鹅公岩大桥匝道由于线形复杂，且城市快速路匝道限速值较低，因此区间平均速度也较低。此外，对西彭互通-小湾互通、绕城渝湘互通-绕城渝黔互通和 S 弯道路段的横、纵向视错觉控速标线试验路段进行对比分析得到：①在设置 285～315m 的视错觉控速标线路段，横向视错觉控速标线对车速的分布影响最大，其次为横向+纵向视错觉控速标线，纵向视错觉控速标线对车速的分布影响最小；②在直线路段设置纵向视错觉控速标线的长度越长，对速度影响越大，区间平均速度越小；③由于该 S 弯道路段处于长下坡路段，入弯的车辆速度相对较大，在 S 弯道路段布设 1545m 的纵向视错觉控速标线后，效果良好，出弯路段速度明显减小，车辆速度相对入弯路段减小 9.73%，提高了交通安全性，如表 4-19 和图 4-36 所示。

表 4-19 不同路段速度统计表

类别	N	均值/（km/h）	标准差	最小值/（km/h）	最大值/（km/h）	百分位速度/（km/h）		
						V_{15}	V_{50}	V_{85}
①	73	30.99	5.94	22.74	48.00	25.41	30.86	36.00
②	42	16.14	6.89	6.21	30.00	8.98	15.00	25.71
③	145	69.96	13.42	46.64	114.00	54.00	68.40	85.50
④	125	81.43	13.40	56.70	113.40	66.71	81.00	94.50
⑤	167	77.05	11.32	55.71	117.60	66.15	75.60	88.20
⑥	103	76.68	13.38	54.00	128.25	64.13	73.29	93.27
⑦	101	67.53	12.98	45.36	103.09	54.00	66.71	81.00
⑧	99	95.80	16.25	64.80	151.20	75.60	90.72	113.40
⑨	139	86.48	11.96	56.45	117.60	74.27	88.20	100.80

注：①为鹅公岩大桥匝道纵向-右转段；②为明佳路-光电路交叉口纵向-直行段；③为西彭互通-小湾互通横向-左转段；④为西彭互通-小湾互通纵向-右转段；⑤为西彭互通-小湾互通横向+纵向-左转段；⑥为绕城渝湘互通-绕城渝黔互通纵向-直线路段 1；⑦为绕城渝湘互通-绕城渝黔互通纵向-直线路段 2；⑧为石龙互通-接龙互通纵向-S 弯道入弯路段；⑨为石龙互通-接龙互通纵向-S 弯道出弯路段。

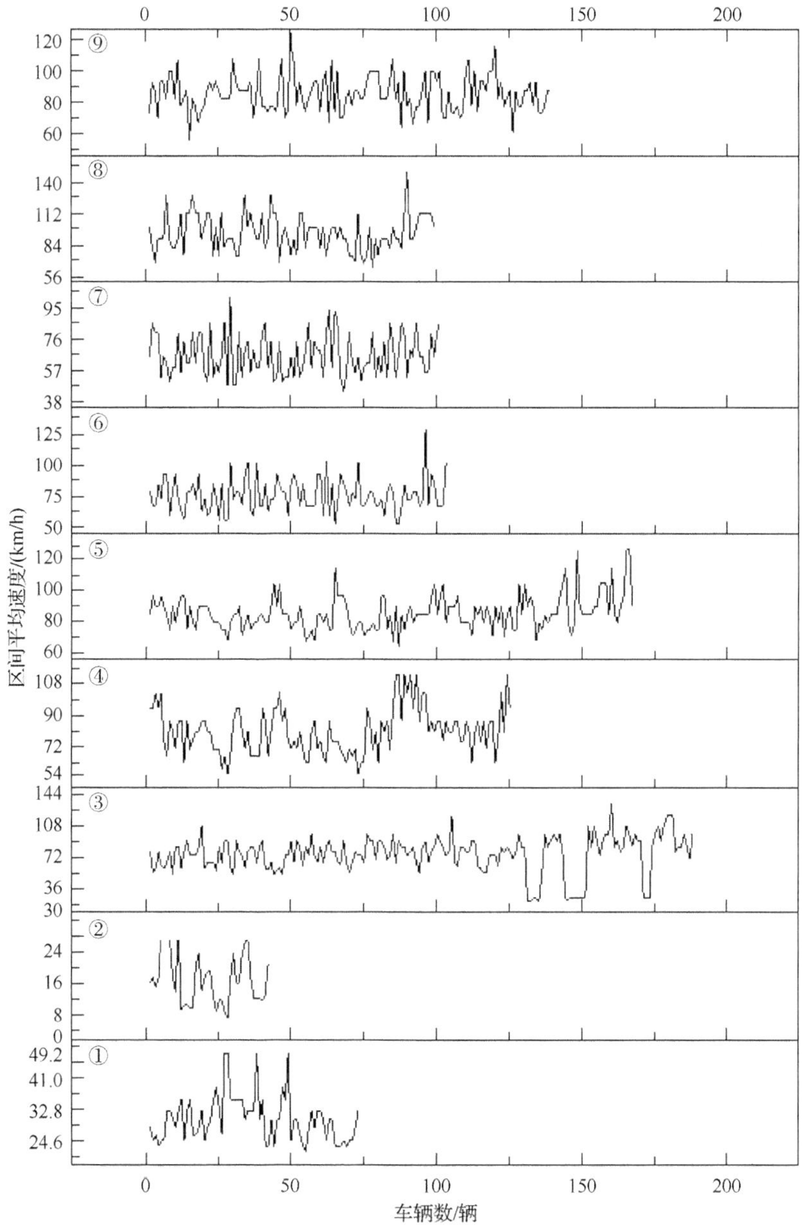

图 4-36　不同路段速度分布图

4.3　轨迹指标分析

通过对试验录制视频进行分析，本节主要针对小客车的行驶轨迹，按照 30 帧/s（图 4-37）的频数对车辆轨迹横向偏移量 $D(t)$（假设视频中的车辆为一个质点，其横向偏移量为质点到车道边缘线的距离）进行标定和数据采集。

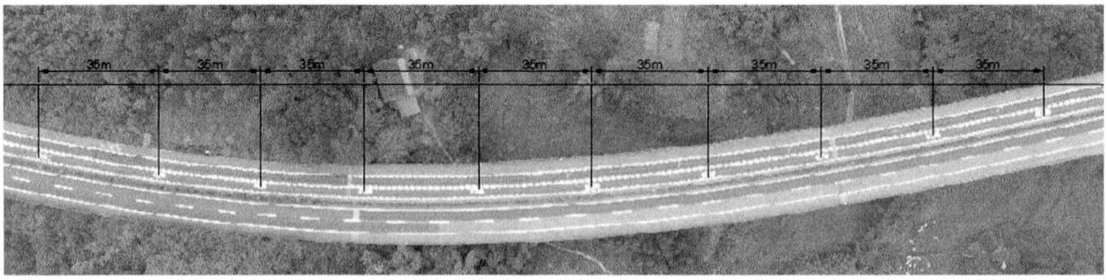

图 4-37　纵向视错觉控速标线试验路段数据采集点

4.3.1　视错觉控速标线对轨迹横向偏移量的影响分析

对试验路段的轨迹横向偏移量进行统计分析可以发现，鹅公岩大桥、横向+纵向视错觉控速标线段、纵向视错觉控速标线直线路段和 S 弯道路段设置视错觉控速标线后的第 85 百分位值要小于未设置的对比路段，而明佳路、横向视错觉控速标线段和纵向视错觉控速标线段的第 85 百分位值要大于未设置的对比路段；鹅公岩大桥、明佳路、横向+纵向视错觉控速标线段、纵向视错觉控速标线直线路段和 S 弯道路段的试验路段均值小于对比路段均值，而横向视错觉控速标线段和纵向视错觉控速标线段的试验路段均值大于对比路段均值，设置视错觉控速标线后的路段与对比路段标准差相差不多，说明设置视错觉控速标线对轨迹横向偏移量的离散程度影响不大，如表 4-20～表 4-28 和图 4-38 所示。

对鹅公岩大桥试验路段和对比路段的轨迹横向偏移量进行统计分析可以发现，在试验路段 7 个不同断面的轨迹偏移统计中，A、C、D、E、F 和 G 断面偏移量分布频率最大值分别为 31.34%、38.24%、32.31%、38.60%、43.59%和 36.00%，均在（0.5,1]区间内，B 断面偏移量分布频率最大值为 27.94%，在（0,0.5]区间内，其次偏移量分布频率值 26.47%也在（0.5,1]区间内，说明大部分车辆在设置视错觉控速标线的路段行驶时，其轨迹偏移量一般在 0.5～1m 范围内；未设置视错觉控速标线的对比路段 A 断面偏移量分布频率最大值 34.29%在（1,1.5]区间内，B、C、D 和 E 断面偏移量分布频率最大值 38.24%、34.29%、33.33%和 42.86%均在（1.5,2]区间内，F 断面偏移量分布频率最大值 47.06%在（2,2.5]区间内，G 断面偏移量分

表 4-20　试验数据统计分析结果

路段	N	最小值/m	最大值/m	均值/m	中值/m	第 85 百分位值/m	标准差	方差	偏度统计量	偏度标准误差	峰度统计量	峰度标准误差
鹅公岩大桥试验	410	−0.80	4.00	1.05	0.80	1.93	0.97	0.95	1.25	0.12	1.18	0.24
鹅公岩大桥对比	193	0.40	4.33	1.96	1.90	2.60	0.67	0.45	0.68	0.17	1.34	0.35
明佳路试验	61	0.23	2.21	0.91	0.87	1.43	0.51	0.19	0.37	0.11	−0.46	0.21
明佳路对比	55	−0.41	2.39	0.96	0.86	1.21	0.35	0.13	−0.02	0.10	0.02	0.25
横向试验	49	0.88	2.36	1.57	1.49	1.95	0.37	0.13	−0.29	0.34	−0.36	0.67
横向对比	120	0.50	2.37	1.50	1.49	1.91	0.38	0.14	0.10	0.22	−0.51	0.44
纵向试验	123	0.24	1.84	1.15	1.12	1.60	0.38	0.14	−0.05	0.22	3.43	0.43
纵向对比	71	0.24	1.63	0.87	0.87	1.27	0.32	0.11	−1.68	0.28	4.21	0.56
横向+纵向试验	307	−0.89	3.99	1.70	1.69	2.16	0.53	0.28	0.21	0.14	−0.02	0.28
横向+纵向对比	392	−1.80	4.16	1.72	1.89	2.46	0.96	0.92	0.14	0.12	−0.01	0.25
直线路段试验	625	0.94	3.20	1.89	1.87	2.29	0.35	0.12	0.81	0.10	0.87	0.20
直线路段对比	540	1.00	3.11	2.01	2.00	2.38	0.36	0.13	0.11	0.11	−0.45	0.21
S 弯试验路段	90	0.49	1.50	0.89	0.87	1.07	0.19	0.04	1.25	0.25	1.18	0.50
S 弯对比路段	91	0.31	1.91	0.97	0.98	1.39	0.37	0.14	0.68	0.25	1.34	0.50

表 4-21　鹅公岩大桥试验路段小型车行驶轨迹偏移量频率值

偏移量/m	[−2,−1.5]	(−1.5,−1]	[−1,−0.5]	(−0.5,0]	(0,0.5]	(0.5,1]	(1,1.5]	(1.5,2]	(2,2.5]	(2.5,3]	(3,3.5]	(3.5,4]	样本量
A/%	0.00	0.00	7.46	4.48	20.90	31.34	16.42	4.48	5.97	4.48	2.99	1.49	67
B/%	0.00	0.00	0.00	4.41	27.94	26.47	23.53	2.94	2.94	4.41	5.88	1.47	68
C/%	0.00	0.00	0.00	0.00	25.00	38.24	14.71	8.82	2.94	0.00	10.29	0.00	68
D/%	0.00	0.00	0.00	7.69	23.08	32.31	16.92	6.15	1.54	3.08	4.62	4.62	65
E/%	0.00	0.00	0.00	5.26	19.30	38.60	15.79	5.26	3.51	3.51	5.26	3.51	57
F/%	0.00	0.00	2.56	7.69	12.82	43.59	12.82	7.69	2.56	0.00	5.13	5.13	39
G/%	0.00	0.00	0.00	12.00	16.00	36.00	16.00	8.00	0.00	0.00	4.00	8.00	25

表 4-22　鹅公岩大桥对比路段小型车行驶轨迹偏移量频率值

偏移量/m	[−2,−1.5]	(−1.5,−1]	[−1,−0.5]	(−0.5,0]	(0,0.5]	(0.5,1]	(1,1.5]	(1.5,2]	(2,2.5]	(2.5,3]	(3,3.5]	(3.5,4]	样本量
A/%	0.00	0.00	0.00	0.00	0.00	0.00	34.29	28.57	20.00	11.43	2.86	2.86	35
B/%	0.00	0.00	0.00	0.00	0.00	2.94	26.47	38.24	23.53	5.88	2.94	0.00	34
C/%	0.00	0.00	0.00	0.00	0.00	8.57	20.00	34.29	22.86	8.57	2.86	2.86	35
D/%	0.00	0.00	0.00	0.00	0.00	15.15	12.12	33.33	21.21	15.15	3.03	0.00	33
E/%	0.00	0.00	0.00	0.00	3.57	7.14	3.57	42.86	32.14	7.14	0.00	0.00	28
F/%	0.00	0.00	0.00	0.00	5.88	0.00	11.76	11.76	47.06	23.53	0.00	0.00	17
G/%	0.00	0.00	0.00	0.00	0.00	11.11	11.11	22.22	11.11	44.44	0.00	0.00	9

表 4-23　明佳路小型车行驶轨迹偏移量频率值

偏移量/m	[−2,−1.5]	(−1.5,−1]	[−1,−0.5]	(−0.5,0]	(0,0.5]	(0.5,1]	(1,1.5]	(1.5,2]	(2,2.5]	(2.5,3]	(3,3.5]	(3.5,4]	样本量
试验路段/%	0.00	0.00	0.00	0.00	29.51	42.62	16.39	8.20	3.28	0.00	0.00	0.00	61
对比路段/%	0.00	0.00	0.00	10.91	29.09	38.18	14.55	5.45	1.82	0.00	0.00	0.00	55

表 4-24　横向视错觉控速标线路段小型车行驶轨迹偏移量频率值

偏移量/m	[−2,−1.5]	(−1.5,−1]	[−1,−0.5]	(−0.5,0]	(0,0.5]	(0.5,1]	(1,1.5]	(1.5,2]	(2,2.5]	(2.5,3]	(3,3.5]	(3.5,4]	样本量
试验路段/%	0.00	0.00	0.00	0.00	0.00	4.08	46.94	36.73	12.24	0.00	0.00	0.00	49
对比路段/%	0.00	0.00	0.00	0.00	0.83	10.00	42.50	36.67	10.00	0.00	0.00	0.00	120

表 4-25　纵向视错觉控速标线路段小型车行驶轨迹偏移量频率值

偏移量/m	[−2,−1.5]	(−1.5,−1]	[−1,−0.5]	(−0.5,0]	(0,0.5]	(0.5,1]	(1,1.5]	(1.5,2]	(2,2.5]	(2.5,3]	(3,3.5]	(3.5,4]	样本量
试验路段/%	0.00	0.00	0.00	0.00	0.00	17.20	59.14	23.66	0.00	0.00	0.00	0.00	93
对比路段/%	0.00	0.00	0.00	0.00	15.49	50.70	30.99	2.82	0.00	0.00	0.00	0.00	71

表 4-26　横向+纵向视错觉控速标线路段小型车行驶轨迹偏移量频率值

偏移量/m	[−2,−1.5]	(−1.5,−1]	[−1,−0.5]	(−0.5,0]	(0,0.5]	(0.5,1]	(1,1.5]	(1.5,2]	(2,2.5]	(2.5,3]	(3,3.5]	(3.5,4]	样本量
试验路段/%	0.00	0.00	0.00	0.00	0.65	4.89	28.66	39.74	19.22	4.89	0.98	0.00	307
对比路段/%	2.55	1.02	2.30	0.51	1.53	3.06	14.54	34.69	26.28	10.71	1.79	1.02	392

表 4-27　直线路段小型车行驶轨迹偏移量频率值

偏移量/m	[−2,−1.5]	(−1.5,−1]	[−1,−0.5]	(−0.5,0]	(0,0.5]	(0.5,1]	(1,1.5]	(1.5,2]	(2,2.5]	(2.5,3]	(3,3.5]	(3.5,4]	样本量
试验路段/%	0.00	0.00	0.00	0.00	0.00	0.80	12.16	51.36	31.68	3.84	0.00	0.00	625
对比路段/%	0.00	0.00	0.00	0.00	0.00	0.00	7.78	42.41	41.11	7.78	0.74	0.00	540

表 4-28　S 弯路段小型车行驶轨迹偏移量频率值

偏移量/m	[−2,−1.5]	(−1.5,−1]	[−1,−0.5]	(−0.5,0]	(0,0.5]	(0.5,1]	(1,1.5]	(1.5,2]	(2,2.5]	(2.5,3]	(3,3.5]	(3.5,4]	样本量
试验路段/%	0.00	0.00	0.00	0.00	0.65	4.89	28.66	39.74	19.22	4.89	0.98	0.00	307
对比路段/%	2.55	1.02	2.30	0.51	1.53	3.06	14.54	34.69	26.28	10.71	1.79	1.02	392

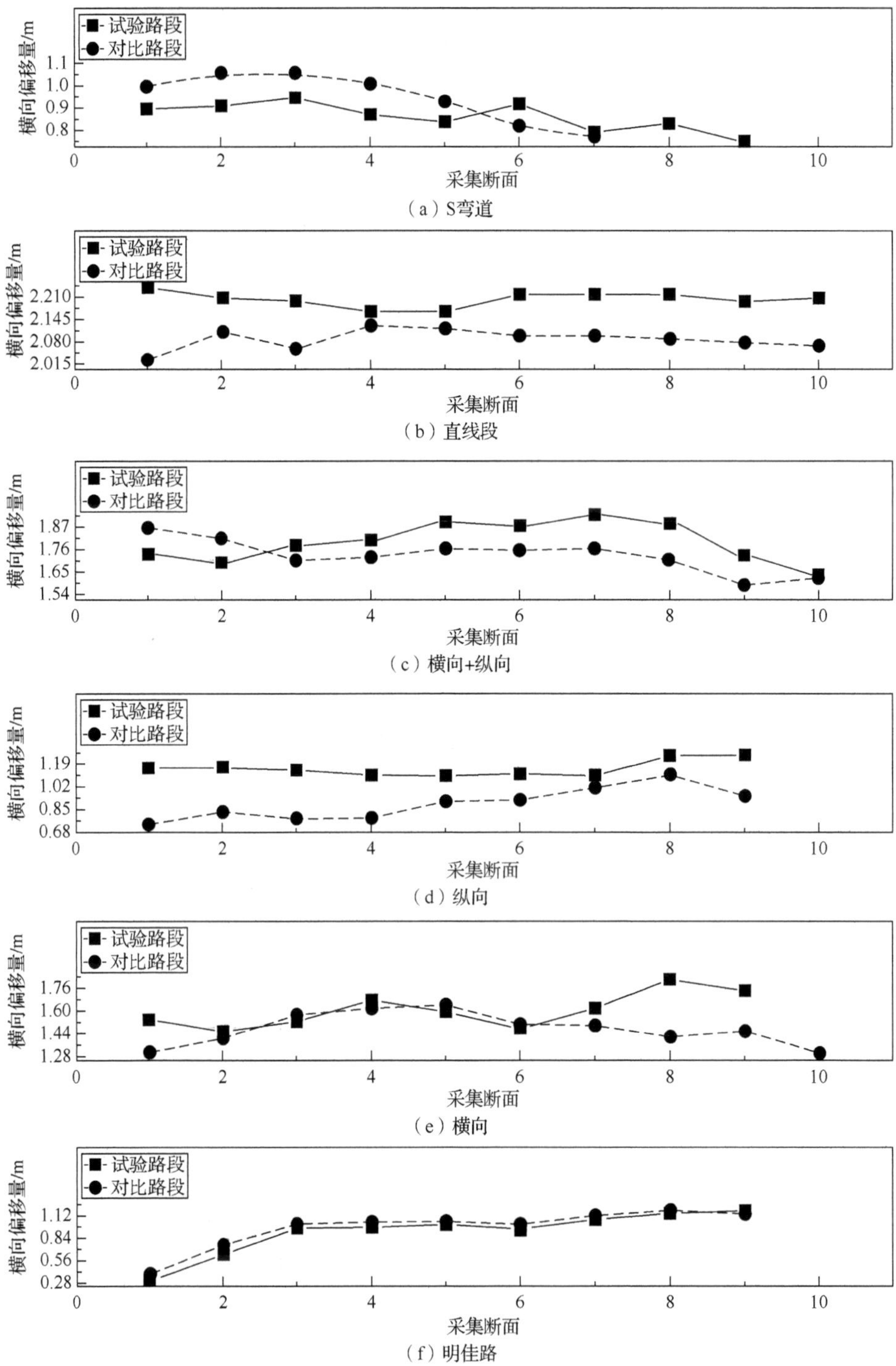

图 4-38　测量路段不同断面横向偏移量均值分布点线图

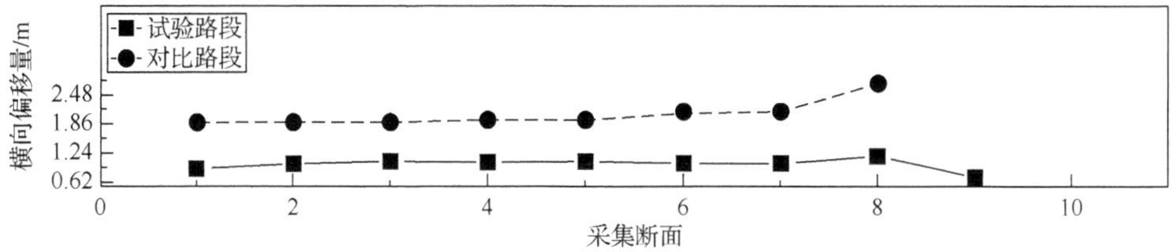

（g）鹅公岩大桥

图 4-38（续）

布频率最大值 44.44%在（2.5,3]区间内，说明未设置视错觉控速标线路段的大部分车辆在进入鹅公岩匝道时，其轨迹偏移量逐渐增大，由 1～1.5m 的范围逐步稳定地过渡到 1.5～2m 的范围，在驶离匝道时，其轨迹偏移量较为离散，增大到 2～3m 的范围。因此，设置视错觉控速标线可以缩小车辆在匝道行驶时的横向偏移量，规范车辆行驶轨迹线路，如图 4-39 所示。

（a）实际行驶轨迹　（b）预期行驶轨迹

图 4-39　行驶轨迹图（一）

对明佳路试验路段和对比路段的轨迹横向偏移量进行统计分析可以发现，在试验路段和对比路段的偏移量分布频率最大值 42.62%和 38.18%均在（0.5,1]区间内，说明在设置视错觉控速标线的路段行驶时，其车辆行驶轨迹偏移量在 0.5～1m 范围内的频率要大于未设置视错觉控速标线时偏移量在 0.5～1m 范围内的频率，如图 4-40 所示。

（a）实际行驶轨迹　（b）预期行驶轨迹

图 4-40　行驶轨迹图（二）

对西彭互通-小湾互通处的路段进行分析发现，横向视错觉控速标线试验路段和对比路段的轨迹横向偏移量分布频率最大值 46.94%和 42.50%均在（1,1.5]区间内；纵向视错觉控速标线试验路段的轨迹横向偏移量分布频率最大值 59.14%在（1,1.5]区间内，纵向视错觉控速标线对比路段的轨迹横向偏移量分布频率最大值 50.70%在（0.5,1]区间内；横向+纵向视错觉控速标线试验路段和对比路段的轨迹横向偏移量分布频率最大值 39.74%和 34.69%在（1.5,2]区间内；说明在设置横向视错觉控速标线后，与未设置视错觉控速标线时相比，其车辆行驶轨迹偏移量在 1～1.5m 范围内的频率更大；设置纵向视错觉控速标线后，车辆行驶轨迹偏移量一般在 1～1.5m 范围内，其对比路段的车辆行驶轨迹偏移量一般在 0.5～1m 范围内；设置横向+纵向视错觉控速标线后，车辆行驶轨迹偏移量在 1.5～2m 范围内的频率要大于未设置视错觉控速标线时车辆行驶轨迹偏移量在 1.5～2m 范围内的频率，如图 4-41～图 4-43 所示。

（a）实际行驶轨迹

（b）预期行驶轨迹

图 4-41　弯道横向视错觉控速标线实际和预期行驶轨迹图

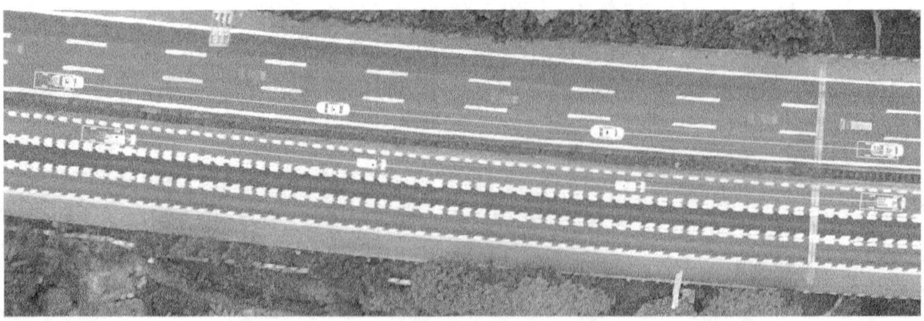

（a）实际行驶轨迹

图 4-42　弯道纵向视错觉控速标线实际和预期行驶轨迹图

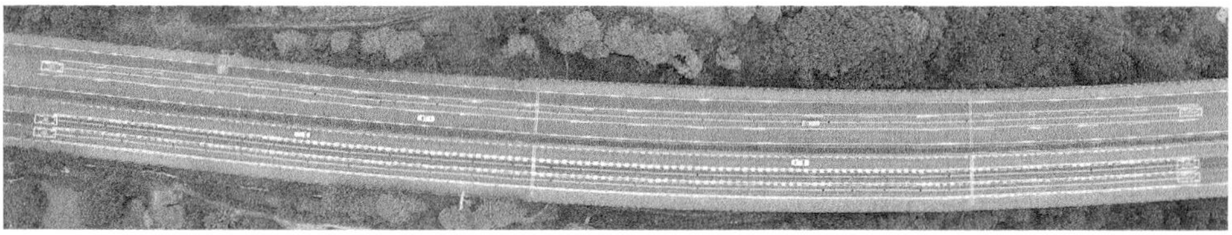

（b）预期行驶轨迹

图 4-42（续）

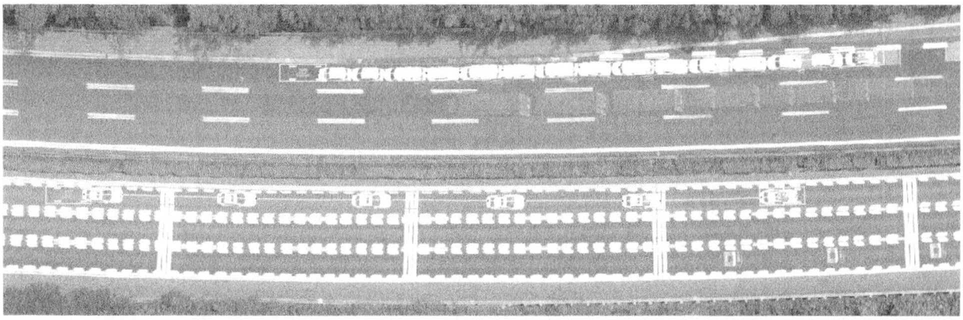

（a）实际行驶轨迹

（b）预期行驶轨迹

图 4-43　弯道横向+纵向视错觉控速标线实际和预期行驶轨迹图

对绕城渝黔互通-绕城渝湘互通直线路段纵向视错觉控速标线的试验路段和对比路段轨迹横向偏移量进行统计分析可以发现，试验路段和对比路段的偏移量分布频率最大值 51.36%和 42.41%均在（1.5,2]区间内，说明在设置视错觉控速标线的路段行驶时，其车辆行驶轨迹偏移量在 1.5～2m 范围内的频率要大于未设置视错觉控速标线时车辆行驶轨迹偏移量在 1.5～2m 范围内的频率，如图 4-44 所示。

（a）实际行驶轨迹

（b）预期行驶轨迹

图 4-44　直线路段纵向视错觉控速标线实际和预期行驶轨迹图

对石龙互通-接龙互通 S 弯道段纵向视错觉控速标线的试验路段和对比路段轨迹横向偏移量进行统计分析可以发现，试验路段和对比路段的偏移量分布频率最大值 39.74%和 34.69%均在（1.5,2]区间内，说明在设置视错觉控速标线的路段行驶时，其车辆行驶轨迹偏移量在 1.5～2m 范围内的频率要大于未设置视错觉控速标线时车辆行驶轨迹偏移量在 1.5～2m 范围内的频率，如图 4-45 所示。

（a）实际行驶轨迹

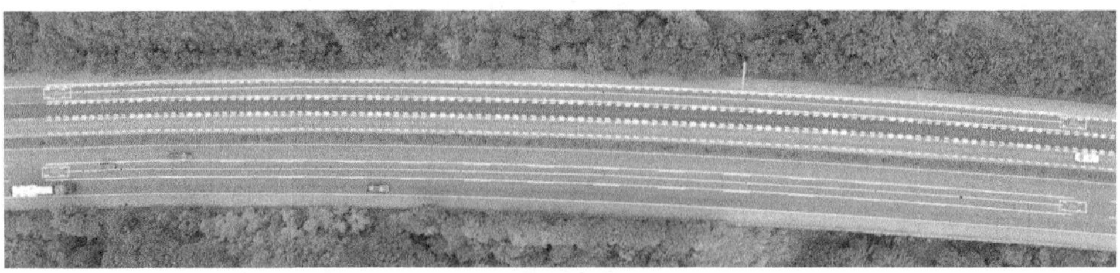

（b）预期行驶轨迹

图 4-45　S 弯道路段纵向视错觉控速标线实际和预期行驶轨迹图

综合分析，设置视错觉控速标线可以规范更多车辆的行驶轨迹线路，使车辆尽可能按照预期行驶轨迹行驶。

4.3.2　不同路段对轨迹横向偏移量的影响分析

对设置视错觉控速标线的试验路段的轨迹横向偏移量均值进行分析可以发现：直线路段纵向视错觉控速标线段的轨迹横向偏移量 $D(t)$（假设视频中的车辆为一个质点，其横向偏移量为质点到车道边缘线的距离）在不同测点的均值均为最大，说明车辆在车道中间行驶，其行驶轨迹与车道中线接近重合；其次分别为弯道横向+纵向视错觉控速标线、弯道横向视错觉控速标线、弯道纵向视错觉控速标线、鹅公岩大桥纵向视错觉控速标线和明佳路纵向视错觉控速标线；最小的为S 弯道纵向视错觉控速标线。说明在直线路段设置较短距离的纵向视错觉控速标线对车辆轨迹的横向偏移量影响程度最小，其均值行驶轨迹偏移量与预期行驶轨迹偏移量相差较大；效果最好的为弯道横向+纵向视错觉控速标线段、弯道横向视错觉控速标线段和弯道纵向视错觉控速标线段，即在弯道路段设置视错觉控速标线可以诱导车辆按照预期驾驶轨迹平稳通过，如表 4-29 和图 4-46 所示。

表 4-29　轨迹偏移量均值统计分析　（单位：m）

断面		1	2	3	4	5	6	7	8	9
鹅公岩大桥纵向	试验路段	0.93	1.04	1.10	1.08	1.09	1.04	1.04	1.19	0.72
	对比路段	1.89	1.91	1.91	1.97	1.96	2.13	2.16	2.76	—
明佳路-光电路纵向	试验路段	0.32	0.65	0.98	1.00	1.02	0.97	1.09	1.17	1.19
	对比路段	0.41	0.77	1.03	1.05	1.06	1.03	1.13	1.20	1.16
弯道横向	试验路段	1.54	1.46	1.53	1.68	1.60	1.48	1.62	1.82	1.74
	对比路段	1.31	1.41	1.57	1.62	1.64	1.51	1.50	1.42	1.46
弯道纵向	试验路段	1.18	1.18	1.16	1.12	1.11	1.13	1.12	1.27	1.28
	对比路段	0.75	0.84	0.79	0.80	0.92	0.93	1.02	1.12	0.96
弯道横向+纵向	试验路段	1.73	1.69	1.77	1.79	1.88	1.86	1.91	1.87	1.72
	对比路段	1.85	1.80	1.70	1.71	1.75	1.74	1.75	1.70	1.58
直线路段纵向	试验路段	2.24	2.21	2.20	2.17	2.17	2.22	2.22	2.22	2.20
	对比路段	2.03	2.11	2.06	2.13	2.12	2.10	2.10	2.09	2.08
S 弯道纵向	试验路段	0.90	0.91	0.95	0.87	0.84	0.92	0.79	0.83	0.75
	对比路段	1.00	1.06	1.06	1.01	0.93	0.82	0.77	—	—

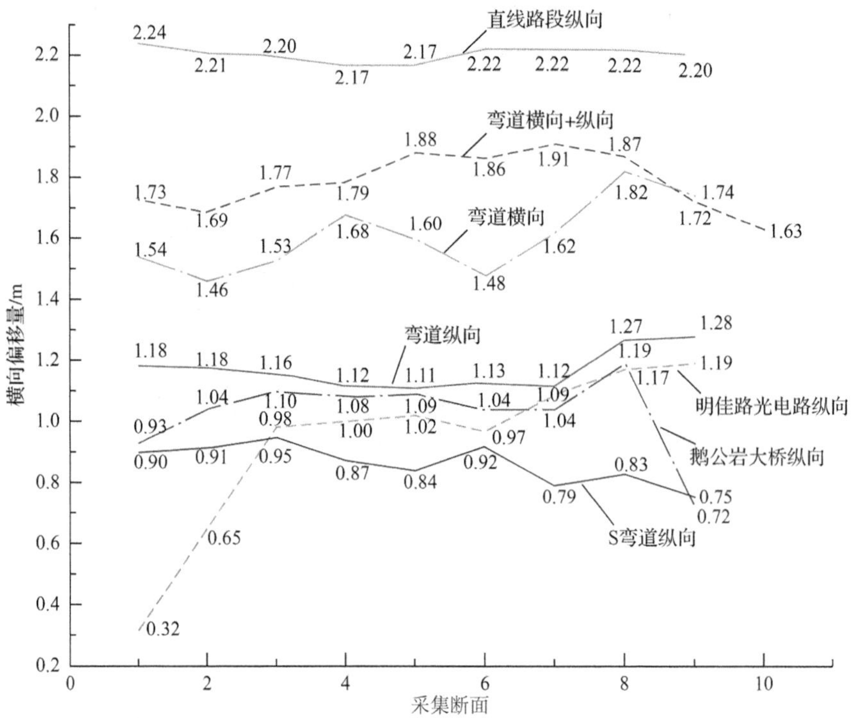

图 4-46　不同试验路段轨迹横向偏移量均值分布图

小　　结

本章采用统计分析方法对试验路段和对比路段的试验数据进行分析，得到各个路段的基本线形参数，如超高、合成坡度等；再根据实地情况对试验路段的交通流特性和轨迹规律进行分析，其中交通流特性分析主要包括一定时间内通过试验路段的交通流量、区间速度和不同车型的速度对比分析，轨迹规律分析主要包括视错觉控速标线对轨迹横向偏移量的影响和不同路段的轨迹横向偏移量的对比分析。

第 5 章　山区道路视错觉控速标线对驾驶员生理行为的影响分析

根据第 3 章实车试验中对驾驶员眼动参数等生理行为的数据采集和筛选，为研究设置视错觉控速标线是否对驾驶员生理行为产生影响，以及在不同道路条件下试验路段和其对比路段中驾驶员的瞳孔变化程度规律，本章采用注视点逐一统计法和 K 均值动态聚类法来分析驾驶员视觉特性，再结合统计分析方法对基础数据进行检验和分析。

5.1　注视区域划分方法

为了更加充分地研究驾驶员的眼动特性规律和视觉搜索模式，对视野平面进行划分，主要有以下 3 种划分方法。

1. 机械划分法

机械划分法是根据车辆机械结构和前方道路，机械地将驾驶员视野平面划分为特定的几个区域，并且认为当注视点落在某个区域时即代表驾驶员正在注视该区域内的目标。该方法一般用于静态环境中研究驾驶员视觉行为时的视野平面划分。Underwood 等基于车辆前挡风玻璃将驾驶员的视野平面划分为正前方近处、右侧近处、左侧近处、正前方中间、右侧中间、左侧中间、正前方远处、右侧远处和左侧远处 9 个互不重叠的感兴趣区域。

2. 注视点逐一统计法

注视点逐一统计法是指逐一统计行车过程中驾驶员眼睛注视点的位置，并通过眼动仪处理软件获取带有注视点的视频文件，对每一帧画面中的注视点位置进行逐一分析，找出每个注视点所对应的注视目标，根据统计结果对驾驶员的视野平面进行划分，进而分析驾驶员视觉特性。由于逐帧分析画面中的注视点，因此统计结果不会受驾驶员个体差异的影响，统计误差较小，视野平面的划分精确度较高。

但是该方法存在一些缺点：首先，眼动仪的采样频率较高，注视点较多，逐一统计注视点位置工作量太大，不易实现，通过该方法逐一统计注视点并进行视野平面划分难度较大，容易引起相关研究人员的质疑；其次，由于眼动仪的采样频率为 60Hz，而视频录制的速度为 20～30 帧/s，注视点数量较多，而且每个注视点的持续时间和录像录制速度不能完全对应，容易造成遗漏注视点的现象出现，使统计结果出现较大误差。

3. *K* 均值动态聚类法

运用 *K* 均值动态聚类法进行聚类。先随机选取 *K* 个对象作为初始的聚类中心。然后计算每个对象与各个种子聚类中心之间的距离，把每个对象分配给距离它最近的聚类中心。聚类中心以及分配给它们的对象就代表一个聚类。一旦全部对象都被分配了，每个聚类的聚类中心就会根据聚类中现有的对象被重新计算。这个过程将不断重复，直到满足某个终止条件。终止条件可以是以下任何一个：

1）没有（或最小数目）对象被重新分配给不同的聚类。

2）没有（或最小数目）聚类中心发生变化。

3）误差平方和局部最小。

驾驶员的视野平面划分方法是通过研究不同的驾驶员注意力分配和视觉搜索模式来分析驾驶员注视点在行驶过程中分布特性的重要手段。为了使驾驶员能够识别到更多的信息、获取充足的道路环境状态来保证安全行驶，驾驶员在行驶时需要关注道路上的各种目标。然而，由于并不是所有的目标都会影响到驾驶员的行车安全，驾驶员往往会选择性地反复关注几个特定的感兴趣目标[176]。为了更加充分地研究驾驶员的眼动特性规律和视觉搜索模式，本章选取机械划分法的原理结合眼动设备采集的注视点数据，利用注视点逐一统计法和 *K* 均值动态聚类法来分析驾驶员视觉特性。动态聚类法的具体过程如下。

第一步：初始化。选择对象集，按照指定的聚类类别个数 *K*，将对象按照需要的 *K* 值作为初始聚类中心，设置迭代终止条件，迭代时首先要进行相似度的计算，公式如下。

$$s(x_i,c_j)=\frac{1}{d(x_i,c_j)} \tag{5-1}$$

式中，c_j——第 j 个聚类中心；

$d(x_i,c_j)$——聚类中心 c_j 与样本 x_i 之间的距离。

距离的计算采用闵可夫斯基公式，公式如下。

$$d(x_i,c_j)=\sqrt[p]{\left|x_i^l-c_j^l\right|^p+\left|x_i^k-c_j^k\right|^p+\left|x_i^d-c_j^d\right|^p} \tag{5-2}$$

第二步：进行迭代。

第三步：更新聚类中心。

第四步：重复第二步和第三步。

综合分析，根据目前已有研究的驾驶员视野平面划分方法，本章基于动态聚类算法，以驾驶员视觉视线点为基础，根据道路线形、车辆结构特性和驾驶员的驾驶特性，对驾驶员视野平面进行划分。

5.2　注视区域划分和注视点分布规律研究

利用注视点逐一统计法和视野平面划分方法对眼动仪统计到的注视点进行聚类分析。选取合适的聚类类别个数，结合驾驶员行车过程中的视觉特性，根据拉依达准则法和标准化数值对眼动数据进行剔除；通过 SPSS 软件得到相应驾驶员眼动数据对应的均值和标准差，以及剔除异常数据后的可分析眼动数据；根据驾驶员注视点分布规律和试验车辆环境特性，通过 origin 软件的 K 均值聚类，对处理后的眼动数据选取 6 类 K 均值聚类对视线点坐标进行聚类分析。鹅公岩大桥、明佳路-光电路、西彭互通-小湾互通、绕城渝湘互通-绕城渝黔互通和石龙互通-接龙互通 S 弯道等试验路段的聚类结果如表 5-1～表 5-8。

表 5-1　鹅公岩大桥纵向视错觉控速标线注视点聚类中心

类别	初始聚类中心				最终聚类中心				案例数
	x_1	y_1	x_2	y_2	x_1	y_1	x_2	y_2	
1	−0.10	−0.12	0.00	1.93	0.19	0.03	0.29	0.82	12
2	−0.24	−0.06	0.14	−0.12	0.18	−0.11	−0.06	−0.11	116
3	−0.24	0.16	−0.07	−0.19	−0.24	0.16	−0.07	−0.19	32
4	−1.86	0.04	0.02	−0.09	−0.29	0.08	−0.11	−0.09	78
5	−0.65	0.28	0.02	−0.09	−0.09	−0.04	−0.08	−0.13	36
6	0.23	−0.07	−0.03	−0.19	0.22	−0.10	−0.04	−0.16	14

表 5-2　明佳路-光电路纵向视错觉控速标线注视点聚类中心

类别	初始聚类中心				最终聚类中心				案例数
	x_1	y_1	x_2	y_2	x_1	y_1	x_2	y_2	
1	−0.36	1.49	0.95	1.30	0.16	−0.10	0.29	0.20	59
2	0.07	−0.60	0.08	0.64	−0.07	−0.46	0.45	0.28	29
3	−1.69	−0.13	1.51	0.08	−1.07	−0.19	1.50	0.01	32
4	0.00	−0.37	−0.63	−0.41	0.00	−0.38	−0.46	0.33	34
5	0.69	−0.47	−0.51	0.14	0.04	−0.31	−0.19	−0.09	51
6	−0.02	−0.57	−1.30	0.24	0.86	0.51	−0.69	−0.11	19

表 5-3　西彭互通-小湾互通横向视错觉控速标线试验路段注视点聚类中心

类别	初始聚类中心				最终聚类中心				案例数
	x_1	y_1	x_2	y_2	x_1	y_1	x_2	y_2	
1	1.10	0.38	0.31	0.38	0.05	−0.15	0.03	0.04	36
2	1.65	1.89	−1.93	−1.88	1.68	1.74	−0.28	−0.29	13
3	−0.34	−0.05	−0.02	−0.01	−0.35	−0.24	−0.03	0.00	98
4	1.14	0.35	1.73	1.74	1.04	0.06	−0.04	0.02	33
5	−1.55	0.23	−1.06	−0.91	−0.35	−0.14	−0.05	−0.04	93
6	1.11	0.29	−0.65	−0.59	−0.18	−0.14	−0.07	0.01	33

表 5-4　西彭互通-小湾互通纵向视错觉控速标线试验路段注视点聚类中心

类别	初始聚类中心				最终聚类中心				案例数
	x_1	y_1	x_2	y_2	x_1	y_1	x_2	y_2	
1	0.93	−0.06	0.04	−0.12	0.58	0.08	−0.19	−0.22	153
2	−1.99	−1.40	0.00	0.07	−1.99	−1.40	−0.05	0.01	10
3	1.74	1.11	−0.36	−0.39	0.33	0.12	−0.22	−0.22	122
4	0.47	1.94	−0.36	−0.39	−0.16	0.32	−0.18	−0.19	51
5	0.30	0.23	−0.36	−0.39	0.29	0.07	−0.27	−0.32	22
6	−1.99	−1.40	0.03	0.01	−1.99	−1.40	−0.13	−0.04	52

表 5-5　西彭互通-小湾互通横向+纵向视错觉控速标线试验路段注视点聚类中心

类别	初始聚类中心				最终聚类中心				案例数
	x_1	y_1	x_2	y_2	x_1	y_1	x_2	y_2	
1	−1.88	1.49	0.01	0.01	−1.05	1.11	0.02	0.07	14
2	−0.92	−1.96	0.03	−0.03	0.19	−0.15	0.03	0.03	253
3	0.09	0.20	0.02	0.00	0.20	−0.14	0.04	0.03	178
4	0.07	−0.19	0.21	1.00	0.15	−0.14	0.05	0.08	43
5	0.43	−0.20	−0.01	−0.02	0.18	−0.09	0.03	0.03	348
6	−1.63	1.36	0.03	−0.01	−1.24	1.11	0.00	−0.01	31

表 5-6　绕城渝湘互通-绕城渝黔互通直线路段 1 纵向视错觉控速标线注视点聚类中心

类别	初始聚类中心				最终聚类中心				案例数
	x_1	y_1	x_2	y_2	x_1	y_1	x_2	y_2	
1	−0.11	0.53	1.00	1.00	−0.05	−0.04	0.82	1.09	56
2	0.22	−0.22	−0.80	−1.92	0.01	0.01	−0.42	−0.83	32
3	0.65	−0.84	1.00	1.00	−0.06	−0.12	1.00	1.00	25
4	−0.21	−0.11	−0.68	−0.78	−0.06	0.23	−0.12	−0.49	40
5	−0.10	0.68	−0.06	−0.53	−0.07	0.30	0.00	−0.38	36
6	0.05	0.08	0.33	0.63	−0.09	0.03	0.10	−0.18	108

表 5-7　绕城渝湘互通-绕城渝黔互通直线路段 2 纵向视错觉控速标线注视点聚类中心

类别	初始聚类中心				最终聚类中心				案例数
	x_1	y_1	x_2	y_2	x_1	y_1	x_2	y_2	
1	−0.36	1.44	0.06	0.08	−0.28	0.93	0.07	0.09	73
2	−0.51	−0.26	0.07	0.08	−0.54	−0.49	0.08	0.09	63
3	−0.60	−1.87	0.06	0.10	−0.89	−1.12	0.05	0.08	85
4	1.36	0.27	0.05	0.08	0.85	0.21	0.08	0.09	31
5	0.92	−1.36	0.08	0.09	1.57	−0.36	0.09	0.09	19
6	1.21	1.99	0.07	0.08	0.85	1.42	0.07	0.09	31

表 5-8　石龙互通-接龙互通 S 弯道纵向视错觉控速标线注视点聚类中心

类别	初始聚类中心				最终聚类中心				案例数
	x_1	y_1	x_2	y_2	x_1	y_1	x_2	y_2	
1	1.12	0.73	1.26	−1.03	0.47	0.31	0.58	−0.65	19
2	0.21	0.00	0.24	−0.35	0.22	0.01	0.25	−0.36	125
3	1.41	0.78	1.89	−1.15	1.10	0.73	1.30	−1.02	81
4	0.61	0.67	0.92	−0.84	0.59	0.57	0.81	−0.79	103
5	0.53	0.37	0.61	−0.73	0.31	0.09	0.39	−0.54	308
6	0.20	−0.03	0.10	−0.28	0.20	−0.03	0.16	−0.30	84

通过对初步聚类分析可以看出，聚类后的视线点分布如图 5-1～图 5-8 所示。

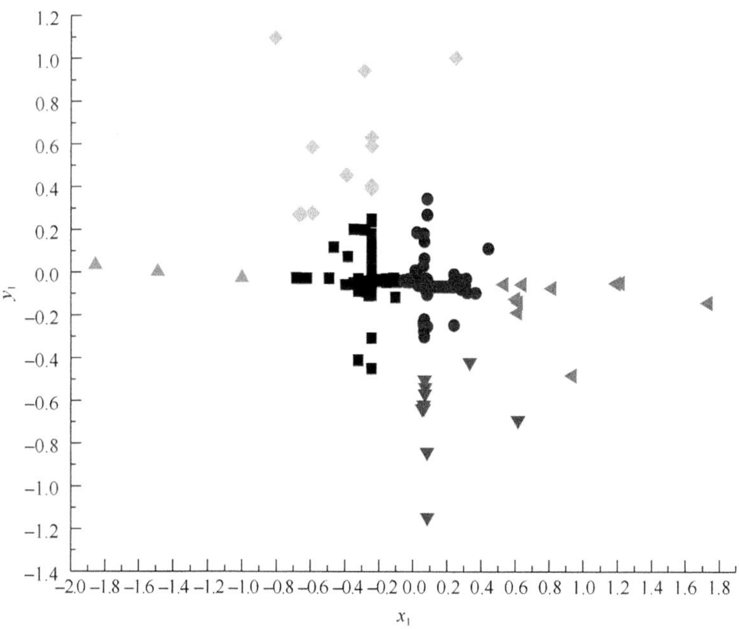

图 5-1　鹅公岩大桥纵向视错觉控速标线注视点坐标 x-y 密度图

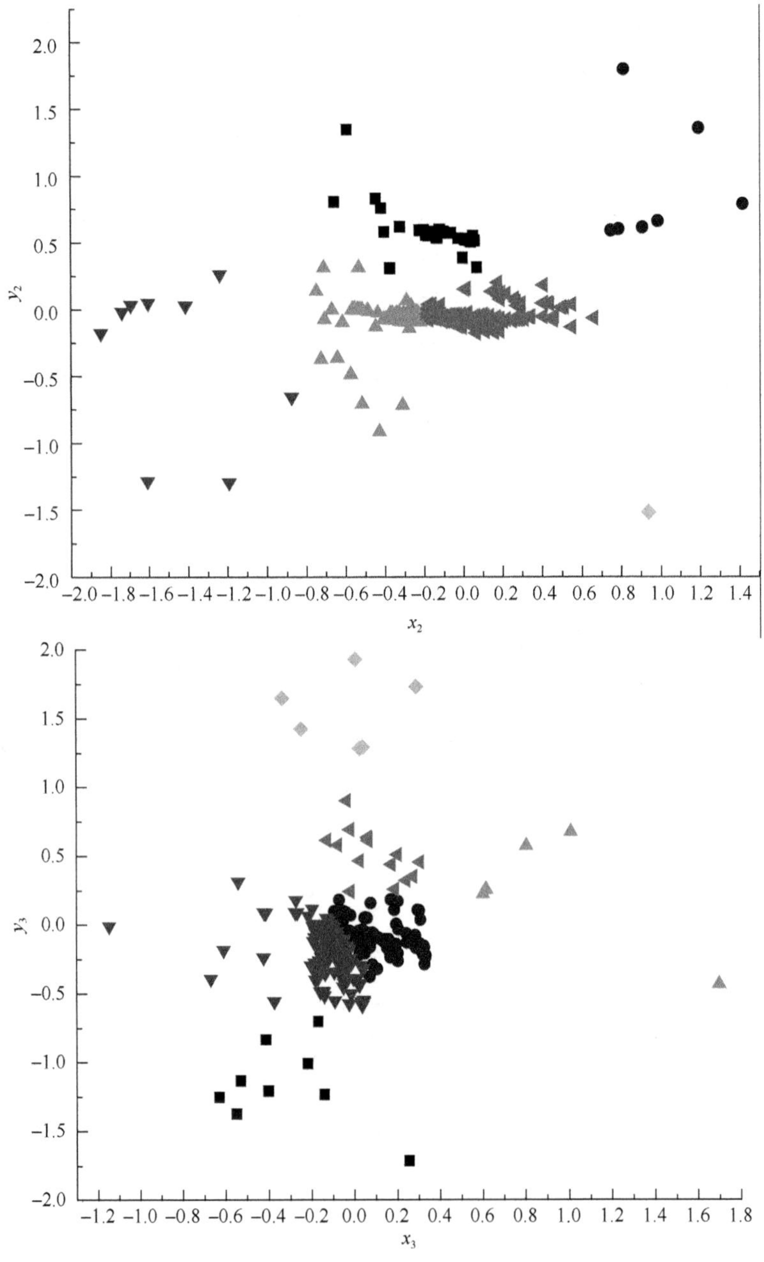
2.0
1.5
1.0
0.5
0.0
−0.5
−1.0
−1.5
−2.0
y_2
−2.0 −1.8 −1.6 −1.4 −1.2 −1.0 −0.8 −0.6 −0.4 −0.2 0.0 0.2 0.4 0.6 0.8 1.0 1.2 1.4
x_2
2.0
1.5
1.0
0.5
0.0
−0.5
−1.0
−1.5
−2.0
y_3
−1.2 −1.0 −0.8 −0.6 −0.4 −0.2 0.0 0.2 0.4 0.6 0.8 1.0 1.2 1.4 1.6 1.8
x_3

图 5-1（续）

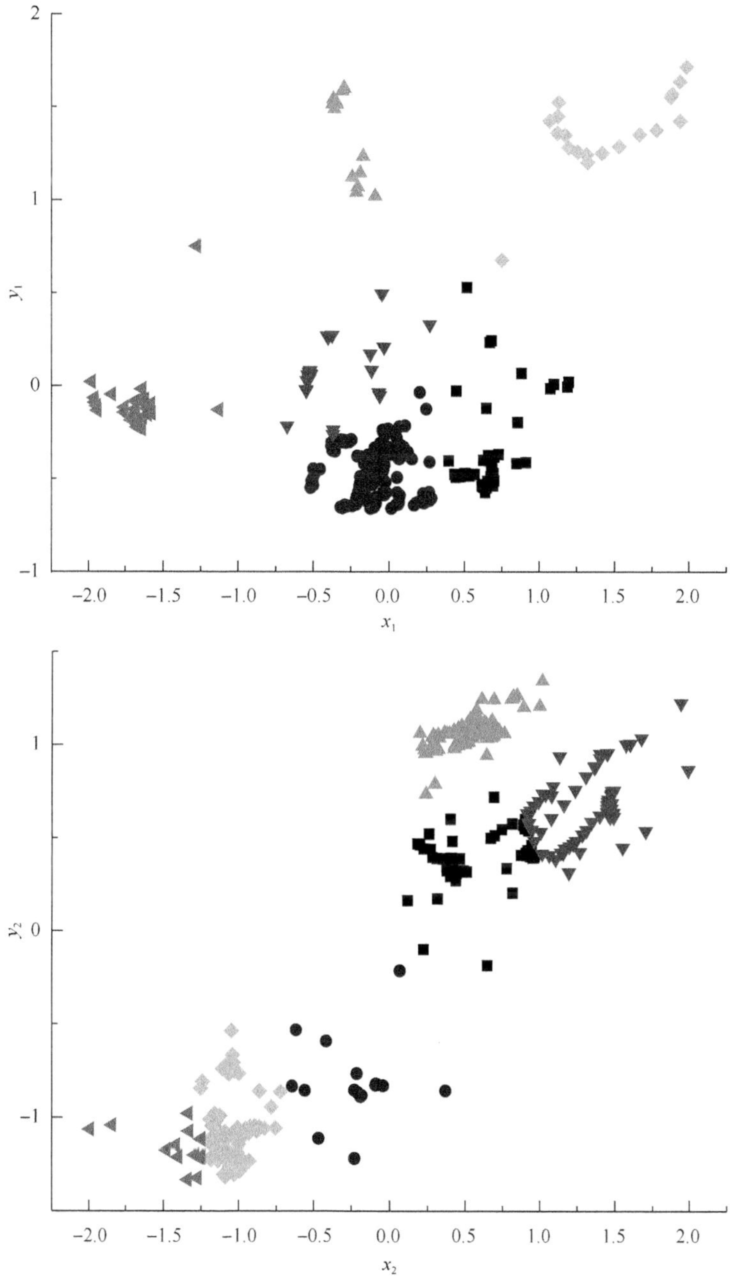

图 5-2　明佳路-光电路纵向视错觉控速标线注视点坐标 x-y 密度图

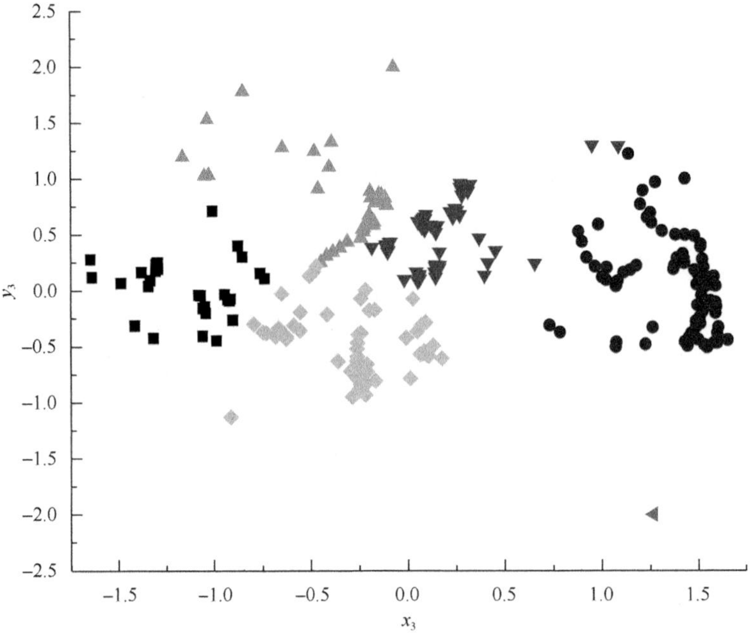
2.5
2.0
1.5
1.0
0.5
0.0
−0.5
−1.0
−1.5
−2.0
−2.5
y_3
−1.5
−1.0
−0.5
0.0
0.5
1.0
1.5
x_3

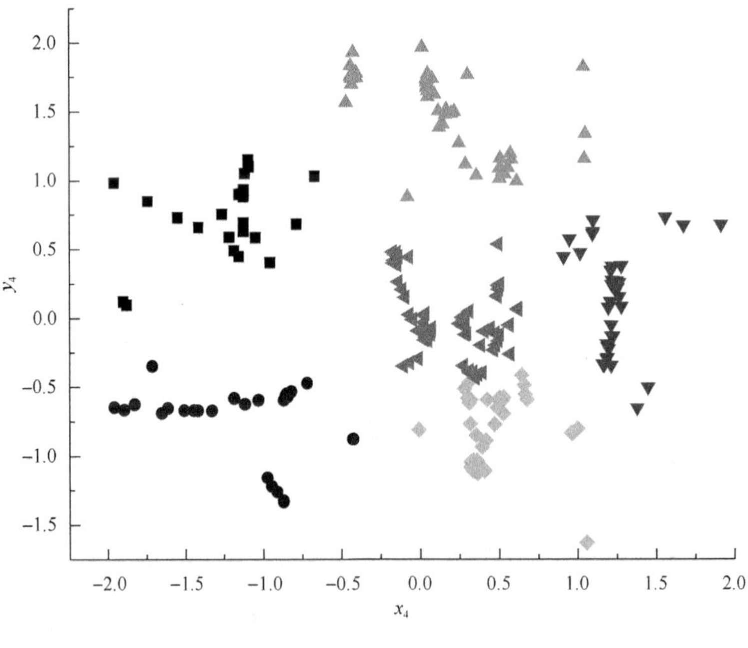
2.0
1.5
1.0
0.5
0.0
−0.5
−1.0
−1.5
y_4
−2.0
−1.5
−1.0
−0.5
0.0
0.5
1.0
1.5
2.0
x_4

图 5-2（续）

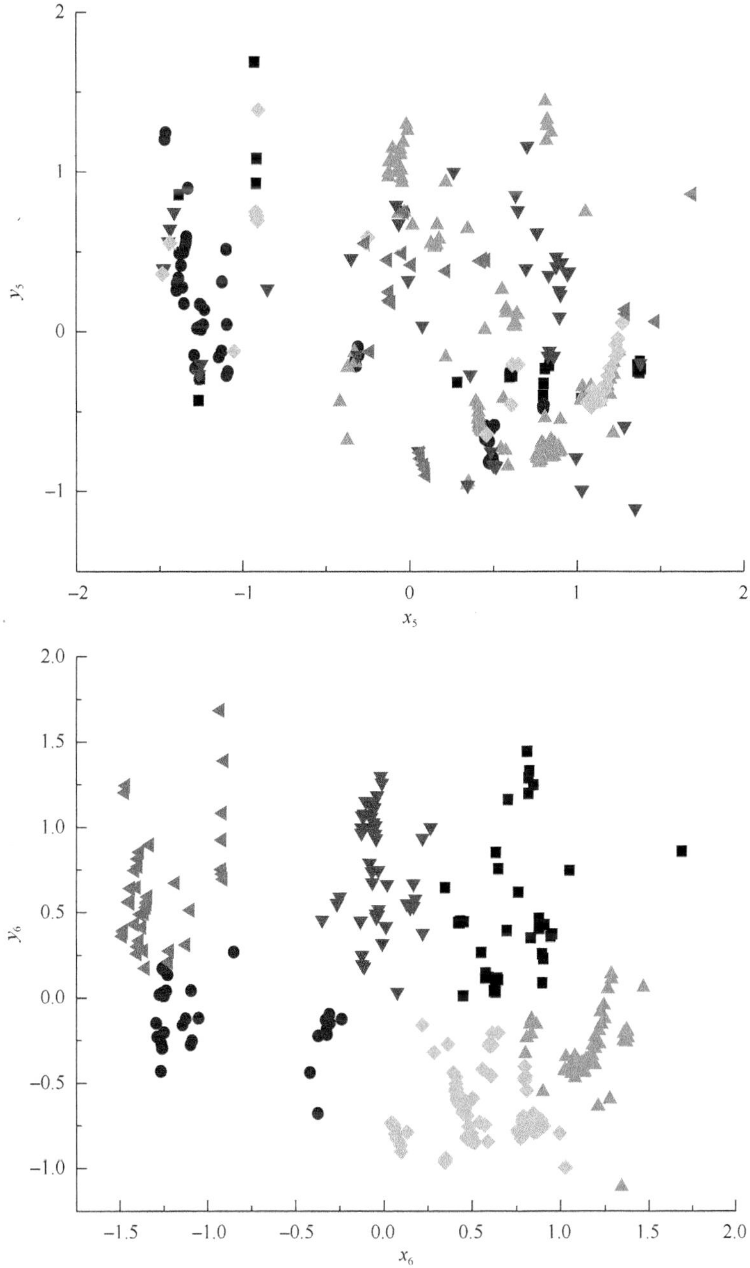

图 5-2（续）

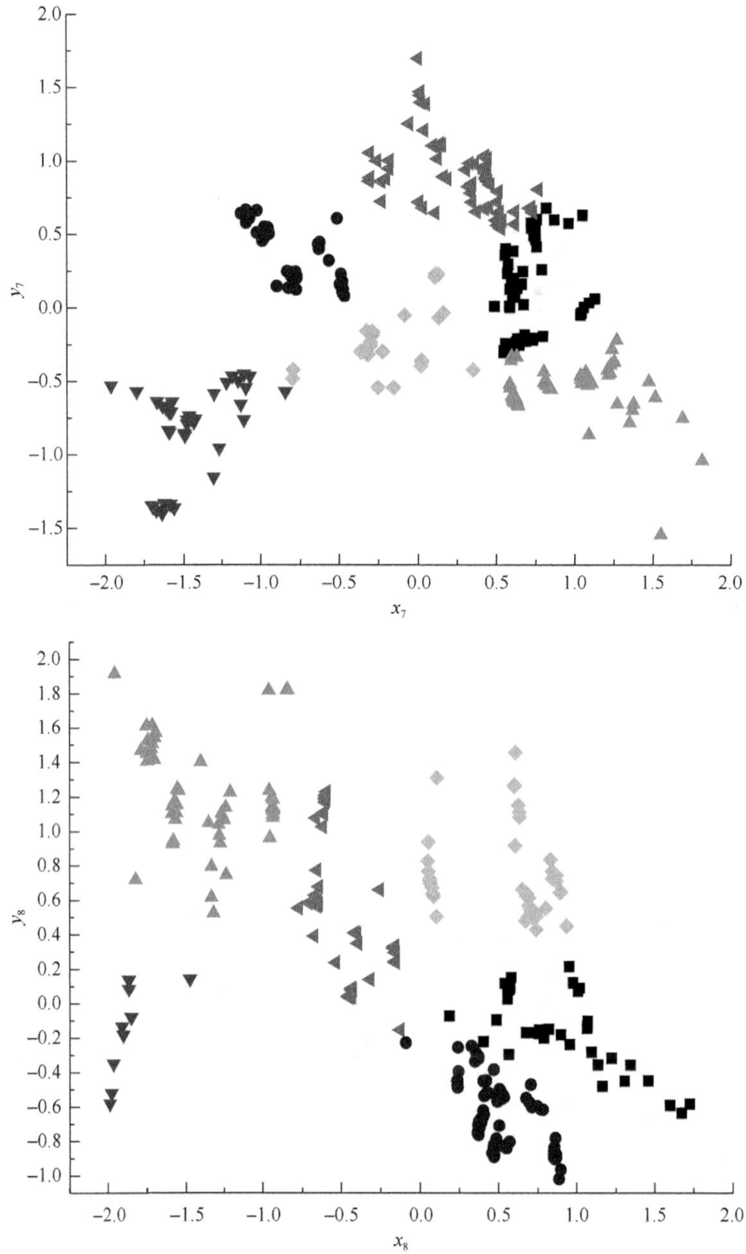
2.0
1.5
1.0
0.5
0.0
−0.5
−1.0
−1.5
y_7
−2.0
−1.5
−1.0
−0.5
0.0
0.5
1.0
1.5
2.0
x_7
2.0
1.8
1.6
1.4
1.2
1.0
0.8
0.6
0.4
0.2
0.0
−0.2
−0.4
−0.6
−0.8
−1.0
y_8
−2.0
−1.5
−1.0
−0.5
0.0
0.5
1.0
1.5
2.0
x_8

图 5-2（续）

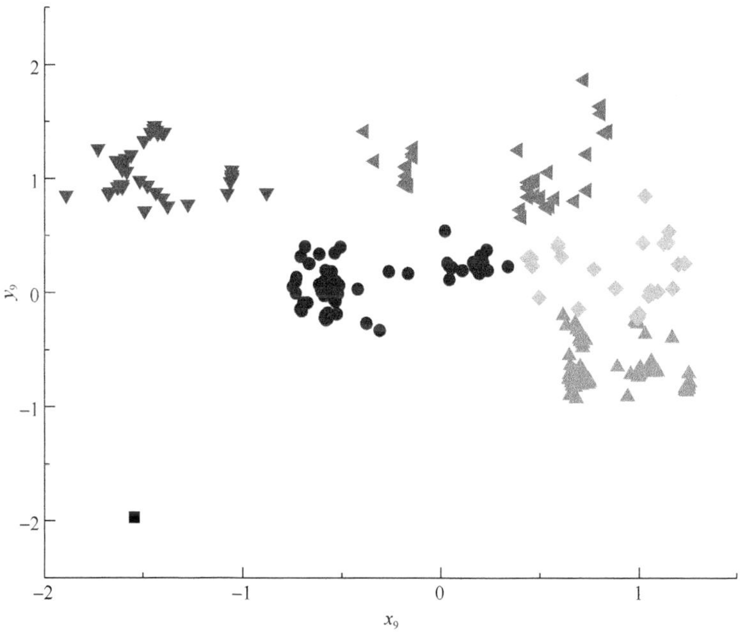

图 5-2（续）

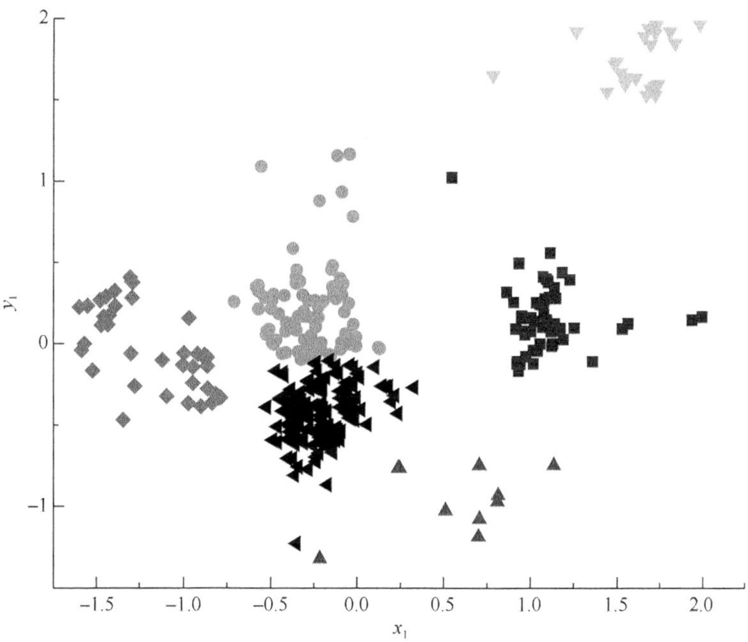

图 5-3　西彭互通-小湾互通横向视错觉控速标线注视点坐标 x-y 密度图

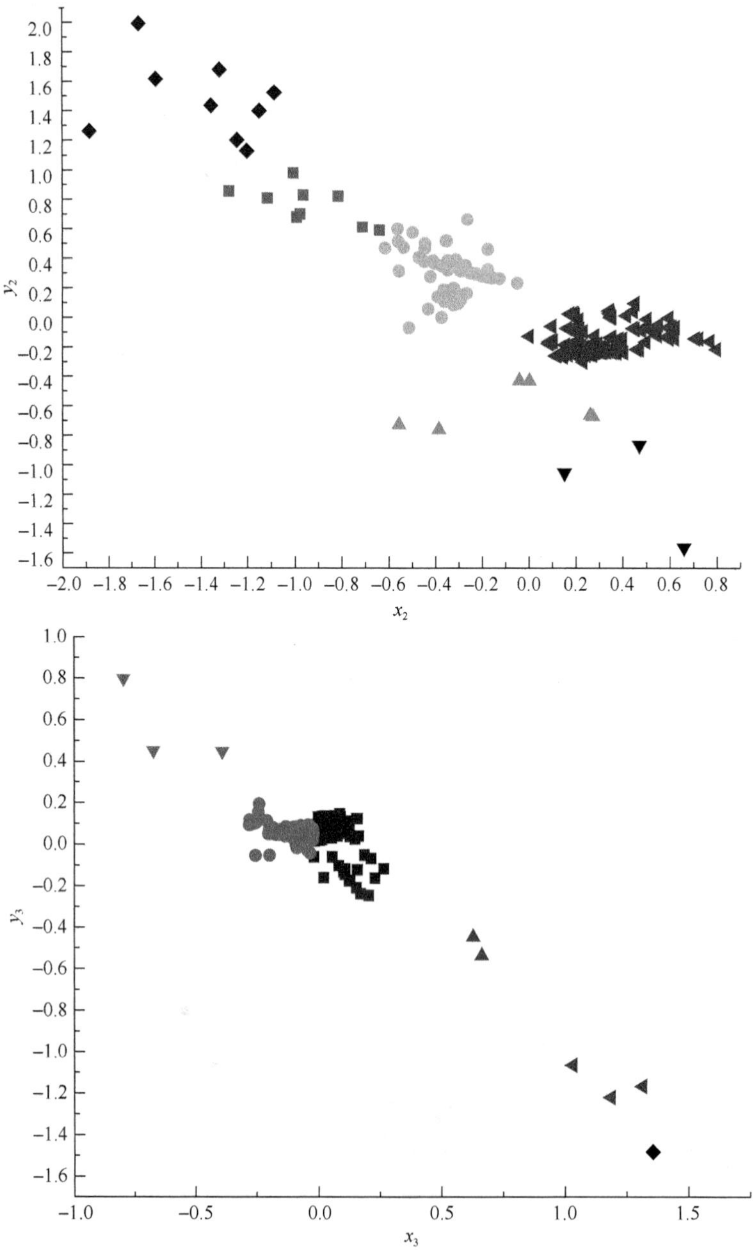

（a）驾驶员 1 在路段 1

图 5-3（续）

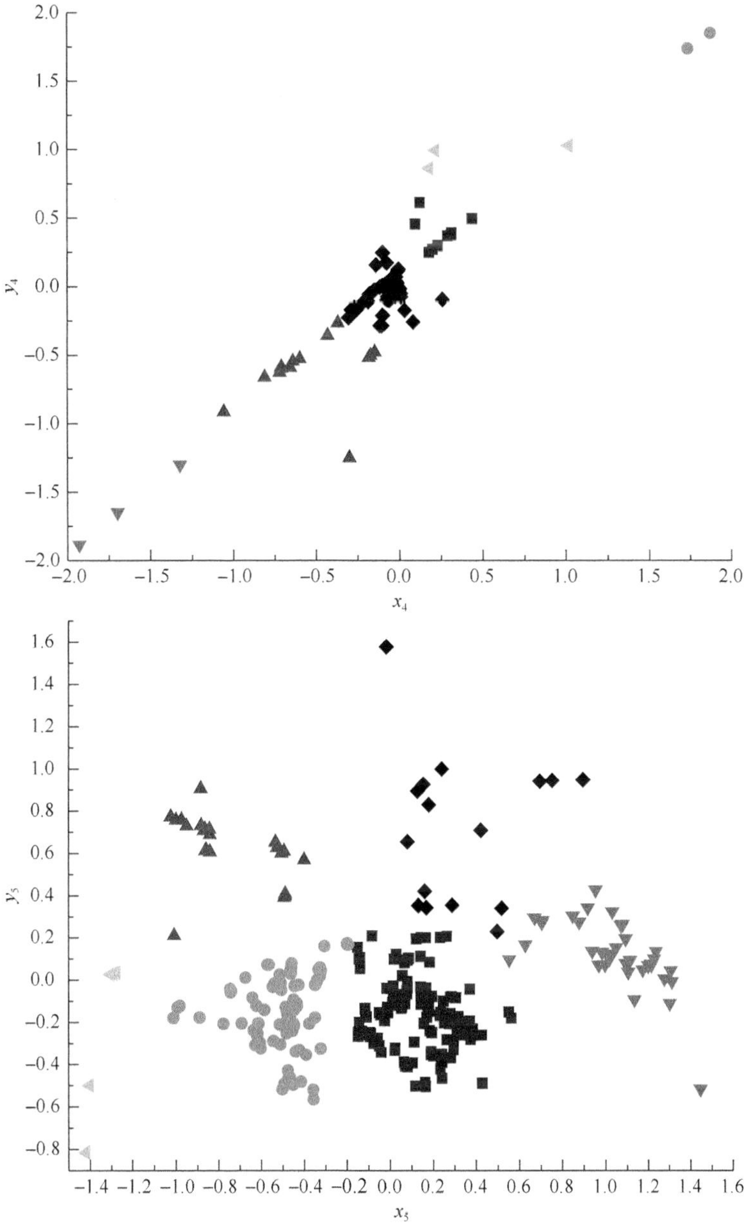
2.0
1.5
1.0
0.5
0.0
−0.5
−1.0
−1.5
−2.0
y_4
−2.0 −1.5 −1.0 −0.5 0.0 0.5 1.0 1.5 2.0
x_4
1.6
1.4
1.2
1.0
0.8
0.6
0.4
0.2
0.0
−0.2
−0.4
−0.6
−0.8
y_5
−1.4 −1.2 −1.0 −0.8 −0.6 −0.4 −0.2 0.0 0.2 0.4 0.6 0.8 1.0 1.2 1.4 1.6
x_5

图 5-3（续）

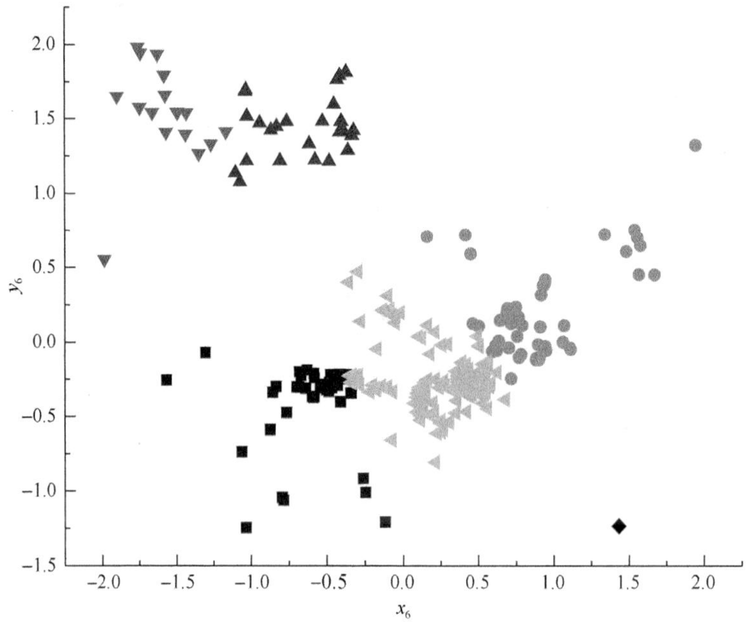

（b）驾驶员 2 在路段 1

图 5-3（续）

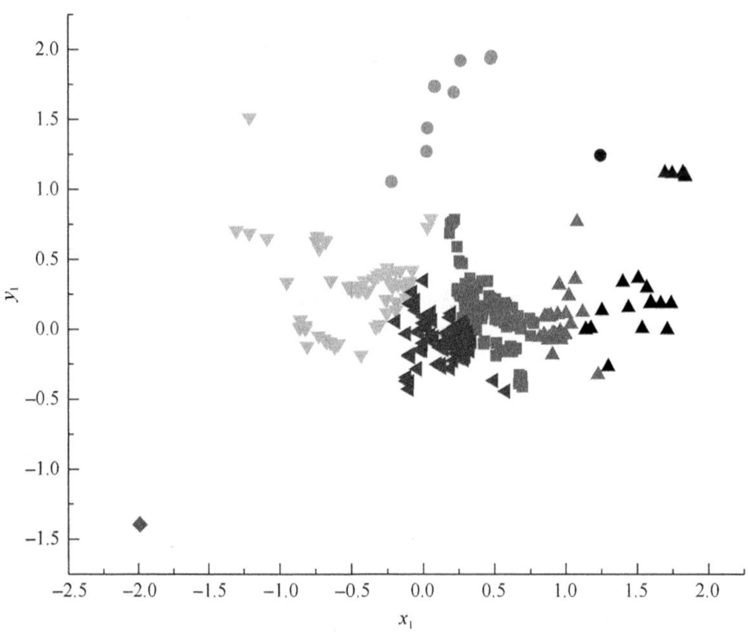

图 5-4　西彭互通-小湾互通纵向视错觉控速标线注视点坐标 x-y 密度图

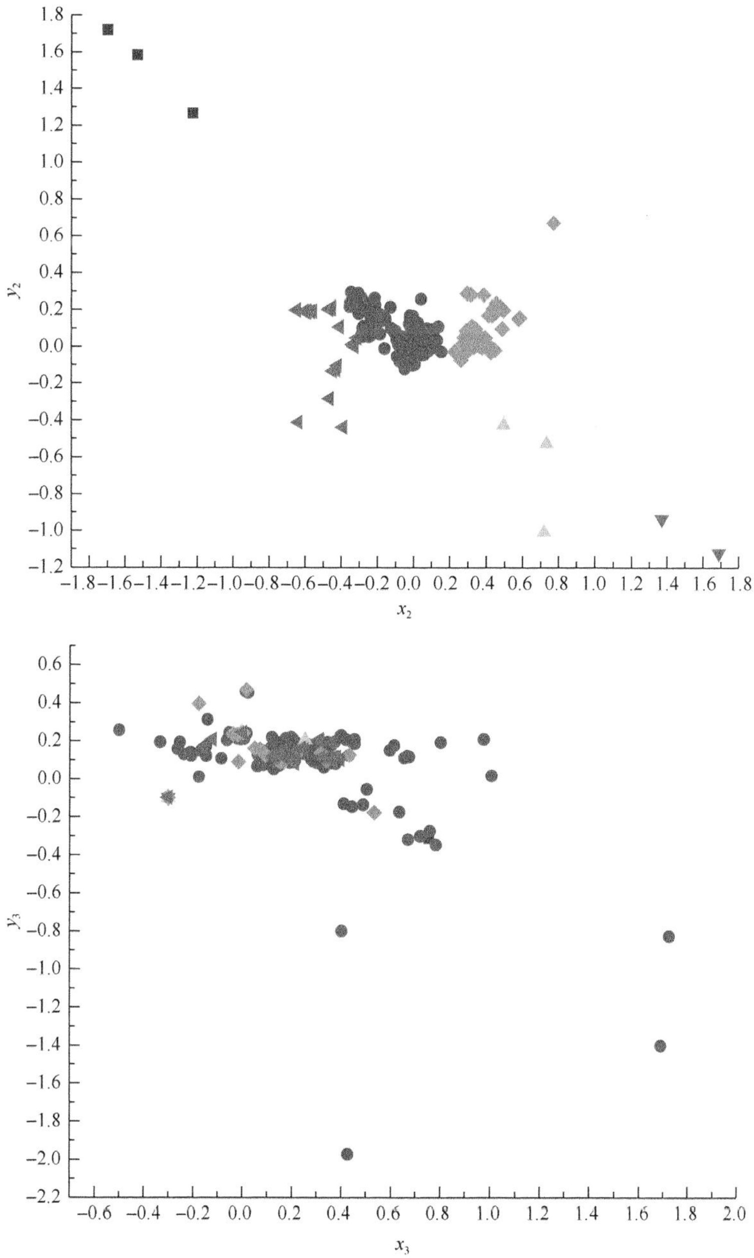
1.8
1.6
1.4
1.2
1.0
0.8
0.6
0.4
0.2
0.0
−0.2
−0.4
−0.6
−0.8
−1.0
−1.2
y_2
−1.8 −1.6 −1.4 −1.2 −1.0 −0.8 −0.6 −0.4 −0.2 0.0 0.2 0.4 0.6 0.8 1.0 1.2 1.4 1.6 1.8
x_2
0.6
0.4
0.2
0.0
−0.2
−0.4
−0.6
−0.8
−1.0
−1.2
−1.4
−1.6
−1.8
−2.0
−2.2
y_3
−0.6 −0.4 −0.2 0.0 0.2 0.4 0.6 0.8 1.0 1.2 1.4 1.6 1.8 2.0
x_3

图 5-4（续）

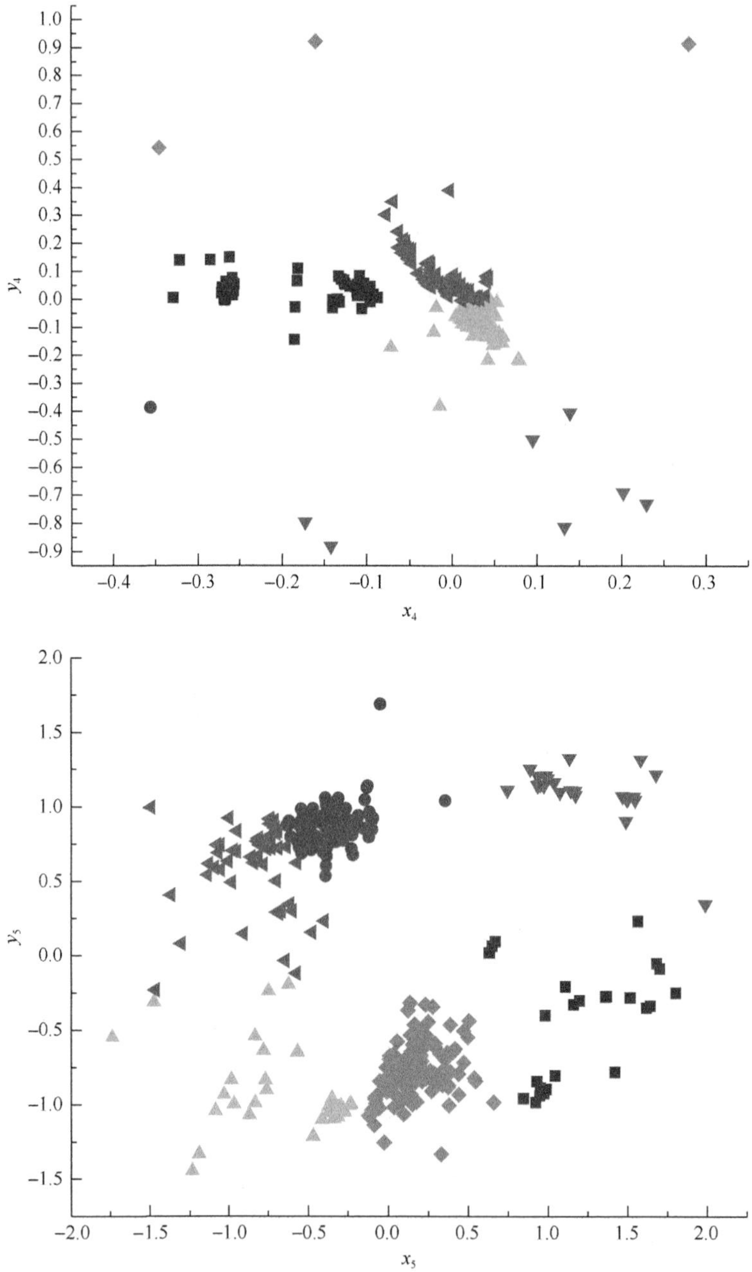
1.0
0.9
0.8
0.7
0.6
0.5
0.4
0.3
0.2
0.1
0.0
−0.1
−0.2
−0.3
−0.4
−0.5
−0.6
−0.7
−0.8
−0.9
y_4
−0.4 −0.3 −0.2 −0.1 0.0 0.1 0.2 0.3
x_4
2.0
1.5
1.0
0.5
0.0
−0.5
−1.0
−1.5
y_5
−2.0 −1.5 −1.0 −0.5 0.0 0.5 1.0 1.5 2.0
x_5

图 5-4（续）

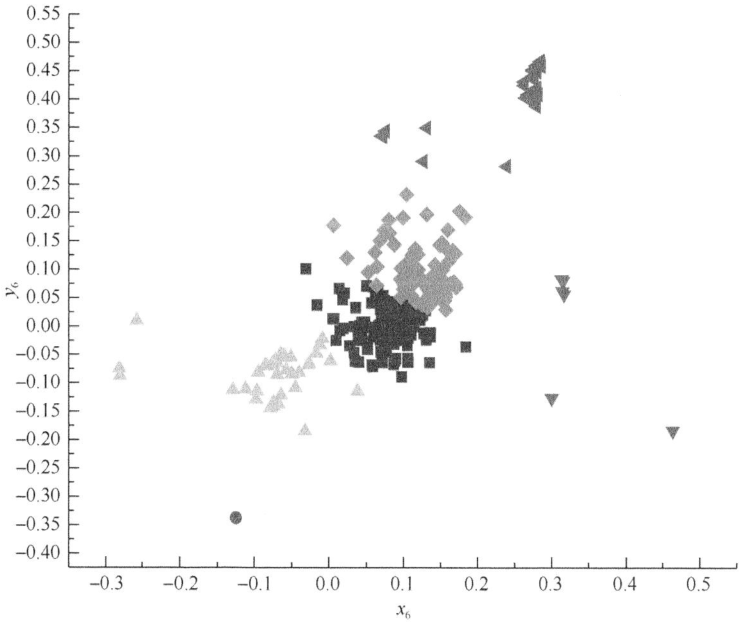

图 5-4（续）

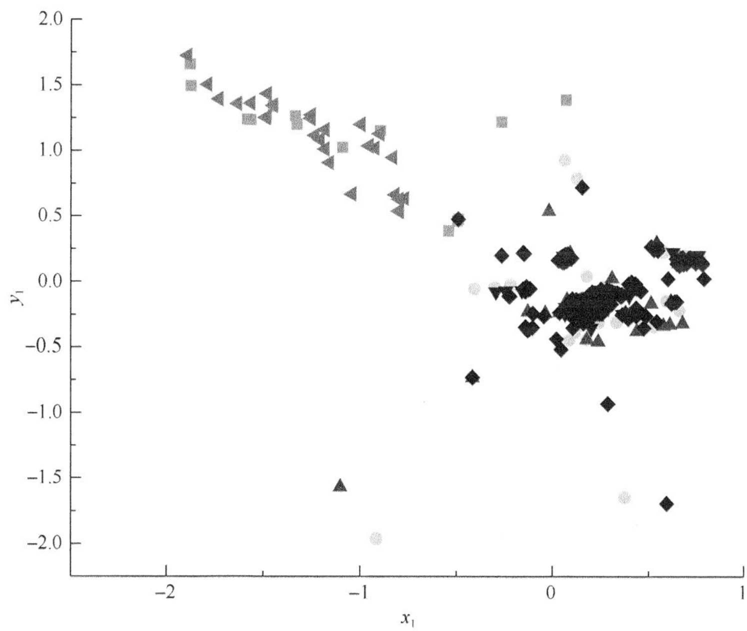

图 5-5　西彭互通-小湾互通横向+纵向视错觉控速标线注视点坐标 x-y 密度图

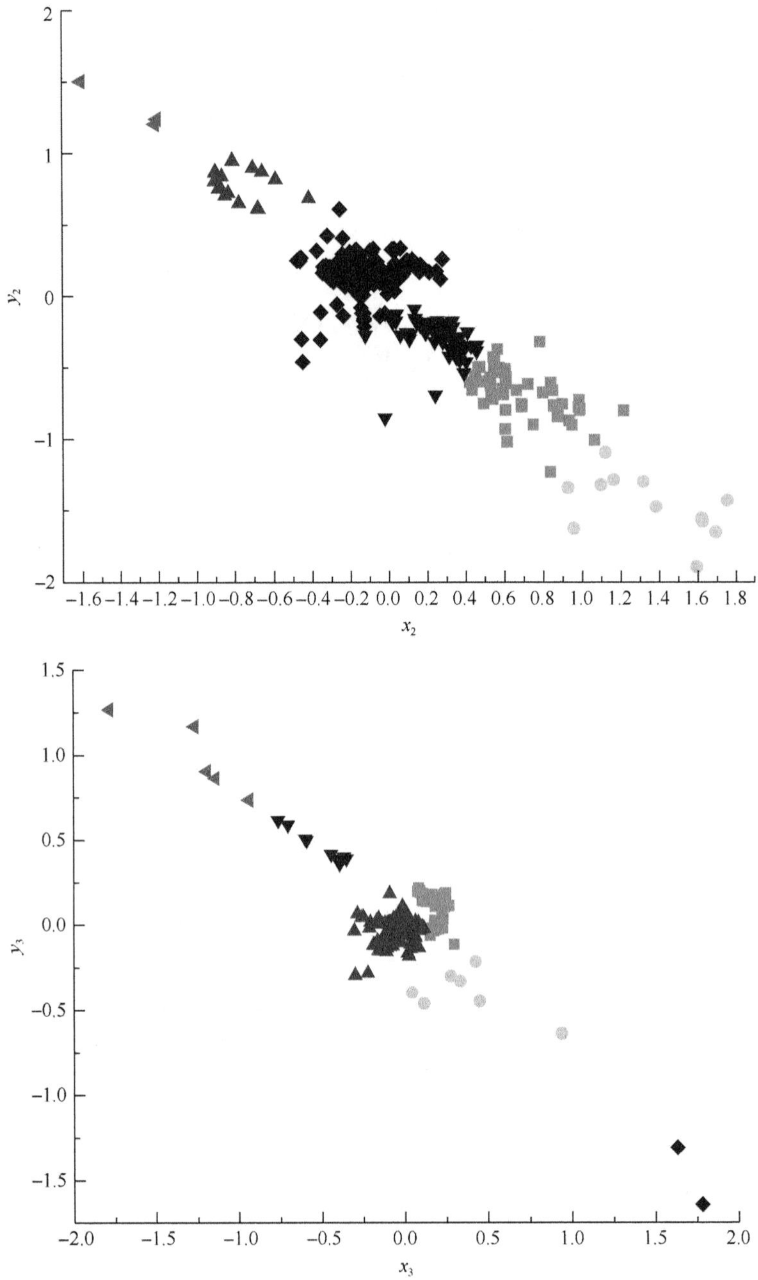
2
1
0
−1
−2
y_2
−1.6 −1.4 −1.2 −1.0 −0.8 −0.6 −0.4 −0.2 0.0 0.2 0.4 0.6 0.8 1.0 1.2 1.4 1.6 1.8
x_2
1.5
1.0
0.5
0.0
−0.5
−1.0
−1.5
y_3
−2.0 −1.5 −1.0 −0.5 0.0 0.5 1.0 1.5 2.0
x_3

图 5-5（续）

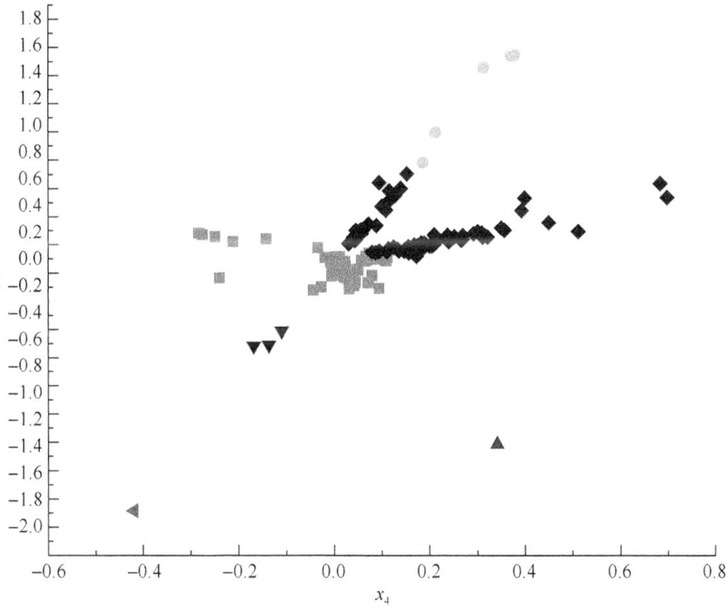

1.8
1.6
1.4
1.2
1.0
0.8
0.6
0.4
0.2
0.0
−0.2
−0.4
−0.6
−0.8
−1.0
−1.2
−1.4
−1.6
−1.8
−2.0
y_4
−0.6
−0.4
−0.2
0.0
0.2
0.4
0.6
0.8
x_4

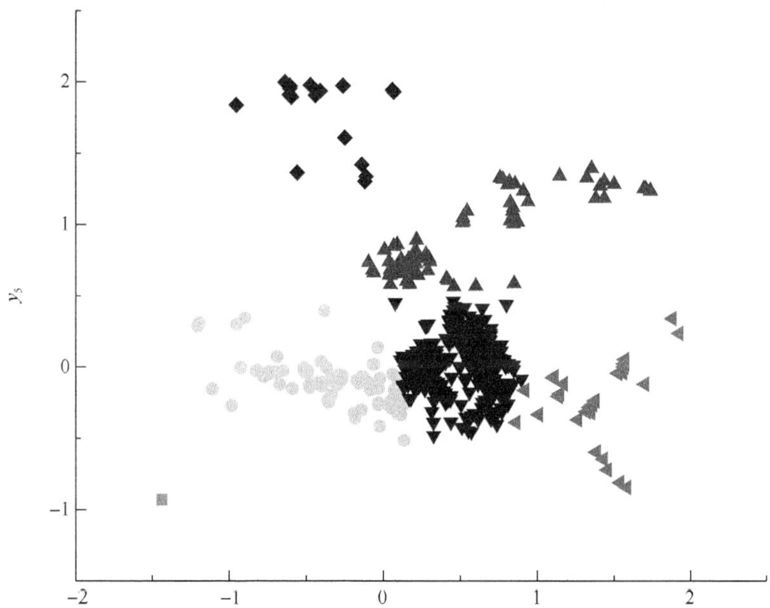

2
1
0
−1
y_5
−2
−1
0
1
2
x_5

图 5-5（续）

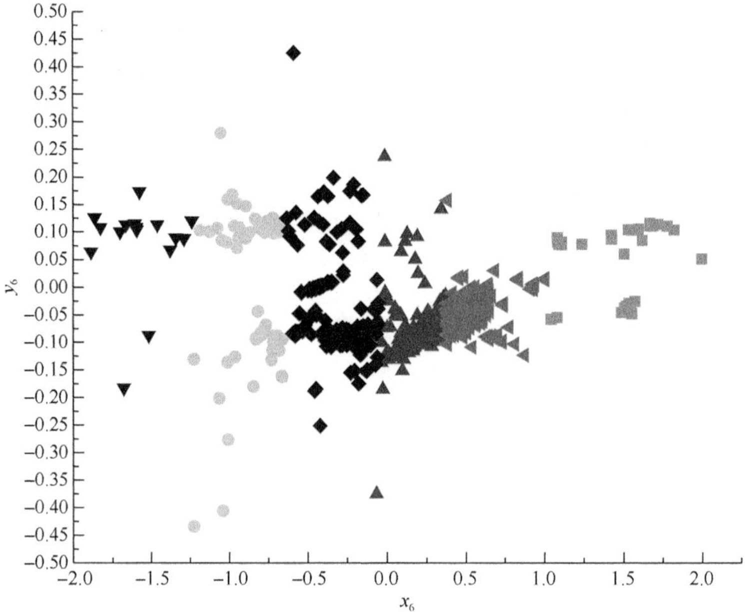

图 5-5（续）

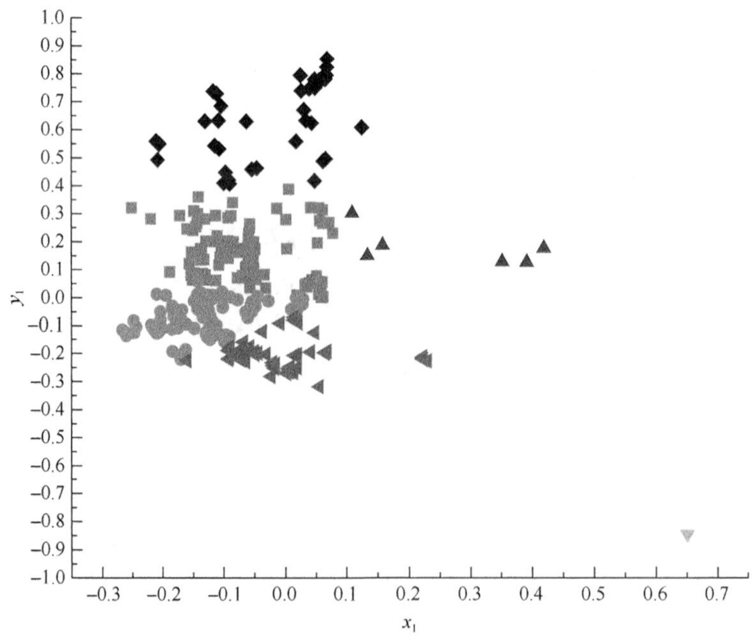

图 5-6　绕城渝湘互通-绕城渝黔互通直线路段 1 纵向视错觉控速标线注视点坐标 *x-y* 密度图

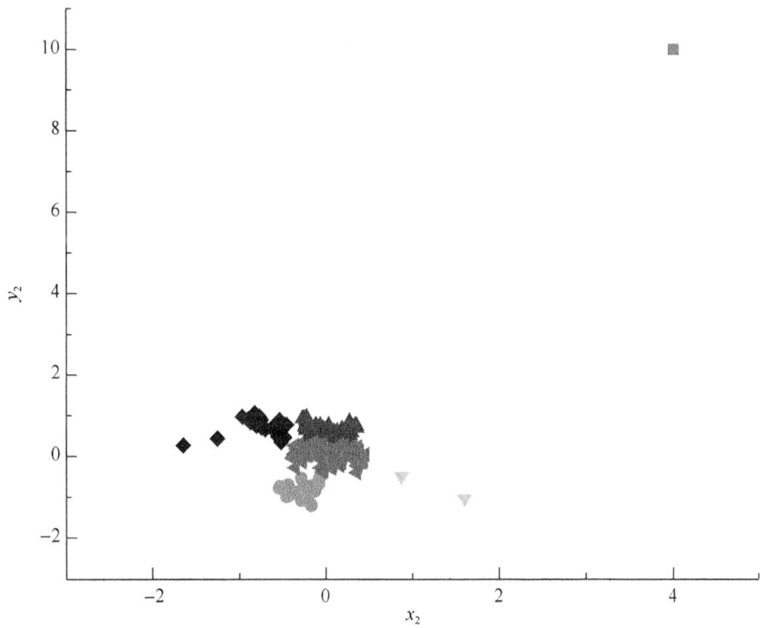

图 5-6（续）

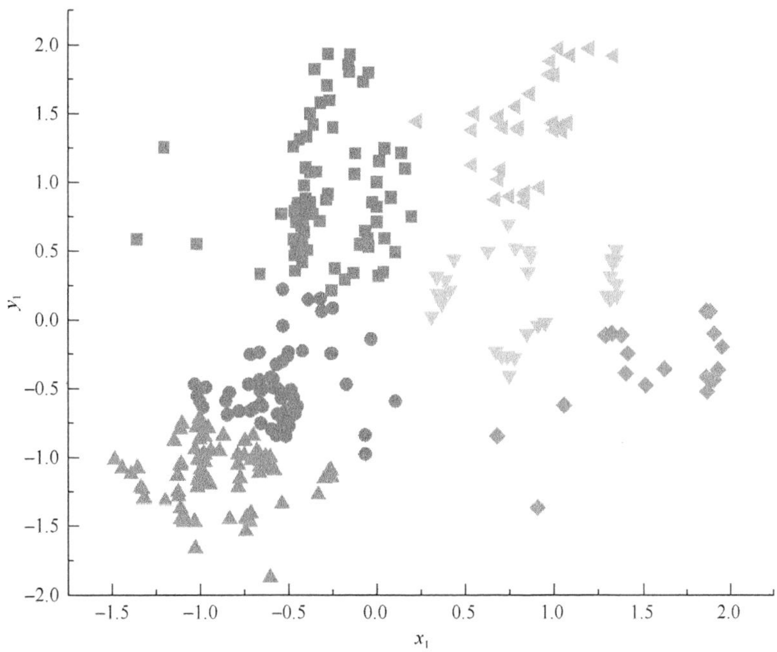

图 5-7　绕城渝湘互通-绕城渝黔互通直线路段 2 纵向视错觉控速标线注视点坐标 x-y 密度图

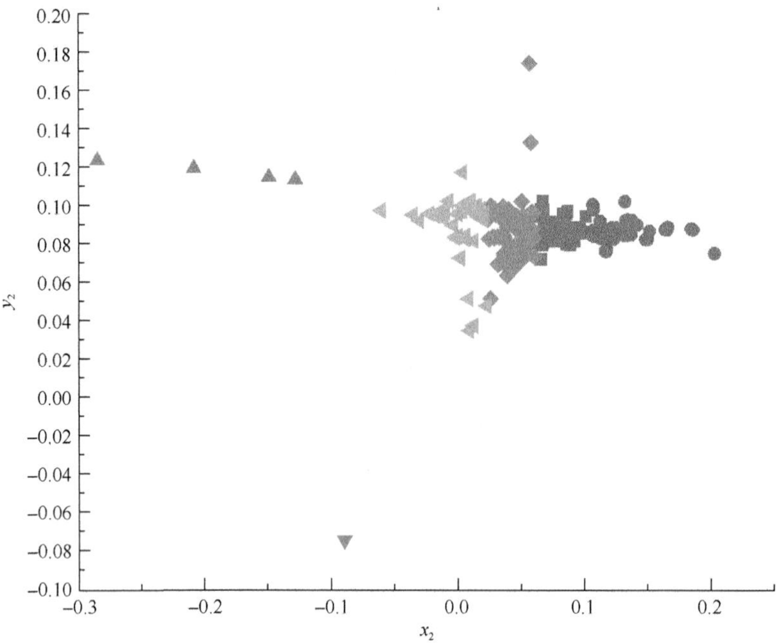

图 5-7（续）

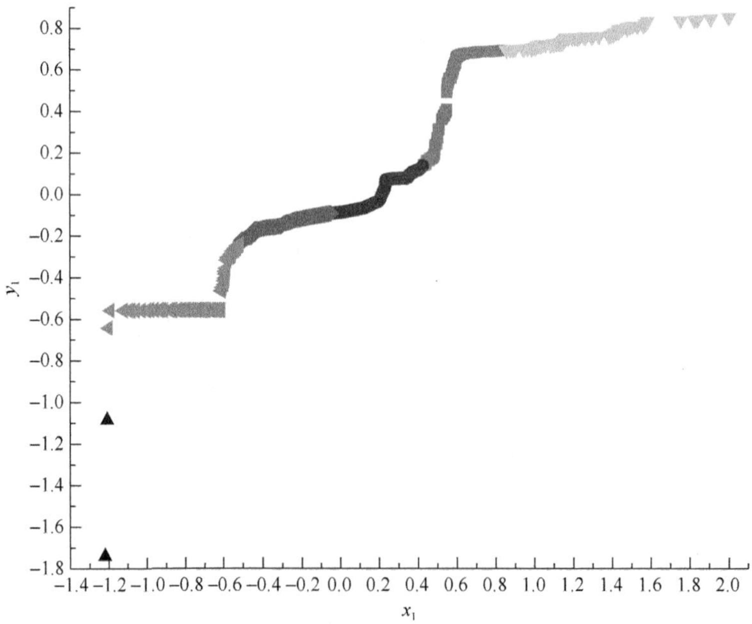

图 5-8　石龙互通-接龙互通 S 弯道纵向视错觉控速标线注视点坐标 x-y 密度图

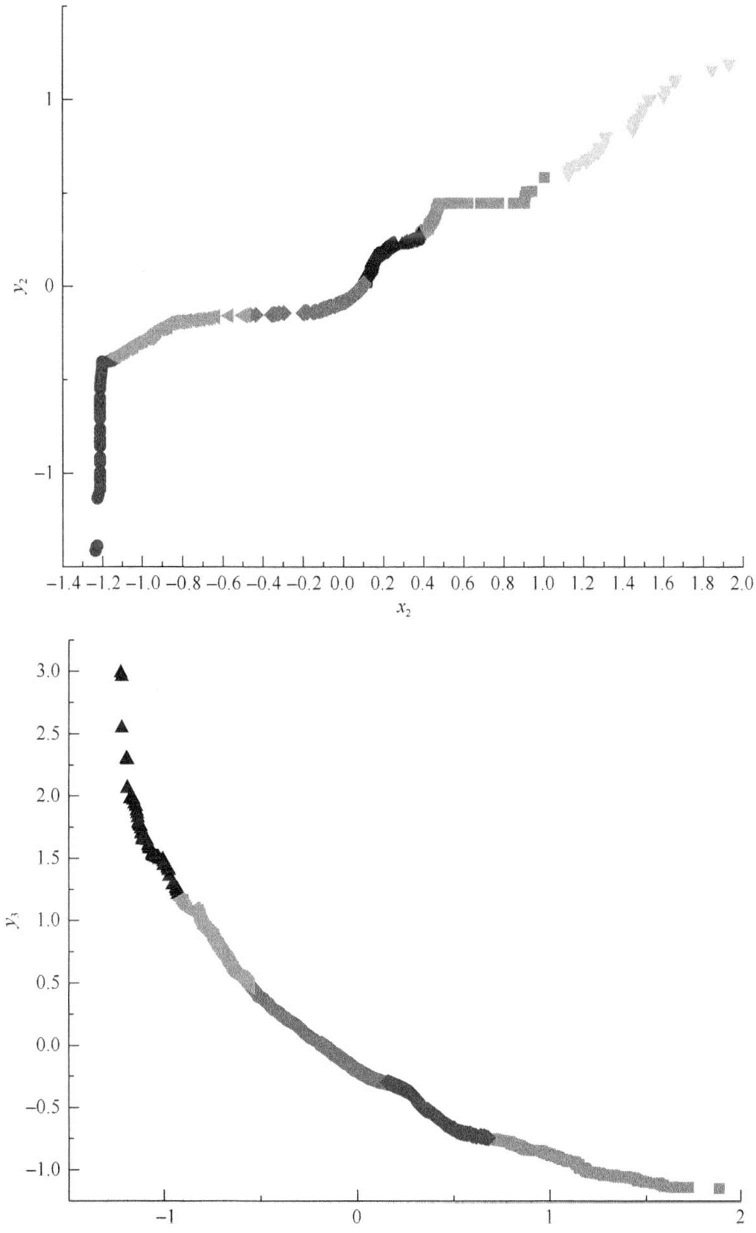

1
0
−1
y_2
−1.4 −1.2 −1.0 −0.8 −0.6 −0.4 −0.2 0.0 0.2 0.4 0.6 0.8 1.0 1.2 1.4 1.6 1.8 2.0
x_2
3.0
2.5
2.0
1.5
1.0
0.5
0.0
−0.5
−1.0
y_3
−1
0
1
2
x_3

图 5-8（续）

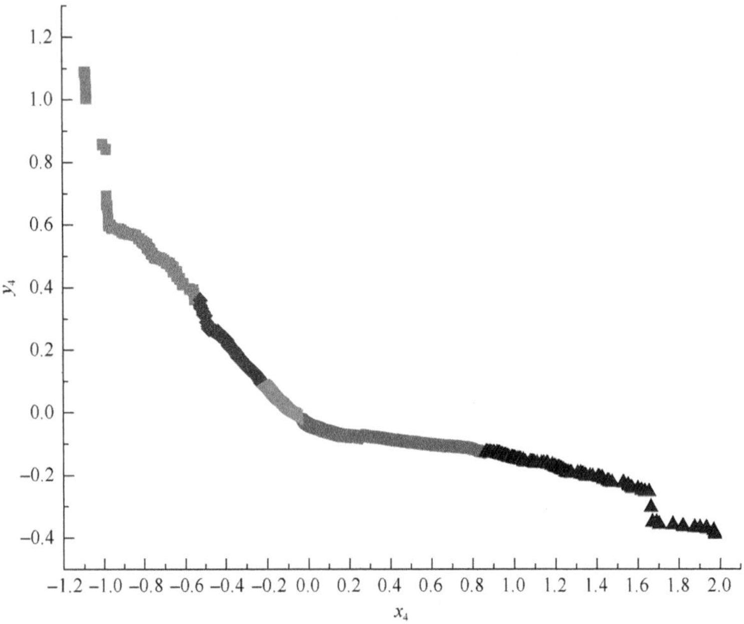

图 5-8（续）

通过分析最终聚类结果发现，驾驶员视线点在其视野范围内呈现一定分布规律，因此，结合车辆结构和道路线形，按照试验路段的不同驾驶员注视点汇总分析，将驾驶员前方视野平面划分为左前方、右前方、左远前方、右远前方、近前方和远前方 6 个区域，如图 5-9 所示。其具体含义如下。

左前方：驾驶员视线左侧道路轮廓。

右前方：驾驶员视线右侧道路轮廓。

左远前方：驾驶员视线左侧上方道路环境。

右远前方：驾驶员视线右侧上方道路环境。

近前方：驾驶员视线注意点。

远前方：驾驶员视线上空及远处道路环境。

（a）鹅公岩大桥　　（b）明佳路-光电路

图 5-9　试验路段注视区域平面划分结果

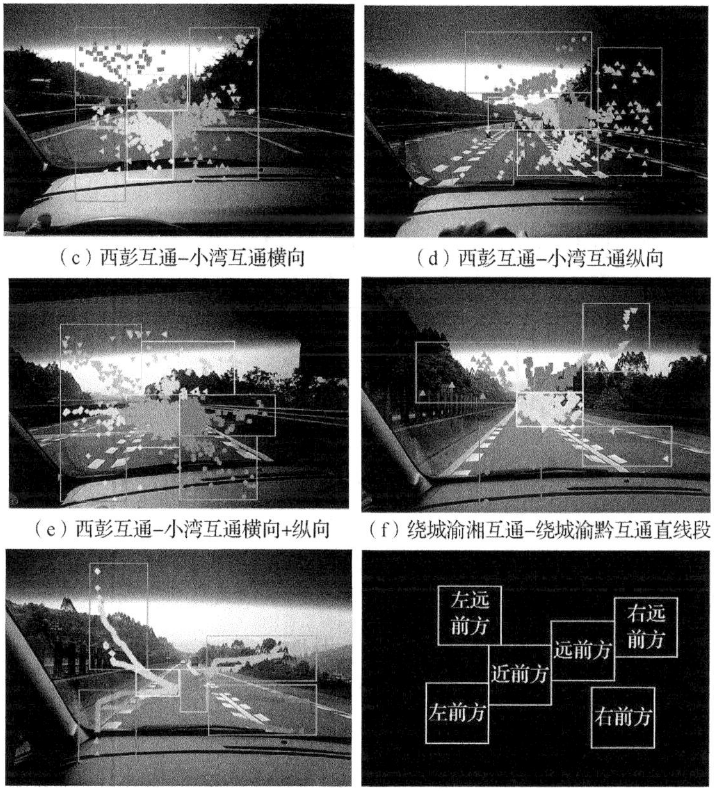

（c）西彭互通–小湾互通横向　（d）西彭互通–小湾互通纵向

（e）西彭互通–小湾互通横向+纵向　（f）绕城渝湘互通–绕城渝黔互通直线段

（g）石龙互通–接龙互通S弯道　（h）标注含义

图 5-9（续）

在不同的道路线形和环境下，驾驶员的注视点主要分布在道路左右两侧远近不同的道路轮廓及线形走向和道路前方远近不同的道路环境上。因本书将少量注视点因变更车道和超车而落在车辆的左右两侧后视镜上的数据剔除了，且后视镜处的注视点对本书研究的视错觉控速标线影响不大，所以对此不做分析。

通过对各路段注视区域平面划分的结果进行分析可以看出，本书研究的视错觉控速标线在不同的路段上主要落在近前方区域。当处于左转道路时，注视点落在左侧的频率大于右侧；当处于右转道路时，注视点落在右侧的频率大于左侧；当处于直线路段时，注视点落在前方的频率稍大一些。驾驶员在右转弯时主要注意内路边缘，在左转弯时主要注意外路边缘。驾驶员注视行为在曲线路段和平直路段上存在显著差异，对驾驶员注视点数进行统计计算，得到驾驶员的注视点在标线所在区域的占比，即视错觉控速标线所在区域的注视点数除以总注视点数。

人的注视是表示关注目标的行为。注视时间百分比是驾驶员产生的所有注视行为的时间与产生所有眼动行为的总时间的比值，反映了某一时间段驾驶员的注意力集中程度。

检测点中鹅公岩大桥由于匝道线形复杂和周围环境单调，在设置视错觉控速标线的区域注视点占比较多，为 40.28%；明佳路-光电路处，由于路侧行人和道路环境复杂，且受信号灯影响，注视点占比较少，为 12.95%，西彭互通-小湾互通的横向视错觉控速标线段，由于横向视错觉控速标线的设置并不影响驾驶员对车道宽度及线形轮廓的判断，只是振荡特性会影响驾驶舒适性，因此落在视错觉控速标线上的注视点占比较少，为 11.76%；西彭互通-小湾互通纵向视错觉控速标线路段距离总设置长度较短，驾驶员以 80km/h 的速度通过 315m 的路段只需要大约 14s 的时间，且只要在原始行驶车道继续行驶，没有超车或变道的行为，较短距离的纵向视错觉控速标线对驾驶员的注视点分布影响不会太大，其注视点占比为 12.44%。

西彭互通-小湾互通横向+纵向视错觉控速标线给驾驶员的直观感受较为复杂，影响驾驶员对车道分隔线的辨认，使其不能明确设置标线路段是否可以变更车道或超车，因此落在该视错觉控速标线区域的注视点占比较多，为 20.53%；在绕城渝湘互通-绕城渝黔互通的两个直线路段上，注视点占比都不太多，分别为 8.42%和 10.26%，该处设置视错觉控速标线可以起到提醒驾驶员警惕的作用；在道路线形复杂的石龙互通-接龙互通 S 弯道路段，驾驶员在刚进入该路段时，注视点较为分散，随着视错觉控速标线的长度增加，驾驶员对车道分隔线和路侧轮廓线的辨识难易程度增加，因此，更多的注意力会集中在视错觉控速标线设置区域，其注视点占比逐渐增多，为 42.78%，如表 5-9 所示。

表 5-9 试验路段注视点占比

路段名称	线形	标线类型	标线长度/m	注视点占比/%
鹅公岩大桥	匝道左/右转	纵向	400	40.28
明佳路-光电路	交叉口直行	纵向	150	12.95
西彭互通-小湾互通	弯坡左转	横向	285	11.76
西彭互通-小湾互通	弯坡右转	纵向	315	12.44
西彭互通-小湾互通	弯坡左转	横向+纵向	294	20.53
绕城渝湘互通-绕城渝黔互通	直线	纵向	285	8.42
绕城渝湘互通-绕城渝黔互通	直线	纵向	315	10.26
石龙互通-接龙互通	S 弯左转+右转	纵向	1545	42.78

5.3 不同行驶条件下瞳孔直径变化规律分析

5.3.1 瞳孔直径分析

瞳孔直径通常在 2～5mm，当有刺激条件反映到驾驶员瞳孔上时，瞳孔就会放大，意味着驾驶员需要更多的认知努力和加工负荷。本节考虑到眼动仪采集数据的整理时间，采用瞳孔直径描述驾驶员对视错觉控速标线的感受程度。由于主要试验路段是山区高速公路、匝道和城市道路交叉口，试验条件基本一致，忽略其他因素对瞳孔直径的影响，而着重考虑布设视错觉控速标线对驾驶员心理负荷的影响。

此处，主要以 S 弯道路段的驾驶员瞳孔直径变化作为代表进行分析。在设置视错觉控速标线的 S 弯道入弯路段，瞳孔直径在 2.22mm 左右；在进入弯道中间路段时，瞳孔直径在 2.43mm 左右；在出弯路段时，瞳孔直径在 2.83mm 左右。瞳孔直径的变化是驾驶员心理负荷程度的一种体现，当行车环境变得稍微复杂时，驾驶员将产生更加强烈的心理生理反应，从而提高驾驶警惕性，降低行车风险，如图 5-10 所示。

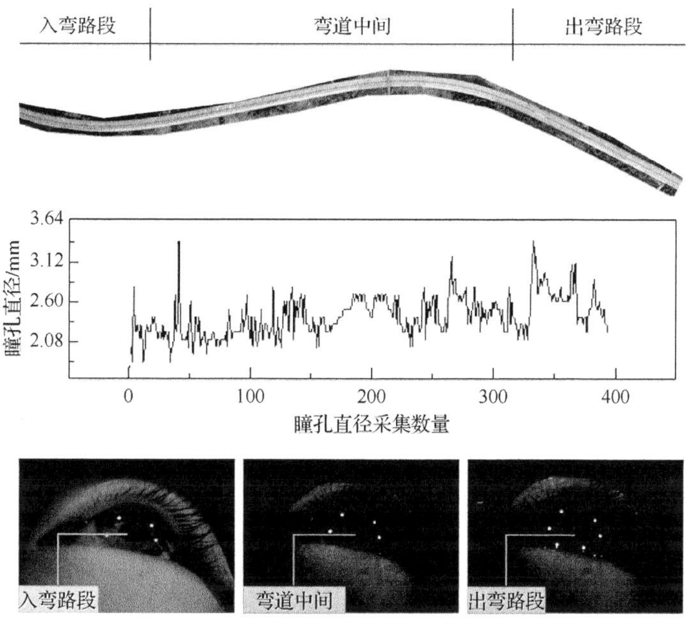

图 5-10 纵向视错觉控速标线 S 弯道行驶过程中瞳孔直径变化示意图

5.3.2 描述统计与假设检验分析

1. 描述统计

对试验路段不同驾驶员的瞳孔直径进行描述统计分析得到，在设置视错觉控速标线后，鹅公岩大桥匝道段，明佳路-光电路试验路段，西彭互通-小湾互通横向视错觉控速标线试验路段、纵向视错觉控速标线试验路段和横向+纵向视错觉控速标线试验路段样本数量和均值均大于其对应的对比路段；在直线路段设置 300m 左右的纵向视错觉控速标线使驾驶员的瞳孔直径采集样本数量增多，但对其大小的影响程度较小；在 S 弯道路段设置 1～2km 长距离的纵向视错觉控速标线使驾驶员瞳孔直径采集的样本数量增多，且其样本均值也有所增加。其中，试验路段驾驶员的瞳孔直径均值规律是 $M_{ST} < M_{Ra} < M_{In} < M_{S} < M_{Tr} < M_{Lo} < M_{Co}$，即直线

路段最小，其次为鹅公岩大桥匝道、明佳路-光电路、S 弯道、横向视错觉控速标线试验路段、纵向视错觉控速标线试验路段，横向+纵向视错觉控速标线试验路段的瞳孔直径最大，如表 5-10、图 5-11 和图 5-12 所示。

试验表明：设置视错觉控速标线使驾驶员的注视点数量增多，注视频率增大，对周围环境的注意程度升高，瞳孔直径增大，即设置视错觉控速标线可以提高驾驶员的警惕性，增大驾驶员心理负荷，从而提高交通安全性。

表 5-10　不同路段驾驶员的瞳孔直径统计表

类别	*N*	最小值/mm	最大值/mm	均值/mm	标准差
①	56	1.80	5.10	2.31	0.75
1	36	1.80	2.20	1.94	0.11
②	39	1.80	3.20	2.40	0.29
2	35	1.70	2.40	1.98	0.20
③	98	1.70	7.10	2.78	1.20
3	93	1.80	5.00	2.24	0.53
④	101	1.80	7.40	2.85	1.35
4	113	1.70	5.10	2.41	0.59
⑤	198	1.80	7.30	3.02	1.51
5	164	1.80	5.80	2.32	0.67
⑥	54	1.80	2.60	2.10	0.21
6	31	1.80	2.60	2.12	0.21
⑧	393	1.80	3.40	2.49	0.27
8	282	1.80	3.80	2.41	0.30

注：试验路段①为鹅公岩大桥匝道纵向-右转段，②为明佳路-光电路交叉口纵向-直行段，③为西彭互通-小湾互通横向-左转段，④为西彭互通-小湾互通纵向-右转段，⑤为西彭互通-小湾互通横向+纵向-左转段，⑥为绕城渝湘-绕城渝黔互通纵向-直线路段 1，⑧为石龙互通-接龙互通纵向-S 弯道段；对比路段 1 为鹅公岩大桥匝道段，2 为明佳路-光电路交叉口段，3 为西彭互通-小湾互通段，4 为西彭互通-小湾互通段，5 为西彭互通-小湾互通段，6 为绕城渝湘-绕城渝黔互通段 1，8 为石龙互通-接龙互通段。

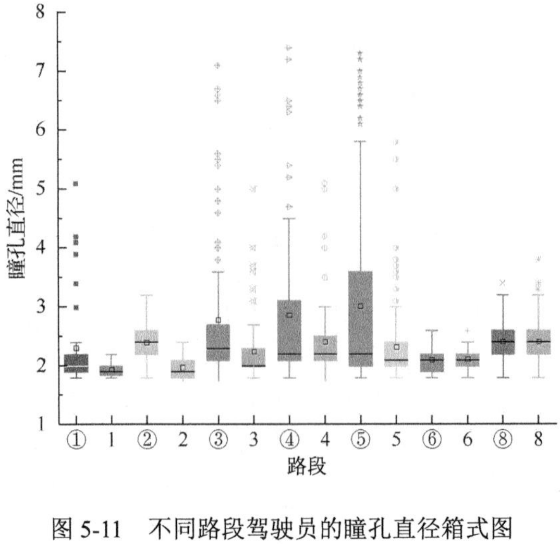

图 5-11　不同路段驾驶员的瞳孔直径箱式图

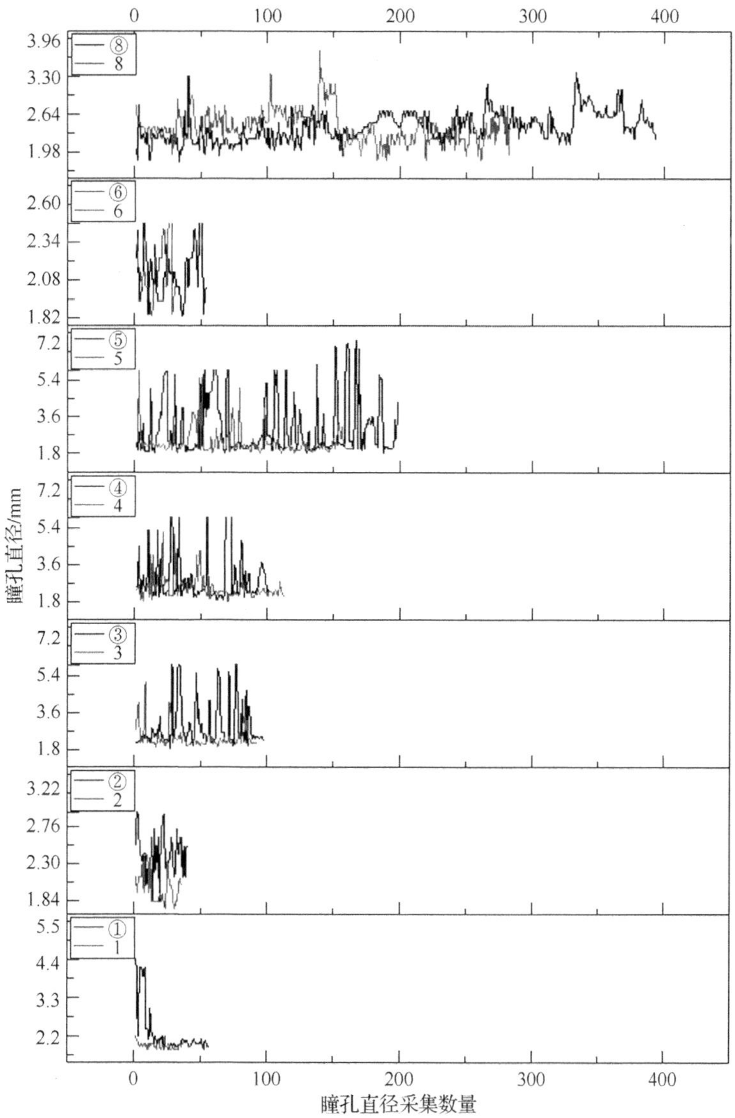

图 5-12　不同路段驾驶员的瞳孔直径对比图

2. *单因素方差检验*

通过对试验路段上不同驾驶员的眼动数据进行分析，得到瞳孔直径的单因素方差分析检验表。显著性水平小于 0.05，表示拒绝零假设，证明不同的试验路段和对比路段对驾驶员瞳孔直径具有显著的影响，即在匝道、交叉口、弯道、直线路段和 S 段，驾驶员瞳孔直径存在较大差异，如表 5-11 所示。

表 5-11 单因素方差分析

项目	平方和	df	均方	F	显著性
组间	126.337	13	9.718	16.316	0.000
组内	1000.030	1679	0.596		
总数	1126.367	1692			

3. *T* 检验

对驾驶员在不同路段的瞳孔直径进行 *T* 检验，结果表明试验路段和对比路段对驾驶员瞳孔直径具有显著的影响，Sig.值均小于 0.05，即在匝道、交叉口、弯道、直线路段和 S 段，驾驶员瞳孔直径存在明显差异，如表 5-12 所示。

表 5-12 配对样本 *T* 检验结果

类别	*T* 检验				差分的 95%置信区间	
	t	df	Sig.（双）	均值差值	下限	上限
①	23.117	55	0.000	2.30893	2.1088	2.5091
1	105.662	35	0.000	1.93611	1.8989	1.9733
②	52.506	38	0.000	2.39744	2.3050	2.4899
2	57.608	34	0.000	1.97714	1.9074	2.0469
③	22.898	97	0.000	2.78306	2.5418	3.0243
3	41.057	92	0.000	2.23978	2.1314	2.3481
④	21.247	100	0.000	2.85149	2.5852	3.1177
4	43.221	112	0.000	2.40619	2.2959	2.5165
⑤	28.129	197	0.000	3.01515	2.8038	3.2265
5	44.598	163	0.000	2.32378	2.2209	2.4267
⑥	75.169	53	0.000	2.09815	2.0422	2.1541
6	55.708	30	0.000	2.11613	2.0386	2.1937
⑧	178.199	392	0.000	2.40814	2.3816	2.4347
8	135.865	281	0.000	2.40957	2.3747	2.4445

注：试验路段①为鹅公岩大桥匝道纵向-右转段，②为明佳路-光电路交叉口纵向-直行段，③为西彭互通-小湾互通横向-左转段，④为西彭互通-小湾互通纵向-右转段，⑤为西彭互通-小湾互通横向+纵向-左转段，⑥为绕城渝湘-绕城渝黔互通纵向-直线路段 1，⑧为石龙互通-接龙互通纵向-S 弯道段；对比路段 1 为鹅公岩大桥匝道段，2 为明佳路-光电路交叉口段，3 为西彭互通-小湾互通段，4 为西彭互通-小湾互通段，5 为西彭互通-小湾互通段，6 为绕城渝湘-绕城渝黔互通段 1，8 为石龙互通-接龙互通段。

5.3.3 瞳孔直径变异系数分析

由于不同驾驶员的瞳孔直径表现出较大的个体差异性，因此引入瞳孔直径变异系数（coefficient of variation in pupil diameter，CVPLD）来研究驾驶员瞳孔直径与心理负荷的关系，其计算公式如下。

$$\mathrm{CVPLD}=\frac{\mathrm{PLD\_std}}{\mathrm{PLD\_mean}}\times 100\% \tag{5-3}$$

式中，PLD_std——指标提取时间窗内瞳孔直径的标准差；

PLD_mean——指标提取时间窗内瞳孔直径的均值。

图 5-13 是驾驶员瞳孔直径变异系数变化图。从图中可以看出，不同的试验路段瞳孔直径变异系数相差较大，在试验路段中直线路段和明佳路的瞳孔直径变异系数较小，横向视错觉控速标线和横向+纵向视错觉控速标线试验路段的瞳孔直径变异系数相对较大，且试验路段的瞳孔直径变异系数均大于对比路段的对应值。说明设置视错觉控速标线后增大了驾驶员的心理负荷，对其驾驶警惕性有一定影响。

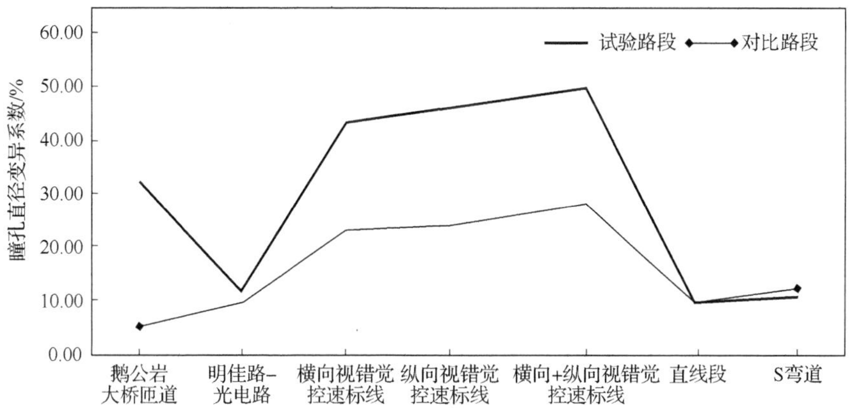

图 5-13　瞳孔直径变异系数变化图

小　　结

本章采用机械划分法的原理结合眼动设备采集的注视点数据，利用逐一统计法和 K 均值动态聚类法来分析驾驶员视觉特性，对处理后的视线点坐标眼动数据选取 6 类 K 均值聚类，得到不同行驶条件下的瞳孔直径变化规律，得到试验路段的瞳孔直径均值规律为直线路段最小，其次为鹅公岩大桥匝道、明佳路-光电路、S 弯道、横向视错觉控速标线试验路段、纵向视错觉控速标线试验路段，横向+纵向视错觉控速标线试验路段的瞳孔直径最大，设置视错觉控速标线使驾驶员注视点数量增多，注视频率增大，对周围环境的注意程度升高，瞳孔直径增大，即设置视错觉控速标线可以增大驾驶员心理负荷，对驾驶警惕性有一定影响，从而提高了交通安全性。

第6章　山区道路视错觉控速标线有效性评价模型研究

基于对不同路段的交通特性和驾驶行为基本参数统计检验分析，本章将利用实车试验中的视错觉控速标线尺寸参数、驾驶员眼动参数和轨迹横向偏移量构建趋势面关系模型和熵权物元评价模型来分析视错觉控速标线的有效性，提出基于视错觉控速标线有效性的改善建议。

6.1　评价指标体系构建

6.1.1　评价指标体系建立的基本原则

山区道路控速标线有效性评价指标体系用来衡量不同长度的控速标线设置于不同路段的效能作用，可以评价设置控速标线对驾驶员眼动特性的影响程度，也能够评价其对车辆轨迹横向偏移量的规范作用。此外，可以根据眼动和轨迹指标来分析控速标线尺寸的合理性，根据不同道路线形条件和道路环境来提出合理的布设方案，使控速标线在不同路段的设置更加精细化和适宜化，提出从“人-车-路”角度出发的优化控速标线尺寸设计。对于山区道路控速标线有效性评价要从全面科学的评价指标体系出发，其选取应体现在评价对象的各个方面。合理的评价指标直接决定评价结果的可靠性，因此，在选取评价指标及构建评价指标体系时应遵循以下基本原则。

1. 系统性原则

作为共同作用的指标体系，其存在系统性与动态性，需从系统的角度对其对象进行有效的筛选与评价。当然指标的数量选择也要考虑在内，若数量选择过多，会直接导致资料收集的难度增大，突出的问题也会相应增多，同时也会出现评价指标的权重无法确认的问题；若指标选取太少，则不能客观、科学地反映问题，那么建立的指标体系也就没有意义了。

2. 科学性原则

科学性原则强调评价指标选取的科学性和采用科学的方法建立评价指标体系。其中，基于调研资料分析及文献资料搜集的评价指标选取、评价指标的量化、评价体系的构建需遵循一定的科学理论，评价数据的来源需真实可靠，评价目的需明确，相关模型及算法的使用及改进需严谨科学，评价指标量化方法需科学。

3. 独立性原则

评价指标的选取既要考虑合理性，又要防止指标间含义上的交叉。指标体系的构建要层次分明，所描述的内容要简明扼要，在同一层次上的指标应相互独立，避免所选取的指标包含信息过多而使指标含义重叠，从而导致指标内部出现关联性。另外，评价指标体系在构建过程中应以评价目的为中心，层次分明地体现评价主体的各个方面，使最终结果科学可靠。

4. 全面性原则

控速标线有效性受驾驶员、车辆类型、道路条件和环境等诸多因素的影响，其共同作用影响整个服务系统的质量。因此，所选取的评价指标及构建的评价指标体系需要充分体现控速标线有效性的各个方面。

5. 适用性原则

在评价指标的选取及评价体系构建过程中，应充分考虑所构建的指标体系是否适用于控速标线有效性的评价。只有选择合适的评价指标，其评价结果才能更具有科学性。

6. 可操作性原则

首先，评价指标数据应易于获取，可通过实际调研、文献资料分析等较为可靠的渠道获得数据；其次，获得的数据具有可测性，可以通过科学的方法进行量化；再次，使各评价指标具有一定的可比性，可通过评价指标的标准化来解决；最后，需严格控制数据的准确性，整体操作需规范。

为了充分体现设立评价指标时的系统性、科学性、独立性、全面性、适用性及可操作性原则，在进行控速标线有效性影响因素综合分析的基础上，构建合理的评价指标体系。

6.1.2 评价指标的选取方法

综合评定控速标线有效性需考虑多方面的因素，对评定指标进行选择时，需要全面分析指标选择方法。

1. 分析目标层次法

分析目标层次法与层次分析法具有相同的体系，其构建体系是第一层为目标层，第二层为准则层，底端为指标层，以此通过层级的分化与扩展，得到可量化与具有定性判别的指标。对评价指标体系进行分层和延伸时，要严格依照逻辑进行，规避指标之间出现相互重合的现象。

2. 因果关系法

因果关系法是从社会环境中选取影响因素，再将这些影响因素应用到评价对象上，通过思考、反馈、分析和结果选择评价指标，具体形式为状态—压力—反馈。因果关系法可以把选择的指标和目标层密切联系起来，体现出目标层的实际状况。

3. 复合法

对某些问题进行评价时，一项评价指标可能不全面，这时把不全面的评价指标一一列举出来，会发现有些指标之间有一定的联系。将这些指标进行一定的融合，会使整个评价体系更加合理可靠，这就是复合法。

由此可以看出，3 种方法具有各自的特征，如果将 3 种方法有效融合与发展，则可以进一步提高指标的科学性。本章在指标选取时，正是按照以上原则，将各种方法进行有效结合。

6.2 评价方法选取

常用的评价方法有层次分析法和主成分分析法等。其中，层次分析法是将与决策总是有关的元素分解成目标、准则、方案等层次，在此基础之上进行定性和定量的分析的决策方法，但其定量数据较少，定性成分多，不易令人信服。主成分分析法也称主分量分析法，每个主成分都能够反映原始变量的大部分信息，且所含信息互不重复。表 6-1 对以上两种方法的优缺点进行了分析[91]。

表 6-1 常用评价方法比较

方法名称	优点	缺点	适用范围
层次分析法	1）定性与定量相结合 2）层次分析明确 3）较适用于指标权重的确定和决策	1）主观性较强 2）每层对象不宜过多 3）专家意见差距较大时难以处理	多目标决策，用于存在多个影响指标的情况下，评价各方案优劣程度
主成分分析法	1）消除各指标相关性，达到降维效果 2）结合数据分析，结果客观合理 3）权重确定以数据为基础	1）有时不能完全反映指标特点 2）对数据要求较高，不适用于数据难以采集的评价体系	数据易于采集且数值非常明确的多元系统降维分析

针对上述评价方法的优缺点分析，本章采用趋势面模型和熵权物元模型对视错觉控速标线有效性进行评价。其中，趋势面模型通过回归分析原理，将数据进行整理并过滤掉某些随机因素产生的误差；通过运用最小二乘法拟合成一个抽象的二元非线性函数，即数学曲面，来反映某一特定性质的空间分布规律性。趋势面模型适用于本章采集的区间速度、瞳孔直径和轨迹横向偏移量定量数据之间关系的分析，不仅能反映单个因素对驾驶员视觉的影响规律，还受到范围内系统性因素的控制。熵权物元模型可以有效解决同层指标不相容的问题，并且具有较强的逻辑性，还能适用于可变指标的系统评价，使视错觉控速标线评价系统对各项指标的评价更加科学、可靠。

6.3　趋势面模型构建与分析

视错觉控速标线的设计位置、尺寸、车辆运行速度和车辆的行驶轨迹横向偏移量影响着驾驶员的生理变化和心理变化，直接反映为驾驶员瞳孔直径的变化。因此，根据现有的视错觉控速标线布设路段和布设方案，研究不同条件下的驾驶员驾驶行为，是保证行车安全的关键。在不同的实际场景下，趋势面模型是研究行驶轨迹横向偏移量、车辆运行速度和瞳孔直径之间影响关系的合适方法，下面对趋势面拟合分析理论进行详细讲解。

6.3.1　趋势面拟合分析理论

趋势面分析的实质是通过回归分析原理，将数据进行整理并过滤掉某些随机因素产生的误差；通过运用最小二乘法拟合成一个抽象的二元非线性函数，即数学曲面，来反映某一特定性质的空间分布规律性。实际地质要素的空间分布特征是一个极其复杂的函数，难以用数学表达式准确地还原，通常采用多项式拟合的方式来近似表现其特征。一般认为，调整多项式次数能使拟合的理论趋势面不断逼近实际空间分布趋势，多项式次数越高，拟合程度越好，与实测值的偏差越小。但实际分析过程中拟合程度不能用多项式次数的绝对大小来衡量，还需要进行趋势面拟合度的检验，这是趋势面能否代表实际趋势的关键。

通过实际数据拟合的理论趋势面并非实际区域化变量的完整表达，实际的变量曲面包括趋势面和偏差两个部分，趋势面代表变量在有限空间范围内的宏观分布规律，而偏差则是局部微观条件下随机因素影响的结果。

1. 趋势面拟合表示形式

不同类型的趋势面模型表示形式如表 6-2 所示[176]。

表 6-2　趋势面拟合分析表示形式

维数	自变量个数	次数	趋势面名称	公式	系数个数
二维	2	一	平面	$\hat{Z}=a_0+a_1x+a_2y$	3
		二	椭圆面或双曲面	$\hat{Z}=a_0+a_1x+a_2y+a_3x^2+a_4xy+a_5y^2$	6
		三	三次曲面	$\hat{Z}=a_0+a_1x+a_2y+a_3x^2+a_4xy+a_5y^2+a_6x^3+a_7x^2y+a_8xy^2+a_9y^3$	10
		…	…	…	…
三维	3	一	一次超曲面	$\hat{Z}=a_0+a_1u+a_2v+a_3w$	4
		二	二次超曲面	$\hat{Z}=a_0+a_1u+a_2v+a_3w+a_4u^2+a_5uv+a_6uw+a_7vw+a_8v^2+a_9w^2$	10
		…	…	…	…

2. 趋势面模型的参数估计

趋势面模型的一般表示形式为

$$z=a_0+a_1x_1+a_2x_2+\cdots+a_px_p \tag{6-1}$$

本节对二维趋势面进行介绍，假设在行驶过程中驾驶员瞳孔直径的实测数据为 $Z_i(x_i,y_i)$ $(i=1,2,\cdots,n)$，其中 x_i 为速度值， y_i 为轨迹横向偏移量值，趋势面趋势值为 $\hat{Z}_i(x_i,y_i)$，则有

$$Z_i(x_i,y_i)=\hat{Z}_i(x_i,y_i)+\varepsilon_i \tag{6-2}$$

式中，ε_i 为残差值。随着式（6-2）中 (x_i,y_i) 的变化，可通过计算得到任意一个点的 $\hat{Z}_i(x_i,y_i)$ 和 ε_i 。令 $x_1=x,x_2=y,x_3=x^2,x_4=xy,x_5=y^2,\cdots$，则

$$\hat{z}=a_0+a_1x_1+a_2x_2+\cdots+a_px_p=\boldsymbol{AX} \tag{6-3}$$

其残差平方和为

$$\Omega=\sum_{i=1}^{n}[z_i-\hat{z}_i]^2=\sum_{i=1}^{n}[z_i-(a_0+a_1x_{1i}+\cdots+a_px_{pi})]^2 \tag{6-4}$$

趋势面模型的参数估计就是根据驾驶员瞳孔直径的实测值 $Z_i(x_i,y_i)$ $(i=1,2,\cdots,n)$ 来确定拟合多项式系数 $a_0,a_1,\cdots,a_p$，使式（6-4）中的 $\Omega\to\min$，即利用最小二乘法原理对数据进行趋势面拟合。求 Ω 对 $a_0,a_1,\cdots,a_p$ 的偏导数，并令该偏导数等于零，得到下列方程组：

$$\begin{cases} na_0 + a_1\sum_{i=1}^{n}x_{1i} + \cdots + a_p\sum_{i=1}^{n}x_{pi} = \sum_{i=1}^{n}z_i \\ a_0\sum_{i=1}^{n}x_{1i} + a_1\sum_{i=1}^{n}x_{1i}x_{1i} + \cdots + a_p\sum_{i=1}^{n}x_{pi}x_{1i} = \sum_{i=1}^{n}x_{1i}z_i \\ \vdots \\ a_0\sum_{i=1}^{n}x_{pi} + a_1\sum_{i=1}^{n}x_{1i}x_{pi} + \cdots + a_p\sum_{i=1}^{n}x_{pi}x_{pi} = \sum_{i=1}^{n}x_{pi}z_i \end{cases} \tag{6-5}$$

用矩阵形式表示为

$$\boldsymbol{X} = \begin{pmatrix} 1 & x_{11} & x_{21} & \cdots & x_{p1} \\ 1 & x_{12} & x_{22} & \cdots & x_{p2} \\ \vdots & \vdots & \vdots & & \vdots \\ 1 & x_{1n} & x_{2n} & \cdots & x_{pn} \end{pmatrix} \quad \boldsymbol{Z} = \begin{pmatrix} z_1 \\ z_2 \\ \vdots \\ z_n \end{pmatrix} \quad \boldsymbol{A} = \begin{pmatrix} a_0 \\ a_1 \\ \vdots \\ a_n \end{pmatrix}$$

则式（6-5）变为

$$\boldsymbol{X}^{\mathrm{T}}\boldsymbol{X}\boldsymbol{A} = \boldsymbol{X}^{\mathrm{T}}\boldsymbol{Z}$$

以二次趋势面拟合公式 $z = a_0 + a_1x + a_2y + a_3x^2 + a_4xy + a_5y^2$ 为例，它的矩阵表示形式如下：

$$\begin{pmatrix} 1 & 1 & \cdots & 1 \\ x_1 & x_2 & \cdots & x_n \\ y_1 & y_2 & \cdots & y_n \\ x_1^2 & x_2^2 & \cdots & x_n^2 \\ x_1y_1 & x_2y_2 & \cdots & x_ny_n \\ y_1^2 & y_2^2 & \cdots & y_n^2 \end{pmatrix} \begin{pmatrix} 1 & x_1 & y_1 & x_1^2 & x_1y_1 & y_1^2 \\ 1 & x_2 & y_2 & x_2^2 & x_2y_2 & y_2^2 \\ \vdots & \vdots & \vdots & \vdots & \vdots & \vdots \\ 1 & x_n & y_n & x_n^2 & x_ny_n & y_n^2 \end{pmatrix} \begin{pmatrix} a_0 \\ a_1 \\ a_2 \\ a_3 \\ a_4 \\ a_5 \end{pmatrix} = \begin{pmatrix} 1 & 1 & \cdots & 1 \\ x_1 & x_2 & \cdots & x_n \\ y_1 & y_2 & \cdots & y_n \\ x_1^2 & x_2^2 & \cdots & x_n^2 \\ x_1y_1 & x_2y_2 & \cdots & x_ny_n \\ y_1^2 & y_2^2 & \cdots & y_n^2 \end{pmatrix} \begin{pmatrix} z_0 \\ z_1 \\ \vdots \\ z_5 \end{pmatrix}$$

上式可表示为

$$\boldsymbol{A} = (\boldsymbol{X}^{\mathrm{T}}\boldsymbol{X})^{-1}\boldsymbol{X}^{\mathrm{T}}\boldsymbol{Z} \tag{6-6}$$

将式（6-6）代入式（6-3）即可计算驾驶员在某一状态下的瞳孔直径。

为了求解系数矩阵 $\boldsymbol{A}$，首先改变式（6-5）的表示方法，令

$$\overline{z} = \frac{1}{n}\sum_{i=1}^{n}z_i \qquad \overline{x}_j = \frac{1}{n}\sum_{i=1}^{n}x_{ji} \tag{6-7}$$

并使

$$s_{jk} = \sum_{i=1}^{n}(x_{ji} - \overline{x}_j)(x_{ki} - \overline{x}_k) \tag{6-8}$$

$$s_{jz} = \sum_{i=1}^{n}(x_{ji} - \overline{x}_j)(z_i - \overline{z}) \tag{6-9}$$

$$s_{zz} = \sum_{i=1}^{n}(z_i - \overline{z}) \tag{6-10}$$

式中，$\overline{z}$ ——驾驶员瞳孔直径实测值的平均值（mm）；

$\overline{x}_j$ ——第 j 个变量 x_j 的平均值（mm）；

$\frac{1}{n}s_{jk}$ —— x_j 和 x_k 的协方差；

$\frac{1}{n}s_{zz}$ —— z 的总方差。

在式（6-5）中，由第一个方程可得到

$$a_0=\frac{1}{n}\sum_{i=1}^{n}z_i-\frac{1}{n}\left(\sum_{i=1}^{n}x_{1i}a_1+\cdots+\sum_{i=1}^{n}x_{pi}a_p\right) \tag{6-11}$$

故式（6-7）可表示为

$$a_0=\overline{z}-(\overline{x}_1a_1+\overline{x}_2a_2+\cdots+\overline{x}_pa_p) \tag{6-12}$$

将式（6-8）代入式（6-4）得

$$\Omega=\sum_{i=1}^{n}[(z_i-\overline{z})-a_1(x_{1i}-\overline{x}_1)-\cdots-a_p(x_{pi}-\overline{x}_p)]^2 \tag{6-13}$$

在式（6-9）的基础上，求 Ω 对 $a_0,a_1,\cdots,a_p$ 的偏导数，并令该偏导数等于零，可得如下方程组：

$$\begin{cases}s_{11}a_1+s_{12}a_2+\cdots+s_{1p}a_p=s_{1z}\\ s_{21}a_1+s_{22}a_2+\cdots+s_{2p}a_p=s_{2z}\\ \qquad\vdots\\ s_{p1}a_1+s_{p2}a_2+\cdots+s_{pp}a_p=s_{pz}\end{cases} \tag{6-14}$$

式（6-10）与式（6-5）是等价的，式（6-14）包括 p 个方程，由此可解出 $a_1,a_2,\cdots,a_p$，将 $a_1,a_2,\cdots,a_p$ 代入式（6-12）可求得 a_0，这样就求得系数矩阵 $\boldsymbol{A}$。

3. 趋势面模型的拟合度检验

拟合度检验是对已经建立的趋势面回归方程进行的检验，是判断趋势面模型与实际区域化变量曲面吻合程度的工具。

（1）R^2 检验

拟合系数 R^2 用于检验趋势面模型拟合的效果。一般情况下，趋势面模型的拟合系数 R^2 用变量 z 的回归平方和（sum of squares for regression，SSR）与总离差平方和（sum of squares for total，SST）的比值来表征。

$$\mathrm{SSE}=\sum_{i=1}^{n}(z_i-\hat{z}_i)^2 \tag{6-15}$$

$$\mathrm{SSR}=\sum_{i=1}^{n}(\hat{z}_i-\overline{z})^2 \tag{6-16}$$

$$\mathrm{SST} = \mathrm{SSE} + \mathrm{SSR} \tag{6-17}$$

式中，SST——总离差平方和；

SSE——剩余平方和（sum of squares for error），用于表征其他随机因素对 z 变差的影响情况；

SSR——回归平方和，用于表征所有自变量因素对 z 变差的影响情况。

$$R^2 = \frac{\mathrm{SSR}}{\mathrm{SST}} = 1 - \frac{\mathrm{SSE}}{\mathrm{SST}} \tag{6-18}$$

式（6-18）中，R^2 的取值范围为 0～1，越接近 1，表明方程的变量对 y 的解释能力越强，这个模型对数据拟合得也越好。

（2）F 检验

F 检验是对拟合模型整体拟合效果的显著性检验，其计算公式如下。

$$F = \frac{\mathrm{SSR}/m}{\mathrm{SSE}/(n-m-1)} \tag{6-19}$$

式中，m——回归平方和的自由度，即自变量的数量；

$n-m-1$——剩余平方和的自由度，即样本数量减去自变量数量再减去 1。

F 服从第一自由度为 m，第二自由度为 $n-m-1$ 的 $F(m,n-m-1)$ 分布。在显著性水平 α 下查 F 分布表得 F_α 值。若 $F<F_\alpha$，表明 SSR 与 SST 数据无显著性差异，R^2 检验可信；反之，R^2 检验不可信。

6.3.2　视觉行为趋势面模型构建与分析

通过不同道路条件下视错觉控速标线的设置，对影响驾驶行为的车辆运行轨迹横向偏移量、区间速度和驾驶员瞳孔直径数据进行趋势面拟合，得到如下不同路段视觉行为趋势面模型。

1. 鹅公岩大桥匝道纵向视错觉控速标线段趋势面模型

$$z=2.047-0.01726x-0.03752y \quad (R^2=0.8722) \tag{6-20}$$

式中，x——匝道车辆运行速度（km/h），$x\in(0,40)$；

y——车辆轨迹横向偏移量（m），$y\in(-1,3)$。

2. 明佳路-光电路纵向视错觉控速标线段趋势面模型

$$\begin{aligned} z = {} & 2.344+0.1592x+0.2103y+0.1467x^2+0.04361xy-0.01149y^2 \\ & -0.08022x^3-0.05377x^2y-0.08295xy^2-0.04917y^3 \quad (R^2=0.1293) \end{aligned} \tag{6-21}$$

式中，x——交叉口车辆运行速度（km/h），$x\in(0,40)$；

y——车辆轨迹横向偏移量（m），$y\in(-1,3)$。

3. 弯道视错觉控速标线段趋势面模型

$$z = 2.463+0.2445x - 0.002386y \text{（横向视错觉控速标线段 } R^2=0.8651\text{）} \quad (6\text{-}22)$$

$$z = 2.297+0.1104x - 0.2838y - 0.1688xy+0.2641y^2$$
$$\text{（纵向视错觉控速标线段 } R^2 = 0.8342\text{）} \quad (6\text{-}23)$$

$$z = 2.498+0.05188x+0.2036y \text{（横向+纵向视错觉控速标线段 } R^2=0.9329\text{）} \quad (6\text{-}24)$$

式中，x——高速公路车辆运行速度（km/h），$x \in (0,120)$；

y——车辆轨迹横向偏移量（m），$y \in (-1,3)$。

4. 直线路段纵向视错觉控速标线段趋势面模型

$$z = 2.026+0.01738x + 0.02244y + 0.1042x^2 - 0.01693xy + 0.01363y^2 + 0.03753x^3$$
$$-0.03009x^2y - 0.03331xy^2 - 0.008585y^3 \quad (R^2 = 0.0946) \quad (6\text{-}25)$$

式中，x——高速公路车辆运行速度（km/h），$x \in (0,120)$；

y——车辆轨迹横向偏移量（m），$y \in (-1,3)$。

5. S 弯道段纵向视错觉控速标线段趋势面模型

$$z = 2.2 - 5.064\times10^{-7}x + 1.528\times10^{-6}y \quad (R^2=0.9094) \quad (6\text{-}26)$$

式中，x——高速公路弯道车辆运行速度（km/h），$x \in (0,80)$；

y——车辆轨迹横向偏移量（m），$y \in (-1,3)$。

通过模型得到的统计变量值计算得到F值（表 6-3），并与选取α=0.05时，查F检验临界值表得到的F_α进行对比，得到$F < F_\alpha$，表明 SSR 与 SST 数据无显著性差异，R^2检验可信。

表 6-3　不同路段趋势面模型的 F 检验

试验路段	SSE	R^2	RMSE	n	SSR	m	$n-m-1$	F	F_α
鹅公岩大桥匝道纵向	113.60	0.8722	1.4640	53	775.2889	2	50	0.0682	3.183
明佳路-光电路纵向	84.07	0.1293	1.7030	29	12.4845	2	26	0.0029	3.385
西彭互通-小湾互通弯道横向	8.45	0.8651	0.4286	46	54.1762	2	43	0.0746	3.214
西彭互通-小湾互通弯道纵向	145.50	0.8342	1.2310	96	732.0633	2	93	0.0270	3.094
西彭互通-小湾互通弯道横向+纵向	68.92	0.9329	0.7610	119	958.2037	2	116	0.0599	3.074
绕城渝湘互通-绕城渝黔互通直线路段纵向	2.02	0.0946	0.2142	44	0.2110	2	41	0.0013	3.226
石龙互通-接龙互通S 弯道纵向	0.38	0.9094	0.0660	87	3.8072	2	84	0.0597	3.105

从模型可以看出，明佳路−光电路交叉口前方的 150m 纵向直线路段视错觉控速标线和高速公路直线路段 285m 纵向视错觉控速标线的二元三次趋势面模型相关系数较低，驶入该路段时驾驶员的瞳孔直径分别为 2.344mm 和 2.026mm；在鹅公岩大桥匝道处设置纵向视错觉控速标线，驶入该路段时驾驶员的瞳孔直径分布在 2.047mm 左右，车辆运行速度和轨迹横向偏移量对驾驶员瞳孔直径的影响较小；在弯道路段设置横向视错觉控速标线，驶入该路段时驾驶员的瞳孔直径分布在 2.463mm 左右，车辆运行速度与瞳孔直径呈正相关关系，当车辆运行速度增加时，会直接影响驾驶员瞳孔直径，使其紧张程度增加，轨迹横向偏移量对驾驶员瞳孔直径的影响较小；在弯道路段设置纵向视错觉控速标线，驶入该路段时驾驶员的瞳孔直径分布在 2.297mm 左右，车辆运行速度与瞳孔直径呈正相关关系，当车辆运行速度增加时，会直接影响驾驶员瞳孔直径，使其紧张程度增加，轨迹横向偏移量在一定范围会使瞳孔直径增大，呈两端分布趋势；在弯道路段设置横向+纵向视错觉控速标线，驶入该路段时驾驶员的瞳孔直径分布在 2.498mm 左右，车辆运行速度和轨迹横向偏移量与瞳孔直径呈正相关关系，当车辆运行速度和轨迹横向偏移量增加时，会直接影响驾驶员瞳孔直径，且轨迹横向偏移量对驾驶员瞳孔直径的影响程度更大，都可以使其紧张程度增加，说明车辆运行速度和轨迹横向偏移量对驾驶员瞳孔直径的影响关系为协同作用；在 S 弯道路段设置纵向视错觉控速标线，驶入该路段时驾驶员的瞳孔直径分布在 2.200mm 左右，车辆运行速度和轨迹横向偏移量对瞳孔直径影响很小。

为了更加清晰直观地反映区间速度、轨迹横向偏移量和瞳孔直径三者之间的关系，绘制其散点图和拟合趋势面图，如图 6-1～图 6-7 所示。

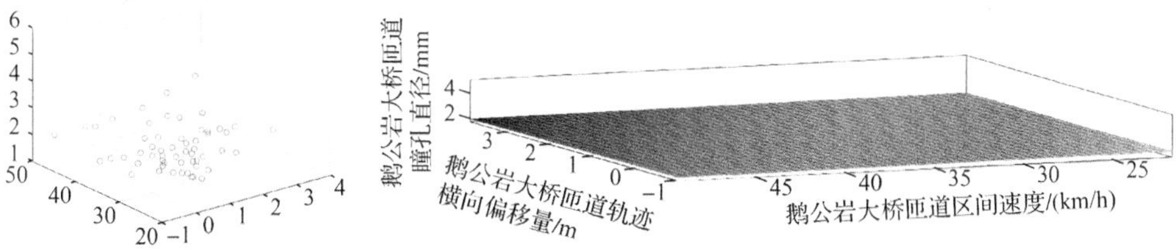

（a）散点图　（b）拟合趋势面图

图 6-1　鹅公岩大桥匝道纵向视错觉控速标线试验路段

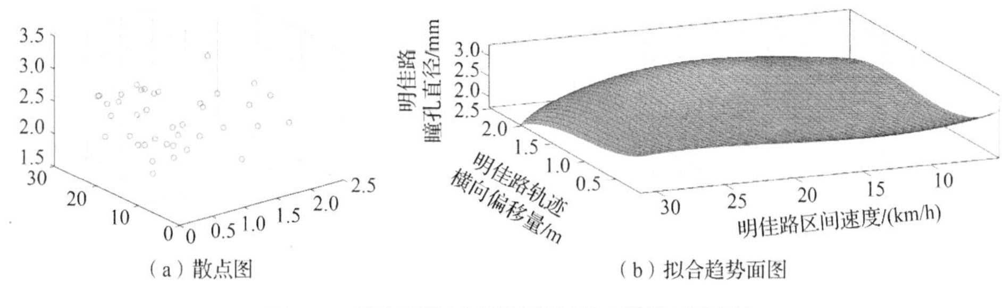

（a）散点图　（b）拟合趋势面图

图 6-2　明佳路纵向视错觉控速标线试验路段

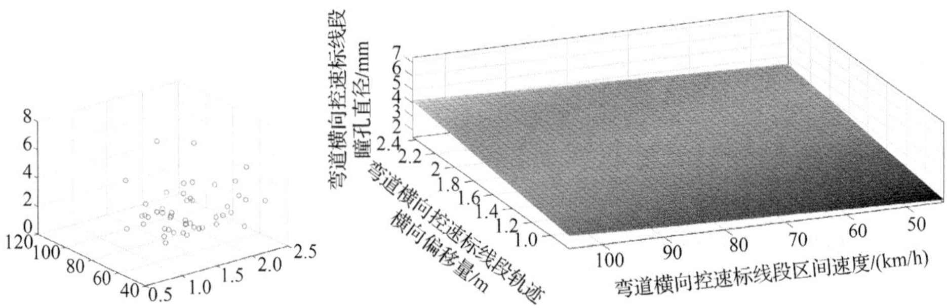

（a）散点图　　（b）拟合趋势图

图 6-3　西彭互通-小湾互通弯道段横向视错觉控速标线试验路段

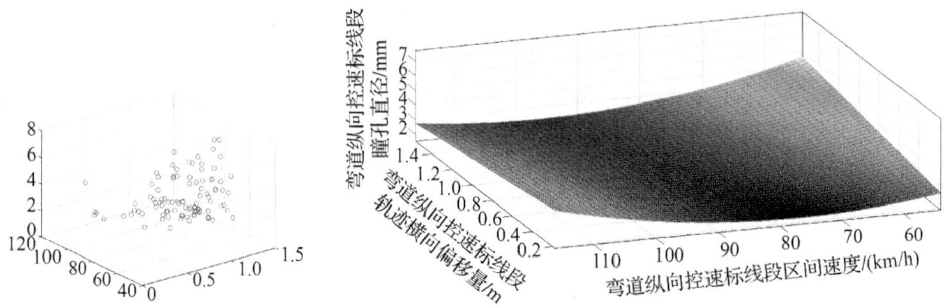

（a）散点图　　（b）拟合趋势面图

图 6-4　西彭互通-小湾互通弯道段纵向视错觉控速标线试验路段

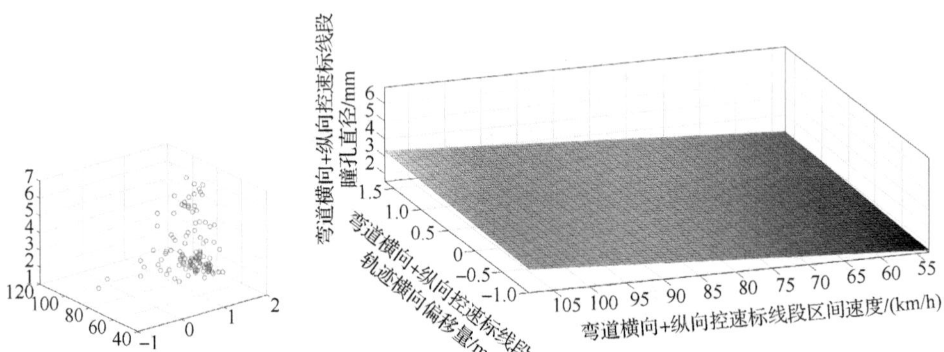

（a）散点图　　（b）拟合趋势面图

图 6-5　西彭互通-小湾互通弯道段横向+纵向视错觉控速标线试验路段

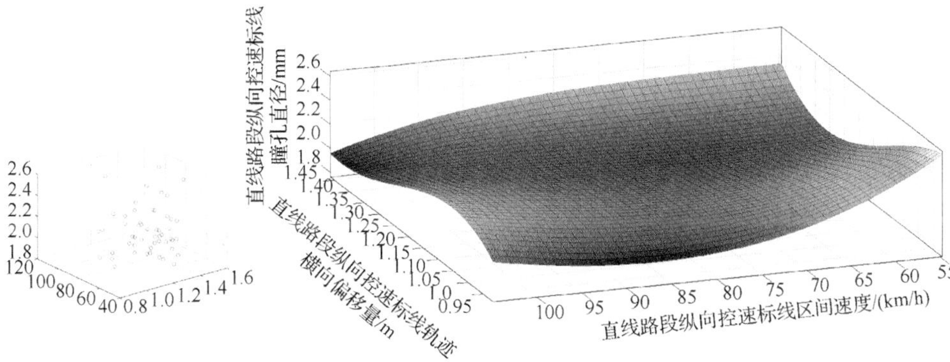

（a）散点图　（b）拟合趋势面图

图 6-6　绕城渝湘互通-绕城渝黔互通直线路段纵向视错觉控速标线试验路段

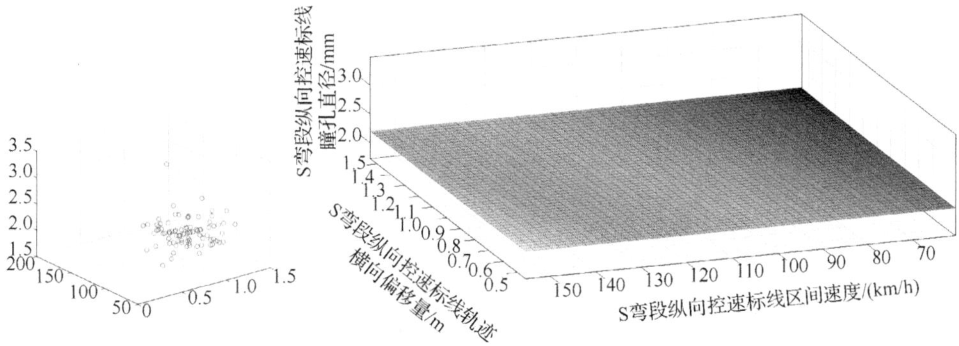

（a）散点图　（b）拟合趋势面图

图 6-7　石龙互通-接龙互通 S 弯段纵向视错觉控速标线试验路段

6.3.3　关键参数

通过不同道路条件下视错觉控速标线的设置，对影响驾驶行为的车辆运行轨迹横向偏移量、区间速度和驾驶员瞳孔直径进行分析，得到在弯道设置横向+纵向视错觉控速标线可以从速度和轨迹横向偏移量两个方面影响驾驶员驾驶行为，且影响程度最大；在弯道设置纵向视错觉控速标线可以从速度上显著影响驾驶员驾驶行为，对轨迹横向偏移量有一定影响；在弯道设置横向视错觉控速标线可以从速度上显著影响驾驶员驾驶行为；在其他路段的影响程度均较小，具体如表 6-4 所示。

表 6-4 趋势面模型结果分析表

试验路段		驶入段瞳孔直径初值/mm	综合影响程度（区间速度、轨迹横向偏移量）
路段名称	标线长度/m		
鹅公岩大桥匝道纵向	400	2.047	轻微影响
明佳路-光电路纵向	150	2.344	轻微影响
西彭互通-小湾互通弯道横向	285	2.463	速度显著
西彭互通-小湾互通弯道纵向	315	2.297	速度显著，轨迹部分显著
西彭互通-小湾互通弯道横向+纵向	294	2.498	均显著
绕城渝湘互通-绕城渝黔互通直线路段纵向	285	2.020	轻微影响
石龙互通-接龙互通S弯道纵向	1545	2.200	轻微影响

6.4 基于熵权物元的视错觉控速标线有效性评价模型的建立

驾驶员在高速公路弯道、快速路匝道和城市道路交叉口处的驾驶行为受多因素的影响，其中视错觉控速标线的设计位置、尺寸、车辆运行速度和车辆的行驶轨迹横向偏移量都直接或间接地影响着驾驶员的生理和心理变化。因此，探究视错觉控速标线有效性的评价指标体系也应该根据各个指标分段值进行考虑。本节利用熵权物元的理论去构建评价模型，对其安全等级进行评价，以期使评价更具客观性、合理性，可以作为视错觉控速标线有效性评价的依据，并将其应用到视错觉控速标线有效性评价中。

6.4.1 物元模型理论

1. 确定安全物元

研究某一具体评价对象N、特征向量$\boldsymbol{c}$和特征值v组成的视错觉控速标线有效性物元为$\boldsymbol{R}=(N,\boldsymbol{c},v)$，其中，评价对象$N$中假设有$n$个特征向量，则特征向量$\boldsymbol{c}_1,\boldsymbol{c}_2,\cdots,\boldsymbol{c}_n$对应的特征值分别为$v_1,v_2,\cdots,v_n$，则可将$\boldsymbol{R}$称为$n$维视错觉控速标线有效性物元，可将其表示为[177]

$$\boldsymbol{R}=(N,\boldsymbol{c},v)=\begin{pmatrix} N & \boldsymbol{c}_1 & v_1 \\ & \boldsymbol{c}_2 & v_2 \\ & \vdots & \vdots \\ & \boldsymbol{c}_n & v_n \end{pmatrix} \tag{6-27}$$

2. 确定经典域和节域

视错觉控速标线有效性指标有 n 个，可用 $C_1,C_2,\cdots,C_n$ 表示，其经典域 $\boldsymbol{R}_i$ 可以表示为

$$\boldsymbol{R}_i=\begin{pmatrix} N_i & C_1 & v_{i1} \\ & C_2 & v_{i2} \\ & \vdots & \vdots \\ & C_n & v_{in} \end{pmatrix}=\begin{pmatrix} N_i & C_1 & (a_{i1},b_{i1}) \\ & C_2 & (a_{i2},b_{i2}) \\ & \vdots & \vdots \\ & C_n & (a_{in},b_{in}) \end{pmatrix} \tag{6-28}$$

式中，N_i ——所划分的 i 个评价等级；

$C_1,C_2,\cdots,C_n$ ——评价指标；

$v_{i1},v_{i2},\cdots,v_{in}$ ——评价指标对于第 i 评价等级的取值范围。

另外，将问题的基本特征及其对应的量值进行表达，将其表示为矩阵的形式，称为节域物元矩阵，记为 $\boldsymbol{R}_p$。

$$\boldsymbol{R}_p=(P,C,v_p)=\begin{pmatrix} P & C_1 & v_{p1} \\ & C_2 & v_{p2} \\ & \vdots & \vdots \\ & C_n & v_{pn} \end{pmatrix}=\begin{pmatrix} P & C_1 & [a_{p1},b_{p1}] \\ & C_2 & [a_{p2},b_{p2}] \\ & \vdots & \vdots \\ & C_n & [a_{pn},b_{pn}] \end{pmatrix} \tag{6-29}$$

式中，P ——全体评价等级；

$v_{p1},v_{p2},\cdots,v_{pn}$ ——评价指标对于所有评价等级的取值范围，即节域。

3. 确定待评物元

根据评价的相应指标确定需要的评价元素，特征向量值以对应矩阵的形式呈现待评物元矩阵，记为 $\boldsymbol{R}_0$：

$$\boldsymbol{R}_0=(P_0,C,v)=\begin{pmatrix} P_0 & C_1 & v_1 \\ & C_2 & v_2 \\ & \vdots & \vdots \\ & C_n & v_n \end{pmatrix} \tag{6-30}$$

式中，P_0 ——待评物元；

$v_1,v_2,\cdots,v_n$ ——评价指标的具体取值。

4. 计算关联函数

关系函数是指需要评价的元素与对应的评价等级之间关联程序的函数表达，在以下公式中进行选取：

$$K_i(v_i)=\begin{cases}-\dfrac{P(v_i,v_{ij})}{\left|v_{ij}\right|} & (v_i\in v_{ij})\\ \dfrac{P(v_i,v_{ij})}{P(v_i,v_{pj})-P(v_i,v_{ij})} & (v_i\notin v_{ij}\text{且}P(v_i,v_{ij})\neq 0)\\ -P(v_i,v_{ij})-1 & (v_i\notin v_{ij}\text{且}P(v_i,v_{ij})=0)\end{cases}\qquad(6\text{-}31)$$

其中，$\left|v_{ij}\right|$、$P(v_i,v_{ij})$和$P(v_i,v_{pj})$的取值为

$$\left|v_{ij}\right|=\left|b_{ij}-a_{ij}\right|\qquad(6\text{-}32)$$

$$P(v_i,v_{ij})=\left|v_i-\frac{1}{2}(a_{ij}+b_{ij})\right|-\frac{1}{2}(b_{ij}-a_{ij})\quad(i=1,2,\cdots,n;j=1,2,\cdots,m)\qquad(6\text{-}33)$$

$$P(v_i,v_{pj})=\left|v_i-\frac{1}{2}(a_{pj}+b_{pj})\right|-\frac{1}{2}(b_{pj}-a_{pj})\quad(i=1,2,\cdots,n;j=1,2,\cdots,m)\qquad(6\text{-}34)$$

5. 计算关联度，确定评价等级

综合关联度用来检测所选取的评价指标与各评价等级相符的程度，其计算公式可以表示为

$$K_j(p)=\sum_{j=1}^{n}w_jk_j(v_j)\quad(j=1,2,\cdots,n)\qquad(6\text{-}35)$$

式中，$K_j(p)$——需要进行综合评价的物元关于第 j 等级的关联度；

w_j——指标的权重。

若$k_j=\max k_j(p)>p$，则评定的控速标线有效等级属于等级 j。

若对一切 j，有 $k_j(p)\leqslant 0$，则表明需要进行评价的物元并不在所选取的等级之中，不符合要求，需要通过计算来获得最终目的。

6.4.2 熵权法确定指标权重

熵是一种无秩序的系统性度量，熵权是对信息有用程度的一种度量，信息量越大，对应的熵权越大[178]。熵权的确定步骤如下。

1）评价视错觉控速标线有效性分 m 级，每级被评价风险指标有 n 个，得到矩阵 $\boldsymbol{R}=(r_{ji})_{m\times n}$。

2）根据改进后的熵的概念来定义评价指标的熵 H_i。

$$H_i = \frac{-1}{\ln m}\sum_{j=1}^{m} f_{ji}\ln f_{ji} \tag{6-36}$$

$$f_{ji} = \frac{r_{ji}}{\sum_{j=1}^{m} r_{ji}} \tag{6-37}$$

式中，r_{ji}——矩阵 $\boldsymbol{R}$ 中第 j 行 i 列的元素。

3）计算各评价指标的熵权 ω_i。

$$\omega_i = \frac{1-H_i}{n-\sum_{i=1}^{n} H_i}，且满足\sum_{i=1}^{n}\omega_i = 1 \tag{6-38}$$

6.4.3 模型的构建

1. 构建物元矩阵

（1）经典域和节域

按照较差、一般、中等、良好、优秀 5 个等级进行划分，将视错觉控速标线尺寸指标中包含的设置距离、宽度和横向间距，车辆运行指标中包含的交通流量、区间速度和车头时距，驾驶员状态指标中包含的注视点占比、瞳孔直径和瞳孔变异系数，以及行驶轨迹指标中的轨迹横向偏移量等指标分别根据规范及要求划分为对应的 5 个经典域，并确定其节域。具体如表 6-5 所示。

表 6-5　评价指标域值划分

顶层目标	指标名称	经典域					节域
		较差	一般	中等	良好	优秀	
视错觉控速标线设计参数指标	距离 C_{11}	[1600,620]	(620,465]	(465,310]	(310,155]	(155,0]	[1600,0]
	宽度 C_{12}	[0,0.11]	(0.11,0.22]	(0.22,0.33]	(0.33,0.44]	(0.44,0.55]	[0,0.55]
	横向间距 C_{13}	[10,16]	(16,22]	(22,28]	(28,34]	(34,40]	[10,40]
车辆运行指标	交通流量 C_{21}	[130,112]	(112,94]	(94,76]	(76,58]	(58,40]	[130,40]
	区间速度 C_{22}	[120,96]	(96,72]	(72,48]	(48,24]	(24,0]	[120,0]
	车头时距 C_{23}	[1,6]	(6,11]	(11,16]	(16,21]	(21,34]	[1,34]
驾驶员状态指标	注视点占比 C_{31}	[8,16]	(16,24]	(24,32]	(32,40]	(40,48]	[8,48]
	瞳孔直径 C_{32}	[5.5,4.8]	(4.8,3.9]	(3.9,3.2]	(3.2,2.5]	(2.5,1.8]	[5.5,1.8]
	瞳孔变异系数 C_{33}	[9,18]	(18,27]	(27,36]	(36,45]	(45,54]	[9,54]
行驶轨迹指标	横向偏移量 C_{41}	[3,2.2]	(2.2,1.4]	(1.4,0.6]	(0.6,−0.2]	(−0.2,−1]	[3,−1]

（2）构建待评物元矩阵

根据对山区道路视错觉控速标线有效性评价指标数据的统计，构建鹅公岩大桥匝道纵向视错觉控速标线，明佳路-光电路交叉口纵向视错觉控速标线，西彭互通-小湾互通弯道段横向、纵向和横向+纵向视错觉控速标线、直线路段纵向视错觉控速标线和 S 弯道纵向视错觉控速标线控速效果待评物元矩阵，可记为 $\boldsymbol{R}_{\text{ra}}$、$\boldsymbol{R}_{\text{in}}$、$\boldsymbol{R}_{\text{tr}}$、$\boldsymbol{R}_{\text{lo}}$、$\boldsymbol{R}_{\text{co}}$、$\boldsymbol{R}_{\text{st}}$、$\boldsymbol{R}_{\text{s}}$，其结果为

$$
\boldsymbol{R}_{\text{ra}}=\begin{pmatrix} N_{\text{ra}} & C_{11} & 400 \\ & C_{12} & 0.3 \\ & C_{21} & 44 \\ & C_{22} & 30 \\ & C_{23} & 2.68 \\ & C_{31} & 40.28 \\ & C_{32} & 2.31 \\ & C_{33} & 32.37 \\ & C_{41} & 1.05 \end{pmatrix},\quad
\boldsymbol{R}_{\text{in}}=\begin{pmatrix} N_{\text{in}} & C_{11} & 150 \\ & C_{12} & 0.3 \\ & C_{21} & 43 \\ & C_{22} & 16 \\ & C_{23} & 6.4 \\ & C_{31} & 12.95 \\ & C_{32} & 2.4 \\ & C_{33} & 11.89 \\ & C_{41} & 0.84 \end{pmatrix}
$$

$$
\boldsymbol{R}_{\text{tr}}=\begin{pmatrix} N_{\text{tr}} & C_{11} & 285 \\ & C_{12} & 0.2 \\ & C_{13} & 32.7 \\ & C_{21} & 102 \\ & C_{22} & 70 \\ & C_{23} & 6.8 \\ & C_{31} & 11.76 \\ & C_{32} & 2.78 \\ & C_{33} & 43.23 \\ & C_{41} & 1.57 \end{pmatrix},\quad
\boldsymbol{R}_{\text{lo}}=\begin{pmatrix} N_{\text{lo}} & C_{11} & 315 \\ & C_{12} & 0.3 \\ & C_{21} & 128 \\ & C_{22} & 81 \\ & C_{23} & 5.6 \\ & C_{31} & 12.44 \\ & C_{32} & 2.85 \\ & C_{33} & 47.3 \\ & C_{41} & 1.15 \end{pmatrix}
$$

$$
\boldsymbol{R}_{\text{co}}=\begin{pmatrix} N_{\text{co}} & C_{11} & 294 \\ & C_{12} & 0.3 \\ & C_{13} & 24.7 \\ & C_{21} & 106 \\ & C_{22} & 77 \\ & C_{23} & 5.25 \\ & C_{31} & 20.53 \\ & C_{32} & 3.02 \\ & C_{33} & 50.02 \\ & C_{41} & 1.7 \end{pmatrix},
\boldsymbol{R}_{\text{st}}=\begin{pmatrix} N_{\text{st}} & C_{11} & 285 \\ & C_{12} & 0.3 \\ & C_{21} & 55 \\ & C_{22} & 76 \\ & C_{23} & 8.12 \\ & C_{31} & 8.42 \\ & C_{32} & 2.1 \\ & C_{33} & 9.78 \\ & C_{41} & 1.9 \end{pmatrix},
\boldsymbol{R}_{\text{s}}=\begin{pmatrix} N_{\text{s}} & C_{11} & 1545 \\ & C_{12} & 0.3 \\ & C_{21} & 84 \\ & C_{22} & 95 \\ & C_{23} & 7.19 \\ & C_{31} & 42.78 \\ & C_{32} & 2.41 \\ & C_{33} & 11.12 \\ & C_{41} & 0.89 \end{pmatrix}
\quad (6\text{-}39)
$$

（3）计算关联函数

根据所描述的经典域、节域、待评物元矩阵以及关联函数的计算模型，可计算得出各指标在不同等级的关联函数，如表 6-6～表 6-12 所示。

表 6-6　鹅公岩大桥匝道纵向视错觉控速标线评价指标对应不同等级的关联函数计算结果

关联度	较差	一般	中等	良好	优秀
距离 C_{11}	−0.3798	−0.1837	0.4194	−0.1398	−0.3548
宽度 C_{12}	−0.4318	−0.2424	0.2727	−0.1071	−0.3590
交通流量 C_{21}	0.2222	−0.7778	−0.8889	−0.9259	−0.9444
区间速度 C_{22}	−0.1667	0.2500	−0.3750	−0.5833	−0.6875
车头时距 C_{23}	0.3360	−0.6640	−0.8320	−0.8880	−0.9160
注视点占比 C_{31}	−0.7588	−0.6783	−0.5175	−0.0350	0.0350
瞳孔直径 C_{32}	0.2714	−0.2714	−0.6357	−0.7571	−0.8300
瞳孔变异系数 C_{33}	−0.3992	−0.1989	0.4033	−0.1437	−0.3687
横向偏移量 C_{41}	−0.3906	−0.1875	0.4375	−0.1522	−0.3710

表 6-7　明佳路–光电路交叉口纵向视错觉控速标线评价指标对应不同等级的关联函数计算结果

关联度	较差	一般	中等	良好	优秀
距离 C_{11}	0.0323	−0.0323	−0.5161	−0.6774	−0.7581
宽度 C_{12}	−0.4318	−0.2424	0.2727	−0.1071	−0.3590
交通流量 C_{21}	0.1667	−0.8333	−0.9167	−0.9444	−0.9583
区间速度 C_{22}	0.3333	−0.3333	−0.6667	−0.7778	−0.8333
车头时距 C_{23}	−0.0690	0.0800	−0.4600	−0.6400	−0.7300
注视点占比 C_{31}	0.3813	−0.3813	−0.6906	−0.7938	−0.8453
瞳孔直径 C_{32}	0.1429	−0.1429	−0.5714	−0.7143	−0.8000
瞳孔变异系数 C_{33}	0.3211	−0.6789	−0.8394	−0.8930	−0.9197
横向偏移量 C_{41}	−0.3377	−0.1053	0.3000	−0.2154	−0.4000

表 6-8　西彭互通–小湾互通弯道段横向视错觉控速标线评价指标对应不同等级的关联函数计算结果

关联度	较差	一般	中等	良好	优秀
距离 C_{11}	−0.3133	0.1613	−0.0806	−0.3871	−0.5403
宽度 C_{12}	−0.3103	0.1818	−0.0909	−0.3939	−0.5455
横向间距 C_{13}	−0.6958	−0.5944	−0.3917	0.2167	−0.1512
交通流量 C_{21}	−0.6111	−0.4815	−0.2222	0.4444	−0.2632
区间速度 C_{22}	−0.4792	−0.3056	0.0833	−0.0385	−0.3421
车头时距 C_{23}	−0.1212	0.1600	−0.4200	−0.6133	−0.7100
注视点占比 C_{31}	0.4700	−0.5300	−0.7650	−0.8433	−0.8825
瞳孔直径 C_{32}	−0.2222	0.4000	−0.3000	−0.5333	−0.6733
瞳孔变异系数 C_{33}	−0.7008	−0.6011	−0.4017	0.1967	−0.1411
横向偏移量 C_{41}	−0.5531	−0.4042	−0.1063	0.2125	−0.3058

表 6-9 西彭互通-小湾互通弯道段纵向视错觉控速标线评价指标对应不同等级的关联函数计算结果

关联度	较差	一般	中等	良好	优秀
距离 C_{11}	−0.3210	0.1032	−0.0516	−0.3677	−0.5258
宽度 C_{12}	−0.4318	−0.2424	0.2727	−0.1071	−0.3590
交通流量 C_{21}	−0.3718	−0.1552	0.4500	−0.1833	−0.3875
区间速度 C_{22}	−0.6667	−0.5556	−0.3333	0.3333	−0.2000
车头时距 C_{23}	−0.5521	−0.4028	−0.1042	0.2083	−0.3065
注视点占比 C_{31}	0.1500	−0.1500	−0.5750	−0.7167	−0.7875
瞳孔直径 C_{32}	−0.2655	0.4338	−0.2169	−0.4779	−0.6084
瞳孔变异系数 C_{33}	−0.2989	0.2571	−0.1286	−0.4190	−0.5933
横向偏移量 C_{41}	−0.8894	−0.8526	−0.7789	−0.5578	0.4422

表 6-10 西彭互通-小湾互通弯道段横向+纵向视错觉控速标线评价指标对应不同等级的关联函数计算结果

关联度	较差	一般	中等	良好	优秀
距离 C_{11}	−0.3210	0.1032	−0.0516	−0.3677	−0.5258
宽度 C_{12}	−0.4318	−0.2424	0.2727	−0.1071	−0.3590
横向间距 C_{13}	−0.3718	−0.1552	0.4500	−0.1833	−0.3875
交通流量 C_{21}	−0.6667	−0.5556	−0.3333	0.3333	−0.2000
区间速度 C_{22}	−0.5521	−0.4028	−0.1042	0.2083	−0.3065
车头时距 C_{23}	0.1500	−0.1500	−0.5750	−0.7167	−0.7875
注视点占比 C_{31}	−0.2655	0.4338	−0.2169	−0.4779	−0.6084
瞳孔直径 C_{32}	−0.2989	0.2571	−0.1286	−0.4190	−0.5933
瞳孔变异系数 C_{33}	−0.8894	−0.8526	−0.7789	−0.5578	0.4422
横向偏移量 C_{41}	−0.5938	−0.4583	−0.1875	0.3750	−0.2778

表 6-11 绕城渝湘互通-绕城渝黔互通直线路段纵向视错觉控速标线评价指标对应不同等级的关联函数计算结果

关联度	较差	一般	中等	良好	优秀
距离 C_{11}	−0.3133	0.1613	−0.0806	−0.3871	−0.5403
宽度 C_{12}	−0.4318	−0.2424	0.2727	−0.1071	−0.3590
交通流量 C_{21}	0.1667	−0.1667	−0.5833	−0.7222	−0.7917
区间速度 C_{22}	−0.5417	−0.3889	−0.0833	0.1667	−0.3125
车头时距 C_{23}	−0.2294	0.4240	−0.2880	−0.5253	−0.6440
注视点占比 C_{31}	0.0525	−0.9475	−0.9738	−0.9825	−0.9869
瞳孔直径 C_{32}	0.4286	−0.5714	−0.7857	−0.8571	−0.9000
瞳孔变异系数 C_{33}	0.0867	−0.9133	−0.9567	−0.9711	−0.9783
横向偏移量 C_{41}	−0.6563	−0.5417	−0.3125	0.3750	−0.2143

表 6-12　石龙互通-接龙互通 S 弯道段纵向视错觉控速标线评价指标对应不同等级的关联函数计算结果

关联度	较差	一般	中等	良好	优秀
距离 C_{11}	−0.9619	−0.9574	−0.9515	−0.9439	0.0561
宽度 C_{12}	−0.4318	−0.2424	0.2727	−0.1071	−0.3590
交通流量 C_{21}	−0.3714	−0.1538	0.4444	−0.1852	−0.3889
区间速度 C_{22}	−0.7396	−0.6528	−0.4792	0.0417	−0.0385
车头时距 C_{23}	−0.1612	0.2380	−0.3810	−0.5873	−0.6905
注视点占比 C_{31}	−0.8369	−0.7825	−0.6738	−0.3475	0.3475
瞳孔直径 C_{32}	0.1286	−0.1286	−0.5643	−0.7095	−0.7967
瞳孔变异系数 C_{33}	0.2356	−0.7644	−0.8822	−0.9215	−0.9411
横向偏移量 C_{41}	−0.3428	−0.1218	0.3625	−0.1962	−0.3853

2. 确定指标权重

将测量数据按照熵权法计算出各个指标的权重值，具体如表 6-13 所示。

表 6-13　视错觉控速标线有效性评价指标体系权重

顶层目标	指标名称		权重
视错觉控速标线设计参数指标 B_1	距离 C_{11}	0.2564	0.3885
	宽度 C_{12}	0.0944	
	横向间距 C_{13}	0.0377	
车辆运行指标 B_2	交通流量 C_{21}	0.0530	0.3910
	区间速度 C_{22}	0.1386	
	车头时距 C_{23}	0.1994	
驾驶员状态指标 B_3	注视点占比 C_{31}	0.0683	0.2031
	瞳孔直径 C_{32}	0.0371	
	瞳孔变异系数 C_{33}	0.0977	
行驶轨迹指标 B_4	横向偏移量 C_{41}	0.0174	0.0174

3. 确定评价等级

结合关联函数计算结果和各指标权重，可得出视错觉控速标线有效性评价结果，如表 6-14～表 6-20 所示。

表 6-14　鹅公岩大桥匝道纵向视错觉控速标线有效性综合评价结果

关联度	较差	一般	中等	良好	优秀	评价等级
距离 $K(C_{11})$	−0.0974	−0.0471	0.1075	−0.0358	−0.0910	中等
宽度 $K(C_{12})$	−0.0408	−0.0229	0.0257	−0.0101	−0.0339	中等

续表

关联度	较差	一般	中等	良好	优秀	评价等级
交通流量 $K(C_{21})$	0.0118	−0.0412	−0.0471	−0.0491	−0.0501	较差
区间速度 $K(C_{22})$	−0.0231	0.0347	−0.0520	−0.0809	−0.0953	一般
车头时距 $K(C_{23})$	0.0670	−0.1324	−0.1659	−0.1771	−0.1827	较差
注视点占比 $K(C_{31})$	−0.0518	−0.0463	−0.0353	−0.0024	0.0024	优秀
瞳孔直径 $K(C_{32})$	0.0101	−0.0101	−0.0236	−0.0281	−0.0308	较差
瞳孔变异系数 $K(C_{33})$	−0.0390	−0.0194	0.0394	−0.0140	−0.0360	中等
横向偏移量 $K(C_{41})$	−0.0068	−0.0033	0.0076	−0.0026	−0.0065	中等

由表 6-14 可以看出，鹅公岩大桥匝道设置纵向视错觉控速标线的评价中，交通流量、车头时距和瞳孔直径处于较差水平，区间速度处于一般水平，视错觉控速标线的距离和宽度、瞳孔变异系数和横向偏移量均属于中等水平，注视点占比属于优秀水平。

该处视错觉控速标线有效性部分效能不佳的主要原因是匝道转弯半径过小、线形条件不良，车辆在转弯时会产生切弯现象，驾驶员会因感到行驶不稳定而采取制动措施和将注视点更多地分布在左右两侧的车道及标线上，避免发生侧翻、剐擦和倾覆等事故。

表 6-15　明佳路-光电路交叉口纵向视错觉控速标线有效性综合评价结果

关联度	较差	一般	中等	良好	优秀	评价等级
距离 $K(C_{11})$	0.0083	−0.0083	−0.1323	−0.1737	−0.1944	较差
宽度 $K(C_{12})$	−0.0408	−0.0229	0.0257	−0.0101	−0.0339	中等
交通流量 $K(C_{21})$	0.0088	−0.0442	−0.0486	−0.0501	−0.0508	较差
区间速度 $K(C_{22})$	0.0462	−0.0462	−0.0924	−0.1078	−0.1155	较差
车头时距 $K(C_{23})$	−0.0138	0.0160	−0.0917	−0.1276	−0.1456	较差
注视点占比 $K(C_{31})$	0.0260	−0.0260	−0.0472	−0.0542	−0.0577	较差
瞳孔直径 $K(C_{32})$	0.0053	−0.0053	−0.0212	−0.0265	−0.0297	较差
瞳孔变异系数 $K(C_{33})$	0.0314	−0.0663	−0.0820	−0.0872	−0.0899	较差
横向偏移量 $K(C_{41})$	−0.0059	−0.0018	0.0052	−0.0037	−0.0070	中等

由表 6-15 可以看出，明佳路-光电路交叉口处设置纵向视错觉控速标线的评价中，标线宽度和横向偏移量处于中等水平，其他指标均为较差。

其原因为城市道路交叉口处行车环境复杂，车辆运行指标受两侧行人和路侧出入口的影响较大，驾驶员注意力极为分散，会将注视点更多地分布在路侧出入口和行人等方面，提高警惕使瞳孔直径增大，才能避免发生撞击行人、追尾和剐擦等事故。

表 6-16　西彭互通-小湾互通弯道路段横向视错觉控速标线有效性综合评价结果

关联度	较差	一般	中等	良好	优秀	评价等级
距离 $K(C_{11})$	−0.0803	0.0414	−0.0207	−0.0993	−0.1385	一般
宽度 $K(C_{12})$	−0.0293	0.0172	−0.0086	−0.0372	−0.0515	一般
横向间距 $K(C_{13})$	−0.0262	−0.0224	−0.0148	0.0082	−0.0057	良好
交通流量 $K(C_{21})$	−0.0324	−0.0255	−0.0118	0.0236	−0.0139	良好
区间速度 $K(C_{22})$	−0.0847	−0.0667	−0.0308	0.0616	−0.0365	良好
车头时距 $K(C_{23})$	−0.0955	−0.0609	0.0166	−0.0077	−0.0682	中等
注视点占比 $K(C_{31})$	−0.0083	0.0109	−0.0287	−0.0419	−0.0485	一般
瞳孔直径 $K(C_{32})$	0.0174	−0.0197	−0.0284	−0.0313	−0.0327	较差
瞳孔变异系数 $K(C_{33})$	−0.0217	0.0391	−0.0293	−0.0521	−0.0658	一般
横向偏移量 $K(C_{41})$	−0.0122	−0.0105	−0.0070	0.0034	−0.0025	良好

由表 6-16 可以看出，弯道路段设置横向视错觉控速标线的评价中，瞳孔直径处于较差水平，视错觉控速标线的距离、宽度、注视点占比和瞳孔变异系数处于一般水平，车头时距处于中等水平，视错觉控速标线的横向间距、交通流量、区间速度和横向偏移量处于良好水平。

该高速公路段交通流量正常，限速较高，通行能力几乎不会受外界因素的影响，按照规范要求设置合理间距的横向视错觉控速标线可以使驾驶员更清晰地分辨车道宽度，最大可能地让车辆按照预期轨迹行驶。货车压道会影响后方小客车的通行，不同性格驾驶员的操作行为也有显著差异。该弯道转弯半径较大，驾驶员不仅需要关注前方道路线形和走向，还要关注左右两侧是否有车辆超车或跟车，其瞳孔直径放大，警惕性增强，才能减少追尾和剐擦等事故的发生。

表 6-17　西彭互通-小湾互通弯道路段纵向视错觉控速标线有效性综合评价结果

关联度	较差	一般	中等	良好	优秀	评价等级
距离 $K(C_{11})$	−0.0864	−0.0040	0.0083	−0.0827	−0.1261	中等
宽度 $K(C_{12})$	−0.0408	−0.0229	0.0257	−0.0101	−0.0339	中等
交通流量 $K(C_{21})$	−0.0515	−0.0510	−0.0501	−0.0471	0.0059	优秀
区间速度 $K(C_{22})$	−0.0823	−0.0635	−0.0260	0.0520	−0.0385	良好
车头时距 $K(C_{23})$	0.0160	−0.0160	−0.1077	−0.1383	−0.1535	较差
注视点占比 $K(C_{31})$	0.0304	−0.0304	−0.0493	−0.0557	−0.0588	较差
瞳孔直径 $K(C_{32})$	−0.0093	0.0186	−0.0093	−0.0186	−0.0241	一般
瞳孔变异系数 $K(C_{33})$	−0.0795	−0.0735	−0.0613	−0.0250	0.0250	优秀
横向偏移量 $K(C_{41})$	−0.0073	−0.0040	0.0054	−0.0021	−0.0063	中等

由表 6-17 可以看出，弯道路段设置纵向视错觉控速标线的评价中，车头时距和注视点占比处于较差水平，瞳孔直径处于一般水平，视错觉控速标线的距离、宽度和横向偏移量处于中等水平，区间速度处于良好水平，交通流量和瞳孔变异

系数处于优秀水平。

其原因为设置纵向视错觉控速标线后，车道内部分面积被标线占据，大部分驾驶员会觉得行车环境的辨识度变难，从而提高自身的警惕性，在关注道路线形和走向的情况下，不敢轻易变更车道；如果车辆较多，车辆会在原本行驶的车道排队通过，从而减少剐擦等事故的发生。

表 6-18　西彭互通-小湾互通弯道路段横向+纵向视错觉控速标线有效性综合评价结果

关联度	较差	一般	中等	良好	优秀	评价等级
距离 $K(C_{11})$	−0.0823	0.0265	−0.0132	−0.0943	−0.1348	一般
宽度 $K(C_{12})$	−0.0408	−0.0229	0.0257	−0.0101	−0.0339	中等
横向间距 $K(C_{13})$	−0.0140	−0.0059	0.0170	−0.0069	−0.0146	中等
交通流量 $K(C_{21})$	−0.0353	−0.0294	−0.0177	0.0177	−0.0106	良好
区间速度 $K(C_{22})$	−0.0924	−0.0770	−0.0462	0.0462	−0.0277	良好
车头时距 $K(C_{23})$	−0.1101	−0.0803	−0.0208	0.0415	−0.0611	良好
注视点占比 $K(C_{31})$	0.0102	−0.0102	−0.0393	−0.0489	−0.0538	较差
瞳孔直径 $K(C_{32})$	−0.0099	0.0161	−0.0080	−0.0177	−0.0226	一般
瞳孔变异系数 $K(C_{33})$	−0.0292	0.0251	−0.0126	−0.0409	−0.0580	一般
横向偏移量 $K(C_{41})$	−0.0155	−0.0148	−0.0136	−0.0097	0.0077	优秀

由表 6-18 可以看出，弯道路段设置横向+纵向视错觉控速标线的评价中，注视点占比处于较差水平，视错觉控速标线的距离、瞳孔直径和瞳孔变异系数处于一般水平，视错觉控速标线的宽度和横向间距处于中等水平，交通流量、区间速度和车头时距处于良好水平，横向偏移量处于优秀水平。

横向+纵向视错觉控速标线的布设使驾驶员提高了警惕性，视觉行为紧张度较大，且限制其轨迹横向偏移量，使其在预期行驶轨迹上行驶，而稳定的交通流状态可以提高通行能力，保持安全的车头时距。

表 6-19　绕城渝湘互通-绕城渝黔互通直线路段纵向视错觉控速标线有效性综合评价结果

关联度	较差	一般	中等	良好	优秀	评价等级
距离 $K(C_{11})$	−0.0803	0.0414	−0.0207	−0.0993	−0.1385	一般
宽度 $K(C_{12})$	−0.0408	−0.0229	0.0257	−0.0101	−0.0339	中等
交通流量 $K(C_{21})$	0.0088	−0.0088	−0.0309	−0.0383	−0.0420	较差
区间速度 $K(C_{22})$	−0.0751	−0.0539	−0.0116	0.0231	−0.0433	良好
车头时距 $K(C_{23})$	−0.0457	0.0845	−0.0574	−0.1048	−0.1284	一般
注视点占比 $K(C_{31})$	0.0036	−0.0647	−0.0665	−0.0671	−0.0674	较差
瞳孔直径 $K(C_{32})$	0.0159	−0.0212	−0.0292	−0.0318	−0.0334	较差
瞳孔变异系数 $K(C_{33})$	0.0085	−0.0892	−0.0935	−0.0949	−0.0956	较差
横向偏移量 $K(C_{41})$	−0.0114	−0.0094	−0.0054	0.0065	−0.0037	良好

由表 6-19 可以看出，直线路段设置纵向视错觉控速标线的评价中，交通流量、注视点占比、瞳孔直径和瞳孔变异系数处于较差水平，视错觉控速标线的距离、车头时距处于一般水平，视错觉控速标线的宽度处于中等水平，区间速度和横向偏移量处于良好水平。

其原因为高速公路直线路段线形较为单一，车辆总是保持直线行驶，驾驶员会将注视点分布在道路周围的环境和道路路线走向等多方面，不同性格类型的驾驶员也会产生不同的驾驶反应。

表 6-20　石龙互通-接龙互通 S 弯道段纵向视错觉控速标线有效性综合评价结果

关联度	较差	一般	中等	良好	优秀	评价等级
距离 $K(C_{11})$	−0.2466	−0.2455	−0.2440	−0.2420	0.0144	优秀
宽度 $K(C_{12})$	−0.0408	−0.0229	0.0257	−0.0101	−0.0339	中等
交通流量 $K(C_{21})$	−0.0197	−0.0082	0.0236	−0.0098	−0.0206	中等
区间速度 $K(C_{22})$	−0.1025	−0.0905	−0.0664	0.0058	−0.0053	良好
车头时距 $K(C_{23})$	−0.0322	0.0475	−0.0760	−0.1171	−0.1377	一般
注视点占比 $K(C_{31})$	−0.0572	−0.0534	−0.0460	−0.0237	0.0237	优秀
瞳孔直径 $K(C_{32})$	0.0048	−0.0048	−0.0209	−0.0263	−0.0296	较差
瞳孔变异系数 $K(C_{33})$	0.0230	−0.0747	−0.0862	−0.0900	−0.0919	较差
横向偏移量 $K(C_{41})$	−0.0060	−0.0021	0.0063	−0.0034	−0.0067	中等

由表 6-20 可以看出，S 弯道路段设置纵向视错觉控速标线的评价中，瞳孔直径和瞳孔变异系数处于较差水平，车头时距处于一般水平，视错觉控速标线的宽度、交通流量和横向偏移量处于中等水平，区间速度处于良好水平，视错觉控速标线的距离和注视点占比处于优秀水平。

其原因为该处线形复杂，设置 1545m 长的视错觉控速标线后，驾驶员注视点分布在标线上的频率较大，警惕性增强，从而减少追尾和剐擦等事故的发生。

6.5　改善建议

山区道路的线形条件十分复杂，部分车辆在急弯道路和城市道路交叉口等路段会出现轨迹点冲突的现象，横纵向视错觉控速标线对驾驶员起到警示和告知前方路段危险的作用，使驾驶员可以提前规范车辆行驶轨迹和降低行驶速度。另外，视错觉控速标线造价低廉、便于实施，在城市道路交叉口和匝道路段布设视错觉控速标线，可以提前从心理上告知驾驶员前方路段行驶环境复杂，使其提高行车警惕性，保持稳定驾驶状态；在高速公路长大下坡路段适当位置设置视错觉控速标线，可以减小前后车之间的速度差，以此来防范部分车辆在前半段的下坡路段由于自身速度不高，驾驶员忽略采取制动行为，但在下坡后半段车速太快，即使强行制动也不能将速度减到安全设计车速以下，甚至会出现制动器失效的情况。因此，根据 4.2.6 节、4.3.3 节和 4.4.2 节的内容和视觉趋势面模型及基于熵权物元的视错觉控速标线有效性评价模型进行综合分析，给出以下建议。

1. 通过实例验证分析，指导设置视错觉控速标线方案选择

在匝道路段设置从匝道驶入点到驶离点、与匝道线形走向一致的纵向视错觉控速标线，可以降低该路段车辆的区间速度、V_{85} 和速度差，使车辆稳定前行。在山区下坡路段和城市道路交叉口前方设置 100m 长的纵向视错觉控速标线，可以使驾驶员提前降低行驶速度，提高行车警惕性；车辆行驶轨迹偏移量（假设视频中的车辆为一个质点，其横向偏移量为质点到车道边缘线的距离）在 0.5～1m 范围内，规范了行车轨迹。在高速公路弯道处设置 250～500m 的横向或纵向视错觉控速标线可以降低该路段车辆的区间速度、V_{85} 和速度差，设置横向+纵向视错觉控速标线对小客车影响较大，对大货车的区间平均速度影响不大；对车辆的车头时距影响较大，减少了车辆超车次数，车辆行驶轨迹偏移量一般在 1～2m 范围内，说明车辆行驶轨迹与车道中线平行或重合，行驶轨迹相对安全。在高速公路直线路段设置 250～350m 的纵向视错觉控速标线对车辆的区间速度、车头时距和超车次数的影响均不大，仅可以减小前后车辆速度之间的差值；在 S 弯道处设置 2km 的纵向视错觉控速标线可以提高驾驶员的行车警惕性，降低小客车的区间速度，对中大型车的区间速度影响不明显；车辆行驶轨迹偏移量一般在 1.5～2m 范围内，说明车辆行驶轨迹与车道中线平行或重合，行驶轨迹相对安全。

在行车有风险的路段设置视错觉控速标线，一方面，视错觉控速标线的设置要满足规范的规定；另一方面，应按照不同地方的地形特点和道路特性进行针对性的设计，考虑该路段的交通流量特性、交通流运行水平、潜在不安全特征、事故特征和道路线形等因素，经过实地考察和验证后才可以确定布设视错觉控速标线的类型、长度和尺寸，从而实现从驾驶员主观意识出发的有效控制车流稳定状态和安全的目的。

2. 根据现有视错觉控速标线设置类型，设计并安装辅助性安全设施

为了更好地发挥视错觉控速标线的作用，本节根据试验中出现的几种视错觉控速标线的类型进行了视错觉控速标线预告标志牌的设计，具体设计方案如图 6-8 所示。建议将设置纵向视错觉控速标线路段的车道分隔虚线改为实线，并在设置视错觉控速标线路段安装限速标志牌、雷达车速即时反馈仪和视错觉控速标线预告标志等交通工程设施。

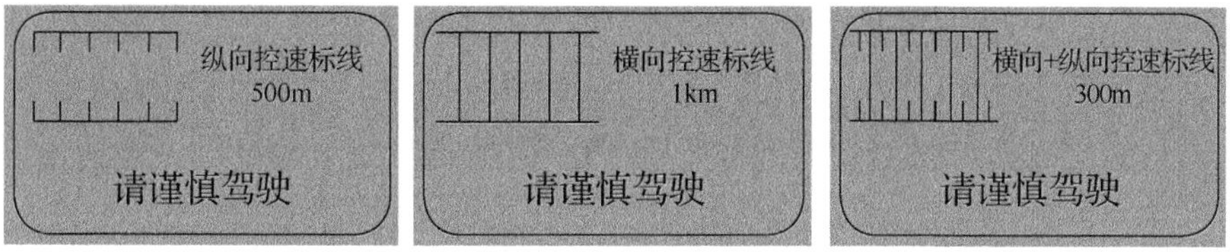

图 6-8　视错觉控速标线预告标志牌

3. 选择反光性较好的标线和标牌材料

山区道路两侧常年被树木遮挡，在黎明与黄昏时段光照常常不足，从而导致路面的可视性不好。施划在路面的视错觉控速标线如果反光效果不好，就难以起到引导驾驶员行驶和规范行驶轨迹的作用。山区道路视错觉控速标线在具体选材时，不仅应从材料的抗腐蚀性、耐磨性出发，还应从材料的反光性角度考虑。

小　结

本章在介绍评价指标选取的原则基础上，结合视错觉控速标线有效性评价的影响因素，选取具有代表性的视错觉控速标线设计参数指标、车辆运行指标、驾驶员状态指标和行驶轨迹指标，构建了视觉行为趋势面模型，通过分析各要素之间的因果关系，结合基于熵权物元的视错觉控速标线有效性评价方法，得到视错觉控速标线有效性评价结果，提出了山区道路视错觉控速标线布设的改善建议。

第 7 章　道路视错觉控速标线室内仿真试验设计

通过第 3～6 章中对目前布设在道路上的视错觉控速标线进行实车试验和有效性评价可以得出，视错觉控速标线的布设不仅仅需要满足规范要求，还应该按照不同地方的地形特点和道路特性（如考虑该路段的交通流量特性、交通流运行水平、潜在不安全特征、事故特征和道路线形等因素），经过实地考察和验证后才可以确定布设视错觉控速标线的类型、长度和尺寸，实现从驾驶员主观意识出发的有效控制车流稳定状态和安全的目的。本章从视错觉控速标线关键参数对运行速度和眼动参数的影响规律、保障行车安全以及减少环境因素对驾驶员的干扰进行分析，利用试验手段建立道路视错觉控速标线仿真模拟试验系统，对不同参数的标线分别在道路直线和曲线路段进行减速效果仿真试验，得到不同路段视错觉控速标线关键参数的最佳值。

7.1　试 验 目 的

为了揭示视错觉控速标线关键参数对运行速度和眼动参数的影响规律、保障行车安全以及减少环境因素对驾驶员的干扰，本试验通过建立道路视错觉控速标线的仿真模拟试验系统，以设计速度为 60km/h 的道路为例，对不同参数的标线分别在道路直线和曲线路段进行减速效果仿真试验，获得横向宽度、角度、间距、色彩、线宽、半径以及转向对减速效果和眼动特征的影响，运用趋势面分析法、敏感性分析法和主成分分析法等数学方法，得到不同路段视错觉控速标线关键参数的最佳值。

7.2　试验方案设计

7.2.1　试验内容

1. 标线横向宽度（W）对运行速度和眼动特征的影响

现有的规范没有明确规定视错觉控速标线横向宽度的取值，已有研究大多是根据《公路工程技术标准》（JTG B01—2014）、《公路交通标志和标线设置规范》

（JTG D82—2009）、《道路交通标志和标线 第 2 部分：道路交通标志》（GB 5768.2—2009）、《城市道路交通标志和标线设置规范》（GB 51038—2015）等规范对行车道宽度和设计车辆外廓尺寸的规定，确定单个视错觉控速标线的横向宽度，但这种方式很难对驾驶员的影响进行准确的分析。因此，本试验考虑到减少车辆碾压频率、保证行车安全、便于施工和养护等因素，确定视错觉控速标线的横向宽度以 1cm 为单位，取值 20～55cm，角度恒为 90°，间距为 4m，通过虚拟仿真将不同横向宽度的视错觉控速标线施划在行车道两侧，呈对称分布。根据第 2 章对眼动特征指标的分析，在本试验中采集瞳孔面积的眼动数据。在试验中记录车辆在通过不同横向宽度视错觉控速标线时，运行速度的变化以及减速的起终点位置。

2. 标线角度（θ）对运行速度和眼动特征的影响

相关规范中没有涉及关于标线角度的内容。在已有的研究中[106-107, 127]，通常从标线施工便利性和视错觉原理考虑，将标线角度（θ）选定为 30°、45°、60°、90°、135°、150° 等。为了更准确地获取标线角度与运行速度和眼动特征的规律，本试验选定角度 θ 以 5° 为单位，依次从 5° 渐变至 180°，横向宽度为 45cm，间距为 4m，通过虚拟仿真视频的方式将不同角度的视错觉控速标线对称地施划于行车道两侧，记录车辆在通过不同角度视错觉标线时速度和驾驶员瞳孔面积的数据。

3. 标线间距（L）对运行速度和眼动特征的影响

文献[112]～[115]根据边缘率和光流率理论及试验验证，选择 12Hz 作为标线间距的合理密度。他们依据美国各州公路工作者协会（American Association of State Highway Workers，AASHTO）对驾驶员舒适减速度的判定，将舒适减速度 a 取为 -3m/s^2，取时间频率为 12Hz。他们通过初次试验发现，基于边缘率和光流率理论设计出来的标线间距更适用于速度较快的高速公路。文献[39]、[40]先确定初速度，再为减速路段选择合适的目标车速，最后通过确定车辆减速度的方式计算得到标线间距。本试验采用同样的方法计算，考虑到标线的总长，确定舒适减速度 a 的取值为 -2.4m/s^2，最后经过适当调整，确定道路直线路段标线间距分别为 6.2m、5.9m、5.6m、5.3m、5.0m、4.7m、4.5m、4.3m、4.1m、3.9m、3.8m、3.6m、3.5m、3.3m、3.2m、3.0m、2.9m、2.7m、2.6m、2.4m、2.3m、2.1m、2.0m、1.8m、1.7m、1.5m、1.4m、1.2m、1.0m，横向宽度为 45cm，角度为 90°，保持不变。

苏联的 E. M. 洛巴诺夫研究发现，标线间距与车辆运行速度存在一定的规律：在所选择的速度下，标线间距的闪现率不超过 3 次/s。澳大利亚的 Allen 根据郊外公路的试验得到，当闪现率不大于 4 次/s 时，可以被驾驶员接受；当闪现率为 2.5～3 次/s 时，效果最好。因此，假设车辆进入视错觉控速标线时的速度为 60km/h，分别按闪现率 2 次/s、2.5 次/s、3 次/s、4 次/s 进行计算，得到的等间距视错觉控速标线相邻的间隔分别为 8.3m、6.7m、5.6m 和 4.2m，综合考虑道路标线施工的实际情况，将标线间距（L）初定为 4m、6m、8m。但是在试验中发现，当间距为 8m 时，标线产生的刺激太弱，因此将视错觉控速标线间距拟定为 2m、4m、6m。

4. 标线色彩对运行速度和眼动特征的影响

视觉系统是获取外界信息的重要通道，而色彩又是引发视觉反应的首要因素，直接影响驾驶员的操作行为和行车安全。现有的国标和规范没有明确规定视错觉控速标线色彩的取值。根据多部规范规定，目前路面标线一般采用白色或黄色。研究表明，路面白色标线的反射能力要比黄色标线高 53%。美国伊利诺伊州公路局的试验证明，白色标线平均亮度是黄色标线的 1.6 倍；在有雾的时候，黄色标线的视认性仅为白色标线的 1/5。黄色标线在黎明或黄昏的时候，视认性也明显减弱。另外，根据光渗现象，在黑色的底面涂上白色显得更白。

上述研究大多是从色彩本身的视认性、反射能力、亮度等方面来比较两者的差异，认为白色优于黄色，故选择白色作为视错觉控速标线的颜色。但是车辆行驶是一个动态过程，不同的目标物颜色对驾驶员动态视觉的影响存在差异。因此，有必要通过试验来进行验证。试验要求白色和黄色的色度性能、色品坐标和亮度因素符合《路面标线涂料》（JT/T 280—2004）的要求。通过对比试验，获得白色和黄色对车辆运行速度和驾驶员瞳孔面积的影响关系。

5. 标线线宽（H）对运行速度和眼动特征的影响

各国对路面标线宽度的规定基本一致，最小值为 7.5cm，最大值为 20cm，大多数国家采用 10～20cm。若路面标线过窄，则无法起到强调的作用；反之，易增加车辆行驶时因标线材料与路面材料之间差异导致地面附着系数变化而打滑的危险，也提高了标线施工造价。根据我国相关规定，标线的宽度为 10～20cm，在实际应用中需要依据路面宽度、交通量状况、工程造价进行调整。由于路面线宽与标线横向宽度有所不同，车辆在行驶过程中，驾驶员从远处看到标线宽度时，注视点到线宽两端点构成的角度非常小。因此，实际应用中一般会加宽横向标线，取值 20～40cm。

目前已有的研究中[106-107, 127]大多是根据上述原理进行设置，而没有对标线宽度进行定量分析。视错觉控速标线的形式介于纵向标线和横向标线之间，为了探寻线宽是否对车辆运行速度和眼动特征造成影响，本章决定进行试验研究，选择 20cm、30cm、40cm 这 3 种不同宽度作为视错觉控速标线线宽预选值。试验方法与前述试验相似，在此不再赘述。

6. 不同半径对运行速度和眼动特征的影响

当道路曲线路段半径较小时，驾驶员的通视距离会受到限制，从而增加其心理生理的压力和负担程度。依据《公路工程技术标准》（JTG B01—2014）、《公路路线设计规范》（JTG D20—2017）得到，设计速度为 60km/h 时，最小半径值为 125m；根据已有研究得知，当半径大于 1000m 时，对车辆运行速度和驾驶员的心理生理影响变化不大，因此半径的取值分别为 125m、200m、300m、400m、500m、600m、700m、800m、900m、1000m。注视持续时间的长短可表征驾驶员对交通信息处理的难度和对某区域的兴趣程度，驾驶员在弯道受到圆曲线半径和转向角度的影响，视觉接收的信息比前者更为复杂。因此，通过模拟仿真弯道场景并施划视错觉控速标线，采集驾驶员的瞳孔面积、注视区域、注视时间、运行速度以及减速的起终点位置，分析不同半径对运行速度和眼动特征的影响。

7. 不同转向对运行速度和眼动特征的影响

研究表明，曲线路段左转和右转对于驾驶员的视距有不同影响。因此，本试验选取不同转向的曲线路段，通过眼动仪采集瞳孔面积、对标线的注视时间、注视次数和注视区域，并记录驾驶员在通过不同转向路段的视错觉控速标线时，运行速度和减速的起终点位置的变化。

7.2.2 试验条件

1. 试验设备

室内试验采用德国 SMI 公司生产的 SMI 2.1 眼镜式眼动仪，其专门针对动态眼动研究而设计，如图 7-1 所示。

图 7-1　SMI 2.1 眼镜式眼动仪和配套设施

SMI 2.1 眼镜式眼动仪的数据采集频率为 120Hz；眼部摄像头最高分辨率可达 1280×960 像素，录制速度为 24 帧/s；场景摄像头追踪范围为水平 60°，垂直 46°，可录制视野的动态范围广、图像品质高，适用于室内、室外等各种光照条件；视频分析软件可以进行动态视频兴趣区的深度分析，包括瞳孔直径、注视点、注视路径、注视持续时间、浏览时间、次数、兴趣区之间的回归矩阵分析，以及驾驶员眼动的热力图分析及驾驶员视线轨迹图等（图 7-2）。

图 7-2　驾驶员眼动热力图和视线轨迹图分析

2. 试验人员

考虑到个体差异，挑选不同性别、不同驾龄、不同年龄的 25 名驾驶员作为试验对象。由于篇幅所限，部分驾驶员的信息如表 7-1 所示。在正式试验前，告知各驾驶员有关试验仪器、设备的基本知识，要求被试驾驶员睡眠充足，避免剧烈运动和摄入可能影响试验结果的食物和药物。

表 7-1　部分驾驶员的信息

编号	性别	年龄/岁	驾龄/年	驾照类型	职业	对试验内容熟悉程度	驾驶里程/万 km
1	女	33	5	C2	教师	熟悉	5
2	男	25	4	C2	学生	不熟悉	1
3	男	55	12	C2	会计	不熟悉	12
4	女	23	1	C2	学生	熟悉	0.5
5	男	40	10	C2	教师	一般	7
6	男	48	20	B1	驾驶员	不熟悉	46
7	男	35	9	C2	设计人员	不熟悉	8
8	男	25	3	C2	学生	不熟悉	1

3. 视错觉控速标线关键参数初选

随着车速的变化，路面在驾驶员视野中的比例也会发生变化。在车速较低的县乡道路上，路面在驾驶员视野中所占的比例约为 8%；当以 40km/h 的速度行驶时，路面在驾驶员视野中所占比例增加到 20%；当以 96km/h 的速度行驶时，路面在驾驶员视野中所占比例继续增加，达到 50%。由于随着行车速度的增加，路面在驾驶员视野中所占的比例逐渐增大，因此在路面设置交通标线对驾驶员的影响也就更为有效。

交通标线最早出现在 1600 年的墨西哥城，即将路面对比色涂料施划在道路中心，用于分隔对向车流。1911 年，美国的密歇根州开始在道路弯道和桥梁上施划标线。研究表明，标志标线与交通事故相关率为 70%，完善的标志标线能提高 30%

的运输效率。然而，我国交通标志标线的投入还不到道路建设总造价的 2%。通过分析行车过程中驾驶员的眼动规律发现，与路侧的交通标志相比，驾驶员的注视点更加倾向于注视路面标线。因此，在不改变原有道路线形、不进行大规模工程改造的前提下，完善道路交通标志标线是减少交通事故的有效途径之一。

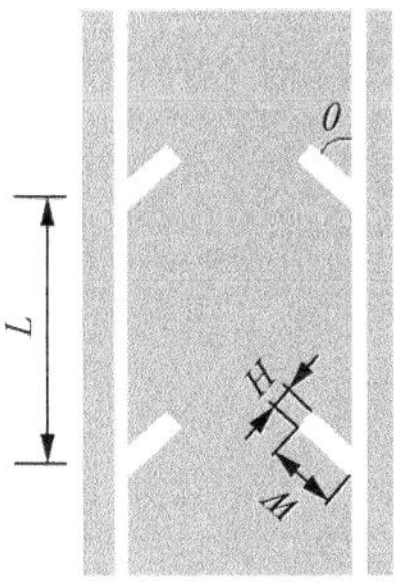

图 7-3　视错觉控速标线关键参数

以视错觉原理和现有的视错觉控速标线类型为基础，本章初步选定标线的横向宽度（W）、标线角度（θ）、标线间距（L）、标线色彩和标线线宽（H）为视错觉控速标线的关键参数，如图 7-3 所示。标线材料为防滑材料，技术要求应符合《路面防滑涂料》（JT/T 712—2008）的规定。本章的最终目的是提出一种新型的视错觉控速标线，并得到其关键参数在道路直线路段和曲线路段的最佳组合，使驾驶员主动地采取适当、有效的减速措施。

4. 试验场景

运用 3Ds MAX 和 UC-win/Road 仿真软件进行建模和渲染，制作关于直线段和曲线路段的多个仿真视频（图 7-4）。

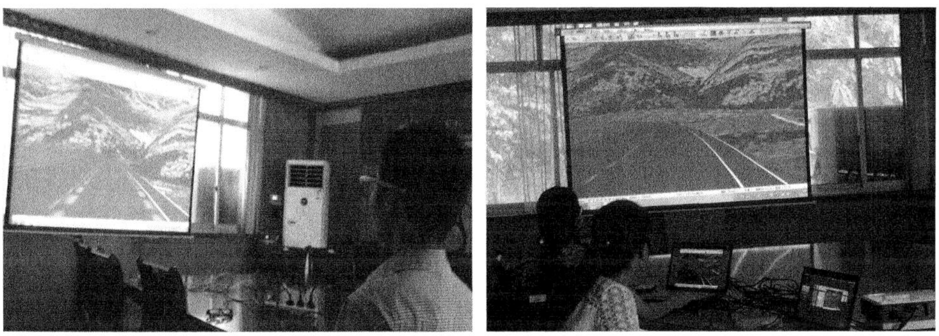

图 7-4　SMI 2.1 试验人员和场景调试

试验路段中平面、纵断面和横断面等设计要素满足《公路路线设计规范》（JTG D20—2017）、《公路工程技术标准》（JTB B01—2014）等行业规范和标准的要求，并添加不同关键参数值的视错觉控速标线。高速公路设计车速较快，路面额外增加标线不符合设计规范，且易造成安全隐患；低等级公路设计车速较慢，对减速的需求不大；城市道路常出现车辆拥堵，容易遮挡标线的设置。综上考虑，选择设计速度为 60km/h 的道路，纵坡小于 2%，车道宽度 3.5m，视线高度选取 1.5m。为了在仿真视频制作过程中避免超车、变道等影响，场景制作应尽量简单、逼真。

7.2.3 试验过程

1. 试验流程

试验流程如图 7-5 所示。

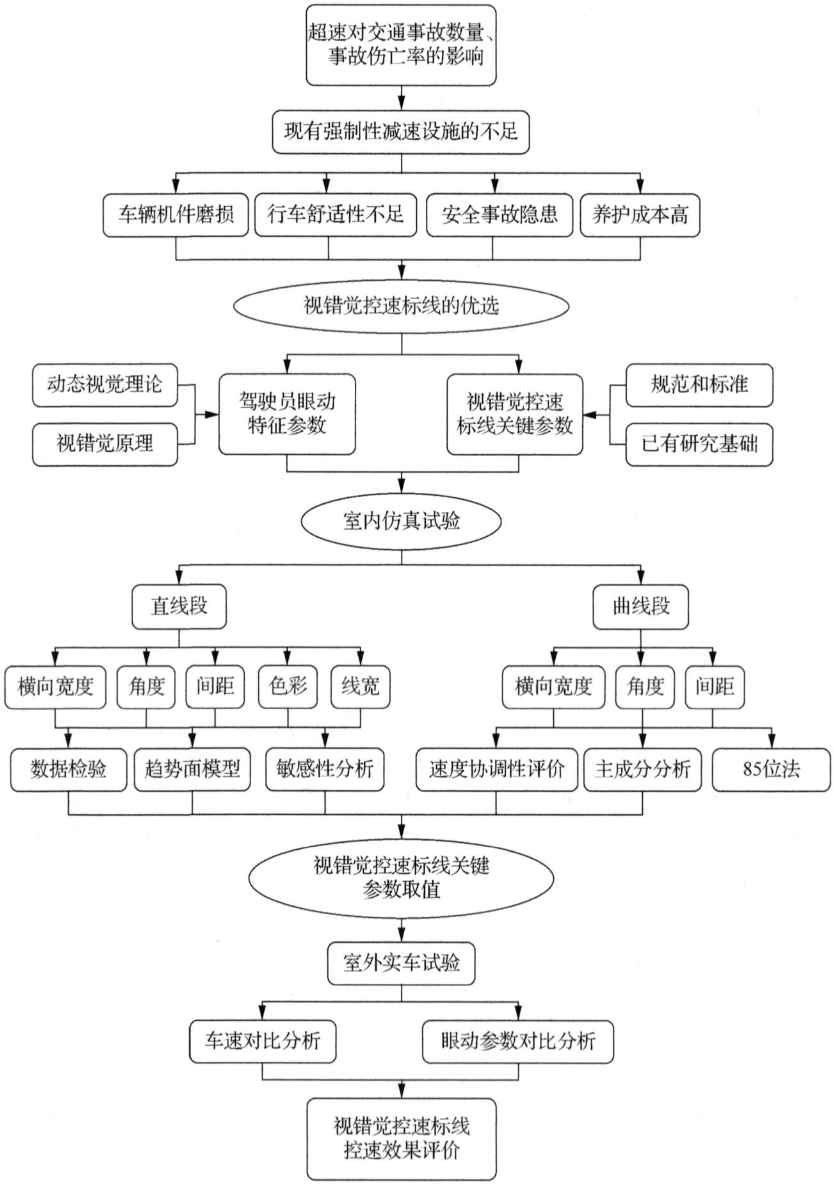

图 7-5　试验流程

2. 试验步骤

（1）试验准备

在开始试验前对眼动仪进行调试和检验，对驾驶模拟仿真视频进行排序，对驾驶员进行编号。

（2）无标线情况下眼动参数的测试

介绍试验的内容和要求，对被试驾驶员进行简单培训，熟悉相关仪器设备的操作过程，并让他们佩戴眼动仪后试驾一段道路，记录没有标线时驾驶员的瞳孔直径。由于瞳孔面积受光线影响较明显，因此试验时注意控制环境的光线强度。

（3）直线路段试验

告知被试驾驶员该仿真路段的设计速度为 60km/h，分别记录驾驶员通过不同横向宽度、标线角度、标线间距、标线色彩、标线线宽的视错觉控速标线时的瞳孔直径和运行速度。驾驶员按照编号依次进行试验，每个驾驶员每次试验重复驾驶 3 次，直到直线路段试验全部完成。

（4）曲线路段试验

同样告知被试驾驶员该仿真路段的设计速度为 60km/h，采集驾驶员通过不同半径曲线路段时的运行速度和减速度起止点位置。根据速度的连续性和一致性，选出最优曲线半径。针对不同的弯道半径，通过变化视错觉控速标线横向宽度、角度、间距的方法，记录驾驶员通过标线时的瞳孔直径、注视持续时间、注视次数及运行速度。驾驶员按照编号依次进行试验，每个驾驶员每次试验重复驾驶 3 次，直到曲线路段试验全部完成。

（5）试验结束

保存试验数据并查看试验结果，若出现大量的误差较大的数据，重复步骤(3)，直到满足试验要求。

7.3 试验数据处理

7.3.1 数据采集及筛选

在仿真试验过程中，驾驶员的瞳孔直径、注视点、注视路径、注视时间、注视次数等眼动参数可通过 SMI 2.1 眼镜式眼动仪获得，其自带的 BeGaze 数据处理软件可以对试验结果进行数据导出和初步分析。通过该软件导出的驾驶员眼动特征数据如图 7-6 所示。第 1 列表示试验人员，这是在试验前所定义的；第 2 列为眼动仪检测到的被试驾驶员的瞳孔颜色；第 3 列为眼动仪对人眼运动状态的追踪比例，比例越高，则说明检测到的数据越准确，本试验被试驾驶员追踪比例为97.1%，达到精度要求；第 4 列为驾驶员眼动的基本形式，包括注视、眨眼和扫视，表示眼动仪对驾驶员的眼动形式及相关数据进行的实时动态检测；第 5 列和第 6 列分别表示注视点在 x 轴和 y 轴方向的坐标，以像素为单位；第 7 列为驾驶员的瞳孔直径，以 mm 为单位，可以在一定程度上反映驾驶员的心理紧张程度和试验场景的光照强度；第 8 列为事件的持续时间，以 ms 为单位，与前面的眼动形式相对应。导出的数据还包括驾驶员的扫视数据等，鉴于篇幅有限，未在图中展示。

	A	B	C	D	E	F	G	H
1	Participant	Color	Tracking Ratio [%]	Category	Visual Intake Position X [px]	Visual Intake Position Y [px]	Visual Intake Average Pupil Diameter [mm]	Event Duration Trial Time [ms]
2	lixiaolei07310951	Coral	97.1	Blink	-	-	-	166.4
3	lixiaolei07310951	Coral	97.1	Visual Intake	841.3	859.7	4.5	199.4
4	lixiaolei07310951	Coral	97.1	Blink	-	-	-	299.3
5	lixiaolei07310951	Coral	97.1	Visual Intake	885	584.1	4.9	265.9
6	lixiaolei07310951	Coral	97.1	Saccade	-	-	-	66.4
7	lixiaolei07310951	Coral	97.1	Visual Intake	857.6	622.7	4.6	100
8	lixiaolei07310951	Coral	97.1	Saccade	-	-	-	66.4
9	lixiaolei07310951	Coral	97.1	Visual Intake	830.3	643.1	4.4	133
10	lixiaolei07310951	Coral	97.1	Saccade	-	-	-	132.9
11	lixiaolei07310951	Coral	97.1	Visual Intake	797.6	673.6	4.4	99.8
12	lixiaolei07310951	Coral	97.1	Saccade	-	-	-	99.7
13	lixiaolei07310951	Coral	97.1	Blink	-	-	-	299.5
14	lixiaolei07310951	Coral	97.1	Visual Intake	795.2	1088.3	4.4	232.8
15	lixiaolei07310951	Coral	97.1	Saccade	-	-	-	66.4
16	lixiaolei07310951	Coral	97.1	Saccade	-	-	-	66.5
17	lixiaolei07310951	Coral	97.1	Visual Intake	553.2	937.8	4.5	99.6
18	lixiaolei07310951	Coral	97.1	Saccade	-	-	-	66.5
19	lixiaolei07310951	Coral	97.1	Visual Intake	524.2	875.8	4.6	166.3
20	lixiaolei07310951	Coral	97.1	Saccade	-	-	-	67.6
21	lixiaolei07310951	Coral	97.1	Visual Intake	563.4	788.6	4.8	65.4
22	lixiaolei07310951	Coral	97.1	Saccade	-	-	-	66.5
23	lixiaolei07310951	Coral	97.1	Visual Intake	596.8	852.4	4.8	99.7
24	lixiaolei07310951	Coral	97.1	Saccade	-	-	-	66.6
25	lixiaolei07310951	Coral	97.1	Blink	-	-	-	332.4
26	lixiaolei07310951	Coral	97.1	Visual Intake	1094.6	555.1	5.3	166.4
27	lixiaolei07310951	Coral	97.1	Saccade	-	-	-	66.5
28	lixiaolei07310951	Coral	97.1	Visual Intake	546	745.1	4.5	99.7
29	lixiaolei07310951	Coral	97.1	Blink	-	-	-	897.9
30	lixiaolei07310951	Coral	97.1	Visual Intake	954.2	519.5	4.8	232.7

图 7-6　BeGaze 软件导出的部分原始数据

基于第 2 章对驾驶员眼动特征指标的选择，仿真试验中只保留瞳孔面积、注视时间、注视次数和注视点的眼动数据。为了更准确地分析曲线路段弯道半径、不同转向和视错觉控速标线对驾驶员视觉的影响，本试验采用场景中注视点位置框选和逐帧分析的方式，采集上述 3 个区域的注视持续时间。由于 SMI 2.1 眼镜式眼动仪的数据采集频率为 120Hz，试验数据量非常庞大，根据驾驶员行车速度快慢，取 2～3s 内双眼瞳孔直径的平均值，并计算其瞳孔面积变化率，以此来分析运行速度下视错觉控速标线关键参数对驾驶员瞳孔面积的影响。

通过 3Ds MAX 和 UC-win/Road 仿真软件能够直观地观察到行车速度的变化，并计算出 V_{85}。仿真路段的设计车速为 60km/h，根据设计速度与运行速度协调性评价，当运行速度与设计车速相差 20km/h 时，属于不良线形设计，容易造成安全隐患。但根据后来的试验结果，部分数据出现在 20～22km/h 范围内，因此将速度差设为 25km/h。当运行速度与设计车速相差超过 25km/h 时，该数据会被剔除。由于在仿真视频制作过程中已避免超车、变道等干扰，因此根据概率统计中的 3σ 准则，对无效和异常数据进行剔除。

为了保证样本的合理性和有效性，将上述数据进行预处理之后，再运用 MATLAB 和统计产品与服务解决方案（statistical product and service solutions，SPSS）进行正态性、相关性和显著性检验。

1. 分布正态性检验

自然中的研究总体具有各种分布形式，但由于不可能观测全部数据，必须从其样本总体中获得样本数据，并进行统计检验。如果样本总体的分布未知，则需要采用非参数假设检验法。正态性检验有多种计算方法，其适用范围和优缺点各不相同。结合本试验的样本数量和数据特征，并进行正态性检验。

2. 相关性检验

相关性检验是指对两个或多个具备相关性的变量元素进行分析，用以衡量两个变量因素的相关密切程度。相关性的元素之间需要存在一定的联系或者概率才能进行相关性分析。如果数据或随机变量出现相同的波动方式，表示相关性强；反之，表示相关性弱。统计学家卡尔·皮尔逊提出了统计指标——相关系数 r，用来反映变量之间的相关关系。

3. 显著性检验

为了获得较为可信的数据处理结果，事先给定一个很小的显著水平 α 值，然后根据显著水平确定分位数，用分位数来划分接受域和拒绝域，这种方法称为显著性检验。

7.3.2 数学分析与建模方法

1. 趋势面分析法

（1）趋势面模型的建立

趋势面拟合分析是指用数学方法对标线的横向宽度、角度、间距和运行速度以及驾驶员瞳孔面积变化率之间的影响关系进行分析。它主要根据多项式回归分析，运用最小二乘法原理对多个数据进行拟合，再用某种函数形式所代表的曲面来逼近自变量和因变量之间相互影响的空间关系。在这一函数中，从整体反映样本空间变化趋势的称为趋势面部分；驾驶员瞳孔面积变化率的实际值与该函数的趋势值之差称为残差部分，反映了标线的横向宽度、角度、间距和运行速度以及驾驶员瞳孔面积变化率之间局部性的变化规律。

趋势面的表达式主要包括多项式和傅里叶级数，由于前者在逼近连续函数方面效果更好，所以本章在进行趋势面拟合时多选用多项式。通常拟合公式次数越高，模型计算值与实测数据的残差越小，但还需要对趋势面模型进行适度检验。

（2）趋势面模型的参数估计

趋势面模型的一般表示形式为

$$z = a_0 + a_1 x_1 + a_2 x_2 + \cdots + a_p x_p \tag{7-1}$$

下面以二维趋势面为例，对趋势面模型的参数估计进行简要介绍。假设驾驶员瞳孔面积变化率实测数据为$Z_i(x_i, y_i)$（i=1,2,…,n），其中x_i为标线横向宽度，y_i为行车速度，趋势面趋势值为$\hat{Z}_i(x_i, y_i)$，则有

$$Z_i(x_i, y_i) = \hat{Z}_i(x_i, y_i) + \varepsilon_i \tag{7-2}$$

式中，ε_i为残差值。随着式（7-2）中(x_i, y_i)的变化，可通过计算得到任意一个点的$\hat{Z}_i(x_i, y_i)$和ε_i。令$x_1 = x, x_2 = y, x_3 = x^2, x_4 = xy, x_5 = y^2, \cdots$，则

$$\hat{z} = a_0 + a_1 x_1 + a_2 x_2 + \cdots + a_p x_p = \boldsymbol{AX} \tag{7-3}$$

其残差平方和为

$$\Omega = \sum_{i=1}^{n} (z_i - \hat{z}_i)^2 = \sum_{i=1}^{n} [z_i - (a_0 + a_1 x_{1i} + \cdots + a_p x_{pi})]^2 \tag{7-4}$$

趋势面模型的参数估计就是根据驾驶员瞳孔面积变化率的实测值$Z_i(x_i, y_i)$（i=1,2,…,n）来确定拟合多项式系数$a_0, a_1, \cdots, a_p$，使式（7-4）中的$\Omega \to \min$，即利用最小二乘法的原理对数据进行趋势面拟合。求Ω对$a_0, a_1, \cdots, a_p$的偏导数，并令该偏导数等于零，得到以下方程组：

$$\begin{cases} n a_0 + a_1 \sum_{i=1}^{n} x_{1i} + \cdots + a_p \sum_{i=1}^{n} x_{pi} = \sum_{i=1}^{n} z_i \\ a_0 \sum_{i=1}^{n} x_{1i} + a_1 \sum_{i=1}^{n} x_{1i} x_{1i} + \cdots + a_p \sum_{i=1}^{n} x_{pi} x_{1i} = \sum_{i=1}^{n} x_{1i} z_i \\ \vdots \\ a_0 \sum_{i=1}^{n} x_{pi} + a_1 \sum_{i=1}^{n} x_{1i} x_{pi} + \cdots + a_p \sum_{i=1}^{n} x_{pi} x_{pi} = \sum_{i=1}^{n} x_{pi} z_i \end{cases} \tag{7-5}$$

用矩阵形式表示为

$$\boldsymbol{X} = \begin{pmatrix} 1 & x_{11} & x_{21} & \cdots & x_{p1} \\ 1 & x_{12} & x_{22} & \cdots & x_{p2} \\ \vdots & \vdots & \vdots & & \vdots \\ 1 & x_{1n} & x_{2n} & \cdots & x_{pn} \end{pmatrix} \quad \boldsymbol{Z} = \begin{pmatrix} z_1 \\ z_2 \\ \vdots \\ z_n \end{pmatrix} \quad \boldsymbol{A} = \begin{pmatrix} a_0 \\ a_1 \\ \vdots \\ a_n \end{pmatrix}$$

则式（7-5）变为

$$\boldsymbol{X}^{\mathrm{T}} \boldsymbol{X} \boldsymbol{A} = \boldsymbol{X}^{\mathrm{T}} \boldsymbol{Z}$$

以二次趋势面拟合公式$z = a_0 + a_1 x + a_2 y + a_3 x^2 + a_4 xy + a_5 y^2$为例，它的矩阵表示形式如下：

$$\begin{pmatrix} 1 & 1 & \cdots & 1 \\ x_1 & x_2 & \cdots & x_n \\ y_1 & y_2 & \cdots & y_n \\ x_1^2 & x_2^2 & \cdots & x_n^2 \\ x_1y_1 & x_2y_2 & \cdots & x_ny_n \\ y_1^2 & y_2^2 & \cdots & y_n^2 \end{pmatrix}\begin{pmatrix} 1 & x_1 & y_1 & x_1^2 & x_1y_1 & y_1^2 \\ 1 & x_2 & y_2 & x_2^2 & x_2y_2 & y_2^2 \\ \vdots & \vdots & \vdots & \vdots & \vdots & \vdots \\ 1 & x_n & y_n & x_n^2 & x_ny_n & y_n^2 \end{pmatrix}\begin{pmatrix} a_0 \\ a_1 \\ a_2 \\ a_3 \\ a_4 \\ a_5 \end{pmatrix}=\begin{pmatrix} 1 & 1 & \cdots & 1 \\ x_1 & x_2 & \cdots & x_n \\ y_1 & y_2 & \cdots & y_n \\ x_1^2 & x_2^2 & \cdots & x_n^2 \\ x_1y_1 & x_2y_2 & \cdots & x_ny_n \\ y_1^2 & y_2^2 & \cdots & y_n^2 \end{pmatrix}\begin{pmatrix} z_0 \\ z_1 \\ \vdots \\ z_5 \end{pmatrix}$$

上式可表示为

$$\boldsymbol{A}=(\boldsymbol{X}^{\mathrm{T}}\boldsymbol{X})^{-1}\boldsymbol{X}^{\mathrm{T}}\boldsymbol{Z} \tag{7-6}$$

将式（7-6）代入式（7-3）即可计算得到驾驶员在某一状态下的瞳孔面积变化率。

为了求解系数矩阵 $\boldsymbol{A}$，首先改变式（7-5）的表示方法，令

$$\overline{z}=\frac{1}{n}\sum_{i=1}^{n}z_i \qquad \overline{x}_j=\frac{1}{n}\sum_{i=1}^{n}x_{ji} \tag{7-7}$$

并使

$$s_{jk}=\sum_{i=1}^{n}(x_{ji}-\overline{x}_j)(x_{ki}-\overline{x}_k) \tag{7-8}$$

$$s_{jz}=\sum_{i=1}^{n}(x_{ji}-\overline{x}_j)(z_i-\overline{z}) \tag{7-9}$$

$$s_{zz}=\sum_{i=1}^{n}(z_i-\overline{z}) \tag{7-10}$$

式中，$\overline{z}$ ——驾驶员瞳孔面积变化率实际值的平均值（mm^2）；

$\overline{x}_j$ ——第 j 个变量 x_j 的平均值（mm）；

$\frac{1}{n}s_{jk}$ —— x_j 和 x_k 的协方差；

$\frac{1}{n}s_{zz}$ —— z 的总方差。

在式（7-5）中，由第一个方程可得到

$$a_0=\frac{1}{n}\sum_{i=1}^{n}z_i-\frac{1}{n}\left(\sum_{i=1}^{n}x_{1i}a_1+\cdots+\sum_{i=1}^{n}x_{pi}a_p\right) \tag{7-11}$$

故式（7-7）可表示为

$$a_0=\overline{z}-(\overline{x}_1a_1+\overline{x}_2a_2+\cdots+\overline{x}_pa_p) \tag{7-12}$$

将式（7-8）代入式（7-4），得

$$\Omega=\sum_{i=1}^{n}[(z_i-\overline{z})-a_1(x_{1i}-\overline{x}_1)-\cdots-a_p(x_{pi}-\overline{x}_p)]^2 \tag{7-13}$$

在式（7-9）的基础上，求 Ω 对 $a_0,a_1,\cdots,a_p$ 的偏导数，并令该偏导数等于零，

可得如下方程组：

$$\begin{cases} s_{11}a_1 + s_{12}a_2 + \cdots + s_{1p}a_3 = s_{1z} \\ s_{21}a_1 + s_{22}a_2 + \cdots + s_{2p}a_3 = s_{2z} \\ \vdots \\ s_{p1}a_1 + s_{p2}a_2 + \cdots + s_{pp}a_3 = s_{pz} \end{cases} \tag{7-14}$$

式(7-14)与式(7-5)是等价的，式(7-14)包括 p 个方程，由此可解出 $a_1, a_2, \cdots, a_p$，将 $a_1, a_2, \cdots, a_p$ 代入式（7-12）可求得 a_0，这样就求得系数矩阵 $\boldsymbol{A}$。

（3）趋势面模型的适度检验

1）拟合精度。

由标线关键参数 x_i、运行速度 y_i 以及驾驶员瞳孔面积变化率的实测值 z_i 进行拟合的多项式趋势面，在一定程度上反映了标线的横向宽度、角度、间距及驾驶员视觉之间的关系，需要进一步对趋势面模型原始数据的逼近情况进行分析。

拟合精度是指由趋势面模型计算得到的数学曲面与实际数据面的逼近程度，可用下式表示。

$$C = \left[1 - \frac{\sum_{i=1}^{n}(z_i - \hat{z}_i)^2}{\sum_{i=1}^{n}(z_i - \overline{z}_i)^2}\right] \times 100\% \tag{7-15}$$

式中，C——趋势面模型的拟合精度；

z_i——驾驶员瞳孔面积变化率的实际值（mm^2）；

$\hat{z}_i$——驾驶员瞳孔面积变化率的趋势值（mm^2）；

$\overline{z}_i$——驾驶员瞳孔面积变化率的平均值（mm^2）；

$\sum_{i=1}^{n}(z_i - \hat{z}_i)^2$ —— z_i 的残差平方和；

$\sum_{i=1}^{n}(z_i - \overline{z}_i)^2$ ——驾驶员瞳孔面积实测值 z_i 与其平均值 $\overline{z}_i$ 之差的平方和。

趋势面模型的拟合精度 C 能够反映由趋势面呈现出的驾驶员瞳孔面积变化率波动平方占驾驶员瞳孔面积变化率采样数据的总波动平方和的百分比。一般来说，其数值越高，说明该模型拟合效果越好，但过高容易导致趋势剩余的缺失，从而影响拟合效果。

多项式趋势面模型的好坏除了拟合精度这一指标之外，还需对其进行 R^2 检验和 F 检验，以检验趋势面拟合模型的变异是否显著。

2）R^2 检验。

拟合系数 R^2 是检验趋势面模型拟合效果的重要指标，用变量 z 的回归平方和

SSR 与总离差平方和 SST 的比值来表示。

$$SSE=\sum_{i=1}^{n}(z_i-\hat{z}_i)^2 \tag{7-16}$$

$$SSR=\sum_{i=1}^{n}(\hat{z}_i-\overline{z})^2 \tag{7-17}$$

$$SST=SSE+SSR \tag{7-18}$$

式中，SST——总离差平方和；

SSE——剩余平方和，用于表征其他随机因素对 z 变差的影响情况；

SSR——回归平方和，用于表征所有自变量因素对 z 变差的影响情况。

$$R^2=\frac{SSR}{SST}=1-\frac{SSE}{SST} \tag{7-19}$$

式中，R^2 越大，表示该趋势面模型的拟合程度越好。

3）F 检验。

F 检验是对拟合模型整体拟合效果的显著性进行检验，使用的检验统计量为

$$F=\frac{SSR/m}{SSE/(n-m-1)} \tag{7-20}$$

式中，m——回归平方和的自由度；

$n-m-1$——剩余平方和的自由度。

F 服从第一自由度为 m、第二自由度为（$n-m-1$）的 $F(m,n-m-1)$ 分布。在预先设定的信度 α 下查 F 分布表得 F_α 值。如果 $F>F_\alpha$，则求得的趋势面拟合模型回归效果显著，即该回归曲面可视作不同运行速度和标线的横向宽度、角度、间距情况下，驾驶员瞳孔面积变化率的趋势面；反之，则不能。

2. 敏感性分析法

敏感性分析法是一种具有不确定性的分析方法，用于判断研究项目承担风险的能力。该方法从诸多不确定的影响因素当中提取出对项目有重要影响的因素，分析并测算当影响因素发生改变时对项目影响的程度。本书中引入敏感性分析法，是从驾驶员动态视觉角度出发，分析敏感因素的影响程度及其最大变动幅度，得到标线的横向宽度、角度、间距这 3 项敏感因素对驾驶员瞳孔面积变化率的影响程度。

（1）敏感性分析法的分类

根据敏感因素的数量，敏感性分析法可以分为单因素敏感性分析法和多因素敏感性分析法。

1）单因素敏感性分析法。

单因素敏感性分析法是在只有一个敏感因素发生变化，而假定其他敏感因素

固定不变的情况下，分析该变化因素对目标对象的影响程度。该方法在研究因素改变对项目产生的影响时，首先变动因素中的一个，假定影响项目的其他敏感性因素都不会发生任何变化，分析单个因素发生变化时对项目产生的影响，判断其对项目方案影响程度和项目需要承受风险的大小。单个因素发生变化，假定其他因素保持不变，这种假定在通常情况下是不会成立的，当大于或等于两个因素发生变化时，该方法已很难适用，因此应该采取多因素敏感性分析法。

2）多因素敏感性分析法。

多因素敏感性分析法是有两个或者两个以上的敏感因素同时变动时，分析对目标对象影响程度的一种方法。多因素敏感性分析法与单因素敏感性分析法的计算原理基本一致，但前者计算过程更加复杂，需要考虑一起发生变化的敏感因素之间的关系。

由于视错觉控速标线的横向宽度、角度、间距这 3 项敏感因素之间相互独立，故选择单因素敏感性分析法来分析它们对驾驶员瞳孔面积变化率的敏感程度。

（2）敏感性分析法的步骤

1）确定敏感性分析对象。

根据敏感性分析的原则，在选取分析对象时，分析对象应与确定性对象一致，不能超出确定性对象范围另选指标。因此，结合本节进行敏感性分析的需求，选取视错觉控速标线的横向宽度、角度及间距这 3 项敏感因素作为敏感性分析对象。

2）计算分析对象的敏感程度。

标线的关键参数对驾驶员瞳孔面积变化率的敏感程度可表示为：一种或多种因素变化时，导致驾驶员瞳孔面积变化的幅度。除了要分析的某一项敏感因素外，其他敏感因素均保持不变，然后根据该敏感因素的变化程度，再次计算相关敏感因素，并将计算结果与原敏感因素进行比较，得出其变动的范围，这样就能获得标线的横向宽度、角度及间距对驾驶员瞳孔面积变化率的敏感程度。为了更直观地反映敏感因素的敏感程度，本节引入敏感度系数这一指标。敏感度系数是指在影响因素作用下，目标值变化百分率与该敏感因素变化百分率的比值。敏感度系数越高，说明驾驶员瞳孔面积变化率对该敏感因素的敏感程度越高，反之越低。

根据敏感度系数的定义，其计算公式如下：

$$E = \Delta P / \Delta F \tag{7-21}$$

式中，E——驾驶员瞳孔面积变化率对于敏感因素 F（视错觉控速标线的横向宽度、角度、间距）的敏感度系数；

ΔP——敏感因素 F 发生变化时，驾驶员瞳孔面积变化率的相应变化率（%）；

ΔF——敏感因素 F 的变化率（%）。

$E>0$，表示评价对象与敏感因素呈正相关；$E<0$，表示评价对象与敏感因素呈负相关。$|E|$越大，说明敏感因素 F 的敏感度系数越高，反之越低。

3）获得最敏感的因素。

根据计算结果，比较分析标线的横向宽度、角度及间距这 3 项敏感因素的敏感度系数，获得对驾驶员瞳孔面积变化率影响最为敏感的因素，并分析其原因。

3. 主成分分析法

主成分分析法在 1901 年由卡尔·皮尔逊（Karl Pearson）针对非随机变量引入，后来由美国的数理统计学家哈罗德·霍特林（Harold Hotelling）将该方法推广到随机向量，目前被广泛应用于统计学、物理学、医学、环境科学、地质学等诸多领域。主成分分析也称主分量分析，是一种将原来较多的指标简化为少数几个新的综合指标的多元统计分析方法。主成分分析法可创建一组互不相关的新变量以线性组合的方式来表示原始数据集，达到降低数据集“维数”的目的，同时大部分原始数据集的特征信息可以通过创建的一组互不相关的新变量表示出来。由于主成分分析法具备较为完善的理论和快捷的计算，并且保留了原始变量的大部分信息，因此本节选择主成分分析法建立视觉负荷强度的模型。

一个现实系统中常常涉及多个变量，这势必会增加分析问题的难度和复杂程度。主成分分析法是一种从高维空间到低维空间的降维处理方法，它利用变量之间的相关性，把多个变量转化为少数几个综合变量，在保证信息损失量最小的前提下，尽可能地提取问题的主要方面，从而对多变量数据进行最佳综合简化。

（1）主成分分析法的原理

假定有 n 个样本，每个样本共有 p 个变量，构成一个 $n\times p$ 阶的数据矩阵：

$$\boldsymbol{X}=\begin{pmatrix} x_{11} & x_{12} & \cdots & x_{1p} \\ x_{21} & x_{22} & \cdots & x_{2p} \\ \vdots & \vdots & & \vdots \\ x_{n1} & x_{n2} & \cdots & x_{np} \end{pmatrix} \tag{7-22}$$

记原变量指标为 $x_1, x_2, \cdots, x_p$，设它们降维处理后的综合指标，即新变量为 $z_1, z_2, \cdots, z_m (m \leqslant p)$，则

$$\begin{cases} z_1 = l_{11}x_1 + l_{12}x_2 + \cdots + l_{1p}x_p \\ z_2 = l_{21}x_1 + l_{22}x_2 + \cdots + l_{2p}x_p \\ \qquad \vdots \\ z_m = l_{m1}x_1 + l_{m2}x_2 + \cdots + l_{mp}x_p \end{cases} \tag{7-23}$$

系数 l_{ij} 的确定原则：

1）z_i 与 $z_j\,(i\neq j;\ i,j=1,2,\cdots,m)$相互无关；

2）z_i 是 $x_1, x_2, \cdots, x_p$ 的一切线性组合中方差最大者，z_2 是与 z_1 不相关的 x_1，$x_2, \cdots, x_p$ 的所有线性组合中方差最大者；z_m 是与 $z_1, z_2, \cdots, z_{m-1}$ 都不相关的 x_1，

$x_2, \cdots, x_p$ 的所有线性组合中方差最大者。

新变量指标 $z_1, z_2, \cdots, z_m$ 分别称为原变量指标 $x_1, x_2, \cdots, x_m$ 的第 1，第 2,…,第 m 主成分。从以上分析可以得出，主成分分析的实质就是确定原来变量 x_j =(j=1, 2,…,p)在主成分 z_i (i=1,2,…,m)上的载荷 l_{ij} (i=1,2,…,m；j=1,2,…,p)，它们分别是相关矩阵 m 个较大的特征值所对应的特征向量。

（2）主成分分析法的步骤

1）计算相关系数矩阵。

$$\boldsymbol{R}=\begin{pmatrix} r_{11} & r_{12} & \cdots & r_{1p} \\ r_{21} & r_{22} & \cdots & r_{2p} \\ \vdots & \vdots & & \vdots \\ r_{n1} & r_{n2} & \cdots & r_{np} \end{pmatrix} \tag{7-24}$$

$r_{ij}(i,j=1,2,\cdots,p)$ 为原变量 x_i 与 x_j 的相关系数，$r_{ij}=r_{ji}$，其计算公式为

$$r_{ij}=\frac{\sum_{k=1}^{n}(x_{ki}-\overline{x}_i)(x_{kj}-\overline{x}_j)}{\sqrt{\sum_{k=1}^{n}(x_{ki}-\overline{x}_i)^2\sum_{k=1}^{n}(x_{kj}-\overline{x}_j)^2}} \tag{7-25}$$

2）计算特征值与特征向量。

解特征方程 $|I-R|=0$，常用雅可比法求出特征值，并使其按大小进行排序，即 $\lambda_1 \geqslant \lambda_2 \geqslant \cdots \geqslant \lambda_p \geqslant 0$；再分别求出对应于特征值 λ_i 的特征向量 $\boldsymbol{e}_i$ (i =1,2,…, p)，要求 $\|\boldsymbol{e}_i\|=1$，即 $\sum_{j=1}^{p}{e_{ij}}^2=1$，其中 e_{ij} 表示向量 $\boldsymbol{e}_i$ 的第 j 个分量。

3）计算主成分贡献率及累积贡献率。

主成分贡献率：

$$\frac{\lambda_i}{\sum_{k=1}^{p}\lambda_k} \quad (i=1,2,\cdots,p) \tag{7-26}$$

累积贡献率：

$$\frac{\sum_{k=1}^{i}\lambda_k}{\sum_{k=1}^{p}\lambda_k} \quad (i=1,2,\cdots,p) \tag{7-27}$$

通常取累积贡献率达到 85%～95%的特征值，$\lambda_1, \lambda_2, \cdots, \lambda_m$ 所对应的第 1,第 2, …,第 $m(m \leqslant p)$ 个主成分。

4）计算主成分载荷。

$$I_{ij} = p(z_i, x_j) = \sqrt{\lambda_i e_{ij}} \qquad (i=1,2,\cdots,p) \tag{7-28}$$

5）各主成分得分。

$$\boldsymbol{Z} = \begin{pmatrix} z_{11} & z_{12} & \cdots & z_{1p} \\ z_{21} & z_{22} & \cdots & z_{2p} \\ \vdots & \vdots & & \vdots \\ z_{n1} & z_{n2} & \cdots & z_{np} \end{pmatrix} \tag{7-29}$$

4. 正态检验方法

利用观测数据判断总体是否服从正态分布的检验称为正态性检验，它是统计判决中一种特殊的拟合优度假设检验。常用的正态检验方法有正态概率纸法、夏皮罗-威尔克检验法、科尔莫戈罗夫检验法、偏度-峰度检验法等。

在正态检验中，偏度-峰度检验法原理清晰、计算简单，通常被首选用来作为正态检验统计量。

偏度-峰度的正态检验包括下面 3 种方法。

（1）偏度检验

使用偏度检验时，总体具有仅在偏度方向上偏离正态的先验信息，因而备择假设为

$$H_i / b_s \neq 0 \tag{7-30}$$

检验统计量为

$$\hat{b}_s = \frac{m_3}{m_2^{3/2}} \tag{7-31}$$

当总体服从正态分布时，

$$\sqrt{\frac{(n+1)(n+3)}{6(n-2)}}\hat{b}_s \tag{7-32}$$

的极限分布是 $N(0,1)$，因此水平为 α 检验的拒绝域为

$$\left\{ |\hat{b}_s| > \sqrt{\frac{6(n-2)}{(n+1)(n+3)}} z_{1-\alpha/2} \right\} \tag{7-33}$$

这是标准正态分布的分位数。

（2）峰度检验

使用峰度检验时，总体具有仅在峰度方向上偏离正态的先验信息，因而备择假设为

$$H_1 / k \neq 0 \tag{7-34}$$

检验统计量为

$$\hat{k} = \frac{m_s}{m_2^2} - 3 \tag{7-35}$$

当总体服从正态分布时，

$$\sqrt{\frac{(n+1)^2(n+3)(n+5)}{24(n-2)(n-3)}}\left(\hat{k} + \frac{6}{n+1}\right) \tag{7-36}$$

的极限分布是 $N(0,1)$，因此水平为 α 检验的拒绝域为

$$\left\{\hat{k} > \sqrt{\frac{24n(n-2)(n-3)}{(n+1)^2(n+3)(n+5)}}z_{1-\alpha/2} - \frac{6}{n+1}\right\} \tag{7-37}$$

或

$$\left\{\hat{k} < \sqrt{\frac{24n(n-2)(n-3)}{(n+1)^2(n+2)(n+5)}}z_{1-\alpha/2} - \frac{6}{n+1}\right\} \tag{7-38}$$

（3）偏度和峰度联合检验

使用联合检验的条件为，总体具有在偏度和峰度方向上都偏离正态的先验信息，它的备择假设为

$$H_1 / b_s \neq 0, k \neq 0 \tag{7-39}$$

首先，计算统计量：

$$T = \frac{\hat{b}_s^2(n+1)(n+3)}{6(n+2)} + \frac{\left(\hat{k} + \frac{6}{n+1}\right)^2 (n+1)^2(n+3)(n+5)}{24n(n-2)(n-3)} \tag{7-40}$$

由 T 的值，根据该统计量的极限分布自由度是 2 的 x^2 分布，得出水平为 α 检验的拒绝域是

$$T > x_{1-\alpha}^2(2) \tag{7-41}$$

式中，$x_{1-\alpha}^2(2)$ 是自由度为 2 的 x^2 分布的 $1-\alpha$ 分位数。

在一定的条件下，这些偏度和峰度检验统计量具有渐近正态的优良性质和良好的功效。

小　　结

本章依据研究目的和相关内容，采用室内试验方法开展研究，并设计了试验方案，以获得视错觉控速标线的横向宽度、角度、间距、色彩、线宽以及弯道半径大小和转向对减速效果和眼动特征的影响。

仿真路段的设计车速为 60km/h，首先通过采集实时变化的运行速度，计算出 V_{85}，并剔除运行速度与设计车速相差超过 25km/h 的数据。然后根据仪器设备采

样频率、试验目的和 3σ 准则，对试验数据进行预处理。最后运用偏度-峰度检验法等进行正态性、相关性和显著性检验。

拟采用趋势面分析法，建立不同运行速度和标线的横向宽度、角度、间距与驾驶员瞳孔面积变化率的趋势面，并进行拟合精度、R^2 和 F 检验。通过敏感性分析法分析标线的横向宽度、角度、间距这 3 项敏感因素对驾驶员瞳孔面积的影响程度。根据主成分分析法，对瞳孔面积变化率、注视时间、注视次数进行建模分析，得出驾驶员视觉负荷强度。

第 8 章　道路直线路段视错觉控速标线参数分析

为了研究设计速度为 60km/h 的道路直线路段上，视错觉控速标线的横向宽度、角度、间距、色彩、线宽对车辆运行速度的影响，本章将分别分析上述关键参数与运行速度之间的关系，通过建立两者之间的回归模型来评判减速效果。引入眼动指标的目的是客观反映人的心理生理变化，使速度变化的过程和程度更符合人因工程学，使减速措施更加科学。为了进一步研究视错觉控速标线关键参数对运行速度和眼动特征的影响，本章将通过建立趋势面模型的方法进行定量分析，并通过敏感性分析对关键参数的敏感性进行评价。

8.1　标线横向宽度对运行速度和眼动特征的影响

8.1.1　数据检验

按照第 7 章试验方案设计，确定视错觉控速标线的横向宽度沿行车方向分别取值 20～55cm，角度和间距分别恒为 90° 和 4m。通过虚拟仿真将视错觉控速标线施划在行车道两侧，呈对称分布。试验测试了不同横向宽度的视错觉控速标线对运行速度和驾驶员瞳孔直径的影响，并获得相关数据。由于瞳孔面积变化率更能直观地反映驾驶员的心理状态，因此将瞳孔直径转化成瞳孔面积变化率。鉴于篇幅所限，仅列出部分数据，如表 8-1 所示。

$$\varphi = [(S_i - S_0) / S_0] \times 100\% \tag{8-1}$$

式中，φ——瞳孔面积变化率（%）；

S_0——原始瞳孔面积（mm^2）；

S_i——变化后的瞳孔面积（mm^2）。

表 8-1　部分试验样本数据值

序号	标线横向宽度/cm	运行速度/（km/h）	瞳孔面积变化率/%
1	20	68.65	7.52
2	21	68.21	6.34
3	22	67.83	5.48
4	23	66.95	7.91
5	24	67.19	9.24

续表

序号	标线横向宽度/cm	运行速度/（km/h）	瞳孔面积变化率/%
6	25	66.34	10.03
7	26	66.06	9.59
8	27	67.49	10.28
9	28	67.62	12.08
10	29	66.88	13.03
11	30	65.27	13.38

样本数据的分布特征，不仅影响试验结果，还会影响其信度。由于自然界中大量观测数据均符合正态分布，且本试验需要定量研究，因此采用 P-P 图法初步检验试验数据后，再进行相关性和显著性检验。

1．正态分布检验

通过采用 P-P 图法，验证车辆运行速度和瞳孔面积变化率是否服从正态分布，检验结果如图 8-1 所示。由图可知，样本点基本落在理论值的参考线附近，因此可以认为两者符合正态分布，具有统计学意义。

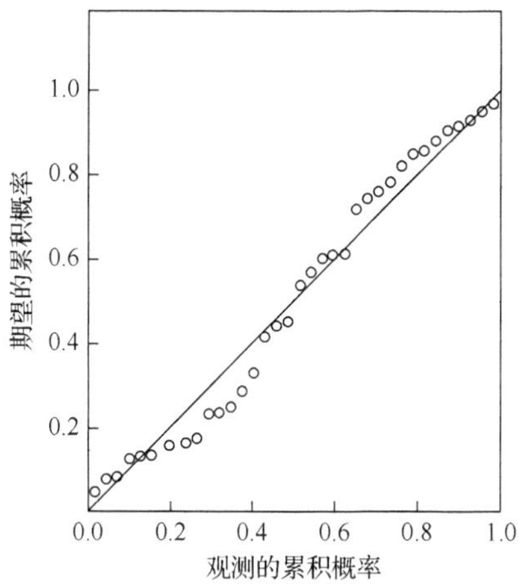

（a）行车速度的正态P-P图

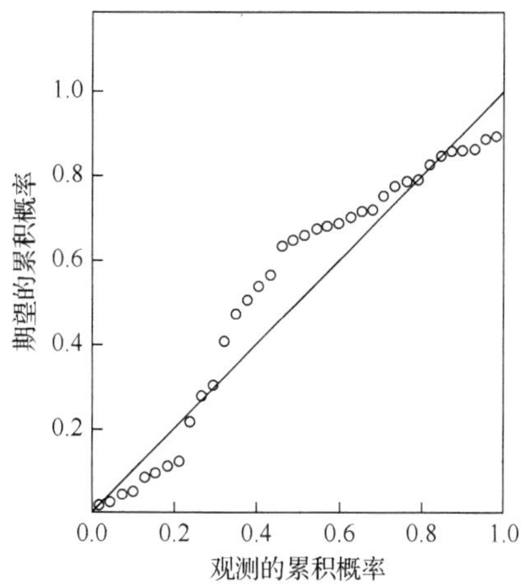

（b）瞳孔面积变化率的正态P-P图

图 8-1　运行速度和瞳孔面积变化率 P-P 图

2．相关性检验

r 为相关系数，当 $|r|>0.8$ 时，表示极强相关；当 $0.6<|r|<0.8$ 时，表示强相关；当 $0.4<|r|<0.6$ 时，表示中等程度相关；当 $0.2<|r|<0.4$ 时，表示弱相关；当 $0.0<|r|<0.2$ 时，表示不相关。

视错觉控速标线横向宽度与运行速度和瞳孔面积变化率的相关系数如表 8-2

所示，分别为-0.947 和 0.913，说明在 0.01 置信度水平（双侧）上，标线横向宽度与运行速度相关程度极强，与瞳孔面积变化率相关性极强。

表 8-2 标线横向宽度与运行速度和瞳孔面积变化率相关性分析

标线横向宽度			运行速度			瞳孔面积变化率		
Pearson 相关性	显著性（双侧）	N	Pearson 相关性	显著性（双侧）	N	Pearson 相关性	显著性（双侧）	N
1		36	-0.947**	0.000	36	0.913**	0.000	36
-0.947**	0.000	36	1		36	-0.855**	0.000	36
0.913**	0.000	36	-0.855**	0.000	36	1		36

** 在 0.01 置信度水平（双侧）上显著相关。

3. 显著性检验

通过 SPSS 软件，对标线的横向宽度与运行速度以及瞳孔面积变化率指标进行单因素方差分析，得到显著性水平值均为 $P = 0.00 < 0.05$，说明视错觉控速标线的横向宽度对运行速度降低和瞳孔面积变化有显著影响。

8.1.2 横向宽度与运行速度分析

通过 MATLAB 计算，分析不同横向宽度的视错觉控速标线对运行速度的影响。计算得到的非线性回归模型如下。

$$f(x) = 0.001471x^2 - 0.305x + 73.87 \tag{8-2}$$

式中，$f(x)$——运行速度（km/h）；

x——标线横向宽度（cm）。

模型适用范围为 $x \in [20,55]$。该回归模型的拟合优度检验 $R^2 = 0.90$，说明该模型对样本数据的代表程度较强，可用于描述标线横向宽度与车辆运行速度之间的关系。

由图 8-2 可知，当驾驶员从自由流状态进入视错觉控速标线路段时，由于尚未适应，运行速度保持在小范围波动。当驾驶员驶入视错觉控速标线路段时，由于受到标线不同横向宽度的影响，会产生行车道变窄的视错觉，这时驾驶员开始变得紧张，运行速度的波动也变得明显。并且，随着标线横向宽度的增大，驾驶员产生车道变窄的错觉越来越明显，这时驾驶员的紧张感变强，运行速度继续降低。

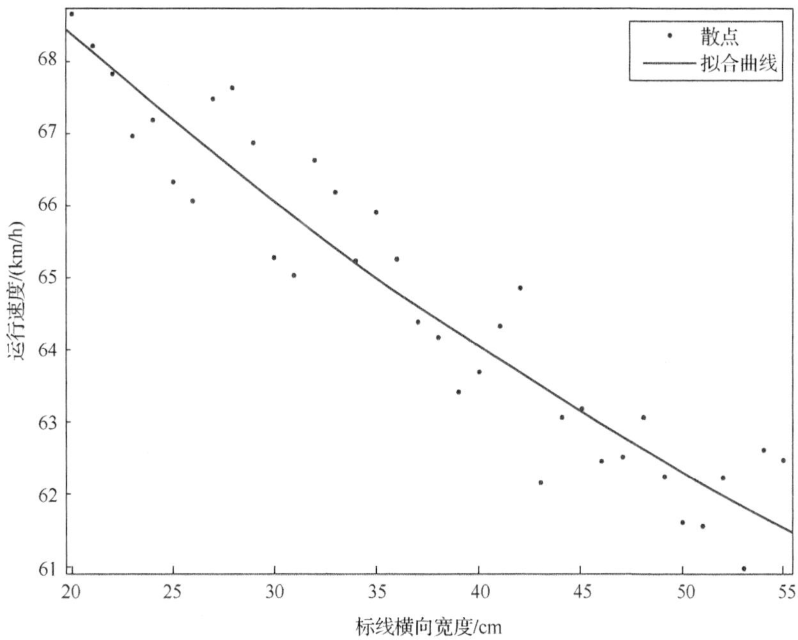

图 8-2　标线横向宽度与运行速度的关系

8.1.3　横向宽度对运行速度和眼动特征的影响

本节选用 MATLAB 中的 rstool 函数进行建模。该函数作为一种交互响应曲面模型函数，包括 linear、pure quadratic、interaction 和 quadratic 共 4 种函数类型。其中，quadratic 函数包括常数项、一次项、交叉项和二次项，符合趋势面拟合模型的一般函数形式，因此本节选用 quadratic 函数类型来建立横向宽度、运行速度及驾驶员瞳孔面积变化率三者之间的二元二次趋势面模型。rstool 函数建模界面如图 8-3 所示。

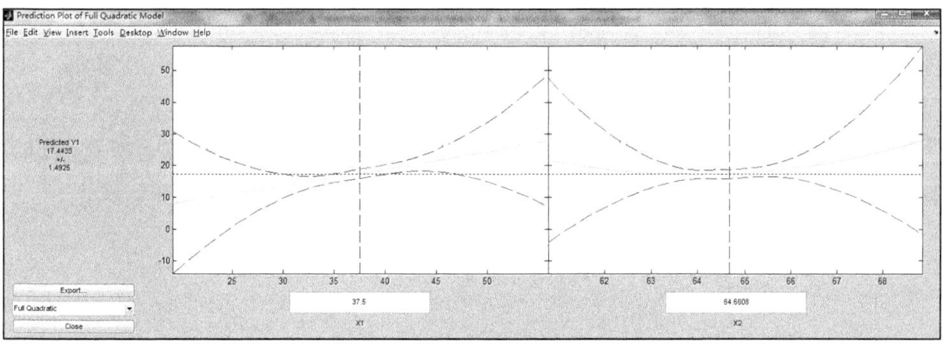

图 8-3　rstool 函数建模界面

假设视错觉控速标线横向宽度为自变量 x，运行速度为自变量 y，驾驶员瞳孔面积变化率为因变量 z，在 MATLAB 中绘制出三者的散点图，如图 8-4 所示。

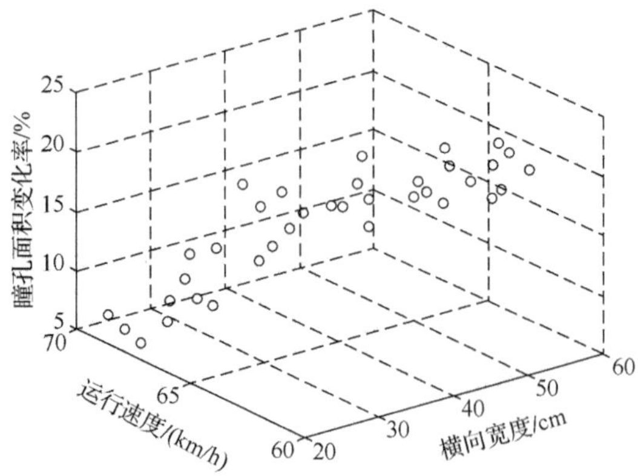

图 8-4　横向宽度、运行速度与瞳孔面积变化率的散点图

根据表 8-1 的数据，建立标线横向宽度 x、运行速度 y 及驾驶员瞳孔面积变化率 z 三者之间的趋势面关系模型如下。

$$z = 2316 - 11.5048x - 65.3582y + 0.1837xy + 0.021x^2 + 0.457y^2 \qquad (8\text{-}3)$$

式中，z——瞳孔面积变化率（%）；

x——标线横向宽度（cm）；

y——运行速度（km/h）。

根据式（7-15），得到二次趋势面拟合模型的拟合精度为 85.32%，可知趋势面拟合效果较好。根据式（7-16）～式（7-20），通过对趋势面拟合模型进行 R_2 检验和 F 检验，发现该模型均满足要求，可进行应用。为了能够更加清晰、直观地反映横向宽度对运行速度和驾驶员瞳孔面积变化率的影响，根据趋势面拟合公式［式（8-3）］绘制了三者之间的关系图，如图 8-5 所示。

由图 8-5 可以看出，当视错觉控速标线横向宽度一定时，随着车辆运行速度的加快，驾驶员的瞳孔面积变化率逐渐增长，紧张程度较平静时明显增加，即运行速度与驾驶员瞳孔面积呈正相关；当运行速度一定时，随着标线横向宽度的增大，驾驶员的瞳孔面积呈上升趋势，即标线横向宽度与驾驶员瞳孔面积呈正相关，说明横向宽度和运行速度对驾驶员瞳孔面积变化率的影响关系为协同作用。

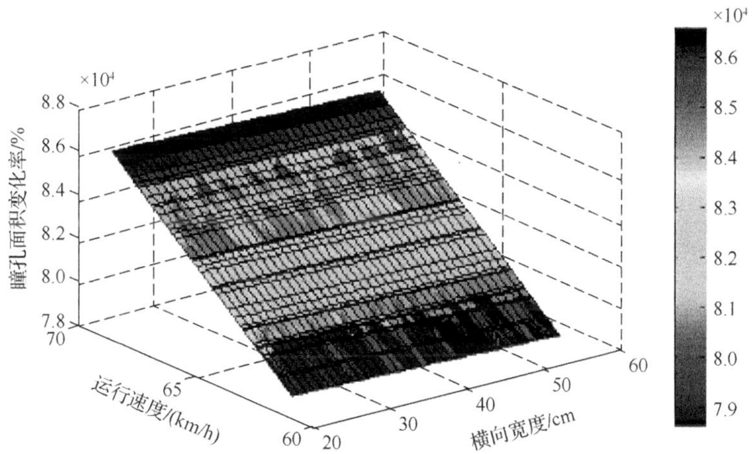

图 8-5　横向宽度、运行速度与瞳孔面积变化率的关系

8.2　标线角度对运行速度和眼动特征的影响

8.2.1　数据检验

根据第 7 章试验方案设计，视错觉控速标线的角度沿行车方向以 5° 为单位，从 5° 渐变至 180° ，横向宽度和间距分别恒为 45cm 和 4m。通过虚拟仿真将视错觉控速标线施划在行车道两侧，呈对称分布。试验测试了不同角度的视错觉控速标线对车辆运行速度和驾驶员瞳孔直径的影响，并获得相关数据。由于瞳孔面积变化率更能直观地反映驾驶员的心理状态，因此将瞳孔直径转化成瞳孔面积变化率。鉴于篇幅所限，仅列出部分数据，如表 8-3 所示。

表 8-3　部分试验样本数据值

序号	标线角度/（°）	运行速度/（km/h）	瞳孔面积变化率/%
1	5	67.78	9.21
2	10	68.61	11.93
3	15	68.37	13.56
4	20	70.98	14.25
5	25	71.55	15.46
6	30	72.84	17.84
7	35	72.06	17.70
8	40	70.38	16.34
9	45	71.96	16.84
10	50	70.06	15.56
11	55	68.64	16.93

同样采用 P-P 图法对试验数据进行正态分布的初步检验后，再进行相关性和显著性检验，以保证样本数据的代表性和有效性。

1. 正态分布检验

正态分布检验结果如图 8-6 所示，由图可知，样本点基本落在理论值的参考线附近，因此可以认为两者符合正态分布，具有统计学意义，可用于试验分析。

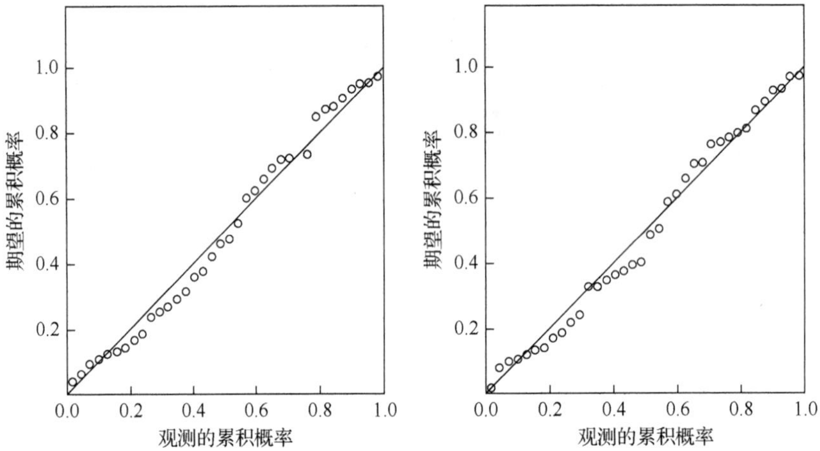

（a）运行速度的正态P-P图　（b）瞳孔面积变化率的正态P-P图

图 8-6　运行速度和瞳孔面积变化率 P-P 图

2. 相关性检验

相关性检验方法与 8.1 节相同，故不再赘述。视错觉控速标线角度与运行速度和瞳孔面积变化率相关系数分别为−0.844 和−0.470，说明在 0.01 置信度水平（双侧）上，标线角度与运行速度相关性极强，与瞳孔面积变化率相关程度中等。

3. 显著性检验

标线角度对运行速度和瞳孔面积变化率的影响，通过 SPSS 软件进行单因素方差分析，得到显著性水平值分别为 0.0047 和 0.00，均小于 0.05，说明视错觉控速标线的角度对运行速度降低和瞳孔面积变化有显著影响。

8.2.2　角度与运行速度分析

运用 MATLAB 软件，分析不同角度的视错觉控速标线对运行速度的影响。计算得到的非线性回归模型如下。

$$f(x)=70.68\times \mathrm{e}^{\{-[(x-27.13)/96.83]^2\}}+31.1\times \mathrm{e}^{\{-[(x-123.7)/50.53]^2\}}+52.56\times \mathrm{e}^{\{-[(x-190.5)/46.39]^2\}} \quad (8\text{-}4)$$

式中，$f(x)$——运行速度（km/h）；

　　x——标线角度（°）。

模型适用范围为 $x \in [5°,180°]$。该回归模型的拟合优度检验 $R^2 = 0.94$，说明该模型对样本数据的代表程度较强，具有一定的统计学意义，可用于描述视错觉控速标线角度对运行速度的影响。

如图 8-7 所示，当驾驶员进入视错觉控速标线路段后，速度呈逐渐上升的趋势，在 30° 时达到峰值，随后下降；当角度为 135° ～150° 时，运行速度最低。上述变化是由于受到佐尔拉错觉的影响，当标线角度小于 90° 时，车道的两条分界线形成扩张；当角度大于 90° 时，车道的两条分界线形成收缩，会给驾驶员带来车道变窄的错觉。当标线角度为 150° 时，佐尔拉错觉最为强烈，对运行速度影响也最明显，角度为 135° 时次之。当驾驶员驶离视错觉控速标线路段后，运行速度的变化逐渐恢复平静。

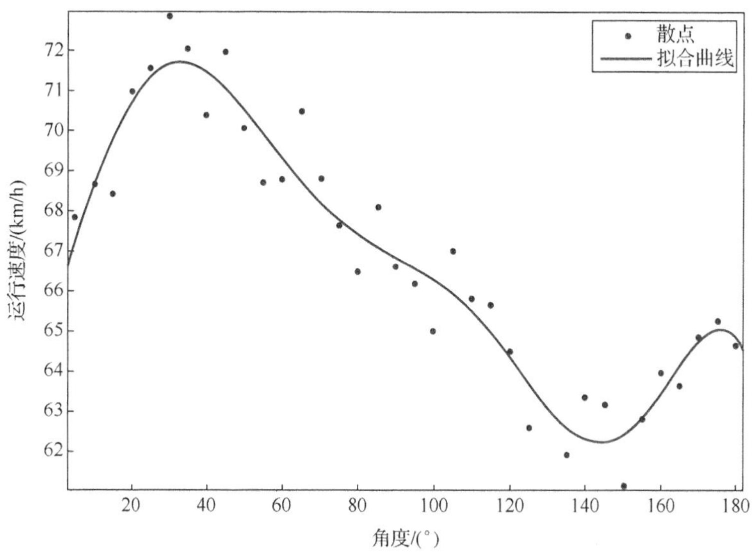

图 8-7　角度与运行速度的关系

8.2.3　角度对运行速度和眼动特征的影响

本节利用 MATLAB 进行建模，选用 rstool 中的 quadratic 函数建立角度、运行速度及驾驶员瞳孔面积变化率三者之间的二元二次趋势面模型。假设视错觉控速标线角度为自变量 x，运行速度为自变量 y，驾驶员瞳孔面积变化率为因变量 z，在 MATLAB 中绘制三者的散点图，如图 8-8 所示。

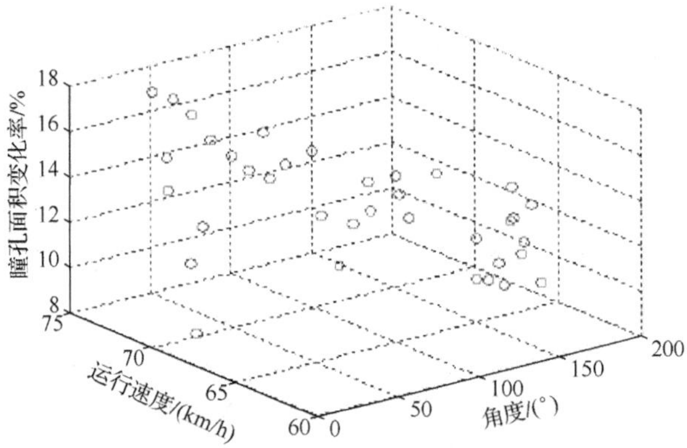

图 8-8　角度、运行速度与瞳孔面积变化率的散点图

建立标线角度 x 、运行速度 y 及驾驶员瞳孔面积变化率 z 三者之间的趋势面关系模型如下。

$$z = -425.0441 + 0.8364x + 11.2373y - 0.0109xy - 0.0005x^2 - 0.0711y^2 \qquad (8\text{-}5)$$

式中，z ——瞳孔面积变化率（%）；

x ——标线角度（°）；

y ——运行速度（km/h）。

经计算得出，二次趋势面拟合模型的拟合精度为 82.16%，说明趋势面拟合效果较好。通过对趋势面拟合模型进行 R^2 检验和 F 检验，发现该模型均满足要求，可进行应用。为了能够更加清晰、直观地反映角度对运行速度和驾驶员瞳孔面积变化率的影响，根据趋势面拟合公式［式（8-5）］绘制了三者之间的关系图，如图 8-9 所示。

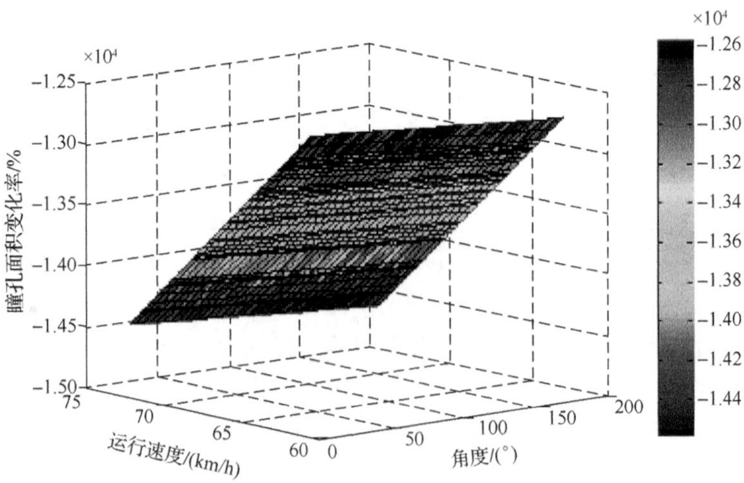

图 8-9　角度、运行速度与瞳孔面积变化率的关系

由图 8-9 可以得出，随着运行速度的增加，驾驶员的瞳孔面积变化率同样呈增加的趋势，紧张程度比平静时增大；随着角度的增加，驾驶员瞳孔面积变化率缓慢上升，即通过角度的变化能在一定程度上提高驾驶员的注意力。在角度和运行速度同时作用时，当角度从 0° 增加到 90° 时，由于佐尔拉错觉的影响，驾驶员会产生车道扩张的错觉，随之提高车速，瞳孔面积变化率也开始增加；当角度从 91° 增加到 180° 时，同样由于佐尔拉错觉，驾驶员会感到车道收缩，因此降低运行速度，但是瞳孔面积变化率仍然缓慢增加，说明此时标线角度对驾驶员瞳孔面积变化的影响更显著。

8.3　标线间距对运行速度和眼动特征的影响

8.3.1　数据检验

根据第 7 章试验方案设计，视错觉控速标线之间的间距沿行车方向分别为 6.2m、5.9m、5.6m、5.3m、5.0m、4.7m、4.5m、4.3m、4.1m、3.9m、3.8m、3.6m、3.5m、3.3m、3.2m、3.0m、2.9m、2.7m、2.6m、2.4m、2.3m、2.1m、2.0m、1.8m、1.7m、1.5m、1.4m、1.2m、1.0m，横向宽度和角度分别恒为 45cm 和 90° 。通过虚拟仿真将视错觉控速标线施划在行车道两侧，呈对称分布。试验测试了不同间距的视错觉控速标线对车辆运行速度和驾驶员瞳孔直径的影响，并获得相关数据。将瞳孔直径转化成瞳孔面积变化率，能更直观地反映驾驶员的心理状态。鉴于篇幅所限，仅列出部分数据，如表 8-4 所示。

表 8-4　部分试验样本数据值

序号	标线间距/m	运行速度/（km/h）	瞳孔面积变化率/%
1	6.2	69.57	8.08
2	5.9	69.05	9.31
3	5.6	69.34	12.85
4	5.3	67.29	10.29
5	5.0	67.18	13.46
6	4.7	68.85	15.51
7	4.5	67.47	14.05
8	4.3	65.92	16.75
9	4.1	67.05	17.69
10	3.9	68.33	19.34
11	3.8	66.16	21.02

样本数据的分布特征，不仅影响试验结果，还会影响其信度。由于自然界中大量观测数据均符合正态分布，且本试验需要定量研究，所以在建模之前，先对试验数据进行正态性、相关性和显著性检验。

1. 正态分布检验

采用 P-P 图法验证车辆运行速度和驾驶员瞳孔面积变化率数据结果是否服从正态分布，检验结果如图 8-10 所示。由图可知，样本点基本落在理论值的参考线附近，可以认为上述数据符合正态分布，具有统计学意义。

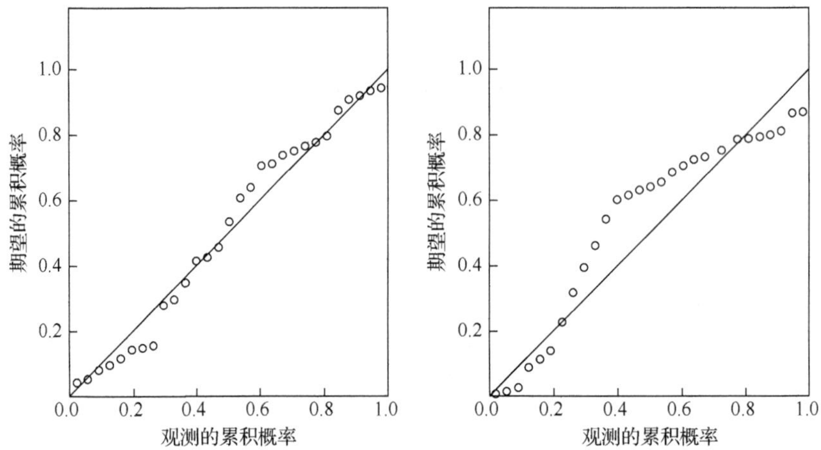

（a）运行速度的正态P-P图　　（b）瞳孔面积变化率的正态P-P图

图 8-10　运行速度和瞳孔面积变化率 P-P 图

2. 相关性检验

通过相关性检验，视错觉控速标线间距与运行速度和瞳孔面积变化率相关系数分别为 0.934 和−0.809，说明在 0.01 置信度水平（双侧）上，标线间距与两者相关性都极强。

3. 显著性检验

通过 SPSS 软件，对标线间距与瞳孔面积变化率以及速度指标进行单因素方差分析，得到显著性水平值均为 $P = 0.00 < 0.05$，说明视错觉控速标线间距对运行速度降低和瞳孔面积变化影响显著。

8.3.2　间距与运行速度分析

通过 MATLAB 软件，分析不同间距的视错觉控速标线对运行速度的影响。计算得到的非线性回归模型如下。

$$f(x) = 69.67 \times \mathrm{e}^{\{-[(x-7.788)/18.68]^2\}} + 1.333 \times \mathrm{e}^{\{-[(x-1.813)/0.4336]^2\}} \tag{8-6}$$

式中，$f(x)$——运行速度（km/h）；

x——标线间距（m）。

该模型适用范围为 $x \in [1,6.2]$。该回归模型的拟合优度检验 $R^2 = 0.91$，表明该回归模型对样本数据的拟合程度较好，可用于描述标线间距与运行速度之间的关系。

如图 8-11 所示，当驾驶员驶入视错觉控速标线路段时，由于受到标线不同间距的影响，其在视觉上不能马上适应，因此会产生车速增加的视错觉，这时驾驶员表现出紧张状态，运行速度下降显著。随着标线间距的减小，驾驶员产生车速变快的错觉愈加明显，这时驾驶员的紧张感变强。当驾驶员驶离视错觉控速标线后，紧张感逐渐消退，运行速度变化趋于平稳。

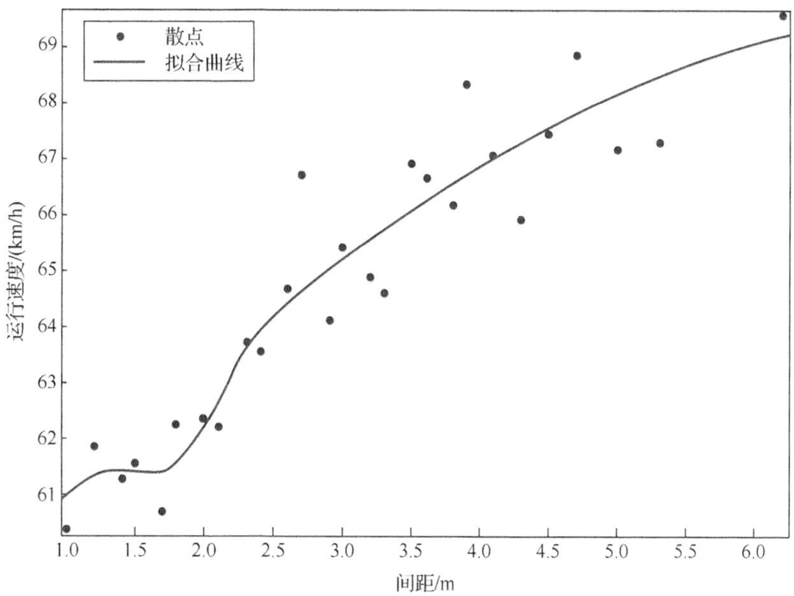

图 8-11　间距与运行速度的关系

8.3.3　间距对运行速度和眼动特征的影响

本节利用 MATLAB 进行建模选用 rstool 中的 quadratic 函数建立间距、运行速度及驾驶员瞳孔面积变化率三者之间的二元二次趋势面模型。假设视错觉控速标线间距为自变量 x，运行速度为自变量 y，驾驶员瞳孔面积变化率为因变量 z，在 MATLAB 中绘制三者的散点图，如图 8-12 所示。

根据表 8-4 中数据，建立标线间距 x、运行速度 y 及驾驶员瞳孔面积变化率 z 三者之间的趋势面关系模型如下。

$$z = -332.1553 - 10.6653x + 10.8808y + 0.2202xy - 1.0518x^2 - 0.084y^2 \tag{8-7}$$

式中，z——瞳孔面积变化率（%）；

x——标线间距（m）；

y——运行速度（km/h）。

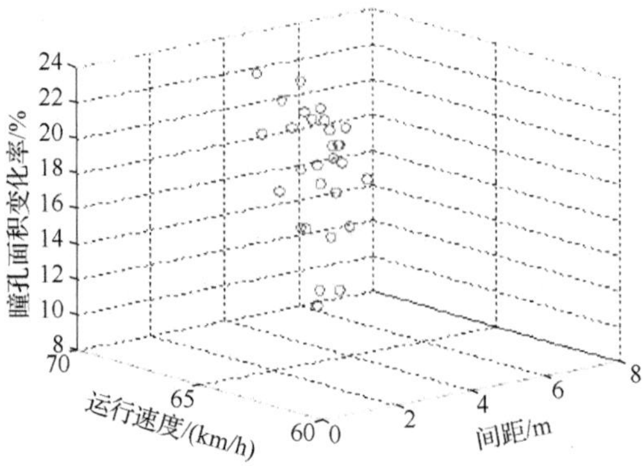

图 8-12　间距、运行速度与瞳孔面积变化率的散点图

经计算得出，二次趋势面拟合模型的拟合精度为 90.77%，表明趋势面拟合效果良好。通过对趋势面拟合模型进行 R^2 检验和 F 检验，发现该模型均满足要求，可进行应用。为了能够更加清晰、直观地反映间距对运行速度和驾驶员瞳孔面积变化率的影响，根据趋势面拟合公式［式（8-7）］绘制了三者之间的关系图，如图 8-13 所示。

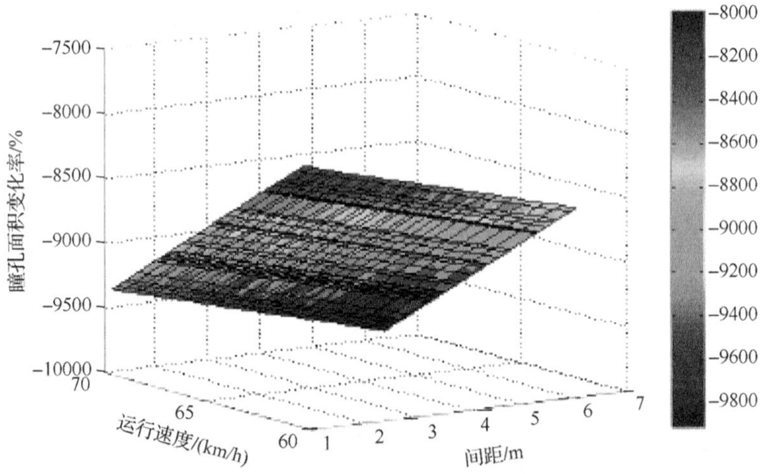

图 8-13　间距、运行速度与瞳孔面积变化率的关系

由图 8-13 可以看出，当视错觉控速标线间距一定时，随着运行速度的加快，驾驶员的瞳孔面积变化率同样呈增长趋势，紧张程度明显增加，即运行速度与驾驶员瞳孔面积变化率呈正相关；当运行速度一定时，随着标线间距的减小，驾驶员的瞳孔面积呈下降趋势，即标线间距与驾驶员瞳孔面积呈正相关，说明间距和速度对驾驶员瞳孔面积变化率的影响关系为协同作用。

8.4　标线色彩对运行速度和眼动特征的影响

8.4.1　数据检验

按照第 7 章试验方案设计，确定视错觉控速标线的颜色分为白色和黄色两种，要求两种颜色的色度性能、色品坐标和亮度因素符合《路面标线涂料》（JT/T 280—2004）的要求。通过虚拟仿真将不同颜色的视错觉控速标线施划在行车道两侧，呈对称分布。表 8-5 为试验中白色标线和黄色标线对运行速度的影响。

表 8-5　不同颜色标线对运行速度的影响

颜色	运行速度/（km/h）						
	标线前 200m	标线前 100m	标线起点	标线中点	标线终点	标线后 100m	标线后 200m
白色	67.52	62.41	58.17	56.22	61.83	65.76	68.04
黄色	66.96	65.33	61.81	56.28	62.33	65.06	71.01

样本数据的分布特征，不仅影响试验结果，还会影响其信度。本节采用 P-P 图法初步检验试验数据后，再进行显著性检验。

1. 正态分布检验

采用 P-P 图法进行正态分布检验，检验结果如图 8-14 所示。可以认为，上述数据符合正态分布，可用于试验分析。

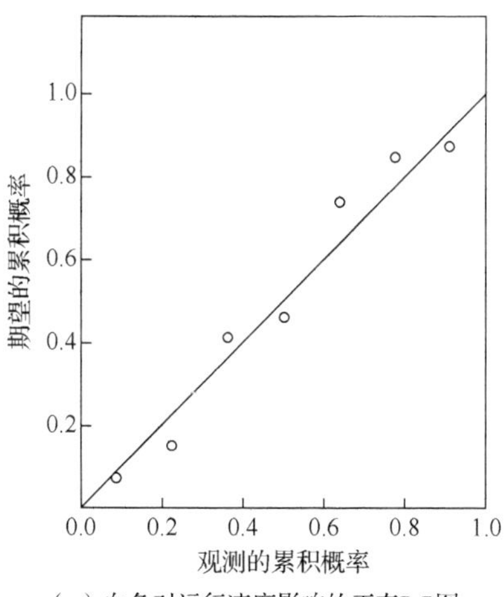

（a）白色对运行速度影响的正态P-P图

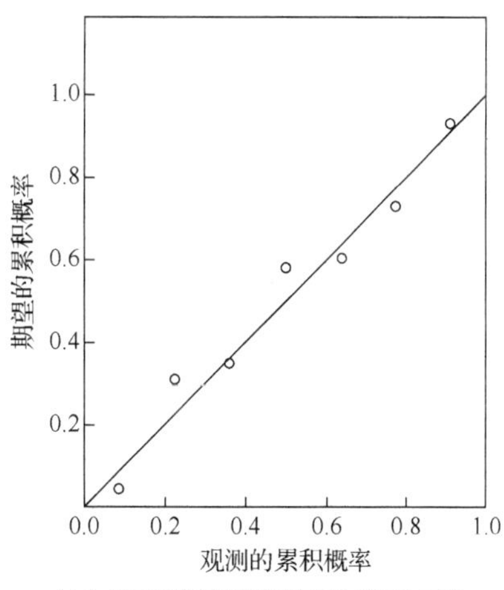

（b）黄色对运行速度影响的正态P-P图

图 8-14　不同颜色对运行速度影响的正态 P-P 图

2. 显著性检验

通过 SPSS 软件，对标线的颜色以及运行速度指标进行单因素方差分析，得到显著性水平值均为$P = 0.65 > 0.05$，说明白色和黄色的视错觉控速标线对运行速度降低没有显著影响。

8.4.2 色彩的选择方法

通过显著性分析，白色和黄色对于驾驶员驾车过程中的影响并不明显。下面从两种颜色的心理学效应、光照影响、价格和环保等方面进行比较。

1. 心理学效应

驾驶员在交通中的行为方式可模拟为 S-O-R（S——刺激；O——有机体，即人；R——反应）公式，当刺激在一定的强度和范围内时，就会被人接受并转换成神经兴奋，通过中枢神经到效应器官，引起驾驶员手、脚的动作。标线产生刺激而引起驾驶员的行为动作，取决于驾驶员在给定时间内能够对标线信息的正确认读。例如，规范中规定，“黄色中心实线不允许车辆跨越”，这就是人们对黄色中心实线赋予不允许车辆跨越的含义，用来作为“注意危险”等警告信号。美国俄亥俄州公路局试验证明，黄色标线比白色标线具有更强的阻止作用，甚至黄色虚线都比白色实线有略微高的阻止跨越的作用。但是作为视错觉控速标线，并不需要传递给驾驶员“禁止跨越”的信息。

2. 光照影响

根据颜色的视觉规律，物体表面颜色会根据其照明条件发生变化。天然色只有在白色光照明条件下才显示出来。如果照明是有色光，天然色就会发生变化，如在黄昏和有色的街道照明条件下，黄色会变成暗色。此外，当光线和观察方向呈现某一特定角度时，黑色路面上的黄色标线看起来近似于白色。如果过量使用黄色标线，会增加驾驶员获得的刺激与事实不符的概率，从而削弱黄色标线作为禁令信息的功能。

3. 价格

黄色标线价格比白色标线贵。美国伊利诺伊州公路局发现，每加仑（gal，容积单位，1gal=4.54609L）黄色油漆的成本比白色油漆贵 65 美分，该局每年用于画中心线的油漆为 14.43 万加仑，当把白色中心线改为黄色时，每年需多花费 9.38 万美元。

4. 环保

黄色油漆中含有铬酸铅。铬酸铅对人体上呼吸道有刺激性，若摄入过量，可能出现头痛、头晕、呕吐、恶心、胃肠道刺激等症状。国际癌症研究中心将铬和某些铬化合物列为对人类致癌的化学物质。因此，白色油漆更加环保。

综上所述，白色比黄色具有更明显的优势，因此选择白色作为视错觉控速标线的颜色。

8.5　标线线宽对运行速度和眼动特征的影响

8.5.1　数据检验

根据第 7 章试验方案设计，将视错觉控速标线的线宽分别取值 20cm、30cm、40cm。通过仿真视频将视错觉控速标线施划在行车道两侧，呈对称分布。试验测试了不同线宽的视错觉控速标线对车辆运行速度的影响，获得的数据如表 8-6 所示。

表 8-6　不同线宽对运行速度的影响

线宽/cm	运行速度/（km/h）						
	标线前 200m	标线前 100m	标线起点	标线中点	标线终点	标线后 100m	标线后 200m
20	65.23	63.02	60.16	58.45	60.36	64.77	67.20
30	65.96	62.13	59.62	58.76	63.84	65.16	68.53
40	64.76	60.21	55.85	56.91	64.92	66.88	68.02

为了保证样本数据的代表性和有效性，本节对试验数据进行正态分布和显著性检验。

1. 正态分布检验

采用 P-P 图法进行正态分布检验。从图 8-15 可知，样本点基本落在理论值的参考线附近，因此试验数据符合正态分布，具有统计学意义。

2. 显著性检验

通过对速度指标进行单因素方差分析，得到显著性水平值 $P = 0.90 > 0.05$，说明不同线宽对运行速度的变化没有显著影响。

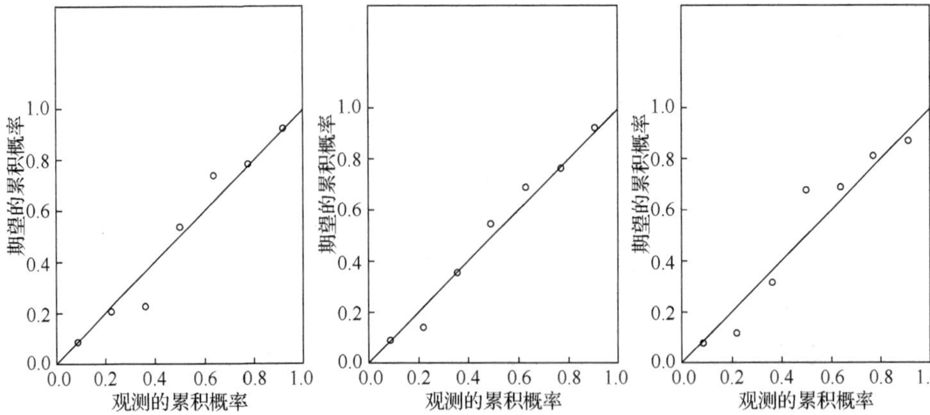

（a）线宽20cm对运行速度影响的正态P-P图　（b）线宽30cm对运行速度影响的正态P-P图　（c）线宽40cm对运行速度影响的正态P-P图

图 8-15　不同线宽对运行速度影响的 P-P 图

8.5.2　线宽的选择方法

标线线宽不宜过宽，否则不仅会增加施工成本，还会因为车辆行驶时地面附着系数的变化而增加打滑的危险。结合前述研究成果和被试驾驶员的主观表述，本书最终选定 30cm 为视错觉控速标线线宽的取值。

8.6　标线关键参数对视错觉车速辨识的综合影响

为研究视错觉控速标线的不同关键参数对车辆运行速度和驾驶员眼动指标的影响程度，首先保持标线角度和间距这两个参数不变，不断改变横向宽度的变化幅度，取值 20～55cm，记录驾驶员在通过关键断面时运行速度和眼动指标的变化；然后保持标线横向宽度和间距不变，角度以 5° 为单位，从 5° 渐变至 180° ，观察驾驶员的控速行为和眼动变化；最后保持横向宽度和角度不变，设置标线间距分别为 6.2m、5.9m、5.6m、5.3m、5.0m、4.7m、4.5m、4.3m、4.1m、3.9m、3.8m、3.6m、3.5m、3.3m、3.2m、3.0m、2.9m、2.7m、2.6m、2.4m、2.3m、2.1m、2.0m、1.8m、1.7m、1.5m、1.4m、1.2m、1.0m，采集驾驶员通过观测点时运行速度和眼动指标的变化。

8.6.1　标线施划前后车速分析

当驾驶员行驶在没有视错觉控速标线的试验路段时，受车速和周边环境的影响，运行速度大致平稳，保持在 71.01km/h。当施划不同参数的视错觉控速标线后，通过对数据进行筛选和计算，得到的运行速度如表 8-7 所示。为揭示视错觉控速标线横向宽度、角度和间距对速度的影响规律，通过减速效果分析，对其影响程度进行排序。

表 8-7　标线施划后车速特征统计

关键参数	最大速度/（km/h）	最小速度/（km/h）	$\lvert \Delta V_{85} \rvert$/（km/h）	$\lvert V_{85}-V_d \rvert$/（km/h）
横向宽度	68.65	61.00	7.65	8.65
角度	72.84	61.16	11.68	12.84
间距	69.57	60.39	9.18	9.57

当驾驶员接近视错觉控速标线时，开始采取减速措施，标线的横向宽度、角度和间距分别会使驾驶员产生车道变窄和车速变化的错觉，从而影响驾驶员的驾驶行为。通过对上述速度指标进行单因素方差分析，得到其显著性水平值均小于 0.05，表明标线的 3 个关键参数对速度降低影响显著。

通过标线施划前后的车速对比可知，3 个关键参数均可使平均车速有显著降低，降幅分别达 14.10%、13.87%和 14.96%。标线间距对运行速度的影响最大，且呈逐渐加大的趋势，在标线结束时达到峰值；横向宽度次之，其对速度的影响贯穿于整个标线路段且变化程度不大；角度对运行速度的影响最小，由于受佐尔拉错觉的影响，当标线角度小于 90° 时，运行速度会增加，反之则减小，因此总体而言变化幅度较小。

经过对相邻单元运行速度进行协调性评价，标线的横向宽度、角度和间距的最大速度差分别为 7.65km/h、11.68km/h 和 9.18km/h；对设计速度与运行速度进行协调性评价，标线的横向宽度、角度和间距的最大速度差分别为 8.65km/h、12.84km/h 和 9.57km/h，均小于 15km/h。通过协调性评价可知，视错觉控速标线的参数设计合理，控速效果良好。

8.6.2　眼动指标的敏感性分析

1. 关键参数

为了使速度变化过程和程度更符合人因工程学，使控速措施更加科学和以人为本，除了对减速效果进行评价之外，还应对眼动指标进行研究。下面通过敏感性分析，得到 3 个关键参数对瞳孔面积变化率的影响程度。

（1）横向宽度敏感性分析

受篇幅所限，仅以视错觉控速标线横向宽度为例进行计算，分析其对驾驶员瞳孔面积变化率影响的敏感性。

为研究视错觉控速标线横向宽度对驾驶员瞳孔面积变化率的影响程度，在进行单因素敏感性分析时，首先保持标线角度和间距这两项影响因素不变，不断改变横向宽度和运行速度的变化幅度。标线的横向宽度以 1cm 为单位，从 20cm 增加至 55cm；由于设计车速为 60km/h，为了保证速度的协调性，设定运行速度的取值范围为 40～80km/h［其增幅 Δx 与横向宽度的变化有关，$\Delta x = (55-20)/(80-40)\mathrm{km/h} = 0.875\mathrm{km/h}$］，计算出当横向宽度和运行速度均匀递增时，两者对瞳孔面积变化率的影响。例如，当横向宽度为 36cm 时，在运行速度为 58km/h 的条件下，由式（8-3）得到瞳孔面积变化率为 33.16%。然后，为了计算横向宽度这一影响因素的敏感度系数，假定速度恒为 60km/h，计算横向宽度保持均匀增加时对瞳孔面积变化率的影响。例如，当横向宽度为 36cm 时，在运行速度为 60km/h 的条件下，由式（8-3）得到瞳孔面积变化率为 25.05%。最后，比较瞳孔面积变化率的变化幅度和横向宽度的变化幅度之间的关系，两者取正值后相加，即可得到敏感性系数。例如，当横向宽度为 36cm 时，由于运行速度不同，瞳孔面积变化率的变化幅度为 $(25.05-33.16)/33.16\times100\% = -24.46\%$，横向宽度的变化幅度为 $(36-35)/35\times100\% = 2.86\%$，两者相除取正值之后即得：当横向宽度为 36cm 时，敏感性系数为 8.56。部分横向宽度敏感性数据如表 8-8 所示。

表 8-8　部分横向宽度敏感性数据

序号	敏感性因素		瞳孔面积变化率/%		瞳孔面积变化率的变化幅度/%	敏感性系数
	横向宽度/cm	横向宽度的变化幅度/%	假设速度变化时	当速度恒为 60km/h 时		
1	36	2.86	33.16	25.05	−24.46	8.56
2	37	2.78	27.06	24.72	−8.64	3.11
3	38	2.70	21.31	24.39	14.45	5.35
4	39	2.63	19.70	24.07	22.18	8.45
5	40	2.56	18.44	23.76	28.85	11.25
6	41	2.50	18.80	23.44	24.68	9.89
7	42	2.44	20.78	23.13	11.31	4.66
8	43	2.38	24.36	22.83	−6.28	2.64
9	44	2.33	29.57	22.53	−31.25	10.21
10	45	2.27	36.39	22.23	−38.91	17.12

（2）角度敏感性分析

同理，为研究视错觉控速标线角度对驾驶员瞳孔面积变化率的影响规律，假定速度恒为 60km/h；在进行单因素敏感性分析时，保持标线横向宽度和间距不变，通过不断改变角度的变化幅度，计算角度的敏感性系数。部分角度敏感性数据如表 8-9 所示。

表 8-9　部分角度敏感性数据

序号	敏感性因素		瞳孔面积变化率/%		瞳孔面积变化率的变化幅度/%	敏感性系数
	角度/（°）	角度的变化幅度/%	假设速度变化时	当速度恒为60km/h 时		
1	95	5.56	7.82	6.05	−22.61	4.07
2	100	5.26	9.71	6.47	−33.34	6.34
3	105	5.00	11.29	6.87	−39.10	7.82
4	110	4.76	12.54	7.25	−42.19	8.86
5	115	4.55	13.47	7.60	−43.59	9.59
6	120	4.35	14.08	7.92	−43.72	10.06
7	125	4.17	14.36	8.22	−42.76	10.26
8	130	4.00	14.33	8.50	−40.71	10.18
9	135	3.85	13.97	8.75	−37.41	9.73
10	140	3.70	13.30	8.97	−32.53	8.78

（3）间距敏感性分析

同前述两个影响因素一样，为研究视错觉控速标线间距对驾驶员瞳孔面积变化率的影响规律，假定速度恒为 60km/h，并保持标线横向宽度和角度不变，通过不断改变间距的变化幅度，计算间距的敏感性系数。部分间距敏感性数据如表 8-10 所示。

表 8-10　部分间距敏感性数据

序号	敏感性因素		瞳孔面积变化率/%		瞳孔面积变化率的变化幅度/%	敏感性系数
	间距/m	间距的变化幅度/%	假设速度变化时	当速度恒为60km/h 时		
1	3.5	−2.78	9.16	14.32	56.41	20.31
2	3.3	−5.71	12.90	15.24	18.17	3.18
3	3.2	−3.03	15.68	15.67	−0.06	0.02
4	3.0	−6.25	18.39	16.47	−10.46	1.67
5	2.9	−3.33	20.27	16.83	−16.94	5.08
6	2.7	−6.90	21.94	17.50	−20.24	2.94
7	2.6	−3.70	22.91	17.80	−22.29	6.02
8	2.4	−7.69	23.56	18.35	−22.12	2.88
9	2.3	−4.17	23.62	18.59	−21.31	5.11
10	2.1	−8.70	23.23	19.00	−8.20	2.09

2. 敏感性比较

经过平均值计算，得到视错觉控速标线横向宽度、角度和间距的敏感性系数分别为 21.55、45.97 和 38.81。因此，将 3 个关键参数对瞳孔面积变化率的影响程度进行排序：角度>间距>横向宽度。由于受到佐尔拉错觉的影响，当标线角度小于 90° 时，两条车道分界线形成扩张，会使驾驶员产生车道变宽的视错觉；当标线角度大于 90° 时，两条车道分界线形成收缩，会使驾驶员产生车道变窄的视错觉，因此角度对驾驶员紧张程度的影响是双向的，既能使驾驶员紧张感增加，又能使紧张感减小，因此该因素对瞳孔面积变化率的影响程度最大。标线间距的减小和横向宽度的增加会使驾驶员产生车速增加和车道变窄的错觉，但二者对驾驶员紧张程度的影响是一致的，即都会让驾驶员紧张感增加，因此这两个因素对瞳孔面积变化率的影响程度比标线角度小。通过比较敏感性系数得知，标线的间距比横向宽度对瞳孔面积变化率的影响更大，说明车速增加比车道变窄对驾驶员产生的紧张感更明显。因为前者让驾驶员感到速度增加，驾驶员采取减速的目的是让速度降低，但是由于间距越来越窄，驾驶员对自己采取的减速措施感觉效果不明显，从而紧张情绪增大；而后者让驾驶员减速的目的是由于车道变窄而谨慎驾驶，故车速的变化对驾驶员的心理影响不大，因此车速增加比车道变窄对驾驶员产生的紧张感更明显。

8.6.3　标线控速效果评价

通过标线施划前后的车速对比可知，视错觉控速标线的横向宽度、角度和间距均使运行速度有显著降低，降幅分别达 14.10%、13.87%和 14.96%，说明 3 个关键参数对速度降低有显著影响。通过协调性评价可知，视错觉控速标线的参数设计合理，控速效果良好，因此在减速过程中不会给驾驶员带来不适感。通过对标线的敏感性进行分析可知，视错觉控速标线横向宽度、角度和间距的敏感性系数分别为 21.55、45.97 和 38.81。因此，对 3 个关键参数对瞳孔面积变化率的影响程度进行排序：角度>间距>横向宽度。

小　　结

视错觉控速标线的横向宽度对运行速度降低有显著影响。随着标线的横向宽度增大，驾驶员产生车道变窄的错觉越加明显，其紧张感变强，瞳孔面积变化率增大。

视错觉控速标线的角度对运行速度降低有显著影响。由于受到佐尔拉错觉的影响，当标线角度小于 90° 时，车道两侧的分界线形成扩张；反之，形成收缩，会使驾驶员产生车道变窄的错觉。因此，当角度为 30°～45° 时，瞳孔面积变化率较小；当角度为 135°～150° 时，瞳孔面积变化率增大，角度为 150° 时佐尔拉错觉最为强烈，瞳孔面积变化也最明显，当角度为 135° 时次之。

视错觉控速标线的间距为 6.2m、5.9m、5.6m、5.3m、5.0m、4.7m、4.5m、4.3m、4.1m、3.9m、3.8m、3.6m、3.5m、3.3m、3.2m、3.0m、2.9m、2.7m、2.6m、2.4m、2.3m、2.1m、2.0m、1.8m、1.7m、1.5m、1.4m、1.2m、1.0m 时，对运行速度降低有显著影响。

白色和黄色的视错觉控速标线对运行速度降低没有显著影响。通过比较两者在心理学效应、光照影响、价格、环保等方面的差异，本书选择以白色作为视错觉控速标线的颜色。

不同线宽的视错觉控速标线对运行速度的变化没有显著影响。综合考虑行车安全和施工费用的因素，本书选定 30cm 为视错觉控速标线线宽的取值。

视错觉控速标线的横向宽度、角度和间距对运行速度的降低有显著影响，降幅分别达 14.10%、13.87%和 14.96%。经过对标线的敏感性进行分析可知，视错觉控速标线的横向宽度、角度和间距的敏感性系数分别为 21.55、45.97 和 38.81。因此，将 3 个关键参数对瞳孔面积变化率的影响程度进行排序：角度>间距>横向宽度。

第 9 章　道路曲线路段视错觉控速标线参数分析

从第 8 章的研究结果可知，视错觉控速标线颜色和线宽对运行速度影响并不显著。因此，本章主要研究设计速度为 60km/h 的道路曲线路段，视错觉控速标线的横向宽度、角度、间距等关键参数对驾驶员眼动特征和运行速度的影响。通过分析不同半径与运行速度之间的关系，根据速度连续性和一致性的评价方法，确定曲线路段最优半径。但是道路线形设计是包括平、纵、横等多个方面的整体设计，若因为运行速度不利而改动一个半径值的大小，往往会牵一发而动全身。因此，通过增加视错觉控速标线，改变其横向宽度的取值，给驾驶员营造出“无论曲线路段半径是多少，均能处于最优半径”的行车错觉。通过主成分分析，得到标线间距对瞳孔面积变化率、注视时间和注视次数的影响程度，并运用 85 位法，定量研究驾驶员视觉负荷强度 F 的临界值，再通过计算得到不同转弯半径下不同间距的视觉负荷强度试验值，以此确定视错觉控速标线的合理间距。

9.1　不同半径对运行速度和眼动特征的影响

研究表明[179]，在美国的乡村道路上，有 30%～40%的事故发生在平曲线上，而其在二级道路上的比例高达 55%～60%。美国道路安全设计指南通过大量统计数据得知，双车道道路随着平曲线半径的减小，交通事故率逐渐增加，当半径小于 400m 时，交通事故率剧增。因此，研究不同半径对运行速度和眼动特征的影响非常必要。

9.1.1　不同半径与运行速度变化规律分析

为探究通过曲线路段时速度的变化规律，故按照第 7 章的试验方案设计，确定曲线路段半径取值分别为 125m、200m、300m、400m、500m、600m、700m、800m、900m、1000m，并通过虚拟仿真制作成不同半径的弯道路段视频。试验采集了通过不同半径弯道路段时的运行速度，以及驾驶员瞳孔直径、注视时间和注视次数的数据。由于瞳孔面积变化率更能直观地反映驾驶员的心理状态，因此将瞳孔直径转化成瞳孔面积变化率。车速选取驶入曲线路段前后 100m 以及直缓点（ZH）、缓圆点（HY）、曲中点（QZ）、圆缓点（YH）、缓直点（HZ）7 个关键断面的运行速度，具体分析如表 9-1 和图 9-1 所示。

表 9-1　不同半径下的运行速度

半径/m	运行速度/（km/h）						
	ZH 前 100m	ZH	HY	QZ	YH	HZ	ZH 后 100m
125	50.73	43.81	40.47	40.28	41.69	43.21	49.38
200	56.74	50.72	45.36	40.84	45.31	47.52	61.72
300	55.92	48.34	50.64	47.28	43.79	49.99	57.71
400	62.91	59.77	55.36	52.55	53.58	56.30	60.39
500	63.41	61.18	59.97	57.38	60.04	63.11	64.65
600	69.71	67.53	66.73	63.85	69.15	72.98	74.84
700	68.48	67.63	70.36	69.82	65.75	77.13	76.54
800	75.58	76.81	75.01	75.45	80.01	76.66	70.06
900	79.51	79.63	80.14	79.79	80.63	79.78	80.59
1000	80.15	80.34	77.24	76.12	80.19	79.64	80.95

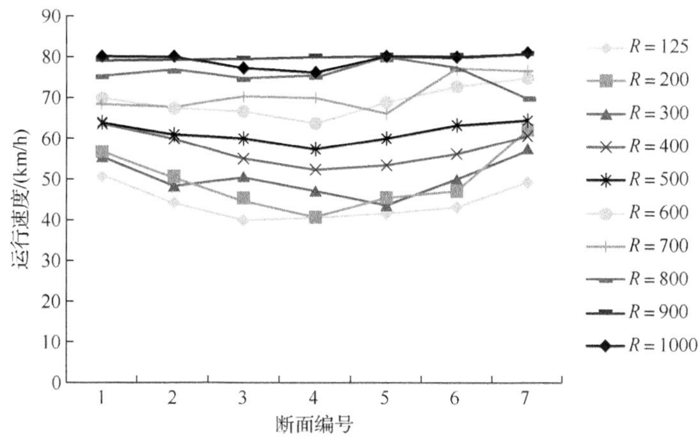

图 9-1　不同半径与运行速度变化的规律

注：横坐标中 1 代表驶入曲线路段前 100m，2～6 代表弯道内 ZH、HY、QZ、YH、HZ 这 5 个关键断面，7 代表驶出曲线路段后 100m。

由图 9-1 可发现，不同半径弯道路段的运行速度有显著的变化。在通过半径 500m 以下的曲线路段时，均会出现先减速后加速的现象，并在入弯后速度降至最低，最大降幅达 15.9km/h，在出弯后速度恢复到入弯前的大小；当曲线路段半径为 600～800m 时，初始速度相对较人，仍有先减速后加速的速度变化趋势；当通过半径为 900～1000m 的曲线路段时，运行速度比较平稳，无明显变化。

9.1.2　不同半径对加减速位置的影响

下面分析通过曲线路段时加减速起始点的位置及其与弯道半径的联系。为了便于数据的处理分析，将 ZH 前 200m 定为 0，ZH 前 100m 定为 1，ZH 定为 2，HY 定为 3，QZ 定为 4，YH 定为 5，HZ 定为 6，HZ 后 100m 定为 7，HZ 后 200m

定为 8，如图 9-2 所示。由于左转和右转对速度影响不明显，因此减速位置的研究不考虑左右转向之分，此处以左转为例。

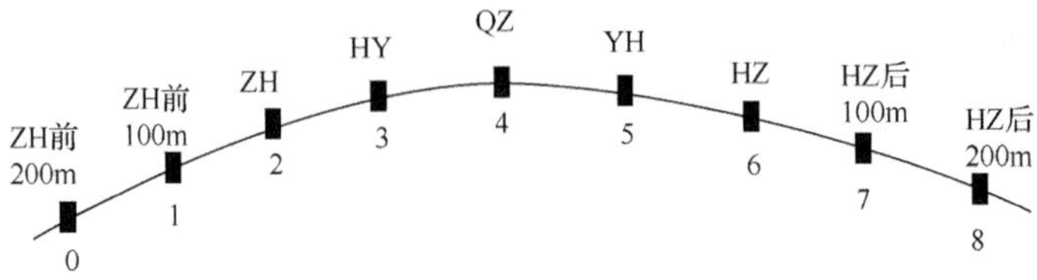

图 9-2 不同半径对加减速位置的影响

1. 不同半径对减速起始点位置的影响分析

曲线路段转弯半径大小不同时，对减速起始点位置的影响以及建立的回归模型如表 9-2 和图 9-3 所示。

表 9-2 不同半径对减速起始点位置的影响

半径/m	减速起始点位置
125	0.5
200	0.6
300	0.9
400	1.6
500	1.8
600	2.3
700	2.5
800	3.0
900	3.5
1000	3.9

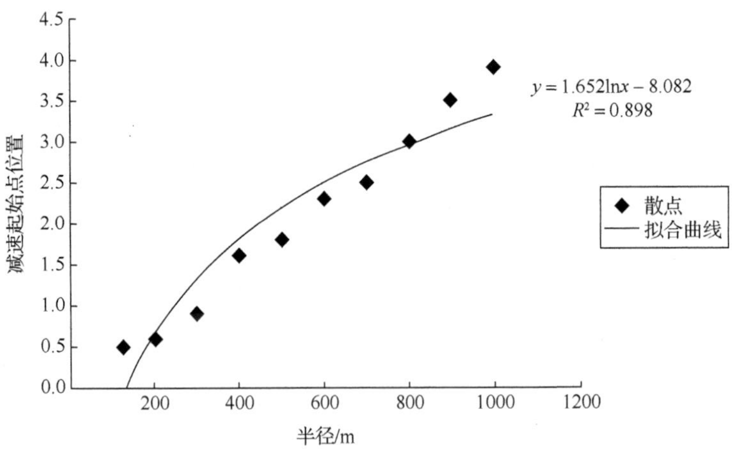

图 9-3 不同半径对减速起始点位置的影响分析

从图 9-3 可以看出，减速起始点位置与曲线路段半径存在一定的对数关系，即 $y=1.652\ln x-8.082$，R^2 为 0.898。随着半径的增大，减速起始点逐渐由 ZH 向 QZ 偏移，但偏移量逐渐减小。当半径为 125～300m 时，减速起始点位于 ZH 前 100～200m；当半径为 400～500m 时，减速起始点接近 ZH；当半径为 600～800m 时，减速起点位于 ZH 和 HY 之间；当半径大于 900m 时，减速起始点接近 QZ。

2. 不同半径对加速起始点位置的影响分析

曲线路段转弯半径大小不同时，对加速起始点位置的影响以及建立的回归模型如表 9-3 和图 9-4 所示。

表 9-3　不同半径对加速起始点位置的影响

半径/m	加速起始点位置
125	6.1
200	5.6
300	5.0
400	4.2
500	5.0
600	4.8
700	5.2
800	4.6
900	4.0
1000	4.2

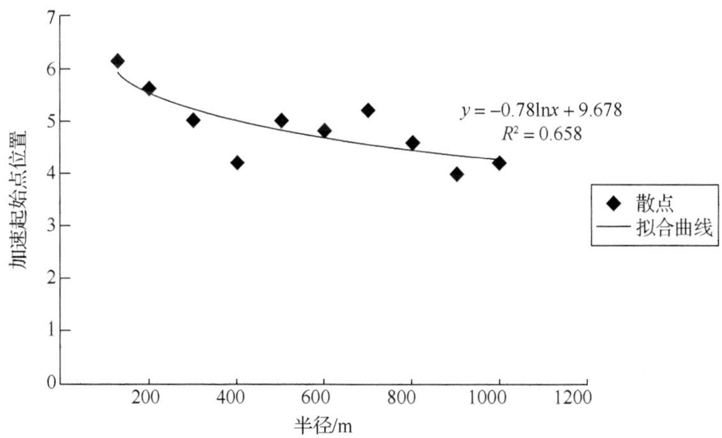

图 9-4　不同半径对加速起始点位置的影响分析

车辆从直线路段进入曲线路段行驶的过程中，驾驶员为了适应弯道，通常会先减速后加速。由图 9-4 可以得出，车辆加速驶出弯道过程中，加速起始点位置与转弯半径之间具有一定的对数关系，即 $y=-0.78\ln x+9.678$，R^2 为 0.658。随着半径的增大，加速起始点逐渐由 HZ 向 QZ 靠近。当半径为 125m 时，加速起点位于 HZ 之后；当半径为 300～700m 时，加速起始点在 YH 附近徘徊；当半径为 800～1000m 时，加速起点位于 QZ 和 YH 之间。

9.1.3 最优转弯半径的确定方法

从前述研究中能够得出曲线路段不同半径对运行速度的影响规律，可以通过运行速度协调性得到理论上的最优转弯半径。但是道路线形设计是包括平、纵、横等多个方面的整体设计，本节在不改变曲线路段半径的情况下，通过增加视错觉控速标线达到该目的。

我国目前的公路设计主要是以设计速度为基本参数，根据预测交通量和道路等级，按照标准和规范选定一个合适的设计速度，并以此为主要依据选定合适的平曲线半径、纵曲线半径、超高、加宽、视距等公路几何设计参数。这种传统的路线设计方法只规定了受地形条件所限的路段线形指标的最小值，而其他路段常采取较高的线形指标。在道路运营过程中，车辆的运行速度在线形指标良好的路段往往远高于设计速度，在线形指标不良路段产生低线形与高车速的矛盾，相邻线形指标的突变也会导致车辆运行速度的不连续性，极易导致交通事故黑点。

为了解决上述问题，利用运行速度进行道路线形设计检查是我国现行设计方法的一种补充方法，不仅是提升我国道路交通安全水平的重要举措之一，也是近年来国内外应用的主要方法。尽管各国提出的运行速度预测模型有所不同，但都是通过规定公路的速度协调性来控制线形指标的取值，从而进行公路线形的检查与评价。

1. 速度协调性评价

（1）相邻单元运行速度协调性

相邻单元运行速度协调性是指道路的几何条件既不违背驾驶员的期望，也不违背驾驶员安全操作和驾驶汽车的能力，使驾驶员沿着路线以期望的速度行驶。汽车运行速度是否连续，不仅反映了线形指标的变化是否符合驾驶员的期望，还说明了汽车的运行速度变化是否符合舒适性的要求等。研究表明，当道路线形与驾驶员期望一致时，驾驶员的操作失误会明显减少。因此，相邻单元运行速度协调性的评价标准至关重要。美国、德国、澳大利亚等对线形的评价研究起步较早，并取得了一定的成果。美国学者研究发现，道路相邻平曲线路段的运行速度差与该曲线路段的交通安全性存在着密切的联系，如表 9-4 所示。

表 9-4　运行速度变化趋势与交通事故率的相关性

设计安全水平及运行速度差/（km/h）	平曲线个数/个	3 年事故累积数/件	百万车公里	百万车公里事故率/%
协调性好（$\lvert\Delta V_{85}\rvert\leqslant 10$）	4518	1483	3206.06	0.46
协调性较好（$10<\lvert\Delta V_{85}\rvert\leqslant 20$）	622	12	150.46	1.44
协调性差（$\lvert\Delta V_{85}\rvert>20$）	147	47	17.05	2.76

我国在欧美国家道路交通安全评价的基础上，根据本国国情，采用相邻路段运行速度的差值ΔV_{85}来评价高等级道路线形的连续性，如表 9-5 所示。

表 9-5　线形连续性评价标准

运行速度差（km/h）	线形连续性	事故率	事故多发点
$\lvert\Delta V_{85}\rvert\leqslant 10$	好	低	基本不存在
$10<\lvert\Delta V_{85}\rvert\leqslant 20$	一般	有所增加	有所增加
$\lvert\Delta V_{85}\rvert>20$	差	很高	比较密

（2）设计速度与运行速度协调性

关于设计一致性的定义，美国国家公路合作研究计划（National Cooperative Highway Research Program，NCHRP）502 认为，“设计一致性是驾驶员期望的公路几何特征和运行特性所保持的协调一致”。Al-Masaeid 等将其定义为“一种设计的尺度，认为在一致性的尺度下，道路系统可以避免危险操作行为，以确保交通安全运行”[180]。因此，当驾驶员的期望与实际的道路特征差异较大时，驾驶员就可能操作失误。

近年来，美国学者根据双车道运行速度与交通事故的统计分析得出，设计速度和运行速度协调性指标与事故率之间存在较强的相关性。因此，设计速度与运行速度协调性是道路线形设计整体协调性的检验标准，如表 9-6 所示。美国和德国都建立了对小客车运行速度差的控制值，两国在评价路线设计优劣方面取得了一致性的结果，可用运行速度与设计速度之间的速度差来表征。

表 9-6　线形协调性评价标准

运行速度差/（km/h）	设计水平
$\lvert V_{85}-V_{d}\rvert\leqslant 10$	好的设计
$10<\lvert V_{85}-V_{d}\rvert\leqslant 20$	可以接受的设计
$\lvert V_{85}-V_{d}\rvert>20$	不良设计

2. 最优转弯半径的确定

根据 9.1.1 节和 9.1.2 节的试验数据，当半径不同时，速度协调性如表 9-7 和

表 9-8 所示。由于左转和右转对车速影响不显著，在确定最佳半径时不考虑不同转向的区别，此处以左转为例。

表 9-7　相邻单元运行速度协调性评价

半径/m	直线上最大速度/（km/h）	曲线上最小速度/（km/h）	速度差/（km/h）
125	50.73	40.28	10.45
200	61.72	40.84	20.88
300	57.71	43.79	13.92
400	62.91	52.55	10.36
500	64.65	57.38	7.27
600	74.84	63.85	10.99
700	76.54	65.75	10.79
800	80.01	70.06	9.95
900	80.59	79.78	0.81
1000	80.95	76.12	4.83

表 9-8　设计速度与运行速度协调性评价

半径/m	直线上最大速度/（km/h）	曲线上最小速度/（km/h）	最小速度差/（km/h）	最大速度差/（km/h）
125	50.73	40.28	9.27	19.72
200	61.72	40.84	1.72	19.16
300	57.71	43.79	2.29	16.21
400	62.91	52.55	2.91	7.45
500	64.65	57.38	2.62	4.65
600	74.84	63.85	3.85	14.84
700	76.54	65.75	5.75	16.54
800	80.01	70.06	10.06	20.01
900	80.59	79.78	19.78	20.59
1000	80.95	76.12	16.12	20.95

由表 9-7 和表 9-8 可以得出，当曲线路段半径为 200m 时，相邻单元运行速度协调性和设计速度与运行速度协调性均较差，几乎接近 20km/h；当半径为 125m 和 300m 时，前者良好，后者不够理想；当曲线路段半径为 400m、500m 和 600m 时，两个指标都比较好，但 500m 更优；当半径为 700～1000m 时，相邻单元运行速度协调性良好，可是设计速度与运行速度协调性较差。究其原因，当半径较小时，驾驶员较为紧张，通常会低速行驶，造成运行速度与设计车速之间的差值增大，从而导致速度一致性较差。由于减速起点位置位于直缓点之前 100～200m，因此相邻路段运行速度的差值不明显；当半径大于等于 700m 时，驾驶员减速效

果不明显，基本以大于设计车速的速度行驶，导致前者速度协调性较好，但是后者协调性不理想。

研究表明，当同时满足相邻单元运行速度协调性和设计速度与运行速度协调性，即$|\Delta V_{85}|\leqslant 10$且$|V_{85}-V_{\mathrm{d}}|\leqslant 10$时，说明线形指标好，几乎没有事故发生。因此，最优半径值选取 500m，通过视错觉控速标线的横向宽度来营造（详见 9.2 节）。

9.1.4　不同半径与眼动变化规律分析

瞳孔的变化能反映驾驶员在驾驶过程中不同的心理、生理变化。由于瞳孔大小存在个体差异，因此选择瞳孔面积变化率作为驾驶员紧张程度的评价指标。由于驾驶员在曲线路段受到圆曲线半径和转向角度的影响，视觉接收的信息更为复杂，在选择曲线路段眼动特征指标时，还包括注视时间、注视次数和注视区域。

1. 瞳孔面积变化率

由于每段视频制作时长不同，在分析不同半径与眼动变化规律时，将弯道划分为 6 个区域（ZH 前 100m～ZH、ZH～HY、HY～QZ、QZ～YH、YH～HZ、HZ～HZ 后 100m），分别采集瞳孔直径并换算成瞳孔面积变化率后，取平均值。曲线路段转弯半径以及左右转向不同时，对驾驶员瞳孔面积变化率的影响如表 9-9、图 9-5、表 9-10、图 9-6 所示。

表 9-9　弯道左转瞳孔面积变化率

弯道半径/m	瞳孔面积变化率/%						
	ZH 前 100m～ZH	ZH～HY	HY～QZ	QZ～YH	YH～HZ	HZ～HZ 后 100m	平均值
125	20.45	25.94	26.71	28.92	27.11	23.75	25.48
200	20.15	22.80	25.63	24.84	22.05	20.37	22.64
300	19.23	23.19	25.46	26.31	22.75	21.76	23.12
400	15.73	18.62	22.04	21.68	17.83	16.22	18.69
500	14.23	15.45	18.32	20.60	16.82	13.92	16.56
600	17.68	18.77	19.64	19.27	16.12	15.48	17.83
700	13.28	15.03	17.61	16.16	15.37	13.75	15.20
800	13.57	11.32	14.93	16.85	13.31	12.64	13.77
900	9.85	13.78	14.04	13.46	11.96	8.72	11.97
1000	8.24	9.16	11.65	10.06	9.37	5.71	9.03

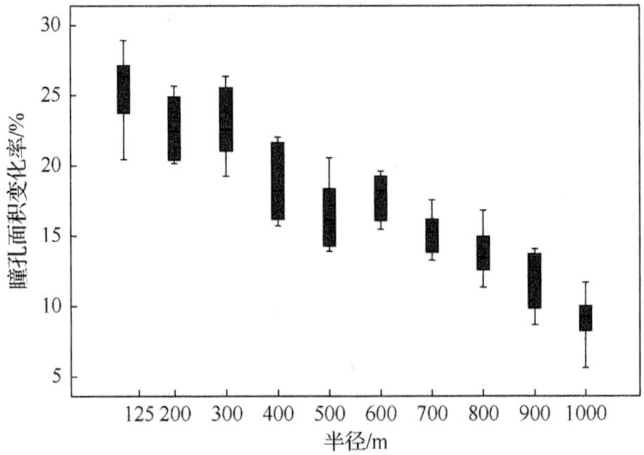

图 9-5　弯道左转瞳孔面积变化率箱式图

表 9-10　弯道右转瞳孔面积变化率

弯道半径/m	瞳孔面积变化率/%						
	ZH 前 100m～ZH	ZH～HY	HY～QZ	QZ～YH	YH～HZ	HZ～ZH 后 100m	平均值
125	20.29	24.96	25.38	26.71	23.51	21.64	23.75
200	19.53	21.48	22.79	22.64	21.60	20.12	21.36
300	16.36	18.11	23.59	21.72	16.65	17.82	19.04
400	17.28	19.09	21.64	22.37	20.67	16.05	19.52
500	14.26	14.55	18.61	17.46	14.38	12.29	15.26
600	15.82	16.94	17.34	18.17	17.85	15.12	16.87
700	12.72	13.14	14.65	14.51	13.16	11.37	13.26
800	10.12	12.79	14.08	14.49	12.06	10.26	12.30
900	9.45	9.59	12.80	11.27	10.05	8.21	10.23
1000	9.13	7.07	9.26	8.15	8.23	8.25	8.35

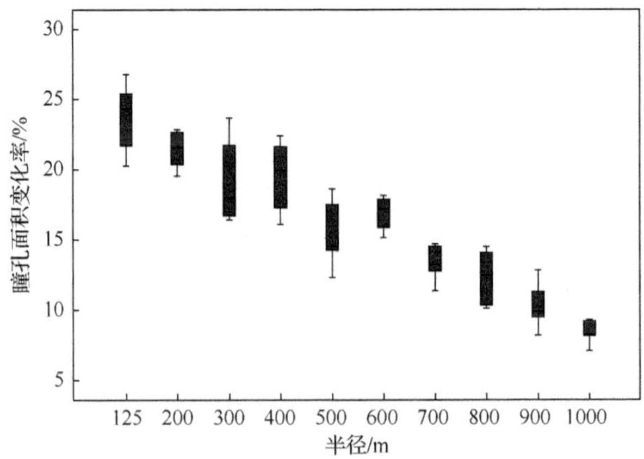

图 9-6　弯道右转瞳孔面积变化率箱式图

由图 9-5 和图 9-6 可知，随着转弯半径的增加，驾驶员的瞳孔面积变化率也逐渐下降。这是因为曲线路段转弯半径是车辆运行速度以及弯道通过性的决定性因素。在弯道路段行驶过程中，复杂的外部环境和频繁的驾驶行为势必会增加驾驶员的心理生理负荷。随着弯道半径的减小，驾驶员的心理生理负担逐渐增大，其瞳孔面积变化率也逐渐增大。

正态分布检验和相关性分析后，通过对弯道左右转向与驾驶员的瞳孔面积变化率进行单因素方差分析，得到显著性水平值 $P = 0.54 > 0.05$，说明弯道路段不同转向对驾驶员行车时的紧张程度影响不大。

2. 注视时间

注视时间为驾驶员在通过不同半径的曲线路段时，注视点单次落在弯道内（距离公路路肩外边缘 2m 以内的区域）的时间。试验中眼动仪采样频率是 120Hz，最小注视时间为 33ms。但是 Falkmer 等研究发现，人眼运动过程中，一次注视的最短持续时间约为 100ms，对典型注视而言，平均注视持续时间为 250～300ms[74]。因此在本节的研究中，将 100ms 作为最小注视持续时间，低于该值的数据（包括注视时间为 0ms 的数据）均被看作普通的眼跳及扫视。通过对驾驶员在驾驶过程中注视持续时间的分析，发现约 99%的单次注视行为持续时间在 1000ms 以下，考虑到仪器的误差，因此剔除大于 1000ms 的注视行为样本。

由于记录的是驾驶员在通过不同半径的曲线路段时，注视点单次落在弯道内的时间，HZ 点后不再采集数据，将弯道划分为 5 个区域（ZH 前 100m～ZH、ZH～HY、HY～QZ、QZ～YH、YH～HZ）。记录驾驶员注视点单次落在弯道内的注视时间后，再取平均值。曲线路段转弯半径以及转向不同时，对驾驶员注视时间的影响如表 9-11、图 9-7、表 9-12、图 9-8 所示。

表 9-11　弯道左转注视时间

弯道半径/m	注视时间/s					
	ZH 前 100m～ZH	ZH～HY	HY～QZ	QZ～YH	YH～HZ	平均值①
125	0.40	0.55	0.67	0.57	0.42	0.52
200	0.32	0.47	0.58	0.48	0.39	0.45
300	0.28	0.39	0.47	0.52	0.32	0.40
400	0.23	0.35	0.42	0.38	0.30	0.34
500	0.24	0.31	0.35	0.39	0.24	0.31
600	0.27	0.29	0.31	0.35	0.23	0.29
700	0.23	0.27	0.28	0.25	0.23	0.25
800	0.18	0.19	0.22	0.21	0.19	0.20
900	0.13	0.15	0.18	0.17	0.15	0.16
1000	0.11	0.12	0.14	0.13	0.11	0.12

① 此列为四舍五入后数据。

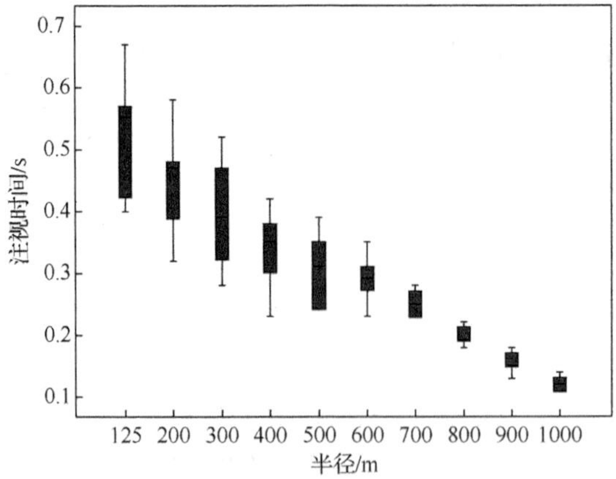

图 9-7　弯道左转注视时间箱式图

表 9-12　弯道右转注视时间

弯道半径/m	注视时间/s					
	ZH 前 100m～ZH	ZH～HY	HY～QZ	QZ～YH	YH～HZ	平均值
125	0.42	0.42	0.61	0.57	0.43	0.49
200	0.41	0.49	0.55	0.47	0.39	0.46
300	0.37	0.48	0.49	0.40	0.32	0.41
400	0.31	0.37	0.42	0.36	0.28	0.35
500	0.24	0.31	0.36	0.37	0.24	0.30
600	0.26	0.25	0.31	0.29	0.22	0.27
700	0.21	0.22	0.32	0.24	0.19	0.24
800	0.15	0.17	0.23	0.18	0.21	0.19
900	0.15	0.15	0.17	0.16	0.18	0.16
1000	0.12	0.11	0.12	0.13	0.10	0.12

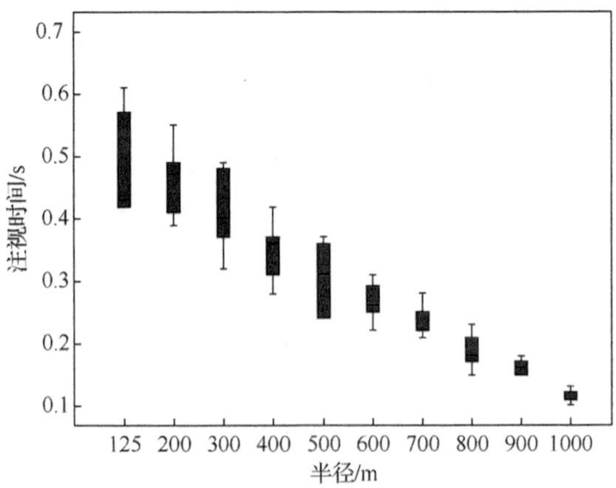

图 9-8　弯道右转注视时间箱式图

从图 9-7 和图 9-8 可知，驾驶员对转弯半径为 125m 的弯道注视时间最长。随着转弯半径的增加，驾驶员注视点落在弯道内的注视时间也逐渐下降。表明经过大半径的弯道路段时，驾驶员的视觉、心理在一定程度上有所放松，对曲线路段路线信息的关注程度降低。当半径较小时，注视时间最大值与最小值之间的差变小。

正态分布检验和相关性分析后，通过对弯道左右转向与驾驶员的注视时间进行单因素方差分析，得到显著性水平值 $P = 0.93 > 0.05$，说明弯道路段不同转向对驾驶员注视时间影响不大。

3. 注视次数

与注视时间的取值方法相同，将弯道划分为 ZH 前 100m～ZH、ZH～HY、HY～QZ、QZ～YH、YH～HZ 5 个区域，采集驾驶员注视弯道的次数后，再取平均值。曲线段转弯半径以及转向不同时，对驾驶员注视次数的影响如表 9-13、图 9-9、表 9-14、图 9-10 所示。

表 9-13　弯道左转注视次数

弯道半径/m	注视次数					
	ZH 前 100m～ZH	ZH～HY	HY～QZ	QZ～YH	YH～HZ	平均值
125	4	8	9	9	6	7.20
200	4	7	8	8	6	6.60
300	3	6	8	7	5	5.80
400	2	5	7	7	5	5.20
500	3	6	8	8	6	6.20
600	4	6	9	8	6	6.60
700	5	8	10	10	9	8.40
800	7	10	11	12	8	9.60
900	8	13	14	14	9	11.60
1000	8	14	16	15	10	12.60

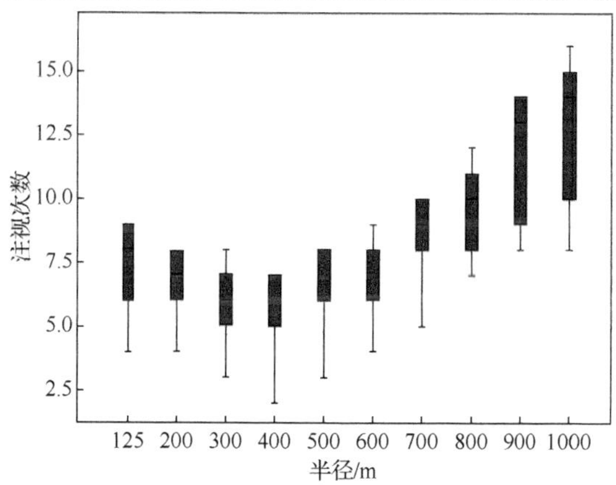

图 9-9　弯道左转注视次数箱式图

表 9-14　弯道右转注视次数

弯道半径/m	注视次数					
	ZH 前 100m～ZH	ZH～HY	HY～QZ	QZ～YH	YH～HZ	平均值
125	3	8	9	8	5	6.60
200	4	7	8	8	6	6.60
300	3	6	9	7	5	6.00
400	2	5	7	7	6	5.40
500	3	6	8	9	5	6.20
600	4	8	9	8	6	7.00
700	5	8	10	11	8	8.40
800	6	10	11	12	9	9.60
900	8	12	14	13	10	11.40
1000	9	15	15	13	10	12.40

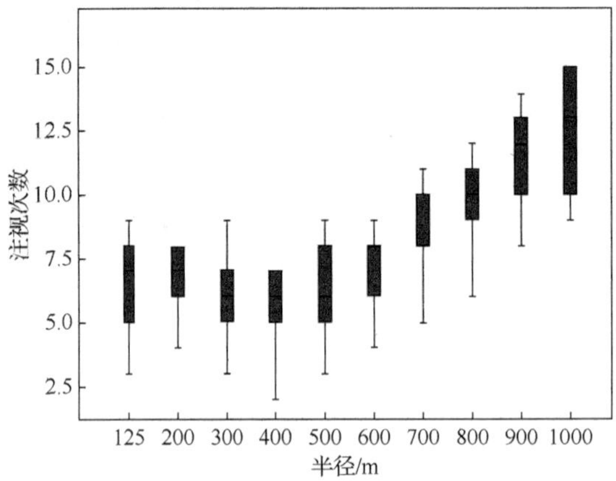

图 9-10　弯道右转注视次数箱式图

从图 9-9 和图 9-10 可知，随着转弯半径的增加，驾驶员注视点落在弯道内的注视时间呈先下降后上升的趋势。表明当弯道半径小于 500m 时，随着半径的增大，驾驶员在心理方面有所放松，对曲线路段路线信息的关注程度逐渐降低；当弯道半径大于 500m 时，随着半径和缓和曲线的增加，仿真视频时间增长，因此驾驶员注视弯道的次数增加。

正态分布检验和相关性分析后，通过对弯道左右转向与驾驶员的注视次数进行单因素方差分析，得到显著性水平值 $P = 0.98 > 0.05$，说明弯道路段不同转向对驾驶员注视次数影响不大。

4. 注视区域

为了研究驾驶过程中视错觉控速标线对驾驶员注视区域分布的影响，以注视点水平位移和垂直位移为表征参数，获取驾驶员注视区域图。本试验以弯道半径为 125m、500m 和 1000m 为例，进行注视区域的分析，具体如图 9-11 所示。

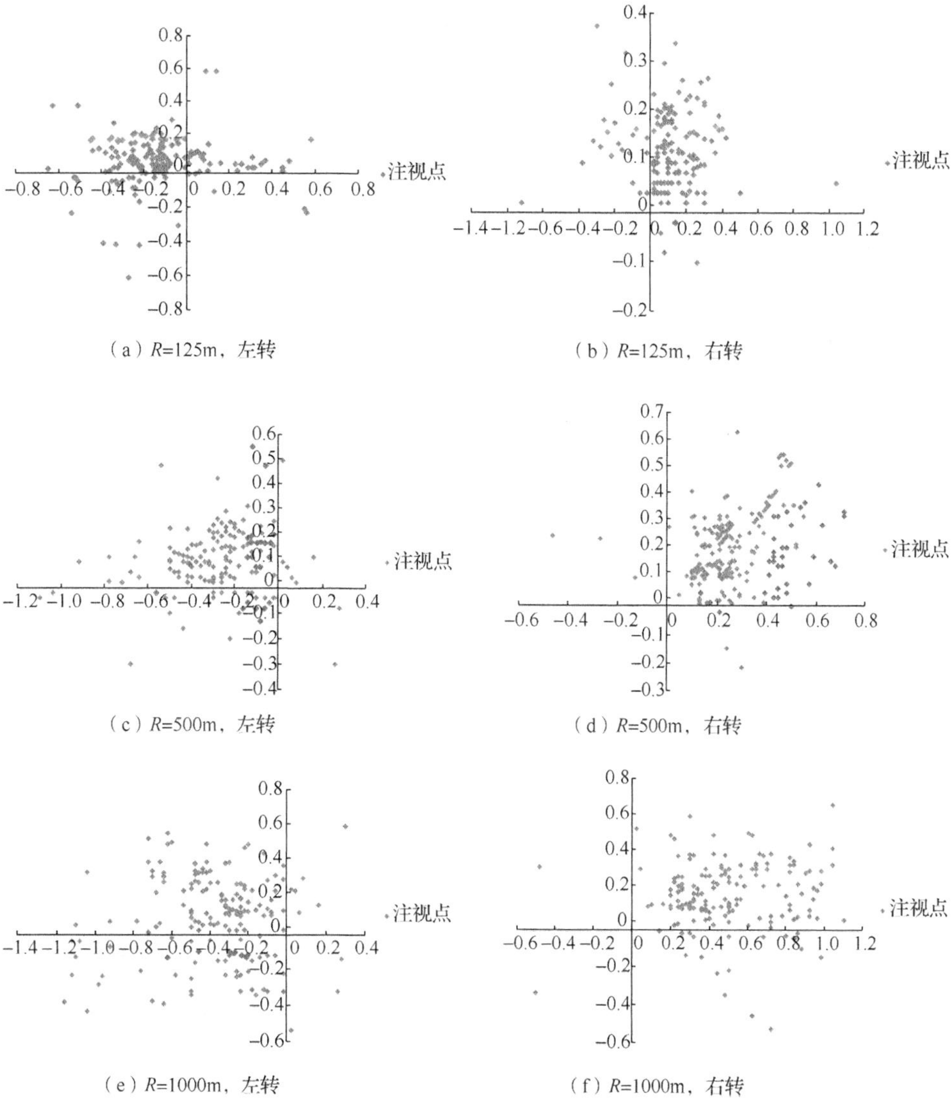

（a）R=125m，左转　（b）R=125m，右转

（c）R=500m，左转　（d）R=500m，右转

（e）R=1000m，左转　（f）R=1000m，右转

图 9-11　注视区域

当车辆右转时，驾驶员水平注视区域主要集中在仿真视频屏幕-0.3～1.2m 范围内，注视区域为正前方区域及右前方区域；当车辆左转时，驾驶员水平注视区域主要集中在屏幕-1.2～0m 范围内，注视区域为正前方区域及左前方区域，说明驾驶员在左转弯时注视区域主要包括左侧道路标志标线、整体线形等。究其原因，

主要与我国左舵右行的交通规则、驾驶员驾驶习惯及具体线形、环境及视距等因素相关。

根据驾驶员注视区域竖直位移分布可知，右转弯时驾驶员着重关注正前方及右侧方向的行车环境，但是对路面的注视较少，说明驾驶员在右转时主要依靠路侧信息及前方道路线形变化来转弯。左转时驾驶员注视区域竖直位移集中在仿真视频屏幕-0.3～0.4m，增加了对路面的注视频率，说明左转时驾驶员更加关注道路线形变化，对道路线形的变化更为敏感。

根据图 9-11 可知，转弯半径越小，驾驶员注视区域的兴趣点就越集中。当车辆右转时，随着曲线半径的增大，驾驶员注视点的离散性越来越大，注视范围越来越广，注视区域越来越偏右。同理，随着道路左转弯道半径增大，驾驶员注视范围越来越广，注视区域越来越偏左。

综上所述，从瞳孔面积变化率、注视时间和注视次数等眼动指标来看，弯道不同转向对驾驶员影响不大。但从注视区域分析，驾驶员在左转时对路面的关注更多，视错觉控速标线施划在左转弯路段效果会更好。因此，视错觉控速标线关键参数的试验均以左转弯为例。

9.2 标线横向宽度的选择方法

厄任斯坦错觉在公路弯道上的应用较有成效。当公路的曲率较大时，曲线的弯曲程度就较大，驾驶员容易产生弯曲半径比现实半径更大的错觉。因此，可以采取一些措施来纠正厄任斯坦错觉，使驾驶员正确认识转弯半径的大小。图 9-12（a）中间是一个正圆，由于背景的斜线引起了错觉，似乎标准圆左边比右边的曲度更大。图 9-12（b）所示 3 个图形中，最右侧的半径看起来更大，但实际上 3 段圆曲线的半径是相同的。因此，在弯道特别是在山区急弯路段的路面上设置类似的斜线，可以调整驾驶员原有感觉弯道半径偏大的错觉，从而起到警惕作用。

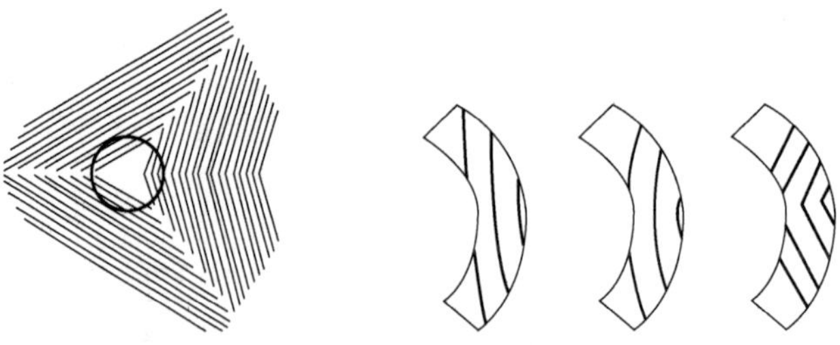

（a）　　（b）

图 9-12　厄任斯坦错觉的应用

根据 9.1 节的研究结论，当转弯半径为 500m 时，运行速度协调性最佳。因此，在曲线路段的视错觉控速标线并不呈对称施划，而是通过变化标线左右侧的横向宽度使驾驶员产生弯道半径变化的错觉。当半径大于 500m 时，通过改变标线左右侧的横向宽度，使驾驶员误认为比实际半径要小且车道被压缩，由于增加紧张感，因此采取减速措施，另外还能预防驾驶员在弯道“切弯”的行为；当半径小于 500m 时，随着标线左右侧横向宽度的变化，驾驶员产生比实际半径要大的错觉，紧张情绪能够得到适当的舒缓，但是由于驾驶员还会产生车道被压缩的错觉，故车速减小的幅度不至于过大。通过适当地控速，从而改善小半径相邻单元运行速度协调性较差的状况。

9.2.1　横向宽度的取值方法

1. 根据瞳孔面积变化率阈值判定

研究得出，以瞳孔面积变化率 20%作为表征驾驶员驾驶紧张程度和安全舒适性的阈值[181-183]。为了充分考虑曲线路段对驾驶员眼动特征的影响，在已有成果的基础上分别选择 10%、15%和 20%作为瞳孔面积变化率的阈值，计算得到视错觉控速标线横向宽度（单侧）分别为 35cm、40cm 和 45cm。

2. 根据不同半径对加减速起始点位置的影响来判定

根据不同半径对加减速起点位置的影响，视错觉控速标线的长度应尽量覆盖行车速度突变的位置。通过对标线横向宽度的布设，当单侧横向宽度为 40cm 时，视错觉控速标线可达到要求。

综合考虑上述条件，曲线路段视错觉控速标线横向宽度最终取值为 40cm，即弯道内侧横向宽度（$W_{内}$）与外侧横向宽度（$W_{外}$）之和恒为 80cm。

9.2.2　横向宽度的布设方式

根据曲线路段驾驶员注视区域的特征，布设方式以左转弯为例。标线的横向宽度（W）等于弯道内侧横向宽度（$W_{内}$）与外侧横向宽度（$W_{外}$）之和，恒为 80cm。当转弯半径为 125～300m 时，加速起点在 YH 到 HZ 之间。因此，标线布设的范围是从 HY 到 YH。当半径为 400～600m 时，减速起始点接近 ZH，加速起始点在 YH 附近，以保证因横线宽度而变窄的“道路中线”（图 9-13 中绿线）与实际道路的中线（图 9-13 中白线）在 QZ 重合，并分别朝 HY 和 YH 两个方向延伸。由于弯道半径和弧长不同，不同半径的标线起终点有所差异。当半径为 700～1000m 时，减速起始点在 HY 附近，加速起点位于 QZ 和 YH 之间，由于弯道半径和弧长不同，故标线布设的起点是 QZ，终点在 YH 附近，以保证因横线宽度而变窄的“道路中线”起点与实际道路的中线起点在 QZ 重合，朝 YH 延伸。

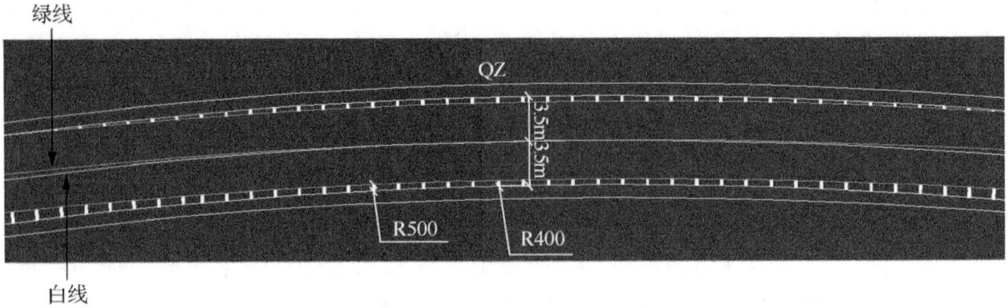

图 9-13　横向宽度的布设方式

当转弯半径小于等于 500m 时［图 9-14（a)］，弯道内侧横向宽度的最小值在 QZ，外侧横向宽度在此处为最大值；反之，当转弯半径大于 500m 时［图 9-14（b)］，弯道内侧横向宽度的最大值在 QZ，外侧横向宽度在此处取最小值。

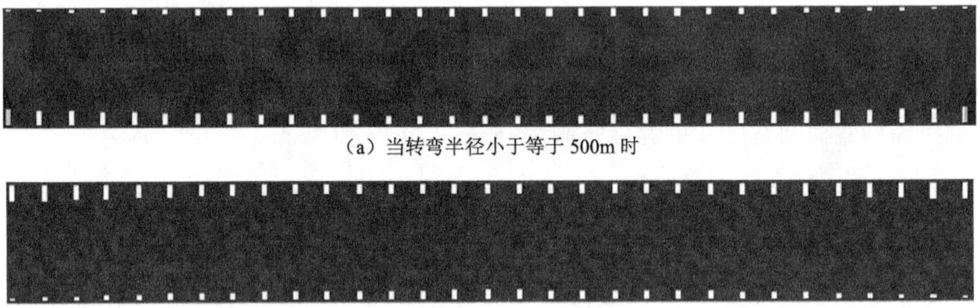

（a）当转弯半径小于等于 500m 时

（b）当转弯半径大于 500m 时

图 9-14　不同转弯半径的横向宽度布设方式示意图

假设 $W_{内}$ 为 x，$W_{外}$ 为 y，$W_{内}+W_{外}=80\text{cm}$ 视错觉标线间距为 n。不同的半径间距布设不同（详见 9.4.1 节），因此仅以 $R=300\text{m}$ 且间距为 4m 为例进行计算。标线从 HY 到 YH 的长度为 100m，将标线以间距为 4m 进行等距设置，故 $n=100/4=25$，即标线需要设置 26 对。假设每对标线为同等距增加或缩短，即 $\Delta x=80\text{cm}$，$\Delta x/n=80/25=3.2\text{cm}$。鉴于篇幅所限，部分标线横向宽度值如表 9-15 所示。

表 9-15　部分标线横向宽度值

W / cm	n									
	1	2	3	4	5	6	7	8	9	10
$W_{内}$	80	76.8	73.6	70.4	67.2	64	60.8	57.6	54.4	51.2
$W_{外}$	0	3.2	6.4	9.6	12.8	16	19.2	22.4	25.6	28.8

9.3　标线角度对运行速度的影响

9.3.1　角度对运行速度的影响

为了探寻不同角度是否对弯道中的视错觉标线有影响，借鉴已有研究成果[120-123]，选择 45°、90° 和 135° 作为标线角度的取值，通过仿真视频将视错觉控速标线分别施划在左转和右转的行车道两侧。试验测试了不同角度的视错觉控速标线对运行速度的影响，采集的数据如表 9-16 所示。

表 9-16　不同角度对行车速度影响统计表

角度/（°）	行车速度/（km/h）						
	标线前 200m	标线前 100m	标线起点	标线中点	标线终点	标线后 100m	标线后 200m
45	66.87	63.16	60.20	57.55	60.64	65.07	66.35
90	65.43	61.92	59.81	57.56	59.64	66.23	68.15
135	67.01	61.16	58.56	58.23	62.27	63.91	65.82

样本数据的分布特征，不仅影响试验结果，还会影响其信度。由于本试验需要定量研究，因此先采用 P-P 图法初步检验试验数据后，再进行显著性检验。

1. 正态分布检验

采用 P-P 图法验证不同角度与驾驶员行车速度是否服从正态分布，检验结果如图 9-15 所示。由图可知，可以认为上述数据符合正态分布，具有统计学意义。

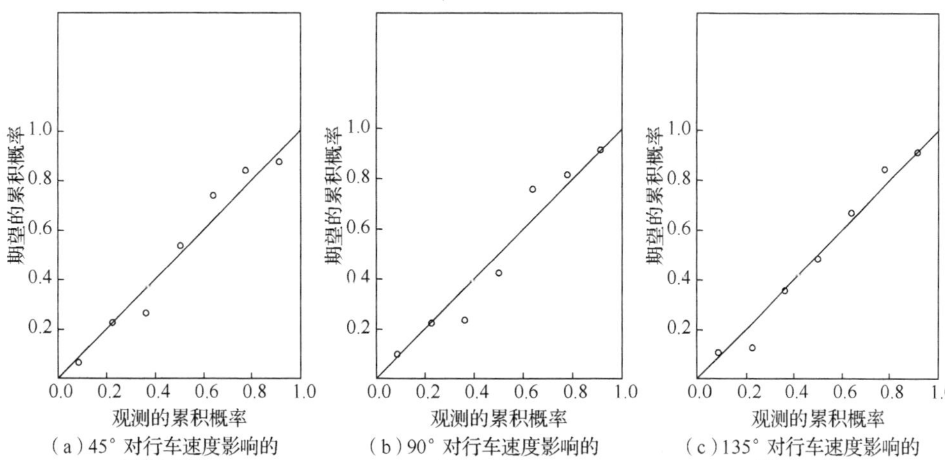

（a）45° 对行车速度影响的正态P-P图　（b）90° 对行车速度影响的正态P-P图　（c）135° 对行车速度影响的正态P-P图

图 9-15　不同角度对行车速度影响的正态 P-P 图

2. 显著性检验

通过 SPSS 软件，对标线的角度与速度指标进行单因素方差分析，其显著性水平值 $P = 0.98 > 0.05$，说明曲线路段视错觉控速标线的角度对行车速度降低没有显著影响。

9.3.2 角度的选择方法

曲率在变化的同时角度也变化，导致角度变化不明显，因此由角度产生佐尔拉错觉限于直线路段，故曲线路段角度取值恒为 90°。

9.4 标线间距对运行速度和眼动特征的影响

9.4.1 间距的布设方法

根据道路曲线路段驾驶员注视区域的特征，布设方式以左转弯为例。由于不同的转弯半径使行车速度和加减速位置均不相同，因此基于运行速度的协调性，将半径划分为 $125\text{m} < R < 600\text{m}$ 和 $700\text{m} < R < 1000\text{m}$ 两个部分。

1. $125\text{m} < R < 600\text{m}$

前述研究表明，当转弯半径为 125～300m 时，运行速度的连续性和一致性均不太理想。瞳孔面积变化率超过了 20%，说明驾驶员心理较为紧张，车速降低幅度较大，因此与相邻路段、设计车速之间的差值增大，导致运行速度协调性较差。若间距变小，驾驶员会产生速度增加的错觉，此时将加剧驾驶员的紧张程度，导致车速继续下降，使连续性和一致性更差；如果采用间距增大的方式，又会与视错觉控速标线横向宽度产生车道变窄作用的机理相悖，易导致驾驶员出现更为复杂的心理作用，因此当半径小于 300m 时，并不适合使用间距变化的视错觉控速标线，故采用等间距的标线。根据第 7 章试验方案的设计，间距采用 2m、4m、6m。

当曲线路段半径为 400～600m 时，两个速度指标都比较好，与最优转弯半径相差不大。瞳孔面积变化率为 15%～20%，表明驾驶员心理状态较为舒适。因此，半径为 400～600m 时，也宜采用等间距的视错觉控速标线。根据第 7 章试验方案的设计，间距采用 2m、4m、6m。

2. $700\text{m} < R < 1000\text{m}$

当半径为 700～1000m 时，相邻单元运行速度协调性良好，可是设计速度与运行速度协调性较差，瞳孔面积变化率小于 15%。究其原因，是驾驶员过于放松导致以大于设计车速的速度行驶。因此，此时需要增加间距变小的视错觉控速标线，以保证驾驶员在行车过程中保持适度的紧张感，而不要车速过快。此处视错觉控速标线之间的间距与道路直线路段一样，沿行车方向分别为 6.2m、5.9m、5.6m、5.3m、5.0m、4.7m、4.5m、4.3m、4.1m、3.9m、3.8m、3.6m、3.5m、3.3m、3.2m、3.0m、2.9m、2.7m、2.6m、2.4m、2.3m、2.1m、2.0m、1.8m、1.7m、1.5m、1.4m、1.2m、1.0m。

9.4.2　间距对运行速度和眼动特征的影响

车速选取 ZH 前 100m、ZH、HY、QZ、YH、HZ、HZ 后 100m 7 个关键点的速度。由于记录的是通过不同半径的曲线路段时驾驶员注视点单次落在弯道内的时间，且 HZ 点后的数据不再采集，故将弯道划分为 5 个区域（ZH 前 100m～ZH、ZH～HY、HY～QZ、QZ～YH、YH～HZ），采集驾驶员注视点单次落在弯道内的瞳孔面积变化率、注视时间和注视次数后，再分别取平均值。

1. $125\mathrm{m}<R<600\mathrm{m}$

通过试验，当 $125\mathrm{m}<R<600\mathrm{m}$ 时，视错觉控速标线间距拟定为 2m、4m、6m，典型断面的行车速度和对眼动指标的影响如表 9-17～表 9-20 所示。

表 9-17　不同间距对典型断面行车速度的影响

半径/m	标线间距/m	行车速度/（km/h）						
		ZH 前 100m	ZH	HY	QZ	YH	HZ	HZ 后 100m
125	2	49.40	41.16	38.57	37.29	39.32	40.76	45.53
	4	50.92	44.36	40.35	39.61	42.28	43.03	49.77
	6	52.17	49.84	43.95	43.55	45.61	47.47	53.24
200	2	50.54	45.68	40.02	40.06	42.73	46.62	52.97
	4	53.76	50.04	47.89	45.33	49.35	51.91	53.10
	6	56.23	50.99	47.02	46.81	47.52	50.53	55.75
300	2	50.25	46.98	46.78	45.31	50.27	51.34	55.74
	4	55.49	53.73	50.24	47.26	53.38	52.01	56.07
	6	61.73	59.80	55.51	50.84	55.46	60.23	62.38
400	2	55.52	52.36	50.29	48.02	51.16	51.99	52.34
	4	60.35	55.48	52.67	50.36	55.31	58.9	58.04
	6	61.87	60.26	58.57	55.46	56.42	62.28	60.79
500	2	58.65	55.29	50.16	48.98	50.03	54.48	55.57
	4	60.06	58.95	55.31	54.15	56.93	60.23	61.29
	6	64.38	65.28	60.49	57.60	57.40	60.66	63.84

续表

半径/m	标线间距/m	行车速度/（km/h）						
		ZH 前 100m	ZH	HY	QZ	YH	HZ	HZ 后 100m
600	2	60.92	59.42	55.51	51.27	53.64	55.95	60.04
	4	65.56	65.38	62.55	59.43	61.21	67.61	67.69
	6	68.06	68.02	66.84	65.71	65.73	67.28	65.17

表 9-18　不同间距对瞳孔面积变化率的影响

半径/m	标线间距/m	瞳孔面积变化率/%				
		ZH 前 100m～ZH	ZH～HY	HY～QZ	QZ～YH	YH～HZ
125	2	19.24	29.40	32.63	32.98	27.09
	4	20.48	29.56	31.87	30.27	28.27
	6	18.35	25.51	30.99	31.18	25.56
200	2	20.30	24.72	28.71	24.28	22.29
	4	19.64	24.37	25.18	25.55	22.46
	6	17.29	20.05	21.42	20.36	20.54
300	2	18.75	25.05	26.45	25.70	23.83
	4	17.21	22.72	25.52	22.22	22.49
	6	18.67	20.39	20.09	20.61	23.34
400	2	15.52	18.08	23.28	22.74	16.56
	4	14.92	15.69	19.40	18.64	17.72
	6	12.15	13.37	15.19	17.09	15.68
500	2	13.32	18.19	20.27	22.07	16.61
	4	13.26	15.86	20.93	19.74	16.48
	6	14.05	15.45	19.16	17.59	15.21
600	2	17.29	20.06	22.33	21.90	16.81
	4	18.08	18.64	21.65	22.34	15.15
	6	16.51	16.47	18.72	17.79	14.38

表 9-19　不同间距对注视时间的影响

半径/m	标线间距/m	注视时间/s				
		ZH 前 100m～ZH	ZH～HY	HY～QZ	QZ～YH	YH～HZ
125	2	0.42	0.57	0.68	0.60	0.45
	4	0.40	0.54	0.68	0.58	0.43
	6	0.39	0.55	0.65	0.57	0.42
200	2	0.39	0.49	0.60	0.51	0.42
	4	0.33	0.50	0.61	0.49	0.39
	6	0.34	0.51	0.58	0.50	0.36

续表

半径/m	标线间距/m	注视时间/s				
		ZH 前 100m～ZH	ZH～HY	HY～QZ	QZ～YH	YH～HZ
300	2	0.31	0.44	0.50	0.52	0.33
	4	0.30	0.41	0.48	0.55	0.30
	6	0.31	0.42	0.49	0.52	0.30
400	2	0.30	0.35	0.45	0.40	0.31
	4	0.25	0.33	0.41	0.39	0.35
	6	0.22	0.36	0.40	0.40	0.32
500	2	0.24	0.33	0.36	0.42	0.25
	4	0.20	0.30	0.37	0.40	0.26
	6	0.21	0.29	0.37	0.39	0.23
600	2	0.23	0.30	0.35	0.37	0.23
	4	0.27	0.30	0.35	0.36	0.22
	6	0.25	0.31	0.32	0.36	0.23

表 9-20　不同间距对注视次数的影响

半径/m	标线间距/m	注视次数				
		ZH 前 100m～ZH	ZH～HY	HY～QZ	QZ～YH	YH～HZ
125	2	7	12	12	13	8
	4	6	10	10	11	9
	6	5	8	12	12	7
200	2	6	11	11	12	7
	4	7	11	10	12	8
	6	7	11	11	9	9
300	2	4	6	10	8	7
	4	3	8	10	9	7
	6	5	8	9	9	6
400	2	4	7	9	7	6
	4	3	6	9	8	5
	6	3	7	8	9	7
500	2	4	7	10	11	7
	4	4	8	8	11	8
	6	5	8	10	9	8
600	2	6	8	9	9	8
	4	5	7	10	9	7
	6	5	6	10	8	8

采用 P-P 图验证得出，各标线间距和驾驶员瞳孔面积变化率、注视时间和注视次数服从正态分布，具有统计学意义。经过相关性分析，视错觉控速标线间距

与各眼动指标存在不同程度的相关性。通过 SPSS 软件对标线间距与驾驶员的眼动指标进行单因素方差分析，得到显著性水平值 P 均大于 0.05，说明不同间距的视错觉控速标线对眼动特征的影响显著。

2. 700m<R<1000m

通过试验，当 700m<R<1000m 时，视错觉控速标线之间的间距与道路直线路段一样，沿行车方向逐渐减小，典型断面的行车速度和对眼动指标的影响如表 9-21～表 9-24 所示。

表 9-21　不同半径对行车速度的影响

半径/m	行车速度/（km/h）						
	ZH 前 100m	ZH	HY	QZ	YH	HZ	HZ 后 100m
700	65.54	66.18	64.91	60.02	65.47	70.94	75.22
800	77.25	76.61	75.82	69.95	76.85	76.12	78.79
900	80.29	78.06	75.38	71.71	75.56	77.50	78.87
1000	79.73	78.44	77.57	74.57	77.38	79.63	80.69

表 9-22　不同半径对瞳孔面积变化率的影响

半径/m	瞳孔面积变化率/%					
	ZH 前 100m～ZH	ZH～HY	HY～QZ	QZ～YH	YH～HZ	HZ～HZ 后 100m
700	13.13	14.32	16.90	19.08	14.04	15.78
800	10.52	12.64	16.14	18.26	15.62	13.82
900	9.39	13.71	13.65	15.31	13.48	10.36
1000	9.02	9.83	10.55	15.27	12.96	6.74

表 9-23　不同半径对注视时间的影响

半径/m	注视时间/s				
	ZH 前 100m～ZH	ZH～HY	HY～QZ	QZ～YH	YH～HZ
700	0.23	0.22	0.27	0.29	0.26
800	0.19	0.20	0.23	0.26	0.21
900	0.12	0.12	0.18	0.20	0.15
1000	0.12	0.15	0.14	0.19	0.10

表 9-24　不同半径对注视次数的影响

半径/m	注视次数/s				
	ZH 前 100m～ZH	ZH～HY	HY～QZ	QZ～YH	YH～HZ
700	5	7	11	12	10
800	6	10	12	15	8
900	8	13	14	15	8
1000	7	14	15	16	11

正态分布检验和相关性检验后，通过 SPSS 软件对标线的间距与驾驶员的眼动指标进行单因素方差分析，得到显著性水平值满足 $P > 0.05$，说明视错觉控速标线的间距对眼动特征的影响显著。

9.5 标线关键参数对视错觉车速辨识的综合影响

9.5.1 标线施划前后车速分析

车辆一进入弯道驾驶员便开始采取减速措施，视错觉控速标线的横向宽度和间距的变化会影响驾驶员的驾驶行为。对上述速度指标进行单因素方差分析，得到显著性水平值均小于 0.05，说明视错觉控速标线对速度降低有显著影响。

由 9.1.1 节和 9.4.2 节可知，不同间距的视错觉控速标线施划前后，不同弯道半径的运行速度大多有不同程度的降低。以半径为 400m 为例，ZH 前 100m、ZH、HY、QZ、YH、HZ 和 HZ 后 100m 7 个关键断面的车速最大降幅分别达 11.75%、12.40%、9.16%、8.62%、4.52%、7.66%和 13.33%，减速效果明显。

相邻单元运行速度协调性评价如表 9-25 所示。当半径为 125m 时，间距是 2m 和 4m 的相邻单元运行速度协调性较差，而间距等于 6m 时较好；当半径为 200～300m 时，间距是 2m 的相邻单元运行速度协调性较差，但间距为 4m 和 6m 时较好；当半径为 400～600m 时，不论间距如何变化，运行速度协调性均理想；当半径为 700m～1000m 时，视错觉控速标线间距呈逐渐减小的方式布置，除了半径为 700m 时速度差达到 15.20km/h 之外，其余相邻单元运行速度协调性均较好。

表 9-25 相邻单元运行速度协调性评价

半径/m	标线间距/m	直线上最大速度/（km/h）	曲线上最小速度/（km/h）	速度差/（km/h）
125	2	49.40	37.29	12.11
	4	50.92	39.61	11.31
	6	53.24	43.55	9.69
200	2	52.97	40.02	12.95
	4	53.76	45.33	8.43
	6	56.23	46.81	9.42
300	2	55.74	45.31	10.43
	4	56.07	47.26	8.81
	6	62.38	50.84	11.54
400	2	55.52	48.02	7.50
	4	60.35	50.36	9.99
	6	61.87	55.46	6.41

续表

半径/m	标线间距/m	直线上最大速度/（km/h）	曲线上最小速度/（km/h）	速度差/（km/h）
500	2	58.65	48.98	9.67
	4	61.29	54.15	7.14
	6	64.38	57.40	6.98
600	2	60.92	51.27	9.65
	4	67.69	59.43	8.26
	6	68.06	65.71	2.35
700	逐渐减小	75.22	60.02	15.20
800	逐渐减小	78.79	69.95	8.84
900	逐渐减小	80.29	71.71	8.58
1000	逐渐减小	80.69	74.57	6.12

设计速度与运行速度协调性评价如表 9-26 所示。当半径为 125m 时，间距取值 2m 和 4m 的设计速度与运行速度协调性较差，均超过 20km/h，而间距等于 6m 时为 16.45km/h；当半径为 200～300m 时，间距取值 2m 的设计速度与运行协调性仍然不够理想，但间距为 4m 和 6m 时较好；当半径为 400～600m 时，间距为 2m、4m 和 6m 时，设计速度与运行速度协调性均较好；当为 700～1000m 时，除了半径为 900m 和 1000m 时最大速度差略微超过 20km/h 之外，其余设计速度与运行速度协调性均较理想。

表 9-26　设计速度与运行速度协调性评价

半径/m	标线间距/m	直线上最大速度/（km/h）	曲线上最小速度/（km/h）	最小速度差/（km/h）	最大速度差/（km/h）
125	2	49.40	37.29	10.60	22.71
	4	50.92	39.61	9.08	20.39
	6	53.24	43.55	6.76	16.45
200	2	52.97	40.02	7.03	19.98
	4	53.76	45.33	6.24	14.67
	6	56.23	46.81	3.77	13.19
300	2	55.74	45.31	4.26	14.69
	4	56.07	47.26	3.93	12.74
	6	62.38	50.84	2.38	9.16
400	2	55.52	48.02	4.48	11.98
	4	60.35	50.36	0.35	9.64
	6	61.87	55.46	1.87	4.54
500	2	58.65	48.98	1.35	11.02
	4	61.29	54.15	1.29	5.85
	6	64.38	57.40	4.38	2.60

续表

半径/m	标线间距/m	直线上最大速度/（km/h）	曲线上最小速度/（km/h）	最小速度差/（km/h）	最大速度差/（km/h）
600	2	60.92	51.27	0.92	8.73
	4	67.69	59.43	0.57	7.69
	6	68.06	65.71	5.71	8.06
700	逐渐减小	75.22	60.02	0.02	15.22
800	逐渐减小	78.79	69.95	9.95	18.79
900	逐渐减小	80.29	71.71	11.71	20.29
1000	逐渐减小	80.69	74.57	14.57	20.69

9.5.2 眼动指标分析

为了使速度变化的过程和程度更符合人因工程学，使减速措施更加适度和科学，除了对减速效果进行评价之外，还对眼动指标进行研究。综合考虑对视错觉控速标线的视觉适应能力及负荷程度，通过主成分分析，得到标线间距对瞳孔面积变化率、注视时间和注视次数的影响程度，再通过 85 位法得出驾驶员视觉负荷强度 F 的临界值，并计算得到不同转弯半径下不同间距的视觉负荷强度试验值，以此确定视错觉控速标线的合理间距。

1. 建立视觉负荷强度模型

瞳孔面积变化率、注视时间和注视次数均可表征驾驶员视觉负荷程度，进而可知其心理紧张程度。因此，将这 3 个指标通过主成分分析法进行最佳综合和简化，最终得到驾驶员视觉负荷强度。根据半径与眼动变化的规律，以转弯半径 200m 为例进行计算。由于瞳孔面积变化率、注视时间和注视次数三者之间的数量级存在一定的差别，为了避免可能存在的数据差异问题，使用标准化数值法对样本数据进行归一化处理，其具体计算公式如下。

$$\overline{x}_i = \frac{x-\mu}{\sigma} \tag{9-1}$$

式中，$\overline{x}_i$——第 i 组变量的数值；

μ——所有样本数据的均值；

σ——所有样本数据的标准差。

首先通过 Bartlett 球度检验和抽样适合性（Kaiser-Meyer-Olkin，KMO）检验，评判原有变量是否适合因子分析。由表 9-27 可知，KMO 检验中 Kaiser-Meyer-Olkin 检验值为 0.75，该值大于 0.6，因此适合进行因子分析。由 Bartlett 检验得出的相伴概率为 0.01，小于显著水平 0.05，拒绝零假设，因此认为同样适合因子分析。

表 9-27　KMO 和 Bartlett 检验数据

Kaiser-Meyer-Olkin 检验值	Bartlett 检验值		
	Approx.Chi-Square	df	Sig.
0.75	10.71	3	0.01

在因子分析过程中选择主成分分析法，输出因子与其特征值的碎石图，并且按特征值大小进行排列，能够确定保留因子的数量。表 9-28 的第 5～7 列为提取一个公共因子后对原变量总体的描述情况，可以反映原变量的大部分信息。

表 9-28　总方差说明表

成分	初始特征值			提取平方和载入		
	合计	方差百分比/%	累积百分比/%	合计	方差百分比%	累积百分比/%
1	2.89	96.30	96.30	2.89	96.30	96.30
2	0.08	2.68	98.98			
3	0.03	1.02	100.00			

表 9-29 为成分因子得分系数矩阵，由 3 个眼动原始因子综合成 1 个公共因子，并得出原有变量的线性组合关系式。

表 9-29　成分因子得分系数矩阵

成分	瞳孔面积变化率	注视时间	注视次数
1	0.342	0.338	0.339

根据表 9-29 可得函数关系式：

$$F = 0.342x_1 + 0.338x_2 + 0.339x_3 \tag{9-2}$$

式中，F——驾驶员视觉负荷强度；

x_1——驾驶员瞳孔面积变化率（%）；

x_2——驾驶员注视时间（s）；

x_3——驾驶员注视次数。

由式（9-2）可知，瞳孔面积变化率、注视时间和注视次数 3 个眼动指标呈线性关系，且呈正相关。驾驶员心理紧张感随着 F 值的增大而增加，故能够通过视觉负荷强度 F 来表征驾驶员的紧张程度。

2. 确定视觉负荷强度阈值

视觉负荷强度 F 可以综合反映驾驶员的生理心理感受，根据驾驶员视觉负荷强度能够判定视错觉控速标线的间距是否适宜。本节采用 85 位法对数据进行分析，同样以转弯半径是 200m 为例进行计算。鉴于篇幅所限，部分试验样本数据值如表 9-30 所示。

表 9-30　部分试验样本数据值

样本编号	眼动指标	ZH 前 100m～ZH	ZH～HY	HY～QZ	QZ～YH	YH～HZ
1	瞳孔面积变化率/%	20.00	22.34	25.72	25.91	22.28
	注视时间/s	0.33	0.50	0.60	0.46	0.40
	注视次数	4	8	8	6	7
2	瞳孔面积变化率/%	20.26	22.80	25.63	24.84	22.05
	注视时间/s	0.31	0.48	0.56	0.46	0.40
	注视次数	4	8	7	8	7
3	瞳孔面积变化率/%	18.96	21.06	26.38	23.65	21.44
	注视时间/s	0.35	0.48	0.56	0.45	0.39
	注视次数	5	6	8	8	6
4	瞳孔面积变化率/%	19.27	25.67	21.48	24.37	22.08
	注视时间/s	0.30	0.52	0.58	0.46	0.45
	注视次数	4	6	9	6	6
5	瞳孔面积变化率/%	21.67	22.24	25.09	20.46	25.57
	注视时间/s	0.31	0.43	0.49	0.48	0.32
	注视次数	6	7	8	9	8
6	瞳孔面积变化率/%	22.68	23.39	23.28	26.15	23.62
	注视时间/s	0.32	0.41	0.50	0.41	0.38
	注视次数	2	7	7	8	5

一般而言，将数据划分为 6～12 组效果更好，因此综合考虑样本量，瞳孔面积变化率、注视时间和注视次数分别以 1.00、0.05 和 1.00 为单位，将 3 个眼动指标进行划分，得到各自的频数图和累积频率图，如图 9-16～图 9-21 所示。

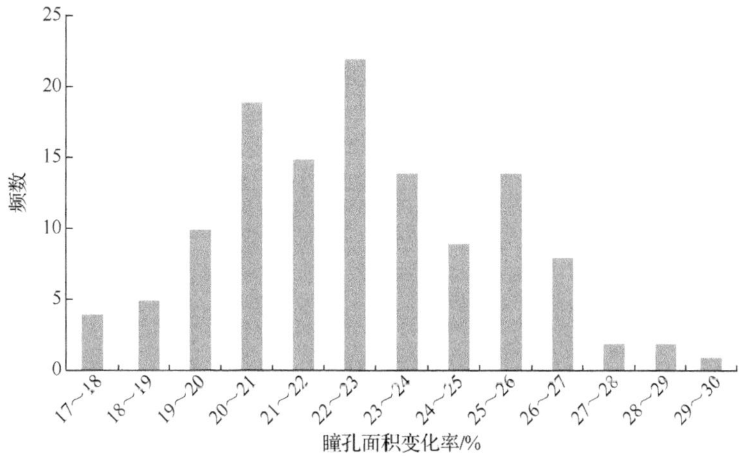

图 9-16　瞳孔面积变化率-频数图

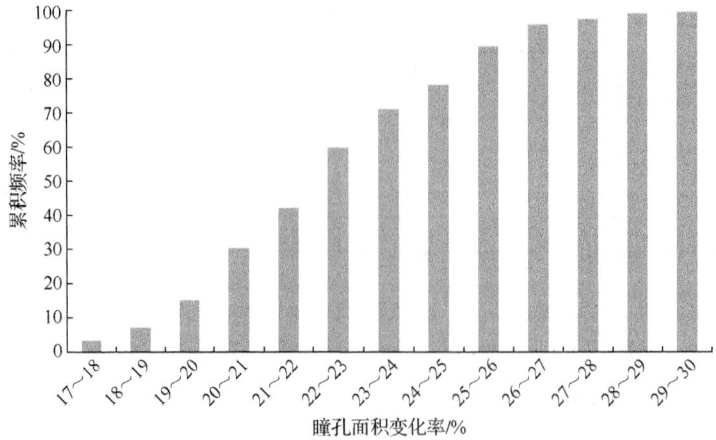

图 9-17　瞳孔面积变化率-累积频率图

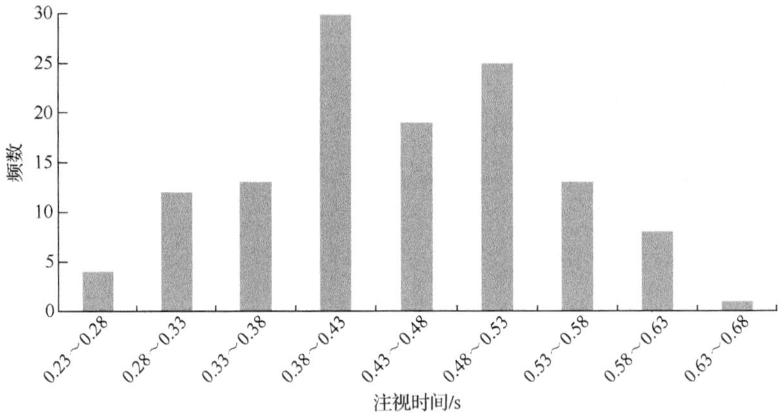

图 9-18　注视时间-频数图

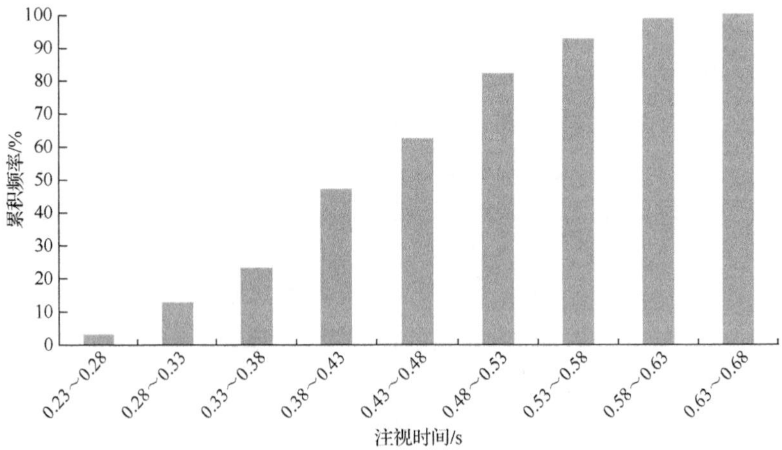

图 9-19　注视时间-累积频率图

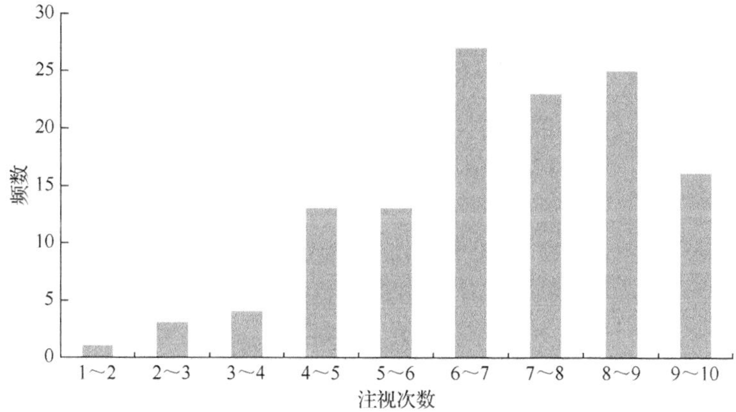

图 9-20　注视次数-频数图

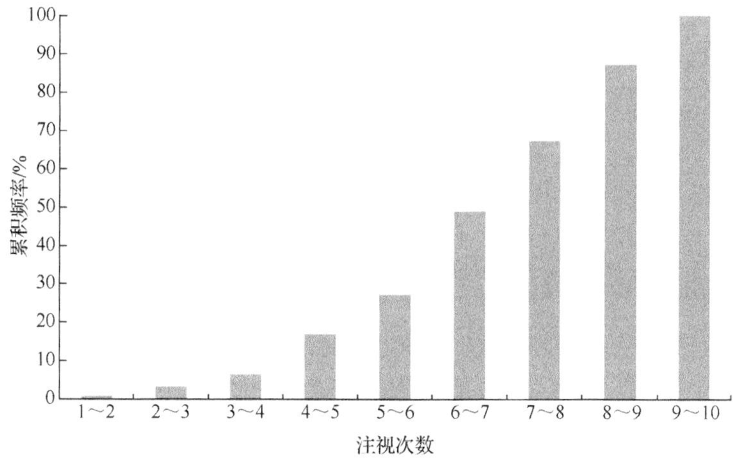

图 9-21　注视次数-累积频率图

根据上述累积频率图并采用 85 位法对数据进行分析，可知瞳孔面积变化率、注视时间和注视次数分别为 25.31、0.55 和 8.20，代入函数关系式（9-2），得到视觉负荷强度 F 为 11.62。因此，F 值为 11.62 是驾驶员视觉负荷的阈值，即弯道半径为 200m 时，视错觉控速标线间距设置合理的临界值。

3. 确定标线的合理间距

根据 9.4.2 节中不同间距对眼动特征的影响，分别计算视错觉负荷强度值。为了避免最不利的情况出现，选取眼动数据时，分别取瞳孔面积变化率、注视时间和注视次数的最大值。以半径为 200m、间距为 2m 为例，3 个参数的最大值分别为 28.71、0.60 和 12，计算得到视觉负荷强度为 14.09；当半径为 200m、间距为

4m 和 6m 时，计算得到视觉负荷强度分别为 13.01 和 11.25，因此只有间距为 6m 时，视觉负荷强度能小于其阈值，故当半径为 200m 时，视错觉控速标线间距设置为 6m 更合理。

同理，对其他弯道半径进行视觉负荷强度建模，得到其函数关系式，通过 85 位法来确定视觉负荷强度的阈值，再对不同间距下视觉负荷强度的数值进行计算，以此判断视错觉控速标线的合理间距。

不同转弯半径和不同间距的视觉负荷强度如表 9-31 所示。当半径为 125m 时，不同间距得到的视觉负荷强度均超过其阈值，说明标线间距设置得不够理想，但间距是 4m 和 6m 时，超出阈值不足 1；当半径为 200m、300m 和 600m 时，间距为 6m 时的视觉负荷强度满足要求；当半径为 400m 和 500m 时，间距是 4m 和 6m 时的视觉负荷强度均较好；当半径为 700～1000m 时，视错觉控速标线间距呈逐渐减小的方式布置，视觉负荷强度同样较理想。

表 9-31　转变半径和不同间距的视觉负荷强度

半径/m	视觉负荷强度函数关系式	F 阈值	标线间距/m	视觉负荷强度
125	$F=0.338x_1+0.355x_2+0.391x_3$	14.59	2	16.47
			4	15.31
			6	15.46
200	$F=0.342x_1+0.338x_2+0.339x_3$	11.62	2	14.09
			4	13.01
			6	11.25
300	$F=0.345x_1+0.339x_2+0.339x_3$	11.57	2	12.68
			4	12.38
			6	11.28
400	$F=0.339x_1+0.337x_2+0.338x_3$	10.51	2	11.08
			4	9.76
			6	8.97
500	$F=0.354x_1+0.346x_2+0.354x_3$	11.43	2	11.21
			4	11.44
			6	10.46
600	$F=0.384x_1+0.382x_2+0.336x_3$	11.22	2	11.74
			4	12.08
			6	10.69
700	$F=0.402x_1+0.33x_2+0.375x_3$	13.16	逐渐减小	12.27
800	$F=0.341x_1+0.398x_2+0.38x_3$	12.95	逐渐减小	12.03
900	$F=0.351x_1+0.34x_2+0.352x_3$	11.37	逐渐减小	10.72
1000	$F=0.343x_1+0.355x_2+0.343x_3$	12.96	逐渐减小	10.79

9.5.3 标线控速效果评价

当 125m<R<1000m 时，通过对标线施划前后行车速度进行分析可知，视错觉控速标线减速效果显著，且满足现行《交通工程手册》中对减速度的要求。根据 9.5.1 节相邻单元运行速度协调性和设计速度与运行速度协调性评价可知，当半径为 125m 时，间距为 6m 较好；当半径为 200～300m 时，间距为 4m 和 6m 均较理想；当半径为 400～600m 时，间距为 2m、4m 和 6m，运行速度协调性均较好；当半径为 700m～1000m 时，视错觉控速标线间距呈逐渐减小的方式布置，相邻单元运行速度协调性较好，设计速度与运行速度协调性稍差。这是因为标线的长度仅能从曲线的 QZ 点覆盖至 YH 点，直线和缓和曲线部分由于未受到标线的影响，对行车速度影响不大。标线的长度是由减速度和间距长度决定的，根据前人研究得知，视错觉控速标线总长度不宜超过 100m，过长的标线长度会让驾驶员逐渐适应视错觉的变化，从而影响减速效果。因此，本试验也将标线最大长度控制在 100m 以内。值得注意的是，虽然标线对 ZH 前 100m、ZH、HY、YH、HZ、HZ 后 100m 几个关键断面的行车速度影响不大，但是对曲中点的减速效果明显。因此，该间距的布设方式仍然有意义。

根据 9.5.2 节的眼动指标分析可知，当半径为 125m 时，间距是 4m 和 6m 的视觉负荷强度相对较好；当半径为 200m、300m 和 600m 时，间距为 6m 时的视觉负荷强度满足要求，能保证其行车安全性；当半径为 400m 和 500m 时，间距为 4m 和 6m 时的视觉负荷强度均较好；当半径为 700～1000m 时，视错觉控速标线间距呈逐渐减小的方式布置，视觉负荷强度同样较理想，满足驾驶员车辆减速期间的心理生理舒适性。

综合考虑视错觉标线车速对比和眼动指标分析（表 9-32），当半径为 125m 时，间距选择 6m；当半径为 200m、300m 和 600m 时，间距选择 6m；当半径为 400m 和 500m 时，间距选择 4m 和 6m 均可；当半径为 700～1000m 时，视错觉控速标线间距呈逐渐减小的方式布置，沿行车方向分别为 6.2m、5.9m、5.6m、5.3m、5.0m、4.7m、4.5m、4.3m、4.1m、3.9m、3.8m、3.6m、3.5m、3.3m、3.2m、3.0m、2.9m、2.7m、2.6m、2.4m、2.3m、2.1m、2.0m、1.8m、1.7m、1.5m、1.4m、1.2m、1.0m。

表 9-32　视错觉控速标线的间距选择

<table>
<tr><th>半径/m</th><th>评判依据</th><th>间距/m</th><th>说明</th><th>设置间距/m</th></tr>
<tr><td rowspan="2">125</td><td>速度协调性分析</td><td>6</td><td rowspan="2">综合考虑</td><td rowspan="2">6</td></tr>
<tr><td>眼动指标分析</td><td>4、6</td></tr>
<tr><td rowspan="2">200</td><td>速度协调性分析</td><td>4、6</td><td rowspan="2">综合考虑</td><td rowspan="2">6</td></tr>
<tr><td>眼动指标分析</td><td>6</td></tr>
<tr><td rowspan="2">300</td><td>速度协调性分析</td><td>4、6</td><td rowspan="2">综合考虑</td><td rowspan="2">6</td></tr>
<tr><td>眼动指标分析</td><td>6</td></tr>
</table>

续表

半径/m	评判依据	间距/m	说明	间距/m
400	速度协调性分析	2、4、6	综合考虑	4、6
	眼动指标分析	4、6		
500	速度协调性分析	2、4、6	综合考虑	4、6
	眼动指标分析	4、6		
600	速度协调性分析	2、4、6	综合考虑	6
	眼动指标分析	6		
700	速度协调性分析	逐渐减小	综合考虑	逐渐减小
	眼动指标分析	逐渐减小		
800	速度协调性分析	逐渐减小	综合考虑	逐渐减小
	眼动指标分析	逐渐减小		
900	速度协调性分析	逐渐减小	综合考虑	逐渐减小
	眼动指标分析	逐渐减小		
1000	速度协调性分析	逐渐减小	综合考虑	逐渐减小
	眼动指标分析	逐渐减小		

小　　结

本章通过室内仿真试验，发现驾驶员通过不同半径的弯道路段，其速度有显著的变化规律。半径小于 500m 时，会出现先减速后加速的现象，且在入弯后速度降至最低，在出弯后速度恢复到入弯前水平；当转弯半径为 600～800m 时，初始速度相对较大，仍有先减速后加速的速度变化趋势；当通过半径为 900～1000m 的曲线路段时，车速比较平稳，无明显变化。

驾驶员减速起始点位置与曲线路段半径存在一定的对数关系，即 $y = 1.652\ln x - 8.082$，R^2 为 0.898。随着半径的增大，减速起点逐渐由直缓点（ZH）向曲中点（QZ）偏移，但偏移量逐渐减小。当弯道半径为 125～300m 时，减速起点位于直缓点（ZH）前 100～200m；当半径为 400～500m 时，减速起始点接近直缓点（ZH）；当半径为 600～800m 时，减速起点位于直缓点（ZH）和缓圆点（HY）之间；当半径大于 900m 时，减速起始点接近曲中点（QZ）。

车辆从直线路段进入曲线路段行驶的过程中，驾驶员通常会先减速后加速。车辆加速驶出弯过程中，加速起始点与转弯半径之间具有一定的规律，即 $y = -0.78\ln x + 9.678$，R^2 为 0.658。随着弯道半径的增大，加速起始点逐渐由缓直点（HZ）向曲中点（QZ）靠近。当弯道半径为 125m 时，加速起点位于缓直点（HZ）之后；当半径为 300～700m 时，加速起始点在圆缓点（YH）附近徘徊；当半径为 800~1000m 时，加速起点位于曲中点（QZ）和圆缓点（YH）之间。

通过运行速度协调性分析可知，当 $\Delta V_{85} \leqslant 10$ 且 $|V_{85}-V_{\mathrm{d}}| \leqslant 10$ 时，线形指标好，几乎没有事故发生，故最优转弯半径选取 500m，通过变化标线左右侧的横向宽度，达到“无论曲线路段半径是多少，均能处于最优转弯半径”的行车错觉。

随着转弯半径的增加，驾驶员的瞳孔面积变化率下降，驾驶员注视点落在弯道内的注视时间也逐渐下降，注视次数呈现先下降后上升的趋势，但不同转向对三者影响不显著。右转弯时，驾驶员对路面的注视较少，而左转时驾驶员注视区域竖直位移集中在仿真视频屏幕-0.3～0.4m，增加了对路面的注视频率。因此，在曲线路段，视错觉控速标线关键参数的试验均以左转弯为例。

由 10%、15%和 20%作为瞳孔面积变化率的阈值，得到视错觉控速标线横向宽度分别为 35cm、40cm 和 45cm；根据不同半径对加减速位置的影响，最终确定标线的单侧横向宽度为 40cm。由于曲线曲率和视错觉控速标线的角度同时在变化，角度对行车速度降低没有显著影响，佐尔拉错觉仅适用于直线路段，道路曲线路段角度选择 90°。

通过主成分分析和 85 位法，建立了驾驶员在不同转弯半径下的视觉负荷强度 F 的模型及其阈值，用以判断标线的间距设置合理性。结合视错觉控速标线对运行速度的影响和车速协调性评价，得到当半径为 125m 时，间距选择 6m；当半径为 200m、300m 和 600m 时，间距同样选择 6m；当半径为 400m 和 500m 时，间距选择 4m 和 6m 均可；当半径为 700m～1000m 时，视错觉控速标线间距呈逐渐减小的方式布置，沿行车方向分别为 6.2m、5.9m、5.6m、5.3m、5.0m、4.7m、4.5m、4.3m、4.1m、3.9m、3.8m、3.6m、3.5m、3.3m、3.2m、3.0m、2.9m、2.7m、2.6m、2.4m、2.3m、2.1m、2.0m、1.8m、1.7m、1.5m、1.4m、1.2m、1.0m。

第 10 章　视错觉控速标线实车试验控速效果评价

第 8 章和第 9 章通过室内试验，得到道路直线路段和曲线路段视错觉控速标线关键参数的规律。本章通过实车试验对上述两章的结论进行验证，并从运行速度和眼动参数两个方面进行控速效果的评价。

10.1　道路直线路段视错觉控速标线控速效果评价

道路直线路段试验数据采集于路面状况和交通条件均良好、全长 300m、设计速度为 60km/h 的直线路段，为了减少纵坡对驾驶行为的影响，纵坡选择小于 2% 的缓坡段。试验车辆是别克商务车，车道宽度为 3.5m。通过 VBOX 3I 数据采集系统和 SMI 2.1 眼镜式眼动仪对车速和眼动数据进行采集。VBOX 3I 数据采集系统采样频率达 100Hz，体积小且安装简便，可测量移动汽车的速度和距离等诸多数据。为了更客观地反映视错觉控速标线的减速效果，选取 6 名不同驾龄、不同年龄的驾驶员为试验对象。要求被试驾驶员在试验前睡眠充足，避免剧烈运动和摄入可能影响试验结果的食物和药物。直线路段试验场景如图 10-1 所示。

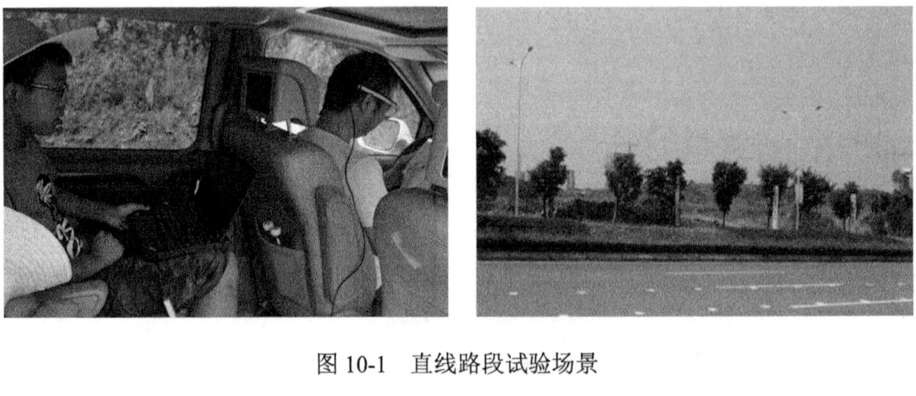

图 10-1　直线路段试验场景

为研究视错觉控速标线的不同关键参数对驾驶员行车速度和眼动指标的影响程度，室外实车试验与室内仿真试验方案设计相同，首先保持标线角度和间距不变，以 1cm 为单位，在 20～55cm 范围内不断改变横向宽度的变化幅度，将视错觉控速标线施划于行车道两侧，记录车辆通过关键断面时行车速度和驾驶员眼动指标的变化；然后保持标线横向宽度和间距不变，角度 θ 以 5° 为单位，从 5° 渐变至 180°，观察驾驶员的控速行为；最后保持标线横向宽度和角度不变，设置标线间距分别为 6.2m、5.9m、5.6m、5.3m、5.0m、4.7m、4.5m、4.3m、4.1m、3.9m、3.8m、3.6m、3.5m、3.3m、3.2m、3.0m、2.9m、2.7m、2.6m、2.4m、2.3m、2.1m、2.0m、1.8m、1.7m、1.5m、1.4m、1.2m、1.0m，采集车辆通过关键断面时行车速度和驾驶员眼动指标的变化。

10.1.1　标线施划前后车速分析

当车辆行驶在没有视错觉控速标线的试验路段时，受车速和周边环境的影响，行车速度大致平稳地保持在 68.35km/h。当施划不同参数的视错觉控速标线后，通过对数据进行筛选和计算，得到的运行速度如表 10-1 所示。为揭示视错觉控速标线的横向宽度、角度和间距对速度的影响规律，通过减速效果分析，对其影响程度进行排序。

表 10-1　标线施划后车速特征统计

关键参数	最大速度/（km/h）	最小速度/（km/h）	$\lvert \Delta V_{85} \rvert$	$\lvert V_{85} - V_{d} \rvert$
横向宽度	68.55	59.02	9.53	8.55
角度	71.77	60.22	11.55	11.77
间距	67.30	58.98	8.32	7.30

当车辆接近标线时，驾驶员开始采取减速措施，标线间距对行车速度的影响最大，行车速度呈逐渐减小的趋势，在标线结束时达到峰值；横向宽度次之，其对运行速度的影响贯穿于整个标线段且变化程度不大；角度对行车速度的影响最小，会使驾驶员产生车道变窄和车速变化的错觉，从而影响驾驶员的驾驶行为。通过对上述运行速度进行单因素方差分析，得到其显著性水平值 $P = 0.008 < 0.05$，说明视错觉控速标线的 3 个关键参数减速效果明显。对比标线施划前后的车速可知，3 个关键参数的平均车速均有显著降低，降幅分别达 13.65%、11.89%和 13.71%。

通过相邻单元运行速度协调性评价可知，标线的横向宽度、角度和间距的最大速度差分别为 9.53km/h、11.55km/h 和 8.32km/h；通过设计速度与运行速度协调性评价可知，标线的横向宽度、角度和间距的最大速度差分别为 8.55km/h、11.77km/h 和 7.30km/h，均小于 15km/h。综上，通过协调性评价，视错觉控速标线的参数设计合理，控速效果良好。

通过比较室内仿真试验和室外实车试验的控速结果可知，两者得到的规律一致，标线间距对行车速度的影响最大，其次是横向宽度，角度的影响最小。室外实车试验车速降幅分别达 13.65%、11.89%和 13.71%，与室内仿真试验大致相同（室内仿真试验标线 3 个关键参数对速度的降低幅度分别为 14.10%、13.87%和 14.96%）。就速度协调性评价而言，相邻单元运行速度协调性均在 10km/h 以内，设计速度与运行速度协调性都小于 15km/h，说明视错觉控速标线的参数设计良好，控速效果较为理想。

10.1.2　标线施划前后眼动指标分析

为了使速度变化的过程和程度更符合人因工程学，减速措施更加科学和以人为本，除了对减速效果进行评价之外，还应对眼动指标进行研究。通过敏感性分析，得到 3 个关键参数对瞳孔面积变化率的影响程度。鉴于篇幅所限，仅列出部分试验样本数据，如表 10-2～表 10-4 所示。

表 10-2　标线横向宽度部分试验样本数据值

序号	标线横向宽度/cm	运行速度/（km/h）	瞳孔面积变化率/%
1	20	67.29	8.81
2	21	65.51	9.45
3	22	67.42	9.39
4	23	65.93	8.97
5	24	66.07	10.76
6	25	67.65	9.60
7	26	65.26	10.19
8	27	68.55	11.27
9	28	65.38	14.73
10	29	63.32	13.11
11	30	65.24	12.17

表 10-3　标线角度部分试验样本数据值

序号	标线角度/（°）	运行速度/（km/h）	瞳孔面积变化率/%
1	5	66.31	12.64
2	10	66.28	13.56
3	15	67.30	15.93
4	20	69.35	16.02
5	25	69.92	17.28
6	30	71.77	19.73
7	35	70.55	19.13
8	40	68.53	17.17
9	45	68.70	18.75
10	50	69.01	18.72
11	55	69.47	17.30

表 10-4　标线间距部分试验样本数据值

序号	标线间距/m	运行速度/（km/h）	瞳孔面积变化率/%
1	6.2	66.61	11.34
2	5.9	67.54	12.18
3	5.6	66.79	10.23
4	5.3	67.30	15.77
5	5.0	65.11	14.83
6	4.7	66.59	16.54
7	4.5	64.75	14.60
8	4.3	63.78	13.23
9	4.1	64.16	18.33
10	3.9	67.91	21.91
11	3.8	66.68	23.80

1. 标线参数对运行速度和眼动特征的影响

（1）数据检验

采用 P-P 图法验证视错觉控速标线的横向宽度、角度和间距对瞳孔面积变化率的影响，结果服从正态分布，具有统计学意义。经过相关性分析，标线横向宽度与运行速度和瞳孔面积变化率的相关性分别为−0.883 和 0.943；标线角度与运行速度和瞳孔面积变化率的相关性分别为−0.805 和−0.653；标线间距与运行速度和瞳孔面积变化率的相关性分别为 0.853 和−0.788，均存在较强的相关性。通过 SPSS 软件对标线的各参数与驾驶员的眼动指标进行单因素方差分析，得到显著性水平值 P 均小于 0.05，说明视错觉控速标线的横向宽度、角度和间距对瞳孔面积变化率的影响显著。

（2）横向宽度与运行速度分析

以视错觉控速标线横向宽度为例进行计算，分析不同横向宽度的视错觉控速标线对运行速度的影响。计算得到的非线性回归模型如下。

$$f(x) = -0.00014x^3 + 0.0089x^2 - 0.2819x + 69.86 \tag{10-1}$$

式中，$f(x)$——运行速度（km/h）；

x——标线横向宽度（cm）。

该回归模型适用范围为 $x \in [20,55]$，拟合度检验 $R^2 = 0.84$，说明该模型对样本数据的代表程度较强，可用于描述视错觉控速标线横向宽度与车辆运行速度之间的关系。

由图 10-2 可知，车辆进入视错觉控速标线路段初期时，运行速度保持在小范围内波动。当驶入视错觉控速标线段时，由于驾驶员受到标线不同横向宽度的刺激，在视觉上会产生行车道变窄的错觉，运行速度波动显著。随着标线的横向宽度越来越大，驾驶员产生车道变窄的错觉越加明显，这时驾驶员的紧张感变强，运行速度继续降低。

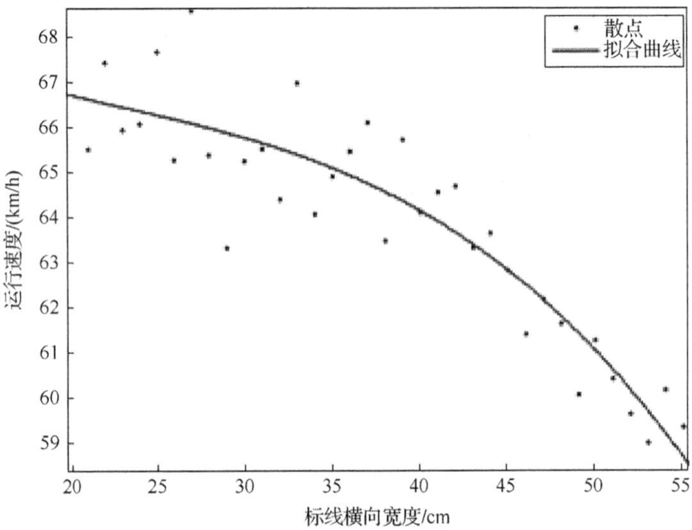

图 10-2 标线横向宽度与运行速度的关系

（3）横向宽度对运行速度和眼动特征的影响

根据表 10-2 的数据建立标线横向宽度 x、运行速度 y 及驾驶员瞳孔面积变化率 z 三者之间的趋势面关系模型如下。

$$z = 342.9296 - 2.3166x - 9.1811y + 0.0414xy + 0.0017x^2 + 0.0603y^2 \quad (10\text{-}2)$$

式中，z——瞳孔面积变化率（%）；

x——标线横向宽度（cm）；

y——运行速度（km/h）。

根据式（7-15），得到二次趋势面拟合模型的拟合精度为 88.05%，说明趋势面拟合效果较好。根据式（7-16）～式（7-20），通过对趋势面拟合模型进行 R^2 检验和 F 检验，发现该模型均满足要求，可进行应用。如图 10-3 所示，当驶入视错觉控速标线段时，由于驾驶员受到标线不同横向宽度的刺激，在视觉上会产生行车道变窄的错觉，随着横向宽度的增大，驾驶员瞳孔面积变化率显著增大，运行速度保持在小范围波动；随着标线的横向宽度越来越大，驾驶员产生车道变窄的错觉越加明显，这时驾驶员的紧张感变强，运行速度出现下降趋势，而紧张感使驾驶员瞳孔面积变化率继续增加。为了能够更加清晰、直观地反映横向宽度对运行速度和驾驶员瞳孔面积变化率的影响，根据趋势面拟合公式（10-2），绘制三者之间的关系图，如图 10-4 所示。

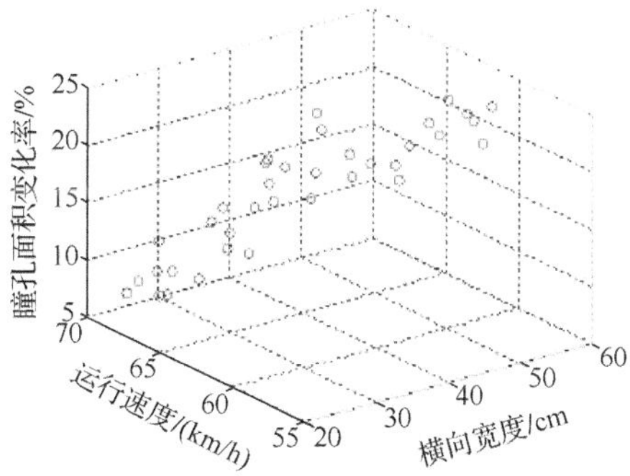

图 10-3　横向宽度、运行速度与瞳孔面积变化率的散点图

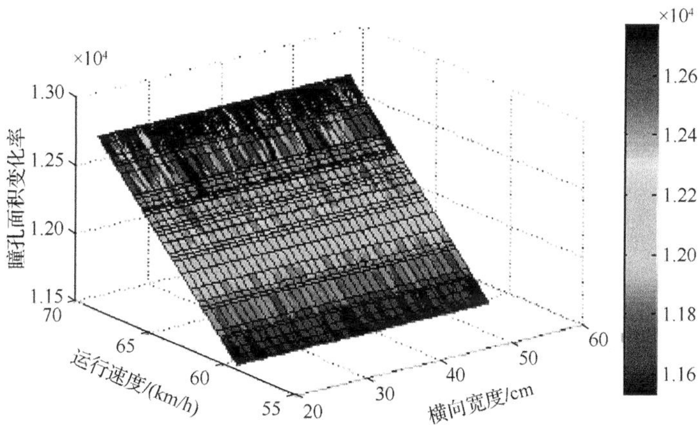

图 10-4　横向宽度、运行速度与瞳孔面积变化率的关系

由图 10-4 可以看出，当视错觉控速标线横向宽度一定时，随着车辆运行速度的加快，驾驶员的瞳孔面积变化率呈增长趋势，运行速度与驾驶员瞳孔面积呈正相关；当运行速度一定时，随着标线横向宽度的增大，驾驶员的瞳孔面积呈上升趋势，标线横向宽度与驾驶员瞳孔面积值同样呈正相关，说明横向宽度和速度协同影响驾驶员瞳孔面积变化率。

同理，经过正态分布检验和相关性检验后，对视错觉控速标线的角度与运行速度进行分析，得到两者函数关系式如下。

$$f(x) = 64.4 \times e^{\{-[(x-15.69)/75.23]^2\}} + 43.13 \times e^{\{-[(x-108.4)/59.51]^2\}} + 57.86 \times e^{\{-[(x-196.7)/62.06]^2\}} \quad (10\text{-}3)$$

式中，$f(x)$——运行速度（km/h）；

x——标线角度（°）。

该回归模型适用范围为 $x \in [5,180]$，拟合度检验 $R^2 = 0.91$。建立标线角度 x、运行速度 y 及驾驶员瞳孔面积变化率 z 三者之间的趋势面关系模型如下。

$$z = -373.2927 + 0.8648x + 9.9049y - 0.0124xy - 0.0003x^2 - 0.0615y^2 \qquad (10\text{-}4)$$

式中，z——瞳孔面积变化率（%）；

x——标线角度（°）；

y——运行速度（km/h）。

经计算，得到二次趋势面拟合模型的拟合精度为 90.07%，趋势面拟合效果较好。通过对趋势面拟合模型进行 R^2 检验和 F 检验，发现该模型均满足要求，可进行应用。

最后，经过正态分布检验和相关性检验，对视错觉控速标线的间距与运行速度进行分析，得到两者函数关系式如下。

$$f(x) = 3.902 \times e^{\{-[(x-3.537)/0.9535]^2\}} + 3.648 \times e^{\{-[(x-5.638)/0.904]^2\}} + 132.2 \times e^{\{-[(x-127.8)/143]^2\}} \qquad (10\text{-}5)$$

式中：$f(x)$——运行速度（km/h）；

x——标线间距（m）。

该模型适用范围为 $x \in [1,6.2]$，拟合度检验 $R^2 = 0.86$，建立标线间距 x、运行速度 y 及驾驶员瞳孔面积变化率 z 三者之间的趋势面关系模型如下。

$$z = -130.8702 - 6.4079x + 4.1653y + 0.0933xy - 0.4792x^2 - 0.0266y^2 \qquad (10\text{-}6)$$

式中，z——瞳孔面积变化率（%）；

x——标线间距（m）；

y——运行速度（km/h）。

根据式（7-15），得到二次趋势面拟合模型的拟合精度为 85.42%，可知趋势面拟合效果较好。根据式（7-16）～式（7-20），通过对趋势面拟合模型进行 R^2 检验和 F 检验，发现该模型均满足要求，可进行应用。

2. 标线参数对眼动指标的敏感性分析

（1）横向宽度敏感性分析

同样以视错觉控速标线横向宽度为例进行计算，分析其对驾驶员瞳孔面积变化率影响的敏感性。为研究视错觉控速标线的横向宽度对驾驶员瞳孔面积变化率的影响规律，在进行单因素敏感性分析时，首先保持视错觉控速标线的角度和间距不变，变化横向宽度和运行速度。由于室内试验的设计车速均为 60km/h，假定速度恒为 60km/h；在进行单因素敏感性分析时，保持标线横向宽度和间距不变，通过不断改变横向宽度的变化幅度，计算横向宽度的敏感性系数。部分横向宽度敏感性数据如表 10-5 所示。

表 10-5　部分横向宽度敏感性数据

序号	敏感性因素		瞳孔面积变化率/%		瞳孔面积变化率增量/%	敏感性系数
	横向宽度/cm	横向宽度增量/%	假设速度变化时	当速度恒为60km/h 时		
1	40	2.56	18.22	18.56	1.84	0.72
2	41	2.50	18.83	18.86	0.16	0.06
3	42	2.44	19.70	19.17	−2.67	1.10
4	43	2.38	20.82	19.49	−6.41	2.69
5	44	2.33	22.19	19.80	−10.79	4.64
6	45	2.27	23.83	20.12	−15.56	6.84
7	46	2.22	25.71	20.44	−20.50	9.22
8	47	2.17	27.85	20.77	−25.44	11.70
9	48	2.13	30.25	21.10	−30.26	14.22
10	49	2.08	32.90	21.43	−34.87	16.74

（2）角度敏感性分析

同理，为研究视错觉控速标线角度对驾驶员瞳孔面积变化率的影响规律，在进行单因素敏感性分析时，保持标线横向宽度和间距不变，通过不断改变角度的变化幅度，计算角度的敏感性系数。由于室内仿真试验的设计车速均为 60km/h，假定速度恒为 60km/h。部分角度敏感性数据如表 10-6 所示。

表 10-6　部分角度敏感性数据

序号	敏感性因素		瞳孔面积变化率/%		瞳孔面积变化率增量/%	敏感性系数
	角度/（°）	角度增量/%	假设速度变化时	当速度恒为60km/h 时		
1	110	4.76	13.20	9.26	−29.87	6.27
2	115	4.55	13.73	9.53	−30.63	6.74
3	120	4.35	13.96	9.78	−29.94	6.89
4	125	4.17	13.88	10.01	−27.83	6.68
5	130	4.00	13.49	10.23	−24.13	6.03
6	135	3.85	12.80	10.44	−18.43	4.79
7	140	3.70	11.81	10.63	−9.94	2.68
8	145	3.57	10.51	10.81	2.88	0.81
9	150	3.45	8.90	10.97	23.22	6.73
10	155	3.33	7.00	11.12	58.93	17.68

（3）间距敏感性分析

同前述两个影响因素一样，为研究视错觉控速标线间距对驾驶员瞳孔面积变化率的影响规律，保持标线横向宽度和角度不变，通过不断改变间距的变化幅度，计算间距的敏感性系数。由于室内仿真试验的设计车速均为 60km/h，假定速度恒为 60km/h。部分间距敏感性数据如表 10-7 所示。

表 10-7　部分间距敏感性数据

序号	敏感性因素		瞳孔面积变化率/%		瞳孔面积变化率增量/%	敏感性系数
	间距/m	间距增量/%	当速度变化时	当速度恒为 60km/h 时		
1	3.5	−2.78	10.66	14.58	36.81	13.25
2	3.3	−5.71	13.52	15.40	13.88	2.43
3	3.2	−3.03	15.80	15.79	−0.05	0.02
4	3.0	−6.25	18.29	16.55	−9.53	1.53
5	2.9	−3.33	20.25	16.91	−16.51	4.95
6	2.7	−6.90	22.38	17.61	−21.31	3.09
7	2.6	−3.70	24.03	17.94	−25.33	6.84
8	2.4	−7.69	25.78	18.58	−27.93	3.63
9	2.3	−4.17	27.12	18.89	−30.36	7.29
10	2.1	−8.70	28.51	19.47	−31.70	3.65

3. 敏感性比较

经过平均值计算，得到视错觉控速标线横向宽度、角度和间距的敏感度系数分别为 11.45、41.86 和 24.43。因此，3 个关键参数对瞳孔面积变化率的影响程度排序为角度>间距>横向宽度，与室内仿真试验结果一致。

10.1.3　标线控速效果评价

通过标线施划前后的车速对比可知，视错觉控速标线的横向宽度、角度和间距均使运行速度有显著降低，降幅分别达 13.65%、11.89%和 13.71%。通过对标线的敏感性进行分析可知，视错觉控速标线的横向宽度、角度和间距的敏感度系数分别为 11.45、41.86 和 24.43。因此，将 3 个关键参数对瞳孔面积变化率的影响程度进行排序为角度>间距>横向宽度，与室内仿真试验得到的规律一致。标线的横向宽度、角度和间距对运行速度的影响和敏感度系数排序之所以不同，是因为角度受到佐尔拉错觉的影响，运行速度呈现先增加后减小的趋势，降低了速度变化的幅度，因此标线角度对速度降低的作用排在最后；但瞳孔面积的变化更加快速灵活，在标线横向宽度的影响下，瞳孔面积变化率的极值更大，因此其敏感性最大。此外，该结果也说明除标线的参数之外，运行速度对驾驶员瞳孔面积变化率的影响不容忽视。

10.2　道路曲线路段视错觉控速标线控速效果评价

道路曲线路段试验数据采集于路面状况和交通条件均良好、设计速度为 60km/h 的曲线路段。试验车辆、试验人员和试验设备与直线路段实车试验相同。由于室外实车试验条件所限，针对不同弯道半径的特征，分别选择半径为 150m、350m 和 700m 的 3 个弯道进行验证试验。试验方案与室内仿真试验相同，首先确定横向宽度的布设方式和角度的取值，视错觉控速标线间距按照两种方式进行取值，当 125m<R<600m 时，标线间距分别为 2m、4m、6m；当 700m<R<1000m 时，间距与直线路段一样，采用逐渐减小的方式布设。曲线路段试验场景如图 10-5 所示。

图 10-5　曲线路段试验场景

10.2.1　标线施划前后车速分析

首先记录没有添加视错觉控速标线时，车辆驶入曲线路段前后 100m 以及 ZH、HY、QZ、YH、HZ、HZ 后 100m 的行车速度；然后采集设置不同间距的标线，车辆通过上述 7 个关键断面的行车速度，并经过数据筛选和运行速度计算，得到运行速度，如表 10-8 和表 10-9 所示。

表 10-8　不同半径下的运行速度

半径/m	运行速度/（km/h）						
	ZH 前 100m	ZH	HY	QZ	YH	HZ	ZH 后 100m
150	48.33	43.81	40.47	37.65	38.29	40.06	44.42
350	54.75	50.09	45.48	43.86	46.97	50.27	54.43
700	68.96	67.22	62.20	61.36	65.74	69.78	69.28

表 10-9　不同间距对典型断面行车速度的影响

半径/m	标线间距/m	运行速度/（km/h）						
		ZH 前 100m	ZH	HY	QZ	YH	HZ	HZ 后 100m
150	2	46.61	41.27	38.04	36.45	36.37	39.44	45.38
	4	47.93	42.94	40.68	39.82	40.90	39.48	43.43
	6	46.21	42.33	42.62	40.60	40.78	42.19	44.25
350	2	50.19	49.25	41.44	43.69	45.13	49.45	49.39
	4	55.20	50.73	46.76	43.98	46.65	48.74	55.38
	6	55.45	55.10	47.53	48.90	50.23	50.07	56.64
700	逐渐减小	65.34	65.76	61.83	59.45	59.63	62.29	67.18

当驾驶员进入弯道前便开始采取减速措施，由于视错觉控速标线的横向宽度和间距发生变化，因此会影响驾驶员的驾驶行为。通过对上述速度指标进行单因素方差分析，得到其显著性水平值均小于 0.05，说明视错觉控速标线对速度降低有显著影响。

通过对比不同间距的视错觉控速标线施划前后的行车速度可知，不同弯道半径的运行速度大多有不同程度的降低。以半径为 350m 为例，ZH 前 100m、ZH、HY、QZ、YH、HZ 和 HZ 后 100m 7 个关键断面的车速最大降幅分别达 8.33%、1.68%、8.88%、0.39%、3.92%、3.04%和 9.26%，减速效果明显。

相邻单元运行速度协调性评价和设计速度与运行速度协调性评价如表 10-10 和表 10-11 所示。不同的间距设置对于不同的弯道半径，其运行速度协调性均较好。当半径为 150m 时，间距取值 2m 和 4m 的设计速度与运行速度协调性较差，均超过 20km/h，而间距等于 6m 时满足要求；当半径为 350m 和 700m 时，设计速度与运行速度协调性均较好。

表 10-10　相邻单元运行速度协调性评价

半径/m	标线间距/m	直线上最大速度/（km/h）	曲线上最小速度/（km/h）	速度差/（km/h）
150	2	46.61	36.45	10.16
	4	47.93	39.82	8.11
	6	46.21	40.60	5.61
350	2	50.19	41.44	8.75
	4	55.38	43.98	11.40
	6	56.64	47.53	9.11
700	逐渐减小	67.18	59.45	7.73

表 10-11　设计速度与运行速度协调性评价

半径/m	标线间距/m	直线上最大速度/（km/h）	曲线上最小速度/（km/h）	最小速度差/（km/h）	最大速度差/（km/h）
150	2	46.61	36.45	13.39	23.55
	4	47.93	39.82	12.07	20.18
	6	46.21	40.60	13.79	19.40
350	2	50.19	41.44	9.81	18.56
	4	55.38	43.98	4.62	16.02
	6	56.64	47.53	3.36	12.47
700	逐渐减小	67.18	59.45	0.55	7.18

10.2.2　标线施划前后眼动指标分析

由于需要采集瞳孔面积变化率、注视时间和注视次数等眼动指标，而注视时间和注视次数是指注视点单次落在弯道内的时间和注视弯道的次数，因此不再采集 HZ 后 100m 的数据，而是采集有无视错觉控速标线时，车辆驶入曲线路段前 100m 以及 ZH、HY、QZ、YH、HZ 6 个关键断面的眼动数据。未施划视错觉控速标线的眼动数据如表 10-12～表 10-14 所示。

表 10-12　弯道半径与瞳孔面积变化率

弯道半径/m	瞳孔面积变化率/%					
	ZH 前 100m～ZH	ZH～HY	HY～QZ	QZ～YH	YH～HZ	平均值
150	26.97	27.64	28.10	30.69	28.47	28.37
350	20.47	22.66	25.40	27.54	22.53	23.72
700	14.43	17.67	17.44	16.09	14.55	16.04

表 10-13　弯道半径与注视时间

弯道半径/m	注视时间/s					
	ZH 前 100m～ZH	ZH～HY	HY～QZ	QZ～YH	YH～HZ	平均值
150	0.42	0.58	0.68	0.59	0.45	0.54
350	0.28	0.43	0.48	0.54	0.40	0.43
700	0.22	0.28	0.26	0.28	0.21	0.25

表 10-14　弯道半径与注视次数

弯道半径/m	注视次数					
	ZH 前 100m～ZH	ZH～HY	HY～QZ	QZ～YH	YH～HZ	平均值
150	6	9	9	10	7	8.20
350	5	7	8	9	7	7.20
700	7	9	11	11	9	9.40

当施划不同间距的视错觉控速标线之后，同样在车辆驶入曲线路段前 100m 以及 ZH、HY、QZ、YH、HZ 6 个观测点记录瞳孔面积变化率、注视时间和注视次数 3 项眼动数据，如表 10-15～表 10-17 所示。

表 10-15　不同间距对瞳孔面积变化率的影响

半径/m	标线间距/m	瞳孔面积变化率/%				
		ZH 前 100m～ZH	ZH～HY	HY～QZ	QZ～YH	YH～HZ
150	2	29.89	30.10	33.65	35.92	31.85
	4	26.63	27.49	31.12	32.99	28.42
	6	21.45	25.25	31.49	31.65	27.30
350	2	20.87	25.53	27.77	25.43	25.82
	4	20.91	22.45	25.36	23.89	22.43
	6	19.32	21.72	21.36	24.31	21.33
700	逐渐减小	17.27	17.91	18.56	16.96	17.14

表 10-16　不同间距对注视时间的影响

半径/m	标线间距/m	注视时间/s				
		ZH 前 100m～ZH	ZH～HY	HY～QZ	QZ～YH	YH～HZ
150	2	0.45	0.60	0.67	0.63	0.48
	4	0.41	0.58	0.65	0.59	0.43
	6	0.43	0.54	0.66	0.56	0.45
350	2	0.31	0.43	0.51	0.56	0.36
	4	0.27	0.44	0.49	0.50	0.38
	6	0.28	0.42	0.43	0.49	0.35
700	逐渐减小	0.25	0.27	0.29	0.31	0.24

表 10-17　不同间距对注视次数的影响

半径/m	标线间距/m	注视次数				
		ZH 前 100m～ZH	ZH～HY	HY～QZ	QZ～YH	YH～HZ
150	2m	7	10	9	11	8
	4m	5	9	10	11	9
	6m	7	9	9	12	7
350	2m	5	7	13	13	7
	4m	7	8	10	8	7
	6m	7	8	9	10	6
700	逐渐减小	8	9	12	13	10

综合考虑对视错觉控速标线的视觉适应能力及负荷程度，通过主成分分析，得到标线间距对瞳孔面积变化率、注视时间和注视次数的影响程度，并通过 85 位法得出驾驶员视觉负荷强度 F 的临界值，再通过计算得到不同转弯半径下不同

间距的视觉负荷强度试验值，以此确定视错觉控速标线的合理间距。

1. 数据检验

采用 P-P 图法验证得出，各标线间距和驾驶员瞳孔面积变化率、注视时间和注视次数服从正态分布，具有统计学意义。经过相关性分析，视错觉控速标线间距与各眼动指标存在不同程度的相关性。通过 SPSS 软件对标线间距与驾驶员的眼动指标进行单因素方差分析，得到显著性水平值 P 均小于 0.05，说明不同间距的视错觉控速标线对眼动特征的影响显著。

2. 建立视觉负荷强度模型

以转弯半径是 350m 为例进行计算，将瞳孔面积变化率、注视时间和注视次数这 3 个指标经归一化处理后，通过主成分分析法进行最佳综合和简化，最终得到驾驶员视觉负荷强度。首先通过 Bartlett 检验和 KMO 检验，评判原有变量是否适合因子分析。由表 10-18 可知，KMO 检验中 Kaiser-Meyer-Olkin 检验值为 0.72，该值大于 0.6，因此适合因子分析。由 Bartlett 检验得出的相伴概率为 0.00，小于显著水平 0.05，拒绝零假设，故认为适合因子分析。

表 10-18　KMO 和 Bartlett 检验数据

Kaiser-Meyer-Olkin 检验值	Bartlett 检验值		
	Approx.Chi-Square	df	Sig.
0.72	15.34	3	0.00

在因子分析过程中选择主成分分析法，输出因子与其特征值的碎石图，并按照特征值大小进行排列，能够确定保留因子的数量。表 10-19 的第 5～7 列为提取一个公共因子后对原变量总体的描述情况，可以反映原变量的大部分信息。

表 10-19　总方差说明表

成分	初始特征值			提取平方和载入		
	合计	方差百分比/%	累积百分比/%	合计	方差百分比/%	累积百分比/%
1	2.94	98.09	98.09	2.94	98.09	98.09
2	0.05	1.72	99.82			
3	0.01	0.19	100.00			

表 10-20 为成分因子得分系数矩阵，最终 3 个眼动原始因子可综合成一个公共因子，并得出原有变量的线性组合关系式。

表 10-20　成分因子得分系数矩阵

成分	瞳孔面积变化率/%	注视时间/s	注视次数
1	0.334	0.337	0.338

根据表 10-20 可得函数关系式：

$$F = 0.334x_1 + 0.337x_2 + 0.338x_3 \tag{10-7}$$

式中，F——驾驶员视觉负荷强度；

x_1——驾驶员瞳孔面积变化率（%）；

x_2——驾驶员注视时间（s）；

x_3——驾驶员注视次数。

由式（10-7）可知，瞳孔面积变化率、注视时间和注视次数 3 个眼动指标为线性组合关系且为正相关。随着 F 值增大，驾驶员的紧张感逐渐增加，因此用视觉负荷强度 F 来表征驾驶员的心理紧张程度。

3. 确定视觉负荷强度阈值

本节采用 85 位法对视觉负荷强度 F 进行分析，同样以转弯半径是 350m 为例进行计算。鉴于篇幅所限，部分试验样本数据值如表 10-21 所示。

表 10-21　部分试验样本数据值

样本编号	眼动指标	ZH 前 100m～ZH	ZH～HY	HY～QZ	QZ～YH	YH～HZ
1	瞳孔面积变化率/%	21.38	22.17	27.75	25.34	22.56
	注视时间/s	0.30	0.41	0.55	0.54	0.45
	注视次数	6	7	7	8	7
2	瞳孔面积变化率/%	23.22	25.90	22.86	29.53	22.64
	注视时间/s	0.28	0.46	0.53	0.56	0.42
	注视次数	5	8	9	8	7
3	瞳孔面积变化率/%	20.23	26.93	29.41	26.21	21.29
	注视时间/s	0.25	0.42	0.46	0.59	0.41
	注视次数	5	6	7	10	6
4	瞳孔面积变化率/%	18.95	20.54	20.76	29.64	25.62
	注视时间/s	0.29	0.46	0.42	0.56	0.37
	注视次数	5	6	7	9	9
5	瞳孔面积变化率/%	19.72	21.78	26.49	30.99	23.70
	注视时间/s	0.35	0.44	0.49	0.49	0.36
	注视次数	6	7	10	9	8
6	瞳孔面积变化率/%	19.32	18.64	25.13	23.53	19.37
	注视时间/s	0.21	0.39	0.43	0.50	0.39
	注视次数	3	7	7	9	5

一般而言，将数据划分为 6～12 组效果更好，因此综合考虑样本量，瞳孔面积变化率、注视时间和注视次数分别以 2.00、0.05 和 1.00 为单位，将 3 个眼动指标进行划分，得到各自的频数图和累积频率图，如图 10-6～图 10-11 所示。

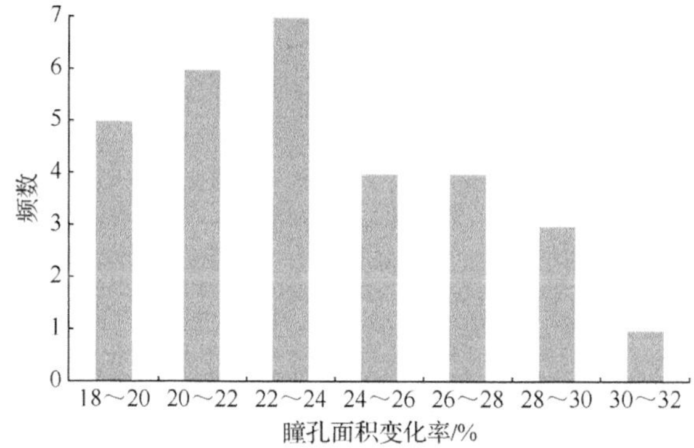

图 10-6　瞳孔面积变化率-频数图

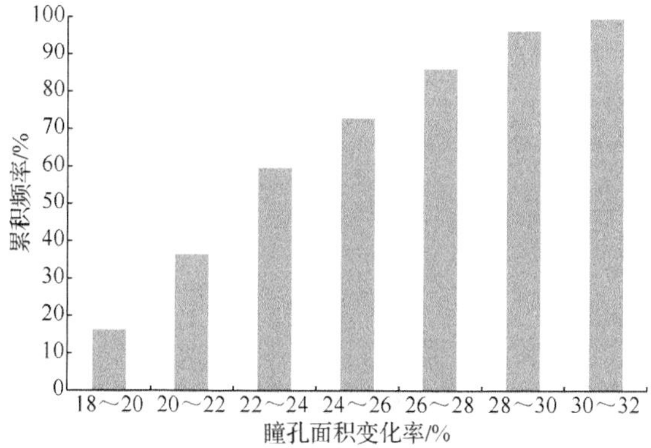

图 10-7　瞳孔面积变化率-累积频率图

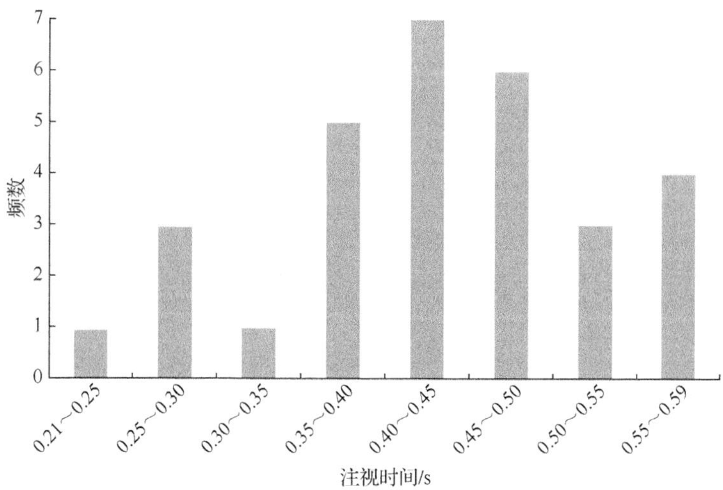

图 10-8　注视时间-频数图

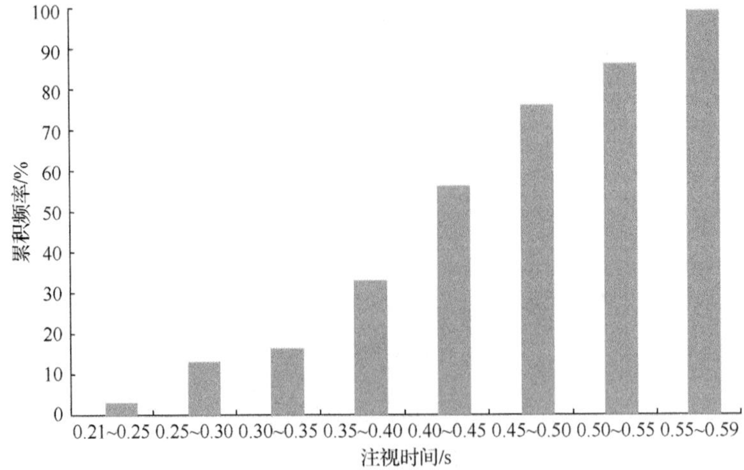

图 10-9　注视时间-累积频率图

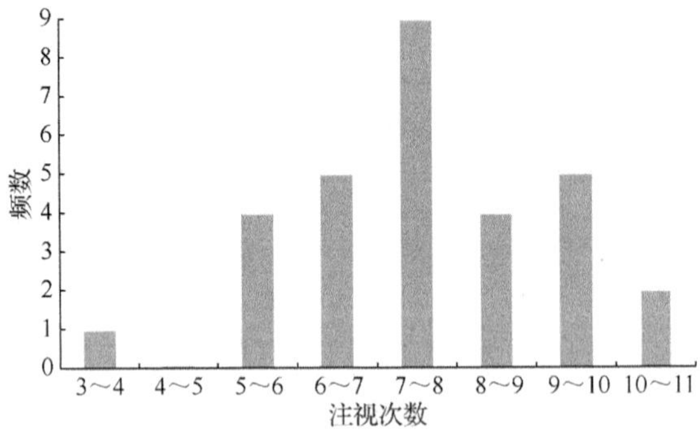

图 10-10　注视次数-频数图

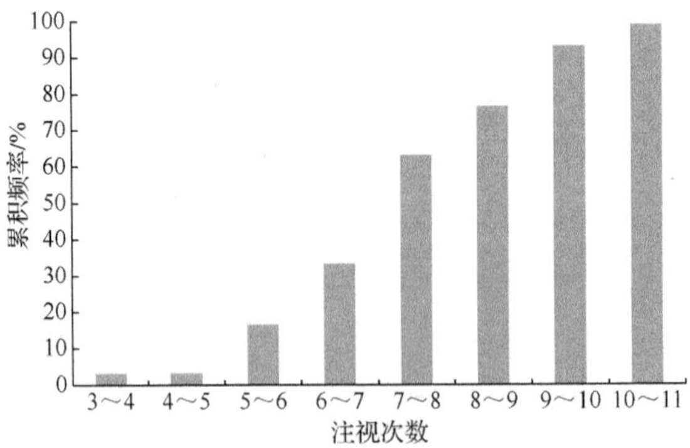

图 10-11　注视次数-累积频率图

根据上述累积频率图并采用 85 位法对数据进行分析，可知瞳孔面积变化率、注视时间和注视次数分别为 27.25、0.54 和 9.60，代入函数关系式（10-7），得到

视觉负荷强度 F 为 12.53。因此，F 值为 12.53 是驾驶员视觉负荷的临界值，即弯道半径为 350m 时，视错觉控速标线应设置合理间距，使得驾驶员负荷不超过其临界值。

4. 确定标线的合理间距

以半径为 350m、间距为 2m 为例，3 个参数的最大值分别为 27.77、0.56 和 13，计算得到视觉负荷强度为 13.86；当半径为 350m、间距为 4m 和 6m 时，计算得到视觉负荷强度分别为 12.02 和 11.66，当间距为 4m 和 6m 时，视觉负荷强度小于其阈值，因此当半径为 350m 时，视错觉控速标线间距设置为 4m 和 6m 较为合理。

同理，对其他弯道半径进行视觉负荷强度建模，得到其函数关系式，通过 85 位法来确定视觉负荷强度的阈值，再对不同间距下视觉负荷强度的数值进行计算，以此判断视错觉控速标线的合理间距。

不同转弯半径的视觉负荷强度阈值和不同间距的视觉负荷强度如表 10-22 所示。当半径为 150m 时，间距为 4m 和 6m 的视觉负荷强度满足要求；当半径为 350m 时，间距为 4m 和 6m 时的视觉负荷强度均较好；当半径为 700m 时，采用逐渐减小的间距，视觉负荷强度较理想。

表 10-22　不同间距下不同半径的视觉负荷强度

半径/m	视觉负荷强度函数关系式	F 阈值	标线间距/m	视觉负荷强度
150	$F=0.332x_1+0.378x_2+0.431x_3$	16.12	2	16.92
			4	15.94
			6	15.93
350	$F=0.334x_1+0.337x_2+0.338x_3$	12.53	2	13.86
			4	12.02
			6	11.66
700	$F=0.385x_1+0.391x_2+0.343x_3$	12.04	逐渐减小	11.73

10.2.3　标线控速效果评价

通过对标线施划前后行车速度进行分析可知，视错觉控速标线减速效果显著，且满足现行《交通工程手册》中对减速度的要求。根据 10.2.1 节相邻单元运行速度协调性和设计速度与运行速度协调性评价可知，当半径为 150m 时，间距取值 2m 和 4m 的设计速度与运行速度协调性较差，均超过 20km/h，而间距等于 6m 时满足要求；当半径为 350m 和 700m 时，设计速度与运行速度协调性均较好。

根据 10.2.2 节眼动指标分析可知，当半径为 150m 时，间距为 4m 和 6m 的视觉负荷强度满足要求；当半径为 350m，间距为 4m 和 6m 时的视觉负荷强度均较好；当半径为 700m 时，视觉负荷强度较理想。

综合考虑视错觉标线车速对比和眼动指标分析，当半径为 150m 时，间距选择 6m；当半径为 350m 时，间距为 4m 和 6m 较好；当半径为 700m 时，视错觉控速标线间距呈逐渐减小的方式布置，沿行车方向分别为 6.2m、5.9m、5.6m、5.3m、5.0m、4.7m、4.5m、4.3m、4.1m、3.9m、3.8m、3.6m、3.5m、3.3m、3.2m、3.0m、2.9m、2.7m、2.6m、2.4m、2.3m、2.1m、2.0m、1.8m、1.7m、1.5m、1.4m、1.2m、1.0m。

通过室内仿真试验和室外实车试验眼动指标的对比分析可知，瞳孔面积变化率、注视时间和注视次数，后者均超过前者，超出幅度平均在 10%以内，视觉负荷强度也呈现同样的趋势。究其原因，是因为制作仿真视频时简化了道路场景，但是真实的路域环境更加复杂，从而导致眼动指标与室内试验的差异。

小　结

本章通过直线路段视错觉控速标线实车试验得出，标线横向宽度、角度和间距 3 个关键参数对速度降低有显著影响。通过对相邻单元运行速度协调性进行评价可知，标线的 3 个关键参数对速度的影响，最大速度差分别为 9.53km/h、11.55km/h 和 8.32km/h；通过对设计速度与运行速度协调性进行评价可知，标线的横向宽度、角度和间距的最大速度差分别为 8.55km/h、11.77km/h 和 7.30km/h，均小于 15km/h，满足协调性评价的要求。因此，视错觉控速标线的参数设计合理，控速效果良好。

直线路段视错觉控速标线实车试验中，通过对标线的敏感性进行分析可知，视错觉控速标线的横向宽度、角度和间距的敏感度系数分别为 11.45、41.86 和 24.43。因此，将 3 个关键参数对瞳孔面积变化率的影响程度进行排序，即角度>间距>横向宽度，此结果与室内仿真试验一致。

通过曲线路段视错觉控速标线实车试验可知，标线对速度降低影响显著。通过对相邻单元运行速度协调性进行评价可知，不同间距设置对于不同的弯道半径，其运行速度协调性均满足要求。

曲线路段视错觉控速标线实车试验中，通过主成分分析和 85 位法，建立了驾驶员在不同转弯半径下的视觉负荷强度 F 的模型和阈值，用以判断标线的间距是否设置合理性。结合视错觉控速标线对运行速度的影响和车速协调性评价，当半径为 150m 时，间距选择 6m；当半径为 350m 时，间距为 4m 和 6m 较好；当半径为 700m 时，视错觉控速标线间距呈逐渐减小的方式布置，沿行车方向分别为 6.2m、5.9m、5.6m、5.3m、5.0m、4.7m、4.5m、4.3m、4.1m、3.9m、3.8m、3.6m、

3.5m、3.3m、3.2m、3.0m、2.9m、2.7m、2.6m、2.4m、2.3m、2.1m、2.0m、1.8m、1.7m、1.5m、1.4m、1.2m、1.0m。

通过室内仿真试验和室外实车试验眼动指标的对比分析可知，瞳孔面积变化率、注视时间和注视次数，后者均超过前者，视觉负荷强度也呈现同样的趋势。究其原因，是制作仿真视频时简化了道路场景，而真实的路况环境更加复杂，导致室外实车试验与室内仿真试验眼动指标的差异。

参 考 文 献

[1] 交通运输部. 2020 年交通运输行业发展统计公报[EB/OL]. (2021-05-19)[2021-12-07].https://xxgk.mot.gov.cn/2020/jigou/zhghs/202105/t20210517_3593412.html.

[2] 公安部交通管理局. 2020 年全国新注册登记机动车 3328 万辆，新能源汽车达 492 万辆[EB/OL].(2021-01-07)[2021-10-20].http://www.mps.gov.cn/n2254314/n6409334/c7647242/content.html.

[3] 袁绍松. 我国道路交通伤害研究进展：北京道路交通安全国际研讨会摘要[J]. 中国交通信息产业，2005(7): 91-94.

[4] 王正国. 21 世纪的交通伤研究[J]. 创伤外科杂志, 2000(1): 1-4.

[5] 王正国. “第 15 届国际意外事故和交通医学会议”及“危险举止与交通安全国际会议”论文综述[J]. 中华创伤杂志, 1998(2): 56-59.

[6] 杜博英, 方守恩. 车速降低与交通安全评价[J]. 山东交通科技, 2002(1): 66-68.

[7] 陆昌宝. 深度分析车辆超速行驶的危害与控制[J]. 法制与社会, 2015(15): 64-65.

[8] 张捽. 高等级公路强制控速设施开发研究[D]. 西安：长安大学, 2004.

[9] 叶忠慧. 高速公路上超速行驶的不安全因素分析[J]. 公路与汽运, 2003(6): 16-17，22.

[10] 陈荫三, 魏朗. 公路强制控速安全措施研究[J]. 公路交通科技, 2005(10): 140-143.

[11] LAMM R, PSARIANOS B, MAILAENDER T. Highway design and traffic safety engineering handbook[M]. New York: McGraw-Hill Handbooks,1999.

[12] COMTE S. Extema vehicle speed control:on-road trials（Deliverable10）[R]. Department of the Environment, Transport and the Regions, UK, 1999.

[13] TAYLOR M C, BARKER J K. Injury accidents on rural single-carriageway roads: an analysis of STATS 19 data（department of transport, TRL research report 365）[R]. Crowthorne, UK, Transport Research Laboratory, 1992.

[14] TEED N, LUND A K, KNOBLAUEH R. The duration of speed reductions attributable to radar detectors [J]. Accident analysis and prevention, 1993, 25(2): 131-137.

[15] WILDE GERALD J S. Target risk[R]. Toronto: PDE Publications, 1994.

[16] VARHELYI A. Innovative speed management tools: summary report on research area 3 [R]. VTT, Es-poo, Finland: Working Paper R 3.3.1 in the MASTR Project, 1998.

[17] RISSER R, LEHNER U. Evaluation of an ACC（autonomous cruise control）system with the help of behavior observation [C]// In Presentation on the 4th world congress on intelligent transport systems, Berlin, 1997: 2193.

[18] KOOREY G F, TATE F N. Review of accident analysis procedures for project evaluation manual（Transfund New Zealand Research Report No.85）[R]. Wellington: Transfund New Zealand, 1997: 54.

[19] Federal Highway Administration. Interactive highway safety design model （IHSDM）[Z]. Washington, 1995.

[20] EVANS L, WASIELEWSKY P. Risk driving related to driver and vehicle characteristics [J]. Accident analysis and prevention, 1983, 15(2): 121-136.

[21] POLUS A, FITZPATRICK K, FAMBRO B D. Predicting operating speeds on tangent sections of two-lane rural highways[C]// Transportation Research Record 1737. Washington: National Research Council, 2000.

[22] LUM K M, HALIM H. A before-and-after study on green signal countdown device installation [J]. Transportation research part F: traffic psychology and behaviour, 2006, 9(1): 29-41.

[23] IBRAHIM M R, KARIM M R, KIDWAI F A. The effect of digital count-down display on signalized junction performance [J]. American journal of applied science, 2008, 5(5): 479-482.

[24] HUNTER M, BOONSIRIPART S, GUIN A, et al. Evaluation of effectiveness of converging chevron pavement markings in reducing speed on freeway ramps [J]. Transportation research record: journal of the transportation research board, 2010(6): 2149.

[25] LEE, C, HELLINGA B, SACCOMANNO F. Evaluation of variable speed limits to improve traffic safety [J]. Transportation research part C: emerging technologies, 2006, 14(3): 213-228.

[26] NES N V, BRANDENBURG S, TWISK D. Improving homogeneity by dynamic speed limit systems [J]. Accident analysis and prevention, 2010, 42(3): 944-952.

[27] HELLINGA B, MANDELZYS M. Impact of driver compliance on the safety and operational impacts of freeway variable speed limit systems [J]. Journal of transportation engineering, 2011, 137(4): 260-268.

[28] CALIFORNIA DEPARTMENT OF TRANSPORTATION. Evaluation of milled-in rumble strips, rolled-in rumble strips and proprietary applications[R]. California State. Draft Report, 2001.

[29] OUTCALT W. Bicycle-friendly rumble strips (Report No. CDOT-DTD-R-2001-4.)[R]. Colorado Department of Transportation, 2000: 126.

[30] WATTS G R, VKRYLOV V. Ground-borne vibration generated by vehicles crossing road humps and speed control cushions [J]. Applied acoustics, 2000, 59(3): 221-236.

[31] RUSSELL E R, RYS M J. Reducing crossover accidents on Kansas highways using milled centerline rumble strips [D]. Manhattan: Kansas State University, 2006.

[32] FITZPATRICK K, BALKE K, HARWOOD D W, et al. NCHRP report 440: accident mitigation guide for congested rural two-lane highways [R]. Transportation Research Board, National Research Council, 2000: 178.

[33] PERSAUD B N, RETTING R A., LYON C A. Crash reducing following installation of centerline rumble strips on rural two-lane roads [J]. Accident analysis and prevention, 2004, 36(6): 1073-1079.

[34] RUSSELL R, RYS M J. Centerline rumble strips：synthesis of highway practice[R]. Washington: Transportation Research Board, 2005.

[35] SCHELLING I, HEGYI A, HOOGENDOORN S P. SPECIALIST-RM-integrated variable speed limit control and ramp metering based on shock wave theory [C]//2011 14th International IEEE Conference on Intelligent Transportation Systems （ITSC）.Washington, 2011.

[36] KNOOP V L, DURET A, BUISSON C M, et al. Lane distribution of traffic near merging zones influence of variable speed limits [C]// 13th International IEEE Conference on Intelligent Transportation Systems. IEEE, 2010.

[37] CHEN S Y, SUN J, YAO J. Development and simulation application of a dynamic speed dynamic signal strategy for arterial traffic management [C]//2011 14th International IEEE Conference on Intelligent Transportation Systems （ITSC）. Washington, 2011.

[38] RAKHA H, KAMALANATHSHARMA R K. Eco-driving at signalized intersections using V2I communication [C]//2011 14th International IEEE Conference on Intelligent Transportation Systems （ITSC）. Washington, 2011.

[39] YANG H, JIN W L. Control theoretic formulation of green driving strategy based on intervehicle communications[C]//Transportation Research Board 91st Annual Meeting, 2012.

[40] 郭忠印，乔亚丹，宋灿灿. 高速公路小半径路段标志与标线的组合设置[J]. 中国公路学报，2016, 29(4): 107-113.

[41] 叱诚，潘晓东. 基于超速驾驶行为的高速公路限速标志设置研究[J]. 交通运输工程与信息学报，2010, 8(4): 110-116.

[42] 周小焕，郭忠印，李国锋，等. 高速公路作业区汇入提示标志设置研究[J]. 公路工程, 2014, 39(4): 44-47.

[43] 李志斌，刘攀，单肖年，等. 高速公路可变限速控制策略安全性效果仿真[J]. 西南交通大学学报，2013, 48(5): 942-948.

[44] 陆建，姜军，叶海飞. 普通公路路侧限速标志设置位置的确定方法[J]. 长安大学学报（自然科学版）, 2011, 31(1): 74-78.

[45] 陆建，姜军，吴靖. 普通公路典型车速控制措施的综合评价[J]. 北京工业大学学报, 2012, 38(4): 547-552.

[46] 姜军，王紫鹏，吴靖，等. 典型车速控制措施的有效性与适应性分析[J]. 交通信息与安全, 2010, 28(3): 96-99.

[47] 贾洪飞，司银霞，孙宝凤. 驾驶员自身因素对限速标志识别能力的影响分析[J]. 中国安全科学学报，2007, 17(2): 50-54.

[48] 司银霞. 限速标志对驾驶行为影响研究[D]. 长春: 吉林大学, 2006.

[49] 刘宇佳. 高速公路长大下坡速度控制方法与策略研究[D]. 长春: 吉林大学, 2011.

[50] 贺玉龙，孙小端，侯树展，等. 高速公路速度控制设施的实施效果分析[J]. 中国公路学报, 2010, 23(S1): 93-98.

[51] 侯树展, 孙小端, 贺玉龙. 高速公路振动控速标线路段运行速度变化规律研究[J]. 中国公路学报, 2010, 23(S1): 105-110.

[52] 鲍兴建, 孙小端, 贺玉龙. 高速公路控速标线应用效果研究[J]. 交通标准化, 2010(Z2): 86-88.

[53] 徐婷, 孙小端, 贺玉龙, 等. 高速公路平曲线建议限速标志设置研究[J].中国公路学报,2010,23(S1):111-115.

[54] 陈荫三, 魏朗. 公路强制控速安全措施研究[J]. 公路交通科技, 2005, 22(10): 140-143.

[55] 任璐, 杨权涛, 常旭. 基于立体效果的道路平面减速图案研究[J]. 黑龙江工程学院学报, 2016, 30(3): 23-25.

[56] 于仁杰, 马荣国, 韩海, 等. 高速公路施工区限速标志位置确定方法[J]. 交通运输工程学报, 2013, 13(5): 91-98.

[57] 田雨佳. 基于驾驶员期望的山区高速公路限速标志设置[D]. 西安: 长安大学, 2010.

[58] 肖润谋, 王剑波, 周维新. 山区高速公路长下坡段专用减速带设计与应用[J]. 公路与汽运, 2010(3): 38-42.

[59] 丁乃侃, 朱顺应, 王红, 等. 边缘标线影响跟车车距调节行为的结构方程模型[J]. 东南大学学报(自然科学版), 2016, 46(3): 635-640.

[60] 万红亮, 杜志刚, 冯超, 等. 基于视错觉的公路隧道中部安全控速方法[J]. 交通信息与安全, 2014, 32(5): 146-153.

[61] 徐良杰, 奚少新, 李铁辉, 等. 冰雪环境弯道交通标志影响试验分析[J]. 安全与环境学报, 2016, 16(3): 163-167.

[62] 褚端峰, 李浩然, 张存保, 等. 振动减速带对行车安全的影响及控速效果分析[J]. 中国安全科学学报, 2014, 24(6): 86-91.

[63] 裴玉龙, 程国柱, 代磊磊, 等. 道路行车速度限制问题的讨论[J]. 城市交通, 2008, 6(2): 23-28.

[64] 蒋贤才, 黄科. 雾天道路交通安全保障措施及其成效分析[J]. 哈尔滨工业大学学报, 2012, 44(6): 86-91.

[65] 姚焓东. 面向绿色驾驶的信号交叉口车速动态控制方法研究[D]. 哈尔滨: 哈尔滨工业大学, 2015.

[66] 徐进, 彭其渊, 邵毅明, 等. 运行车速预测新方法及其应用[J]. 西南交通大学学报, 2010, 45(2): 238-248.

[67] 徐进, 彭其渊, 邵毅明, 等. 山岭区低等级低指标公路路线的使用质量分析[J]. 同济大学学报（自然科学版）, 2010, 38(2): 245-251, 272.

[68] 徐进. 道路几何设计对车辆行驶特性的影响机理研究[D]. 成都: 西南交通大学, 2010.

[69] 林航晟. 高速公路减速设施研究[D]. 成都: 西南交通大学, 2014.

[70] 刘唐志,唐伯明,邵东.高速公路路侧振动带的设计及应用[J].同济大学学报(自然科学版),2009,37(5):637-640, 645.

[71] 刘唐志. 路侧振动带设计理论与应用技术[D]. 上海: 同济大学, 2008.

[72] 安冠宇, 唐伯明, 俞耀, 等. 路面减速带试验研究[J]. 中外公路, 2011, 31(4): 72-75.

[73] 俞耀. 山区公路减速带应用技术关键问题研究[D]. 重庆: 重庆交通大学, 2010.

[74] 唐江, 陈明磊, 谭昆华, 等. 一级公路交叉口区域速度控制方法研究[J]. 中外公路, 2011, 31(3): 291-294.

[75] 朱汉容. 山区农村公路安全保障工程技术研究[D]. 重庆: 重庆交通大学, 2010.

[76] 王巧珍. 基于车路耦合安全行驶机理的山区农村客运安全保障技术研究[D]. 重庆: 重庆交通大学, 2015.

[77] 姚文静. 雾天高速公路限速控制与仿真评价[D]. 长沙: 长沙理工大学, 2014.

[78] 胡列格, 蒋强, 唐敏. 基于驾驶行为的山区高速公路限速研究[J]. 交通科学与工程, 2010, 26(3): 82-88.

[79] 何林, 于发袂, 刘良俊. 山区公路连续长大下坡交通工程设施设置研究[J]. 北方交通, 2014(9): 76 -78, 82.

[80] 龚雪雪. 倒计时表对信号交叉口交通运行影响研究[D]. 长沙: 长沙理工大学, 2010.

[81] 张吉光, 周南金, 欧舟. 农村公路交通安全设施规划设计[J]. 长沙大学学报, 2011, 25(5): 64-66.

[82] 李新华, 杨闯, 张丁典, 等. 交通系统减速带优化设计[J]. 黑龙江交通科技, 2013, 36(12): 8-9.

[83] 颜先华. 公路视错觉控速标线设计研究[D]. 西安: 长安大学, 2011.

[84] YEW W J N, HO S T, PALANISAMY C S/O. An assessment on the effectiveness of traffic calming markings and alternative for speed regulating strips [C]//16th Road Safety on four Continents Conference. Beijing: 2013.

[85] 夏传荪. 交通标志世界[M]. 2 版. 北京:中国人事出版社, 2005.

[86] CAROLYN C. Worst idea ever: virtual speed bump “pavement patty” is a driver safety fail[EB/OL]. http://www.babble.com/mom/pavement-patty/,2010.

[87] LINDSAY I G, ROBERT N R. A review of two innovative pavement marking patterns that have been developed to reduce traffic speeds and crashes[R]. Washington: AAA Foundation for Traffic Safety, 1995.

[88] KRAMMES R, SHELDAHL E. Traffic calming on main roads through rural communities [R]. Federal Highway Administration, 2009.

[89] BALDE A D. Speed management in rural communities using optical speed bars [D]. Manhattan: Kansas State University, 2010.

[90] WHEELER A H, TAYLOR M C. Traffic calming in villages on major roads[R]. England: Transport Research Laboratory, 1999.

[91] AGENT K R. Transverse pavement marking for speed control and accident reduction [J]. Transportation research record, 1980, 773:11-14.

[92] DRAKOPOULOS A, VERGOU G. Evaluation of the converging chevron pavement marking pattern at one Wisconsin location [R]. Washington: AAA Foundation for Traffic Safety, 2003.

[93] CHARLTON S G, BAAS P H, LTD T. Speed change management for New Zealand roads[R]. Hamiltdon: University of Waikato & Ternz Ltd, 2006.

[94] MANSER M P, HANCOCK P A. The influence of perceptual speed regulation on speed perception, choice, and control: tunnel wall characteristics and influences [J]. Accident analysis and prevention, 2007, 39(1): 69-78.

[95] GODLEY S T. A driving simulator investigation of perceptual countermeasures to speeding [D]. Melbourne: Monash University, 1999.

[96] MEYER E. A new look at optical speed bars [J]. ITE Journal, 2001, 71(11): 44-48.

[97] RAKHA H A, KATZ B J, DUKE D. Design and evaluation of peripheral transverse bars to reduce vehicle speed [C]//TRB 85th Annual Meeting Washington: 2006.

[98] VEST A, STAMATIADIS N. Use of warning signs and markings to reduce speeds on curves [C]//TRB 84th Annual Meeting Washington: 2005.

[99] ANSTIS S. Moving objects appear to slow down at low contrasts [J]. Neural Networks, 2003, 16(5-6): 933-938.

[100] DRAKOPOULOS A, VERGOU G. Evaluation of the converging chevron pavement marking pattern at one wisconsin location [R]. Milwaukee: Marquette University, 2003.

[101] 中华人民共和国住房和城乡建设部. 城市道路标志和标线设置规范: GB 51038—2015[S]. 北京：中国计划出版社, 2015.

[102] 交通部公路安全保障工程技术组. 公路工程安全保障工程实施技术指南[M]. 北京: 人民交通出版社, 2007: 31-35.

[103] 刘浩学, 刘嘉, 赵炜华, 等. 公路视错觉控速标线参数优化[J]. 长安大学学报（自然科学版）, 2011, 31(6): 77-81.

[104] 朱绪飞, 赵炜华, 刘浩学, 等. 基于仿真的公路视错觉控速标线效果对比研究[J]. 公路与汽运, 2012(1): 74-78.

[105] 刘浩学, 赵炜华, 颜先华. 用于高速公路减速路段的控速标线: CN202323806U[P]. 2012-07-11.

[106] 颜先华, 赵炜华, 阎莹, 等.公路梳齿形视错觉控速标线优化研究[J]. 公路与汽运, 2011(5): 58-61.

[107] 吴玲, 张冬梅, 刘浩学, 等. 高速公路中长隧道出入口段视错觉控速标线设置研究[J]. 中国安全科学学报, 2016, 26(1): 81-86.

[108] 张冬梅. 高速公路中长隧道出入口段视错觉控速标线设置研究[D]. 西安: 长安大学, 2015.

[109] 高伟江. 基于视频技术的交通标线视觉评价方法的研究[D]. 西安: 长安大学, 2008.

[110] 王晨. 山区高速公路交通安全分析与设施保障技术研究[D]. 西安: 长安大学, 2013.

[111] 朱顺应, 张子培, 王红, 等. 高速公路边缘率标线时间频率及角度与减速效果关系[J]. 中国公路学报, 2014, 27(3): 86-91.

[112] 张子培. 基于边缘率的路面标线减速效果增强试验与分析[D]. 武汉: 武汉理工大学, 2013.

[113] 刘兵, 朱顺应, 王红, 等. 边缘率标线长度对减速行为的影响现象和机理研究[J]. 中国安全科学学报, 2013, 23(10): 115-119.

[114] 丁乃侃, 朱顺应, 王红, 等. 边缘标线影响跟车车距调节行为的结构方程模型[J]. 东南大学学报（自然科学版）, 2016, 46(3): 635-640.

[115] 杜志刚,万红亮,蒋旭等. 一种低成本山区高速公路隧道入口车速控制设施设计方法: CN102720148A[P]. 2012-10-10.

[116] 史晓花, 杜志刚, 郑展骥, 等. 公路隧道中部视错觉控速标线的优化[J]. 公路交通科技, 2016, 33(3): 89-96.

[117] 史晓花, 杜志刚, 郑展骥, 等. 高速公路隧道内视错觉控速标线优化设计[J]. 武汉理工大学学报（交通科学与工程版）, 2016, 40(1): 174-178.

[118] 余金林, 徐良杰, 刘启远, 等. 干线公路无控交叉口振动控速标线设计与舒适性评价[J]. 武汉理工大学学报（交通科学与工程版）, 2015, 39(1): 135-138, 143.

[119] 刘丹. 山区高速公路振动控速标线优化设计方法研究[D]. 广州: 华南理工大学, 2016.

[120] 胡爱秀. 基于驾驶模拟试验的高速公路视错觉控速标线有效性研究[D]. 福州: 福州大学, 2016.

[121] 尚婷, 唐伯明, 陶盼盼. 公路视错觉控速标线横向宽度及角度与减速效果研究[J]. 中外公路, 2016, 36(2): 303-306.

[122] 尚婷, 唐伯明, 陶盼盼. 公路视错觉控速标线与驾驶员心率指标关系研究[J]. 科学技术与工程, 2016, 16(4): 94-99.

[123] 尚婷, 唐伯明, 段萌萌. 基于驾驶员瞳孔面积变化率的公路视错觉控速标线横向宽度研究[J]. 重庆交通大学学报（自然科学版）, 2016, 35(1): 111-116.

[124] 段萌萌. 基于驾驶员视觉-生理特征的控速标线设计研究[D]. 重庆: 重庆交通大学, 2015.

[125] 朱福春. 山区高速公路交织区、养护作业区安全容错能力提升技术[D]. 重庆: 重庆交通大学, 2015.

[126] 吴京梅, 阎莹, 刘兴旺. 公路视错觉警示控速标线设计优化研究[J]. 中外公路, 2012, 32(6): 301-304.

[127] 孙潇昊, 季予, 程建川. 行车错觉模拟分析及道路标线优化[J]. 交通信息与安全, 2014, 32(4): 80-86, 130.

[128] 周剑萍, 陈飞, 程迎迎, 等. 基于视错觉原理的控速标线技术研究[J]. 公路交通科技, 2013, 9(4): 294-297.

[129] 郭延永, 刘攀, 梁启宇. 视觉控速标线控速效果评价[J]. 交通信息与安全, 2014, 32(6): 106-112.

[130] 张强, 陈雨人, 潘晓东. 色彩心理在道路交通安全中的应用[J]. 华东公路, 2005(6): 65-67.

[131] 郑芳. 道路控速设施的设计及应用研究[D]. 长春: 吉林大学, 2008.

[132] 周光涛. 基于认知行为的高速公路控速标线研究[D]. 成都: 西南交通大学, 2014.

[133] 丁婧艳, 管满泉, 黄雨佳. 视错觉道路边缘线的应用效果研究[J]. 公路, 2013(9): 163-167.

[134] 赵新飞, 李海波, 傅尔力. 彩色陶瓷控速标线技术研究及应用[J]. 公路工程, 2013, 38(3): 140-143.

[135] 熊刚. 基于 UC-Win/Road 模拟仿真的控速标线控速有效性评价研究[J]. 公路交通技术, 2017, 33(2): 102-105.

[136] 朱殿臣. 快速路匝道环境对驾驶人生理特性与行为影响研究[D]. 广州: 华南理工大学, 2018.

[137] 胡正云, 王灿. 山区公路弯道路段汽车最小轨迹半径分布特性[J]. 汽车工程学报, 2018, 8(1): 39-43.

[138] 赵光惠. 山区农村公路安全保障工程实施技术指南研究[D]. 重庆: 重庆交通大学, 2012.

[139] 中华人民共和国交通部，中华人民共和国公安部. 道路交通标志和标线 第 3 部分：道路交通标线: GB 5768.3—2009 [S]. 北京: 中国标准出版社, 2009.

[140] 贺启才. 基于行车安全场理论的汽车避撞方法研究[D]. 重庆: 重庆理工大学, 2018.

[141] 郝世锦. 机动车驾驶员职业技能鉴定培训教程[M]. 石家庄: 河北教育出版社, 2007.

[142] 裴汉杰. 动视力、能见度、车速与安全[J]. 现代交通管理, 1994(1): 33-35.

[143] 熊广忠. 公路美学概论[M]. 北京: 人民交通出版社, 2012.

[144] 赵炜华. 地面动态环境中驾驶人空间距离判识规律研究[D]. 西安: 长安大学, 2010.

[145] 王海晓. 基于草原公路环境下的驾驶员动态视觉特性分析[D]. 呼和浩特: 内蒙古农业大学, 2012.

[146] BRACKSTON M A, WATTERSON B J. Are we looking where we are going? An exploratory examination of eye movement in high speed driving [C]//Proc.of the eighty-third Transportation Research Board Annual Meeting. Washington: 2004.

[147] 杨冰浩. 交通指路标志的极限信息量与最大前置距离研究[D]. 成都: 西南交通大学, 2014.

[148] 施卢丹. 高速公路特长隧道驾驶人眼动注视特性研究[D]. 西安: 长安大学, 2011.

[149] 丁光明. 高速公路隧道环境对驾驶人生理及心理影响研究[D]. 西安: 长安大学, 2011.

[150] 郝晓红. 基于驾驶员生理心理反应的草原公路线形研究[D]. 呼和浩特: 内蒙古农业大学, 2010.

[151] 侯建利. 草原公路线形对驾驶员视觉特性及车速的影响研究[D]. 呼和浩特: 内蒙古农业大学, 2011.

[152] 欧志霖. 基于驾驶员视觉的高速公路服务区交通标志设置研究[D]. 重庆: 重庆交通大学, 2016.

[153] CRUNDALL D E, UNDERWOOD G. Effects of experience and Processing demands on visual information acquisition in drivers [J]. Ergonomics, 1998, 41(4): 448-458.

[154] UNDERWOOD G, CRUNDALL D, CHAPMAN P. Selective searching while driving: the role of experience in hazard detection and general surveillance [J]. Ergonomics, 2002, 45(1): 1-12.

[155] UNDERWOOD G, CHAPMAN P, BOWDEN K, et al. Visual search while driving: skill and awareness during inspection of the scene [J]. Transportation research part F: traffic psychology and behaviour, 2002, 5(2): 87-97.

[156] GUNDERWOOD G, CHAPMAN P, BROCKLEHURST N, et al. Visual attention while driving: sequences of eye fixations made by experienced and novice drivers [J]. Ergonomics, 2003, 46(6): 629-646.

[157] ZHANG W, PETERSON M. Predicting patterns of potential driver distraction through analysis of eye-tracking data [C]//Submitted to the 3rd International Conference on Road Safety and Simulation. Indianapolis, 2011.

[158] ZHOU, H. Detection of driver intention of a lane change through monitoring eye and head movements [J]. SICE SMC SSI 2006, 11, 2006.

[159] ZHOU H, ITOH M, INAGAKI T. Influence of cognitively distracting activity on driver's eye movement during preparation of changing lanes [C]//2008 SICE Annual Conference. Chofu, 2008.

[160] ZHOU H, ITOH M, Inagaki T. How do cognitive distraction affect driver intent of changing lanes [C]//Proceedings of the 2nd International Conference on Intelligent Robotics and Applications. Berlin: Springer-Verlag Berlin, Heidelberg, 2009.

[161] ANDREASSI J L, Pupillary response and behavior[M]//Psychophysiolopy: human behavior & physiological response.Mahwah NJ: Erlbaum, 1995: 193-200.

[162] 李勇, 阴国恩, 陈燕丽. 阅读中疲劳、心理负荷因素对瞳孔大小的调节作用[J]. 心理与行为研究, 2004, 2(3): 545-548, 560.

[163] 杜志刚, 潘晓东, 杨轸, 等. 高速公路隧道进出口视觉震荡与行车安全研究[J]. 中国公路学报, 2007, 20(5): 101-105.

[164] 徐艺. 面向路段交通冲突辨识的驾驶人眼动特征研究[D]. 长春: 吉林大学, 2016.

[165] 胡江碧, 李然, 马勇. 高速公路隧道入口段照明安全阈值评价方法[J]. 中国公路学报, 2014, 3(27): 92-99.

[166] 尚婷, 陶盼盼, 徐志祥. 隧道洞口景观色彩安全性研究[J]. 公路工程, 2016, 41(3): 28-30, 105.

[167] 尚婷, 张勃, 朱汉容. 按驾驶员瞳孔变化的隧道导行反光环色彩设置研究[J]. 科学技术与工程, 2016, 16(22): 276-281.

[168] 陶盼盼. 基于驾驶员视觉特性的隧道反光环设置研究[D]. 重庆: 重庆交通大学, 2016.

[169] 李百川. 汽车驾驶员适宜性检测及评价[M]. 北京: 人民交通出版社, 2002.

[170] 张贵满, 朱守林, 戚春华. 单调路侧景观色彩对驾驶员眼动指标的影响分析[J]. 科学技术与工程, 2016, 16(18): 284-289.

[171] 商艳, 朱守林, 戚春华, 等. 草原公路景观要素影响驾驶员眼动指标研究[J]. 中国安全科学学报, 2017, 27(5): 19-24.

[172] 黄木. 行车中的危险错觉[J]. 安全监理, 2002(Z1): 137.

[173] 中华人民共和国交通运输部. 公路项目安全性评价规范: JTG B05—2015. 北京: 人民交通出版社，2016.

[174] 唐晓松, 郑颖人. 水位下降过程中超孔隙水压力对边坡稳定性的影响[J]. 水利水运工程学报, 2007(1) : 1-6.

[175] 刘琦, 卢耀如, 李晓昭. 孔隙水压力对岩石力学参数的影响[J]. 地球学报, 2008, 29(5):660-664.

[176] HAMMOUD R I, WITT G, DUFOUR R, et al. On driver eye closure recognition for commercial vehicles [J]. SAE international journal, 2008(1): 454-463.

[177] 林全富. 基于熵权法的公路改扩建工程造价影响因素分析研究[J]. 公路工程，2018, 43(1): 286-290.

[178] 林清. 基于熵权物元模型的北京地铁车站运营脆弱性评价研究[D]. 北京: 北京交通大学, 2015.

[179] 林志英. 道路线形条件对交通安全的影响分析[D]. 长沙: 中南大学, 2010.

[180] 徐洪涛. 基于速度一致性的高速公路分流区安全服务水平研究[D]. 哈尔滨: 哈尔滨工业大学, 2011.

[181] 胡江碧, 李然, 马勇. 高速公路隧道入口段照明安全阈值评价方法[J]. 中国公路学报, 2014, 27(3): 92-99.

[182] ZHAO L, HU J B. The eye tracking and driving behavior [C] //International Conference on Transportation Engineering. Reston: ASCE, 2007.

[183] 赵亮. 基于驾驶员心生理反应的双车道公路线形研究[D]. 北京: 北京工业大学, 2008.